河北省教育厅人文社会科学研究重大课题攻关项目
（项目编号：ZD201425）

河北学人与
学术史研究

阎福玲　董文武　江合友　著

人民出版社

绪 论

一、古代河北学人的学术研究

今天的河北大地，远古称冀州，现存最早的历史地理著作《尚书·禹贡》划分天下为九州，河北属冀，为九州之一。战国之前，河北地域分属于燕、赵两国，形成略有差异的燕文化与赵文化。南部的赵国，由韩、赵、魏三家分晋而来，文化上属于三晋文化。北部的燕国东接齐鲁，文化面貌更近似于齐文化。战国时期，群雄争霸，燕赵大地处于燕山与太行山半包围的华北平原上，为农耕与游牧两大民族生存圈结合部，与游牧民族交错杂居，燕赵文化融入了游牧民族尚武好勇的因素，民风强悍，从赵武灵王的"胡服骑射"，到燕太子丹谋设的荆轲刺秦王，都表现出慷慨壮烈、果敢勇毅的民俗习尚，初步奠定了燕赵文化慷慨悲壮的精神内涵。两汉以后，燕赵逐渐形成一个代表河北地域的文化概念，唐代韩愈《送董邵南之河北》概括的"燕赵古称多感慨悲歌之士"，不仅说明燕赵作为一个地域文化概念到唐代已成为士人的共识，而且"慷慨悲歌"也成为燕赵文化精神的典型概括。

以燕赵文化为核心的河北学术文化是中华民族五千年文明的重要组成部分，是中华民族江河文化的重要支脉。宏观地看，中华文明与文化是黄河文化与长江文化的综合体。隋唐中古之前，中国政治与文化的中心在北方，主体为黄河文化。黄河流域的黄土高原、华北平原形成的广袤的黄土地，为中华民族的摇篮，那流淌不息的黄河是哺育中华文化的乳汁。自秦统一六国，两汉魏晋南北朝至隋唐五代北宋，历代首都大都坐落在黄河流域，分布在黄河主轴线周围，从两汉的西京长安、东京洛阳，到隋唐的西京长安，东都洛阳，再到北宋的东京汴梁、西京洛阳等，都是"黄土文明"或"黄河文化"的凝聚点与扩散中心。北宋以前的上古中古社会，扎根于北方大地，形成以儒家思想为正统思想和官方意识形态的黄土文明或黄河文化。以燕赵为代表的黄河以北的河北文化为中古之前中华文化的重要支脉，是占据优势地位的北方文化的重要组成部分。

从东晋到唐朝安史之乱再到南宋，伴随着战乱与朝代更替，北方人口大量南移，南方的长江流域得到开发，南方具有自然地理优势，经济增长，城市兴起，文化发展，长江文明与文化不断崛起与发展，至隋唐时期，南方经济发展逐渐赶上甚至超越北方。安史之乱后，唐朝不亡，也得益于南方经济的重要支撑。到北宋时期，南方不仅经济优势在增长，而且南方文化在与北方融合发展中，也逐渐超越北方成为中华文化新的重心所在。科举取士多在东南江浙之地，由此带来政治格局上南方士人取代北方士人成为政治中心的核心。南方文化上升，北方文化衰落之势明显，但中国自然地理决定的政治文化格局，封建社会后期的辽金元明清各朝，依然定都北方，北京成为近世社会各朝的首都。这一政治和文化中心的确立使环绕北京的河北地域又成为重要的畿辅重地，为以燕赵文化为主体的河北文化发展重新注入了新的京畿文化因素与文化活力。清代陶樑《国朝畿辅诗传序》说："畿辅为辇谷近地，较之前汉乃左冯翊右扶风，此其沐浴于圣化而以仰承至意，鼓吹休明者，尤非他省之可跂及。"[①]因此前期的燕赵文化与后期的畿辅文化共同构成河北文化的传承谱系与精神内涵，使河北文化成为中华文明中不可或缺的重要组成部分。

古往今来，河北大地涌现出许许多多的思想家、政治家、史学家、诗人文士、科学家、艺术家。堪称河北思想家的，先秦有慎到、荀子、公孙龙，汉代有董仲舒、崔寔，魏晋有刘劭、欧阳建，隋唐有刘焯、刘炫、孔颖达，宋元明有邵雍、刘因、魏裔介，清代有孙奇逢、崔蔚林、颜元、李塨等。燕赵河北，群星灿烂，思想闪耀，代不绝人。

史学家中，以修史著称的有崔浩、魏收、李德林、李百药、崔仁师、魏徵等，所修多部史书入二十四史。郦道元、李吉甫、苏天爵则以历史地理著

[①]（清）陶樑：《国朝畿辅诗传序》，载《续修四库全书》第1681册，上海古籍出版社2002年版，第1页。

称，崔述、孙承宗、赵文濂、郭棻、王太岳等则于地方文献编纂上功不可没。

燕赵河北还涌现出众多的科学家艺术家。祖冲之、李冶、朱世杰、王恂的数学研究，崔寔、耿荫楼的农学研究，刘焯、僧一行、郭守敬的天文历法研究，在各自领域独树一帜。荀子、李延年、赵定、刘琨、张文书、张野塘、李埱等人的音乐思想与音乐成就，在中国艺术史上占有重要地位。崔瑗、李嗣真、赵秉文等人的书法与书论也占有一席之地。

文学研究方面，汉代韩婴、毛苌与刘德的《诗经》研究与传播，高仲武、王若虚、翁方纲的中国诗歌研究，李谔、李华、柳开、赵南星的散文研究，燕南芝庵等人的戏曲研究，清代纪昀的文学思想等构成中国文学批评史上的燕赵话语与河北批评。

燕赵的文献学研究同样不可或缺，束皙的竹书文献研究，释道安的佛经文献研究，王灏、张之洞的版本目录学研究，王兰生、苗夔、史梦兰的音韵学研究，王植、纪容舒、崔述的考据学研究，李昉与纪昀的文献学贡献等构成中国学术史的重要内容。

因此，发掘阐释河北学人的学术贡献，勾画河北学术史发展演进的脉络，定位河北学人在中国学术史上的贡献与地位，是河北地域学术文化研究不可或缺的重要环节，尚有巨大的学术开拓空间。

从地域文化研究看，近些年河北的地域文化研究已取得了众多丰硕的成果。史学研究领域，多位学者合著《河北通史》，分为先秦、秦汉、魏晋北朝、隋唐五代、宋辽金元、明朝、清朝（上下）和民国（上下）共十卷，总字数270多万。全面系统地研究河北的历史发展进程，展现河北古往今来的政治、经济、军事、文化发展状貌与地域特色，突显了河北历史在中华民族历史发展中的重要地位和作用，是迄今为止最完整的河北地方通史巨著。此外，一批有研究深度的燕、赵、中山等列国史也不断出现。沈长云的《赵国史稿》、陈平的《燕史纪事编年会按》、彭华的《燕国八百年》、何艳杰的《鲜虞中山国史》《中山国社会生活研究》等利用出土文献和考古资料，研究勾画古代河北燕赵大地上南部赵国、北部燕国和中山国起源发展、世系传承的进程，多角度展现列国争霸中的民族冲突与融合状况，细化深化了上古史研究。专题史研究方面，苑书义、孙宝存、郭文书主编的五卷本《河北经济史》，王长华主编的七卷本《河北文学通史》、三卷本《河北古代文学史》，鞠志强主编的《河北宗教史》丛书包括《河北佛教史》《河北道教史》《河北伊斯兰教史》《河北天主教史》《河北基督教史》《河北民间宗教史》6部专史，皆为填补河北专史研究的空白巨作。秦进才《燕赵历史文献研究》，梳理燕赵历史文献发展演变历程、区域特征、时代特点、代表性著述等，是研究与著录河北历史文献的力作。有关河北文化专题研究方面，还出版了胡克夫、杜荣泉主编的七卷本《燕赵文化史稿》，杜荣泉的《燕赵文化志》，张京华的《燕赵文化》，周振国、王永祥主编的九卷本《燕赵思想家研究》等著作，对燕赵文化的地域特征、文化传承、人文精神等都有系统深入的研究与探讨，成为地域文化研究的重要组成部分。

相较而言，燕赵河北学术史的研究，在河北地域专题史研究方面还属薄弱环节，除康振海主编的九卷本《燕赵学术思想史》（已出先秦、秦汉、魏晋南北朝三卷）外，有关燕赵学术史或河北学术史著作尚未问世，虽然燕赵一些著名思想家如荀子、董仲舒、孙奇逢、颜元、李塨、崔述等人的著术思想都有了较为深入的研究，但作为河北地域文化研究的重要环节，河北学人与河北学术史研究还有待深入与拓展。

二、研究现状梳理

（一）有关河北学人著述文献的研究

一是河北学人的著述目录文献研究，代表作有清人史梦兰《畿辅艺文志》八卷、《畿辅艺文考》（或为七卷，或不分卷），徐世昌《大清畿辅书征》四十一卷，佚名《畿辅经籍目录》十六卷。另外，《畿辅通志》《河北通志稿》等方志著作中也都有经籍艺文志部分。现当代河北学人著述目录研究代表作有骆志安的《河北古代书林》和秦进才的《燕赵历史文献研究》。

二是河北学人典籍文献研究，清人王灏编纂的《畿辅丛书》，收录畿辅名贤经史子集，是规模最大最权威的展现河北学人著述成果的丛书。近年来，随着古籍影印技术的发展，各出版社从营利出发，大兴古籍丛书编纂新热潮，《京津冀丛书汇编》《京津冀历代别集丛刊》《京津冀畿辅文献丛刊》《雄安历代著作集成》《雄安文脉丛书》《雄安方志丛刊》《燕赵优秀传统科技文化典籍萃编》相继编纂问世，为河北学人和学术史研究提供了极为便利的典籍资料。

个人著述文献整理方面，重要的河北学人著述大多都得到整理出版。如荀况的《荀子》一书，有中华书局1988年版清王先谦撰，沈啸寰、王星贤点校《荀子集解》。董仲舒的《春秋繁露》有中华书局1992年版苏舆撰、钟哲点校的《春秋繁露义证》，张世亮、钟肇鹏、周桂钿译注的《中华经典名著全本全注全译丛书》本《春秋繁露》和子海精华本《春秋繁露》。清代有全国影响的河北学人孙奇逢、颜元、崔述等人著述也多有整理。中州古籍出版社2003年版张显清主编《孙奇逢集》上中下三册，整理孙奇逢著作九种，基本涵盖了孙奇逢的主要著述。朱茂汉点校整理《夏峰先生集》，中华书局2004年出版。陈山榜主编有《颜李丛书》《颜李学派文库》。崔述的《崔东壁遗书》，由上海古籍出版社1983年版。这些典籍文献的整理出版，为河北学人的学术史研究提供了方便的基本资料，对推进河北学术史研究具有重要的学术价值。

（二）有关河北学人的个案研究

一是传记与年谱研究。河北学人的传记资料，代表性的著述有清代孙承泽《畿辅人物志》、孙奇逢《畿辅人物考》（此二书近年已作为"北京古籍丛书"点校出版）、陶樑《国朝畿辅诗传》、徐世昌《大清畿辅先哲传》等。这些传论性著述是梳理了解河北学人生平、著述、思想、地位、影响的第一手重要文献资料，为展开河北学人的学术研究提供了基本导向，其价值意义不容忽略。另有孙星衍《京畿金石考》、樊彬《畿辅碑目》、国立北平研究院史学研究会编《南北响堂寺及其附近石刻目录》、肖新祺整理《畿辅续志金石目》、柯昌济《河北省金文目录》等碑志目录，也为检索河北学人生平年里、行事等提供了可参考的文献资料。

王灝《畿辅丛书》注重收录畿辅名人年谱，有《申端愍公年谱》（申佳胤）、《申凫盟先生年谱》（申涵光）、《魏贞庵先生年谱》（魏裔介）、《魏敏果公年谱》（魏象山）、《颜习斋先生年谱》（颜元）、《李恕谷先生年谱》（李塨）、《黄侍郎公年谱》（黄叔琳）等十余种均予收录，而现代以来畿辅学人的年谱研究成果则有贺治起、吴庆荣的《纪晓岚年谱》以及张显清的《孙夏峰先生年谱》等几种，都是我们从事河北学人学术思想研究的重要参考文献。同时年谱的编纂也是河北学人研究的重要研究领域，特别是近现代河北学人的年谱编纂也是河北学人与学术史研究的重要子课题。

二是学术思想研究。学术思想研究的代表性著作有姜广辉《颜李学派的功利论及其历史地位》（1984）、张武《论颜李学派的思想特征及其形成》（1987）。陈山榜《颜元评传》（人民教育出版社2004年版）全书共20章，依次论述颜元的身世与家事，业师与朋友，设学与执教，东寻与南游，著述与创作，颜元学术思想概论，颜元的政治思想、经济思想、义利观、军事思想、礼仪思想、崇儒思想、哲学思想、人性理论等，突出研究了颜元的教育思想，包括颜元教育目的论与培养目标论、教育内容论、教学方法论、师道观、性教育思想等，是迄今为止最全面最系统研究颜元学术思想的专著。

另外，李之鉴《孙奇逢哲学思想新探》（河南大学出版社1998年第二版），张显清《孙奇逢评传》（中州古籍出版社2003年版），为孙奇逢研究集成性专著。邵东方《崔述与中国学术史研究》（1998），吴量恺《崔述评传》（南京大学出版社2001年版），邵东方《崔述学术考论》（2010年版），这三部著作对崔述学术思想与研究诸方面及后世对其学术之接受都进行了详尽的考证与论析。

这些研究论著立足于学史的个案研究，体现出鲜明的系统性或专题性研究特点，但这些著作并没有自觉地将这些重要的畿辅学术人物纳入河北区域文化研究视野中来，对区域文化人物的群体性、地缘性、互动性等关注不够。

畿辅学人个体学术思想研究除学术专著外，更多的是集中发表在期刊上的单篇文章。以荀子思想研究为例，截至2022年7月22日检索中国期刊网，按主题可以检索到9920条文章记录，按篇名可以检索到4735篇文章，这当中剔除那些为评职称凑数的应景之作，有学术价值的文章在百篇左右。这些文章涉及荀子思想的方方面面，诸如人性论、性恶论、教育思想、礼乐思想、美学思想、伦理思想，对《天论》《乐论》《劝学》等篇的讨论以及对孟荀人性论思想的比较等。再如董仲舒研究，检索主题有2142篇，检索题目有1791篇。集中在董仲舒天人感应、天人合一、大一统思想、儒学贡献、公羊学说、人性论、法律思想、政治思想、教育思想等领域。

清代河北学人的研究热点在颜元和颜李学派，在中国期刊网检索颜元，主题检索有1005篇，篇名检索有407篇。主体聚焦颜元的教育思想研究，有关其人性论、实学思想、体育思想、颜元与其他学者的比较研究有所涉及，但相对还比较薄弱。其他清代河北学人中，孙奇逢的主题检索有229篇，篇名检索有150篇，涉及孙奇逢易学思想、理学思想、实学思想三大领域。李塨的主题检索160篇，篇名检索49篇。主要探讨李塨的易学思想、哲学思想、教育思想、礼学思想四个方面。崔述的检索主题有378条，篇名检索有71条。集中讨论崔述的史学研究、《考信录》、历史考证方法、辨伪思想、辨伪方法、经世思想、崔述对近代疑古思潮的影响等方面。这些文章和学术专著一样，都是作为个案研究进行的，全方位展现了当代学人对河北学人研究的最新动态与基本观点。

综观已有的研究成果，学界对于河北学人的研究，前期聚焦于荀子和董仲舒，后期聚焦于颜元与颜李学派。其他河北学者还没有得到学界的广泛注意和深入研究，投入明显不足。另一方面，这些研究着眼个案学人思想研究，对其思想形成的地域特色、燕赵或畿辅的思想文化传承脉络等关注不够，没有从燕赵或河北学术史发展的视角看问题，也为我们留下继续讨论和拓展的学术空间。

（三）关于河北学术史的研究

20世纪的现代学术中，学术史研究一直是学术重镇。早期梁启超著《论中国学术思想变迁之大势》，开学史研究新风气。其后有关中国学术史研究著述不断涌现。

孙其敏编著《中国学术思想史》，王伯祥、周振甫著《中国学术思想演进史》，张国刚、乔治忠等著《中国学术史》，梁启超和钱穆同名著作《中国近三百年学术史》，影响深远。在建构中国学术通史基础上，断代学术史如王德箴的《先秦学术思想史》、顾颉刚的《汉代学术史略》、王铁的《汉代学术史》等相继问世。

专题学术史著作更多。儒学史一马当先，主要有：赵吉惠、郭厚安、赵馥洁、潘策主编《中国儒学史》，张岂之主编《中国儒学思想史》，马勇《儒学兴衰史》，刘蔚华、赵宗正主编《中国儒家学术思想史》，姜林祥主编《中国儒学史》等多部著作。经学史也为学史研究重镇，继晚清皮锡瑞《经学历史》之后，马宗霍著《中国经学史》，周予同著《中国经学史讲义》，吴雁南、秦学颀、李禹阶主编《中国经学史》，夏传才著《诗经研究史概要》，洪湛侯著《诗经学史》等。其他专题史诸如熊铁基、马良怀、刘韶军著《中国老学史》，熊铁基、刘固盛、刘韶军著《中国庄学史》，许抗生、李中华、陈战国、那薇著《魏晋玄学史》，吕澂著《中国佛学源流略讲》等学术史著作，堪称20世纪学术重镇，成果丰硕，影响巨大。

与20世纪90年代兴起的地域文化研究热潮相应，地方学术史编纂著作也不断出版。首开先例的是陈友康、罗家湘主编的《20世纪云南人文科学学术史稿》（云南人民出版社2003年版）。其后有王继平主编《晚清湖南学术思想史稿》（湖南人民出版社2004年版），董平《浙江思想学术史》（中国社会科学出版社2005年版），巴·苏和、特日乐著《中国蒙古文学学术史》（辽宁民族出版社2017年版），彭华《民国巴蜀学术研究》（四川大学出版社2021年版）。最具规模和影响力的是傅伯言、姜玮主编的七卷本《江西学术史》（江西高校出版社 2021 年版)。此外，青海省社科院正在组织编写《百年青海学术史》，《山东地方史文库》《河南专门史》等大型学术文化工程也都在进行之中。

河北学术史的研究在地方文化史研究中已走在前列，最引人注目的有周振国、王永祥主编的九卷本《燕赵思想家研究》，康振海主编的九卷本《燕赵学术思想史》（已出先秦、秦汉、魏晋南北朝三卷）。《燕赵思想家研究》选取燕赵大地最有影响的 74 位思想家进行研究，涵盖政治、哲学、历史、文学、艺术、科学技术等领域，为燕赵学术思想研究的一部力作。《燕赵学术思想史》与《燕赵思想家研究》主编与参与者互有交叉，相互依托借鉴，对燕赵学术思想的阐释与研究已成为当下河北学术史研究的最具影响力的巨著，也是本书学习借鉴的重要参考。

三、研究的价值意义

河北学人与学术史研究，具有重要的学术价值和现实意义。

1. 学术价值。河北大地，古称燕赵，近为畿辅。河北独特的自然地理之势孕育了独具特色的燕赵文化传统。

清初魏裔介序孙承泽《畿辅人物志》云："古称燕赵多悲歌慷慨之士，本其天性所近，地居东北，为阴阳风雨之会，左沧海而右太行，山川激宕，化为人物者代有英灵，不可销歇。"[①]孙承泽《畿辅人物志》自序也说："燕赵之区，是为两辅，其地山高土厚，滹沱、桑干汇于渤溟，其气又自石晋后，勃郁垂四百年。明鼎北迁，风气大阐，明贤蔚起，或生自土著，或徙自他方，代不乏人。"[②]当代学者张立文《燕赵文化的精神特质》说："燕山万状，参差代雄。燕赵往贤，群星璀璨。河北文脉、世代绵延。文化特质，尽显民族风骚。"[③]燕赵大地，山高土厚，处于游牧文明与农耕文明结合部地带，两种文明交汇融合，形成击剑任侠、慷慨悲歌的文化性格，世代相传，成为河北文化精神的典型代表。清法式善《试墨斋诗集序》说："我畿辅之地，沿燕赵遗风，悲歌慷慨，使酒挟剑，奇气郁勃，皆能摇撼星斗，镂刻肾肝也。"[④]古往今来，从

---

① （清）孙承泽著，李洪波点校：《畿辅人物志》，北京出版社 2010 年版，第 7—8 页。
② （清）孙承泽著，李洪波点校：《畿辅人物志》，北京出版社 2010 年版，第 9 页。
③ 张立文：《燕赵文化的精神特质》，《光明日报》2015 年 4 月 6 日第 8 版。
④ （清）法式善撰：《存素堂文集续集》卷一，载《续修四库全书》第 1476 册，上海古籍出版社 2002 年版，第 738 页。

燕赵到畿辅，河北大地学术文化积淀深厚，出现了众多在哲学、经学、史学、文学、艺术、科学技术方面成就卓著的人物，留下了丰富的文献典籍，深入研究这些文献的刊刻、校勘、整理、典藏、流通等情况，进而清理河北学术及其流派的渊源、流变、贡献，以及冀籍学者对中国学术史的重大贡献、地位影响，不仅是河北地域文化研究的重要任务，也是推进整个中国学术史研究的重要支脉，对于理解南北学人的学术特征与学术品格，无疑都有着重要的学术价值。

2. 现实意义。一是研究河北学人与学术史，发掘河北丰厚的历史文化遗产，弘扬河北优秀的学术文化传统，有助于树立河北文化大省的形象。二是研究河北学人与学术史，总结河北学术的特点和优长，考察其形成的地域性因素，对今天的河北文化建设具有重要的参考价值。三是其研究成果可为相关领域研究的进一步开展提供材料和方法上的借鉴，推动河北地域学术文化研究的继续深入。

四、研究内容、思路与方法

（一）研究内容

本书以河北籍学人及学术史为研究对象。河北地域古为燕赵大地，近世畿辅重地，凡属上古中古燕赵之地，近古畿辅之地的冀籍学人（因学脉学派原因偶涉京津籍学人）皆为本书的研究对象。时间上，从上古先秦至晚清时期的河北学人及学术史皆为本书的研究对象。古往今来，河北大地地灵人杰，出现过许许多多杰出的思想家、政治家、史学家、科学家、艺术家、学者等，河北学术的天空，群星灿烂，光照海宇。全书选取其中最具影响力的73位学人，考订其籍里，梳理其生平行事，清理其学术著述，进而提炼概括其学术思想文化的基本观点与学说，并将这些观点学说放在燕赵与畿辅大的学术生态中，阐释其学术思想的生成原因，发展流变过程，梳理其学术渊源与影响。在代表性学人研究基础上，以点带线展现河北学术史发展线索与脉络，力争通过代表性学人学术思想的梳理与研究，轮廓性地呈现河北学术史的基本线索与丰富内涵，探寻河北学术发展的历史规律及区域特色。同时把河北学人放在中国学术史大背景中，展现河北学人在中国学术史上的学术造诣与学术贡献。

第一章集中讨论河北思想家对中国哲学的学术贡献。选取了慎到、荀子、公孙龙为代表的先秦诸子，董仲舒、崔寔为代表的两汉经学，刘劭、欧阳建为代表的魏晋玄学，刘焯、刘炫、孔颖达为代表的隋唐经学，邵雍、刘因、魏裔介为代表的宋明理学，孙奇逢、崔蔚林、颜元、李塨为代表的清代实学进行研究，概括其生平与思想，阐释其思想内涵与价值意义，梳理展现河北哲学史、思想史的基本轮廓与发展脉络，系统全面地展示河北思想家对中国哲学的学术贡献。

第二章聚焦讨论河北史学家对中国史学研究的学术成就与贡献。从崔浩、魏收、李德林、李百药、崔仁师、魏徵等人为代表的正史撰述，到郦道元、李吉甫等人的地理史撰述，从孙承宗、赵文濂、郭棻、王太岳的地方志撰述到苏天爵等人的人物传记撰述，再到崔述的疑古辨伪思想及考据学研究成就。在专题展现河北史学家史学研究成就与贡献的同时，将专题史横向研究与史学史的纵向研究结合起来，立体呈现河北史学研究对中国史学研究的巨大贡献与重要地位。

第三章系统讨论河北科学家、艺术家科学研究与艺术评论的成就与贡献。聚焦讨论了祖冲之、李冶、朱世杰、王恂等数学家的数学与历算成就，概括了崔寔《四民月令》、耿荫楼《国脉民天》的农学研究成果。梳理了扁鹊、刘完素、张元素、李杲、王清任、张锡纯等人的医学研究成就与特色，展现了传统中医思想与理论的流变历程，论证了刘焯、僧一行、郭守敬的天文历法研究成就及其在科技史上的贡献与地位。艺术研究方面，选取荀子、李延年、赵定、刘琨、张文收、张野塘、李塨等人为代表讨论了河北学人与音乐的关系，总结其乐论成就。最后对崔瑗《草书势》、李嗣真《书后品》及赵秉文等人书法与书论、河北画家的绘画与画论做了描述性介绍。

第四章论述河北学人文学研究成就。首先以韩婴、毛苌、刘德为代表讨论了《韩诗》的传承与衰落、《毛诗》的兴起与传播及河间献王刘德与《诗经》传播的关系等。紧接着以高仲武、王若虚、翁方纲为代表梳理了河北学人的诗歌研究成就，包括高仲武的《中兴间气集》、王若虚的《滹南诗话》、翁方纲的"肌理说"等选本、诗话、学说理论等。最后概述了河北学人的散文、戏曲研究及纪昀的文学思想。

第五章论述河北文献学家的成就与贡献，包括束皙的竹书文献整理，释道安的佛经文献翻译与整理，王灏与《畿辅丛书》的编纂与刊刻，史梦兰、张之洞的目录学研究，王兰生、苗夔、史梦兰的音韵学研究，王植、纪容舒、崔述的考据学以及李昉的类书编纂和纪昀的文献学贡献等。

(二)研究思路

全书整体研究思路上,体现五个结合。

一是个案研究与学术史研究相结合。全书选取河北学术史上最具代表性的73位河北学人,讨论其生卒籍里、仕宦行年、代表著述、观点学说、学术贡献等,体现个案研究的系统性与深刻性。同时,有意识地以个案研究的点勾勒河北学术史的发展线索与脉络,体现点与线的结合。以此展现河北学人学说、学脉与学风,对河北学人在儒学史、思想史、史学史、科技史、艺术史、文学批评史、考据学史上的成就予以充分阐述与解说。

二是横向专题研究与纵向线索梳理相结合。全书五章之间属于哲学、史学、科学艺术、文学、文献学专题平行的分类排列,体现专题研究的性质。同时,每一专章中又按时代的先后顺序,排列各时期代表性河北学人的学术思想成就,横向专题研究中体现出纵向理线索的发展史意识与努力。

三是河北学术史研究与中国学术史研究相结合。全书以点带线、以线织面,全面清理了河北学人的学术著作、学术思想、学术流派,概括其学说,总结其学术特征与优势。对于有重大影响的河北学人,力图通过对其家族教育、区域文化风尚、自然环境等因素的生态分析,揭示其学说的传承结构和形成机制,并置于当时国内主流学术的关系中进行考述与比较,从而展示其在中国学术史上的价值与意义。

四是细节解析与综合概括相结合。受篇幅限制,全书在论证河北学人特别是有重大影响的学人的学术观念、学说观点时,注意运用翔实的原始文献与材料进行细节的解说分析与逻辑论证,同时也更重视对问题的归纳总结与综合概括,体现史料与史识的有机融合。

五是借鉴学界观点与研究者学术创获相结合。学术史研究涉及知识领域非常广阔,任何学人的学术研究都是有领域有边界的,每个人都有自己的研究领域,不可能全知全能,因此学术史研究著作的撰写通常都是在借鉴学界已有成果、基本观点与学说基础上,力争全面系统地展现历史的线索与脉络,提高解说阐释的广度、深度与厚度,通过强化选题的独特学术视角提升对学术问题高屋建瓴的论析与判断,这既是本书的研究起点也是终极的学术目标。

(三)研究方法

1. 文献学研究方法。查找文献与运用文献是一切研究的起点,本书运用文献学方法，通过目录检索，查找搜集河北学人的生平资料，包括籍里、行年资料、交游资料、传记资料、年谱资料和著述存佚状况，使学术思想的研究建立在扎实可靠的原始文献基础上。另一方面，古往今来河北学人有关文献学研究也成就斐然，如史梦兰的《畿辅艺文志》《畿辅艺文考》与张之洞的《书目答问》等，本身也是学术史观照的对象，文献学研究法是本书重要研究方法。

2. 微观宏观相结合方法。本书以河北学人与河北学术史为研究对象，既有对河北学人学术生涯的事实考据和具体学说内涵的细部解析等微观研究，也涉及学术史脉络与线索的宏观梳理与概括。运用微观宏观相结合的方法，使河北学人的研究能够由现象事实上升到本质规律的把握，从个案学术思想研究进而勾勒出学术史发展的脉络与线索，使相关问题在不同层面得到较好的阐释与解说。

3. 多学科综合研究法。本书重视对河北学人学术思想生成的事实呈现，同时也注重运用多学科理论对各种学术观点进行理论阐释和提炼概括。书中自觉地运用哲学、政治学、史学、艺术学、科学哲学、考据学、心理学等多学科知识与理论，阐释河北学人的学术思想，概括学人的学说判断，把现象分析与理论概括有机结合起来，实现史实与史识的融合。通过多学科的综合研究，在更广阔的学术视野中，对河北学术史的发展格局和区域特色作全面系统的阐释与解说，立体地透视河北学人的学术理念与学说思想对河北学术史及中国学术史的贡献，彰显河北学术中的燕赵文化与畿辅文化交融辉映的区域文化内涵与特色。

五、研究难点与创新点

（一）研究难点

任何有价值的学术研究都会面临许多学术难点和难题，解决攻克学术难题正是学术研究不断精进的价值所在。本书研究难点有四：

一是全面搜罗、阅读和清理古往今来的河北学术文献，工程量巨大，是全书研究遇到的第一难题。

二是学科交叉对研究者的知识储备与理论素养的需求是全书研究的第二难题。学术史研究是一种跨学科综合研究领域，关涉哲学、史学、科学、艺术、文学等多个学科门类，跨学科研究对研究者是一种知识和能力的挑战。

三是如何处理好宏观历史线索和微观个案研究之间的关系，是全书的又一难点。本书的个案研究从具体而微的原始文献入手,通过仔细的阅读,排比异同,概括思想学说,分析成因,总结规律,有效保证研究的深度,同时要以个案之点连缀史程之线,进而由多条专题之线编织学术史之面,把微观与宏观结合起来,处理好二者关系,也是一个研究的难点。

四是全面总结河北学人的学术品格与特点,是全书研究最具挑战性的难点与难题。结合河北区域自然地理、文化风尚、学术传承、家族教育等背景条件,在综合学术生态下,精准概括和深刻阐释河北学人的学术理念、学说观点并不是件容易的事情。而结合燕赵文化和畿辅文化特点提炼概括河北学人的学术风格与区域特点,则更具有挑战性。研究燕赵学术思想的学者们往往重视燕赵文化特征的提炼与概括,但站在学术史立场看,燕赵文化特色的提炼与河北学术品格的概括并不一回事。历代学术研究中对南北学风的差异之争不绝如缕。《世说新语·文学》中指出:"褚季野语孙安国云:'北人学问渊综广博。'孙答曰:'南人学问清通简要。'支道林闻之曰:'圣贤因所忘言,自中人以还,北人看书如显处视月,南人学问如牖中窥日。'"[①]《隋书·儒林传序》:"大抵南人约简,得其英华,北学深芜,穷其枝叶。考其终始,要其会归,其立身成名,殊方同致矣。"[②]《北史·儒林传序》也同样重复这段话。清代更出现北学南学之争,形成北学学派。因此跨学科界域,宏观提炼河北学术的地域品格与特色,是本书最大难题。

(二)学术创新

1. 系统的河北学术史研究。本书定名《河北学人与学术史研究》,主要考虑所选70多位河北学人为代表描述河北学术史可能存在疏漏之处,故没有直接名为《河北学术史》,但从研究目标上说,完全按照《河北学术史》的研究思路展开的,力图对河北学术史做全面系统的研究。在准确把握河北学人个案学术成就基础上,总结概括河北学术史的区域特点,考察其与各时代主流学术之间的密切关系,使河北学术发展史在中国学术史背景下得到更好的阐释与解说。突出其全面性、系统性,包括纵向的、横向的、个案专题、史程梳理、区域特色等,全方位研究是本书的创新所在。

2. 全新的逻辑框架。全书突破一般发展史写作按时间朝代分期断代设立

---

① 徐震堮:《世说新语校笺》上册,中华书局1984年版,第117页。
② (唐)魏徵等撰:《隋书·儒林传序》,中华书局1973年版,第1706页。

章节的做法，而是以哲学、史学、科学艺术、文学、文献学五个专题为单元设章，把发展史的时间史程体现在各专题之中，既能突出专题学术史的特点，又能兼顾整体河北学术史程的建构，为区域学术史研究提供了可借鉴的新范式。

3. 注重突出区域特色。全书对河北学人的个案研究，有意识突出区域、家族、教育、传承等因素对学人学术理念与学说思想的影响，注重挖掘河北区域学术史发展流变的区域原因和内在机制，在一般性知识经验之中突显独特的地方性与个体性，进而透视蕴含其中的燕赵文脉与畿辅文化精神。

当然，本书也存在诸多缺憾。全书由多位学术同人合作完成，作为集体项目，其优势在于发挥各位专家学者的学术优长，承担相应的研究任务，其不足也是显见的：一是受篇幅限制，全书对河北学人取舍存在挂一漏万、是否合理的问题。二是全书结构上个别部分存在内容交叉现象。三是不同部分的论述体现出的学人个案研究与学史线索梳理关系的处理也不尽相同。四是全书对河北学术史发展的内在规律、区域特色的凝练与概括还不够充分深入。五是全书语言表达带有研究者的表述风格与习惯偏向，各部分间也存在用力不均、深浅不等的问题。

目录
CONTENTS

第一章　河北思想家与中国哲学 ·· 001

　　第一节　慎到、荀子、公孙龙与先秦诸子 ······························ 001

　　第二节　董仲舒、崔寔与两汉政治哲学 ································· 020

　　第三节　刘劭、欧阳建与魏晋玄学 ·· 033

　　第四节　刘焯、刘炫、孔颖达与隋唐经学 ······························ 040

　　第五节　邵雍、刘因、魏裔介与宋明理学 ······························ 051

　　第六节　孙奇逢、崔蔚林、颜元、李塨与清代实学 ················· 066

第二章　河北史学家与中国史学 ·· 081

　　第一节　崔浩、魏收、李德林、李百药、崔仁师、

　　　　　　魏徵的正史撰述 ·· 081

　　第二节　郦道元、李吉甫的地理史撰述 ································· 105

　　第三节　苏天爵的人物传记撰述 ·· 123

　　第四节　崔述的考据学撰述 ·· 132

　　第五节　孙承宗、赵文濂、郭棻、王太岳的地方志撰述 ·········· 141

第三章　河北学人与中国科学艺术 ··· 147

　　第一节　祖冲之、李冶、朱世杰、王恂的数学研究 ················· 147

　　第二节　崔寔、耿荫楼的农学研究 ······································· 153

第三节　扁鹊、刘完素、张元素、王清任、张锡纯等人的
  　　　　医学研究……158
  第四节　刘焯、僧一行、郭守敬的天文历法研究……175
  第五节　河北学人与乐论（音乐）……187
  第六节　河北学人与书论（书画）……200

第四章　河北学人与中国文学研究……211
  第一节　韩婴、毛苌、刘德的《诗经》研究与传播……211
  第二节　高仲武、王若虚、翁方纲与中国诗歌研究……239
  第三节　河北学人的散文、戏曲研究……266

第五章　河北文献学家与中国文献学……288
  第一节　束皙的竹书整理……288
  第二节　释道安的佛经整理……296
  第三节　王灏、张之洞的版本目录学研究……305
  第四节　王兰生、苗夔的音韵学研究……315
  第五节　史梦兰的音韵学与目录学研究……325
  第六节　王植、纪容舒、崔述的考据学……338
  第七节　李昉的类书编纂与纪昀的文献学贡献……348

主要参考文献……359
后　记……373

第一章

河北思想家与中国哲学

第一节 慎到、荀子、公孙龙与先秦诸子

战国时期，社会出现巨大变革。政治上，各诸侯国国君为使自己国家迅速发展壮大，开始招贤纳士，争相掀起改革的风潮；经济上，生产力的发展促进了经济的繁荣，为学术思想的形成提供物质保障；文化上，私学的进一步兴起，打破了贵族垄断文化学术的局面。在这样的社会背景下，各思想家争相著书立说，建立自己的学派，并在各诸侯国进行讲学与游说活动，阐明自己的主张。河北人慎道、荀子以及公孙龙就是其中的代表人物。

一、慎到的法家思想

慎到（约前390—前315年），赵国邯郸（今属河北）人，战国中后期著名的政治家、思想家，法家思想的代表性人物，曾长期在齐国稷下学宫讲学。所著《慎子》四十二篇，大多都已散佚，至今只余七篇。

法家代表人物中商鞅重法，申不害重术，慎到重势，但是慎到的思想中除了势，同样非常重视法的地位。慎到虽没有明确提出术的概念，但其思想中也含有驭下之术的观点，因此慎到的思想中是法、术、势都具备的。此外，慎到思想中掺杂着浓厚的道家思想，如无为而治、因循等。慎到的主要观点有：

尚法。任何法家代表的思想都是建立在法治的基础上，慎到同样也不例

外，甚至可以说他是以法治国的忠实拥护者。慎到非常反对"身治"，即个人之治，认为如果治理国家全凭个人喜好意愿，就会使赏罚无度，是怨生的原因。认为分马用策，分田用钩，不是策和钩要优于人智，只是因为有所依凭会去除个人私欲，只要以法治国，那么臣民就会"蒙其赏罚而无望于君也，是以怨不生而上下和矣"①。慎到对法的推崇是极端的，认为"无法之言，不听于耳"。甚至进一步提出"法虽不善，犹愈于无法"这种武断的言论。但放在春秋战国时期的大环境下其实是可以理解的，不仅儒家认为礼崩乐坏，同样法家也在寻找问题所在及解决方法。儒家将重心放在统治者的贤明，但法家却认为要抛却个人的观点，反对"身治"，提倡法治，国家由无欲的法来治理，"大君任法而弗躬，则事断于法矣"②。"蓍龟，所以立公识也；权衡，所以立公正也；书契，所以立公信也。度量，所以立公审也；法制礼籍，所以立公义也"③。凭借蓍龟、权衡、书契、度量、法制礼籍等这些法的具现物来治理国家，认为"上下无事，唯法所在"。法治是法家寻找到的治世的必由之路。

术治。慎到曾论述过君主的驭下之术，最主要的就是不必躬亲而选择充分发挥臣子的才能。认为假使君主的才能不如臣子，亲自治理国家会出现差错，反而会使"臣反责君，逆乱之道也"。如果君主才能最高而事必躬亲的话，"以一君而尽赡下则劳，劳则有倦，倦则衰，衰则复反于不赡之道也"。最后导致"是以人君自任而躬事，则臣不事事，是君臣易位也，谓之倒逆，倒逆则乱矣"。一个人的精力是有限的，治理国家需要的精力是相当庞大的，因此慎到提出："是故不设一方以求于人，故所求者无不足也。"④君主需要依靠臣子来治国，而不是凭自己一人之力，得出："治乱安危存亡荣辱之施，非一人之力也"⑤的结论。

重势。慎到是极度赞成君主掌握权势的。就像腾蛇和飞龙要依凭云雾一般，如果失去了倚仗，那么就与蚯蚓无异。他认为如果没有掌握大权的话，即使是再贤明的君主也是巧妇难为无米之炊，并举出上古先王尧的例子："尧为匹夫，不能使其邻家。至南面而王，则令行禁止。"由此进一步得出"贤不足以

---

① 许富宏：《慎子集校集注·君人》，中华书局2013年版，第52—54页。
② 许富宏：《慎子集校集注·君人》，中华书局2013年版，第54页。
③ 许富宏：《慎子集校集注·威德》，中华书局2013年版，第18页。
④ 许富宏：《慎子集校集注·民杂》，中华书局2013年版，第30—36页。
⑤ 许富宏：《慎子集校集注·知忠》，中华书局2013年版，第44—45页。

服不肖，而势位足以屈贤矣"①的结论，肯定了君主掌握权势的必要性。此外，慎到还认为君权集中是必要的，"两则争，杂则相伤，害在有与，不在独也，故臣有两位者国必乱"。国家权力必须集中于一点，否则就会引发变乱，而为了避免"两相争"的局面，在"臣"之上，必须有"君"的存在来制衡臣下，"臣两位而国不乱者，君在也，恃君而不乱矣。失君必乱"②。慎到强化君主权势的思想对后世大一统及加强皇权思想有着深远影响。但是慎到对国家与君主之间关系的理解是有独特见识的，"立天子而贵之者，非以利一人也"。并不像后世认为的君权天授那样无理由强调君主的无上权力，反而认为天子的设立是为了天下，天子只是国家的管理者，不能任意挥霍权力，"故立天子以为天下，非立天下以为天子也；立国君以为国，非立国以为君也；立官长以为官，非立官以为官长也"③。这种在后世看来极具叛逆性的言论，正是慎到对君主与江山社稷之间关系新的诠释，批判了家天下的观点，但论述也仅此而已，其观点并未被深化。

非忠。慎到非忠的观点是相当独特的，他提出忠臣不是影响国家兴亡的因素，"忠未足以救乱世"④。关于如何治乱世，慎到认为"在乎贤使任职，而不在于忠也"⑤。任用贤臣而不是仅仅依靠忠臣同样是君主驭臣之术。

无为。慎到关于"术"的思想带有道家无为而治思想。君主治理国家不应躬亲，"人君苟任臣而勿自躬，则臣皆事事矣"。应该将事务转交给大臣处理，"臣事事，而君无事；君逸乐，而臣任劳；臣尽智力以善其事，而君无与焉，仰成而已。故事无不治。"⑥慎到的某些思想与黄老学派的清静无为思想大致上是一致的。

因循。慎到的因循思想，是其黄老思想的代表。慎到所谓"因循"的含义就是顺应人性。慎子明确指出人的本性是自私自利、趋利避害的，人与人之间本质上就是一种利害关系。具体到政治方面，统治者应该顺应人的一般心理特征和好恶趋向，然后加以引导，在各种政治活动中都顺应人性的趋利避害的特点。只有这样做，国家才能发展壮大。

---

① 许富宏：《慎子集校集注·威德》，中华书局2013年版，第9—10页。
② 许富宏：《慎子集校集注·德立》，中华书局2013年版，第48—50页。
③ 许富宏：《慎子集校集注·威德》，中华书局2013年版，第16页。
④ 许富宏：《慎子集校集注·知忠》，中华书局2013年版，第42页。
⑤ 许富宏：《慎子集校集注·知忠》，中华书局2013年版，第44页。
⑥ 许富宏：《慎子集校集注·民杂》，中华书局2013年版，第32—36页。

韩非、荀子等先贤或将慎到归于法家或归于道家，近代如郭沫若、侯外庐等先生则认为慎到是由道及法的过渡人物。慎子的思想，出于黄老。他是援道入法、以道论法的关键人物。他的法治理论以黄老之学为哲学基础。慎到提出重势不尚贤的言论，与儒家重视圣人礼乐教化的观念产生强烈反差，成为韩非法家批判礼乐教化的思想来源。与商鞅、韩非等法家代表人物相比，慎到更加轻视君主的作用，认为人君如果具有最高的贤能，而以贤能治国，那么必然导致君劳而臣逸，这也为慎到看重君王具有绝对权势，任法而无为的思想所不容。为了彻底排除人为的主观随意性，慎到尽力避免起用"圣人"的观念，而一断于"道理"。甚至天子在慎到的思想中也只是维护常法，维护社会秩序的一个必要的设置。

二、荀子的儒学思想

荀子（约前313—前238年），名况，字卿，又称荀卿、孙卿，战国末期赵国人。早年游学齐国稷下学宫，后于学宫担任祭酒，期间访问秦、赵，晚年担任兰陵令，终老兰陵（今属山东）。荀子一生从事教育和著书工作，门下弟子有韩非、李斯、张苍等人，著作有《荀子》。荀子是战国晚期儒家学派集大成者，他对百家之学说进行激烈批评，集各家之所长，建立了荀学，对后世影响巨大。

（一）荀子的儒学思想体系

《荀子》一书为荀子及其弟子所著。西汉刘向整理时定为32篇，其中大部分为荀子亲自所作，少部分是荀子弟子所作。荀子在书中褒扬儒学贬斥百家，言辞颇为尖锐，"墨子蔽于用而不知文，宋子蔽于欲而不知得，慎子蔽于法而不知贤，申子蔽于势而不知知，惠子蔽于辞而不知实，庄子蔽于天而不知人"。荀子认为这些人都是在"乱家"，并且他们的学说也只是道的一个方面，只从一个方面来研究道反而会被迷惑，"内以自乱，外以惑人，上以蔽下，下以蔽上"[①]是其结果，以一己之言驳斥百家，这种言论确实是略带偏颇的，但荀子也从百家学说中汲取精华，儒、道、法、墨、名家思想都包含其中。荀学的主要思想包括以下方面：

自然观。荀子的自然观与儒家先贤大不相同，他否认天的意志，认为"天行有常"，自然界的运行有自己的规律。天的产生与人是没有关系的，世间万物都是自然界自己变化运动而产生的，天是客观存在的，是物质的，是不以

---

① 楼宇烈主撰：《荀子新注·解蔽》，中华书局2018年版，第423页。

人的意志为转移的，"天行有常，不为尧存，不为桀亡。应之以治则吉，应之以乱则凶"①。天的运行会遵循一定的原则，不因为圣贤的尧而存在，也不会因为暴虐的桀而灭亡。只要遵循自然规律就会发生好事，反之如果违反自然规律就会降临灾祸。荀子提出"列星随旋，日月递炤，四时代御，阴阳大化，风雨博施，万物各得其和以生，各得其养以成"②，列星、日月、四时、阴阳、风雨等万事万物各有自己的运行规律。关于自然界是如何产生，荀子认为："天地合而万物生，阴阳接而变化起。"③自然界的产生和发展都是其自身演化的结果，这种演化仅仅是遵循自然界的某些规律而不受任何意志的干预。关于自然界何为本源的问题，荀子提出"气"是万物的本源，带有早期朴素唯物主义性质，"水火有气而无生，草木有生而无知，禽兽有知而无义；人有气、有生、有知亦且有义，故最为天下贵也"④。从水火到人都是由"气"所构成的。如何认识自然现象，"星队，木鸣，国人皆恐。曰：是何也？曰：无何也，是天地之变，阴阳之化，物之罕至者也。怪之，可也；而畏之，非也……夫星之队，木之鸣，是天地之变，阴阳之化，物之罕至者也。怪之，可也；而畏之，非也"⑤。流星坠落和树木鸣响其实是天地阴阳的变化，只是极为罕见而已，认为奇怪是可以的，但是害怕畏惧是不应该的。"雩而雨，何也？曰：无何也，犹不雩而雨也。日月食而救之，天旱而雩，卜筮然后决大事，非以为得求也，以文之也。故君子以为文，而百姓以为神。以为文则吉，以为神则凶也"⑥。祭神求雨而下了雨，这是为什么？回答说，这没有什么，如同不祭神求雨而下雨是一样的。人们发现日月食的现象，就敲盘打鼓呼救，天旱就祭神求雨，通过占卜来决定大事，不是能祈求到什么，是用来文饰政事的。荀子认为"救之""雩""卜筮"并不能达到目的，只是"以文之也"。

天人观。相较于儒家传统的"天人合一"观，荀子提出"天人相分"的观点，"明于天人之分，则可谓至人矣"⑦。将客观世界与人类社会分离开来，

---

① 楼宇烈主撰：《荀子新注·天论》，中华书局2018年版，第327页。
② 楼宇烈主撰：《荀子新注·天论》，中华书局2018年版，第329页。
③ 楼宇烈主撰：《荀子新注·礼论》，中华书局2018年版，第392页。
④ 楼宇烈主撰：《荀子新注·王制》，中华书局2018年版，第156页。
⑤ 楼宇烈主撰：《荀子新注·天论》，中华书局2018年版，第334—335页。
⑥ 楼宇烈主撰：《荀子新注·天论》，中华书局2018年版，第336—337页。
⑦ 楼宇烈主撰：《荀子新注·天论》，中华书局2018年版，第328页。

"治乱天邪？曰：日月、星辰、瑞历，是禹、桀之所同也；禹以治，桀以乱，治乱非天也。时邪？曰：繁启、蕃长于春夏，蓄积、收藏于秋冬，是又禹、桀之所同也；禹以治，桀以乱，治乱非时也。地邪？曰：得地则生，失地则死，是又禹、桀之所同也；禹以治，桀以乱，治乱非地也"①。社会安定或是混乱的决定因素是"天邪？""时邪？"还是"地邪？"荀子给出的答案是非也，"日月、星辰、瑞历"，"繁启、蕃长于春夏，蓄积、收藏于秋冬"，"得地则生，失地则死"，这些情况是禹和桀统治时都存在的，但禹时政治清明，桀时却政治混乱，说明"天""时""地"并不会对社会政治环境造成影响。面对"星队""木鸣"的奇怪现象，荀子认为这是天地阴阳的自然变化，虽然很罕见，但也不需要害怕。"夫日月之有蚀，风雨之不时，怪星之党见，是无世而不常有之。上明而政平，则是虽并世起，无伤也；上暗而政险，则是虽无一至者，无益也"②。日食月食，风雨不合时令，怪星的出现等奇怪的现象不会因为君王圣明与否，政治清明与否而出现或消失。总之，社会的治或乱与自然界是没有必然联系的。荀子认为自然界有其自然规律，但人并不是只能被动承受，相反，人可以认识和利用自然规律能动地改造客观世界。据此，他进而提出了"制天命而用之"的思想，"大天而思之，孰与物畜而制之！从天而颂之，孰与制天命而用之！望时而待之，孰与应时而使之！因物而多之，孰与骋能而化之！思物而物之，孰与理物而勿失之也！愿于物之所以生，孰与有物之所以成！故错人而思天，则失万物之情"③。推崇天而思慕它，哪里比得上把它当作物品蓄养而控制它；顺从上天并且颂扬它，哪里比得上掌握自然规律来利用它；盼望时令并且等待它，哪里比得上顺应季节的变化而使天时为人们服务；听任万物自然增多，哪里比得上施展人的才能而对万物加以变革发展；想着让万物为自己所用，哪里过比得上治理万物而使万物都能得到充分合理的利用；整天去仰慕万物是怎样产生的过程，哪里比得上去促进已经生成的万物更好得成长呢。因此，放弃个人努力而仅仅依赖于天，那就是不了解自然界的真实情况，自然界是没有意志的，它不会恩赐给人们什么东西。荀子一直在强调人的主观能动性，面对自然界，人类并不是无能为力的，同时人类与其被动接受"上天"恩赐，倒不如利用自然规律反过来为人类的生产生

---

① 楼宇烈主撰：《荀子新注·天论》，中华书局2018年版，第332页。
② 楼宇烈主撰：《荀子新注·天论》，中华书局2018年版，第334页。
③ 楼宇烈主撰：《荀子新注·天论》，中华书局2018年版，第338页。

活创造条件。

人性观。《荀子》一书中的《性恶》篇提出人性本恶的说法，开篇即写到"人之性恶，其善者伪也"[1]。荀子认为人之性是"好利""疾恶""好声色"的，如果顺从的话就会"争夺生而辞让亡"[2]，"残贼生而忠信亡"[3]，"淫乱生而礼义文理亡"[4]，需要通过后天的改造才能"归于治"。同时，文中提出了"化性起伪"的说法，"不可学，不可事而在天者，谓之性；可学而能，可事而成之在人者，谓之伪"[5]。即先天指"性"，后天人为指"伪"。荀子认为人的本性是可以改造的，承认了后天改造的能动性。性恶论是荀学最具有标志性的论点，同为儒家的孟子提出性善论，双方学说恰好是对立的，这也是荀学在信奉孔孟儒学的封建社会遭到抵触的原因之一。但是后世学者逐渐产生了不同看法，民国时期学者姜忠奎作《荀子性善证》，认为荀子的人性论是性善论，颠覆传统观念，但文中的例证不足以证明荀子是性善论者，可能是姜忠奎受传统性善论思想影响，而强行将荀子向性善论者靠拢。梁涛先生则从传统说法中找到新的突破口，认为"化性起伪"说中的"伪"非人为而是心为，从而推出性恶心善论，认为"性"代表了一种消极向下的思想，而"心"则代表了一种积极向上的思想。但梁先生以"伪"为"心为"有些牵强，《荀子》一书中对"伪"的解释是："可学而能，可事而成之在人者，谓之伪。"[6]明确表示"伪"即后天人为，不能以心为替代，后文举例"枸木必将待檃栝烝矫然后直，钝金必将待砻厉然后利"[7]。弯曲的木头和不锋利的金属需要加以改造才能变得笔直和锋利。"檃栝""烝矫""砻厉"即后天改造，是"人为"而非"心为"。

礼法观。"礼"是荀子思想的核心。关于礼的起源，荀子认为："人生而有欲，欲而不得，则不能无求，求而无度量分界，则不能不争。争则乱，乱则穷。先王恶其乱也，故制礼义以分之，以养人之欲，给人之求。使欲必不

---

[1] 楼宇烈主撰：《荀子新注·性恶》，中华书局2018年版，第474页。
[2] 楼宇烈主撰：《荀子新注·性恶》，中华书局2018年版，第474页。
[3] 楼宇烈主撰：《荀子新注·性恶》，中华书局2018年版，第474页。
[4] 楼宇烈主撰：《荀子新注·性恶》，中华书局2018年版，第474页。
[5] 楼宇烈主撰：《荀子新注·性恶》，中华书局2018年版，第476页。
[6] 楼宇烈主撰：《荀子新注·性恶》，中华书局2018年版，第476页。
[7] 楼宇烈主撰：《荀子新注·性恶》，中华书局2018年版，第475页。

穷乎物，物必不屈于欲，两者相持而长，是礼之所起也。"①人生而有欲，顺从欲望就会产生斗争，从而使社会混乱，社会混乱就会使人民穷困。先王为了制止混乱，制定了礼义制度，通过礼义来划分等级，调节人们的欲望，满足人们的要求。因此礼的目的之一就是："分之""养人之欲""给人之求"。除此之外礼的功用还有事天地、尊先祖和隆君师，"礼有三本：天地者，生之本也；先祖者，类之本也；君师者，治之本也。无天地，恶生？无先祖，恶出？无君师，恶治？三者偏亡，焉无安人。故礼，上事天，下事地，尊先祖而隆君师，是礼之三本也"②。荀子作为儒家大贤同样推崇礼的教化之用："礼义不行，教化不成。"③礼还能调节文理和情用："礼者，以财物为用，以贵贱为文，以多少为异，以隆杀为要。文理繁，情用省，是礼之隆也。文理省，情用繁，是礼之杀也。文理情用相为内外表里，并行而杂，是礼之中流也。"④礼同样可以治理社会："推礼义之统，分是非之分，总天下之要，治海内之众，若使一人。"⑤荀子以礼治国的思想影响了后世两千年，"国无礼则不正。礼之所以正国也，譬之犹衡之于轻重也，犹绳墨之于曲直也，犹规矩之于方圆也，既错之而人莫之能诬也"⑥。荀子在强调礼的同时也重视法的作用，以法来治理社会，"众庶百姓则必以法数制之"⑦。荀子思想中的法是由礼引申而来，礼体法用，"礼义生而制法度"⑧，强调礼为法本。除法以外，荀子同样对刑罚作出论述。首先是德主刑辅，即"行一不义，杀一无罪，而得天下，仁者不为也"⑨。礼义是具有绝对地位的，"治之经，礼与刑，君子以修百姓宁。明德慎罚，国家既治四海平"⑩。"明德慎罚"就是主张德刑并重、德主刑辅。

认识观。关于物质与意识的关系方面，首先，荀子肯定物质是先于意识

---

① 楼宇烈主撰：《荀子新注·礼论》，中华书局 2018 年版，第 375 页。
② 楼宇烈主撰：《荀子新注·礼论》，中华书局 2018 年版，第 378 页。
③ 楼宇烈主撰：《荀子新注·尧问》，中华书局 2018 年版，第 618 页。
④ 楼宇烈主撰：《荀子新注·礼论》，中华书局 2018 年版，第 384 页。
⑤ 楼宇烈主撰：《荀子新注·不苟》，中华书局 2018 年版，第 41 页。
⑥ 楼宇烈主撰：《荀子新注·王霸》，中华书局 2018 年版，第 208 页。
⑦ 楼宇烈主撰：《荀子新注·富国》，中华书局 2018 年版，第 174 页。
⑧ 楼宇烈主撰：《荀子新注·性恶》，中华书局 2018 年版，第 478 页。
⑨ 楼宇烈主撰：《荀子新注·王霸》，中华书局 2018 年版，第 199 页。
⑩ 楼宇烈主撰：《荀子新注·成相》，中华书局 2018 年版，第 505 页。

的,他提出"形具而神生"①;其次,荀子认为客观世界是可以被认识的,"凡以知,人之性也;可以知,物之理也"②。而认识世界的主体是"心",他提出"心者,形之君也而神明之主也,出令而无所受令。自禁也,自使也,自夺也,自取也,自行也,自止也。故口可劫而使墨云,形可劫而使诎申,心不可劫而使易意,是之则受,非之则辞。故曰:心容,其择也无禁必自见,其物也杂博,其情之至也不贰"③。心是身体和精神的主宰,从来只是发号施令而不受命令,说明心具有主动性、独立性。而作为受体的"物"也是同样客观存在的,"天有常道矣,地有常数矣"④。荀子肯定了自然界的存在,因此作为认识对象的"物"也是存在的。而在主体"心"与受体"物"之间是如何连接的,荀子提出了认识事物的媒介,"形体、色、理,以目异;声音清浊、调节奇声,以耳异;甘、苦、咸、淡、辛、酸、奇味,以口异;香、臭、芬、郁、腥、臊、漏、庮、奇臭,以鼻异;疾养、凔、热、滑、鈹、轻、重,以形体异;说、故、喜、怒、哀、乐、爱、恶、欲,以心异。心有征知。征知,则缘耳而知声可也,缘目而知形可也;然而征知必将待天官之当簿其类然后可也"⑤。这些诸如"形体""清浊""甘苦""香臭""疾养""喜怒"等主观情感的来源是五官"目、耳、口、鼻、形体"及心,同时荀子认为:"耳目鼻口形,能各有接而不相能也,夫是之谓天官;心居中虚,以治五官,夫是之谓天君。"⑥心是管理五官的主宰,即主体"心"通过媒介"五官"对客体"物"产生诸般认识。进而荀子提出知行的关系,"不闻不若闻之,闻之不若见之,见之不若知之,知之不若行之。学至于行之而止矣。行之,明也,明之为圣人……故闻之而不见,虽博必谬;见之而不知,虽识必妄;知之而不行,虽敦必困"⑦。荀子认为知与行都是必不可少的,但他更加重视行。荀子认为行是知的来源和目的,知道了而不去实践,即使知识很多,也会陷入困境。荀子批评人们认识世界的表面性和片面性,进而提出了"虚壹而静"的认识方法。

---

① 楼宇烈主撰:《荀子新注·天论》,中华书局2018年版,第330页。
② 楼宇烈主撰:《荀子新注·解蔽》,中华书局2018年版,第439页。
③ 楼宇烈主撰:《荀子新注·解蔽》,中华书局2018年版,第429—430页。
④ 楼宇烈主撰:《荀子新注·天论》,中华书局2018年版,第333页。
⑤ 楼宇烈主撰:《荀子新注·正名》,中华书局2018年版,第451页。
⑥ 楼宇烈主撰:《荀子新注·天论》,中华书局2018年版,第330页。
⑦ 楼宇烈主撰:《荀子新注·儒效》,中华书局2018年版,第133页。

"人何以知道？曰：心。心何以知？曰：虚壹而静。心未尝不藏也，然而有所谓虚；心未尝不两也，然而有所谓一；心未尝不动也，然而有所谓静。人生而有知，知而有志；志也者，臧也；然而有所谓虚；不以所已臧害所将受谓之虚。心生而有知，知而有异，异也者，同时兼知之；同时兼知之，两也；然而有所谓一，不以夫一害此一谓之壹。心，卧则梦，偷则自行，使之则谋；故心未尝不动也，然而有所谓静，不以梦剧乱知谓之静。未得道而求道者，谓之虚壹而静"①。"臧""两""动"是"心"所固有的三种状态，如果仅以这三种状态来思考世界，难免会陷入"蔽"的状态，为了"解蔽"，荀子相对应地提出"虚""壹""静"的状态，而做到了虚壹而静，就达到"大清明"的境界。

义利观。在"义"与"利"的关系问题上，荀子肯定人们有趋利避害的天性，也就是肯定了人对于利的追求是正当的、合理的，"义"与"利"都是人们所需要的，即便是再贤明的君主也要尊重人们的根本诉求，即便是再残暴的君主也不能扼杀人们对于"义"的趋向。荀子虽然肯定追求"利"的合理性，但并不认同无条件的逐利。荀子认为过度顺从人们对于利的欲望，就会产生争夺，从而引起社会的纷争和混乱，因此，必须用礼义来控制人的物质欲望。在荀子的思想体系中，义和利不是矛盾的，而是一个统一体，"利"是"义"的最终目的，"义"是"利"的实现方式，而"礼"便是"义"的外在表现形式。

（二）荀子儒学思想的评价

在孔子死后，儒学式微，儒家内部的分裂及百家学说的发展和传播，都使儒家受到了重大打击，儒学地位受到了严峻挑战。孟子和荀子是处于谷底的儒学进行复兴的关键，连续两代大儒，使儒学重新崛起。荀子的荀学对儒学发展的贡献是毋庸置疑的，但令人唏嘘的是，荀子在后世地位不仅与孟子天壤之别，其学说更遭到儒家后学的强烈排斥。转折点当是从唐代韩愈开始，汉代时荀子与孟子并称于世，司马迁作《史记》撰述先秦诸子，以孟、荀为目，淳于髡、慎到、尸子、墨翟等大贤附于其下。西汉刘向将荀子著作进行校阅整理，编定为32篇，并对荀子大加赞赏，《孙卿新书叙录》中载刘向说："如人君能用孙卿，庶几于王"②。董仲舒在《春秋繁露》中赞扬荀子："循三纲五纪，通八端之理，忠信而博爱，敦厚而好礼，乃可谓善。此圣人之

---

① 楼宇烈主撰：《荀子新注·解蔽》，中华书局 2018 年版，第 426—427 页。
② （清）王先谦撰，沈啸寰、王星贤点校：《荀子集解》附《孙卿新书叙录》，中华书局 1988 年版，第 559 页。

善也。"①

　　汉魏南北朝时期对荀子及其学说基本都是褒扬，到中唐韩愈"大醇而小疵"一说之后，荀学开始受到鞭笞。韩愈"大醇小疵"之说本意并不是完全贬斥荀子，荀学大抵还是"大醇"的。韩愈曾在许多场合赞扬荀子，值得一提的是韩愈的下属杨倞为《荀子》作注，是现今流传《荀子》最早的注本。以韩愈为首的唐人并未对荀子有过分贬斥，只是韩愈认为相比《孟子》，《荀子》中的思想较为驳杂，但取百家之所长正是荀子能在百家争鸣之时屹立不倒的原因。不过正是顺应时代之举，却落下了口实。

　　自宋朝开始荀子地位一落千丈，南宋大儒朱熹一句"不须理会荀卿"②将荀学打入深渊，但宋儒对荀子的批驳大多仅限于"性恶"及"全是申韩"之论，但并未提出有较强信服力的论点。究其原因不过是理学在大力排斥异己，理学与荀学理念的冲突是荀学受到打击的原因。而随着程朱理学的衰弱，清代以降，荀子的地位有所提升。清人汪中通过前人撰述，对荀子事迹进行考证，作《荀卿子通论》。文中记载如《穀梁春秋》《鲁诗》等大多数儒家经典都是经由荀子之手传于后世，"盖自七十子之徒既殁，汉诸儒未兴，中更战国、暴秦之乱，《六艺》之传赖以不绝者，荀卿也。周公作之，孔子述之，荀卿子传之，其揆一也"③。"荀卿之学，出于孔氏，而尤有功于诸经"④。肯定了荀子的功绩是可以与周公、孔子相提并论的，这个评价是极高的。近代学者更是从荀子思想中取其所需，阐述个人的思想。荀学可以是维护封建统治的重要工具，也可以是对抗孔子、孟子和反传统的急先锋，也可以是唯物主义哲学的先进代表。这些或褒或贬的观点，反映了近代思想家们为改变近代中国而做出的思考。

　　新中国成立初期，学者们基本上都是将荀子与荀学归置于唯物主义，由于学术背景将唯物主义与唯心主义高度对立，部分学者将荀学与孔孟完全对立，认为其思想是与孔、孟之儒是针锋相对的。"文化大革命"时期，学术研

---

① （清）苏舆撰，钟哲点校：《春秋繁露义证》卷十《深察名号》，中华书局1992年版，第303—304页。
② （宋）黎靖德编，王星贤点校：《朱子语类》卷一三七《战国汉唐诸子》，中华书局1986年版，第3254页。
③ （清）汪中：《述学·荀卿子通论》，辽宁教育出版社2000年版，第78页。
④ （清）汪中：《述学·荀卿子通论》，辽宁教育出版社2000年版，第77页。

究带上了意识形态的色彩，荀学研究陷入泥潭，甚至出现了荀子非儒家而是法家等错误认识。20世纪70年代至今，荀子研究逐渐繁荣起来，首先是对"文革"时期错误的荀子研究进行拨乱反正；其次是荀学研究范围扩大并逐渐深入，例如，在音乐方面就有褚玉龙的《试论荀子对音乐社会作用的论述》，另外，学者们还将荀子与国内外思想家观点进行比较，如将荀子与韩非子的刑法思想进行比较、将荀子与休谟正义思想进行比较等。荀子历史地位的变化、学派归属等问题都有新的观点提出，荀子思想研究有了新的发展。

荀子是先秦最后一位儒学大师，他批判地吸收前代儒家学说以及其他诸子学说，来建构自己的学术体系。他提倡在学术上以某家学说为主旨，应时而变化，这样才能跟上时代发展，宜于将学说用于国家治理。这便决定了他对孔门儒学的继承必然是批判式的继承，是在批判继承基础上的改造与发展。如在对"天"的认识上，孔子思想学说中既有"主宰之天"的论说，又有怀疑"天命""鬼神"而向"自然之天"发展的倾向。孔子把"天"视为社会人事的最高主宰，认为"天"是人事纠纷的最高主宰者，它可以洞察世人最奥秘的心灵和最隐曲的主旨；另一方面，又有对"天"之无限威力的怀疑。孟子在"天论"方面继承了孔子"畏天命"的"主宰之天"的内容。荀子则把孔子对"自然之天"的朦胧认识发展为"自然之天"的完善理论，创造出著名的"制天命而用之"的新天论。对"礼"的认识上，荀子反对孔子提出的，只能用道德感化来号召社会成员推行礼制的思想，而认为，法之规定，有未尽之处，故以礼作为法的补充；法之推行，有试法之人，故以礼作为法的辅佐。礼法并行，内外俱治，才能保证社会安定。对"人性"的认识上，荀子反对孟子提出的性善论，而主张性恶论，荀子的性恶论补充了孟子不甚重视人之先天之情感欲望发动，对"知性"进行了发掘和阐发。在中国哲学史上，孟子的性善论和荀子的性恶论引起了广泛的后儒的争论，对中国人性论的发展产生了极为深远的影响。自秦汉之后，人性论者大多沿着孟荀的人性论论述路径发展。

三、公孙龙的名家思想

公孙龙（约前320—前250年），字子石，赵国人，长于辩论和逻辑推理，是战国中期名家的代表性人物，公孙龙有着较为丰富的思想。我们可以把他的思想分为哲学思想和政治思想两大类，其哲学思想注重逻辑思辨，脱离感性认识，强调概念的逻辑分析，著名论点有"白马非马""离坚白"等；其政治思想以"偃兵尚功"为主旨，宣扬和平主义，反对各国间的战争。

（一）公孙龙的哲学思想

中国的春秋战国时代，是个"百家争鸣"的时代，也是中国的逻辑学、语言学巨大发展的一个时代。公孙龙就是在这方面做出突出贡献的代表人物之一。以《公孙龙子》为主的有关史料中，包含了公孙龙较为丰富的逻辑与语言思想。公孙龙的哲学思想包括以下几点：

父类与子类的区分与联系。概念及念指是命题及题指的基石。缺乏概念及念指，或不能合理、清晰地界定概念及念指，或不能合理、清晰地区分不同概念及念指（尤其是子类和父类）等，都会严重干扰认识。在《公孙龙子·迹府》中的"楚弓楚得"故事中，公孙龙关注了楚人非人——区分不同不等概念及念指这一点[①]。公孙龙论题的核心目的，是想论证"楚人不同于不等于人"这个道理，且坚定地抛弃"是""非"这种模糊语词，而改用"同于""等于""属于""不同于""不等于""不属于"等词语。并且，他把作为案例的"楚人非人"这个命题进一步化为了作为案例的"白马非马"这个命题，明确借助了"离"的思想和体、性关系，表明了性对体的依赖，从多个角度论证他的案例"白马非马"，来宣扬他应严格区分子类和父类，明白其间不同不等但含属关系的思想主张。

认识者的能动作用。公孙龙认为在认识中，认识者并非仅被动发挥作用，而是具有强大的主动性。其表现之一，就是概念的所指——简称之为"念指"——会随着认识者的差异而不同。在《公孙龙子·指物论》中，公孙龙阐述了自身的认识论观点：

物莫非指，而指非指。天下无指，物无可以谓物。非指者，天下无物，可谓指乎？[②]

"物莫非指，而指非指。"意即任一事物是该事物而不是它事物，无不由于被指向，而指向本身则不可是非指（空指）。天下没有指，则物不可被称为"物"。"非指"的意思是，如果天下没有物，则指也不可被称为"指"，提出了"物莫非指，指非指"这个核心命题。

[①] 徐复观：《公孙龙子讲疏》，台湾学生书局1976年版，第3页。
[②] 谭戒甫：《公孙龙子形名发微·论释·指物论》，中华书局1963年版，第18–19页。

就绝大多数事物而言，属性是事物所固有的，并不随认识者的变化而变化。但了解了白马论和指物论之后，就可知是存在事物和念指的差别。在《坚白论》篇中，公孙龙提出了指物论和"离坚白"论。针对"坚、白寓于石、盈于石"的观点，说：坚、白是两种属性，并不专属于石。如果脱离了石，那就更谈不上坚、白寓盈了。坚、白既然不专属于石，如果没有了石，那更没有坚白石了。认为"离"这种现象遍及天下，只有单独对待才能摆正对它的看法。

但是，公孙龙的认识并不彻底、通透，在《坚白论》中，他未能紧扣念指及概念的设定可以"离"这一点来申述离坚白论，而是死盯一个生活经验，即白依赖视觉，坚依赖触觉，视觉可得白不可得坚，触觉可得坚不可得白，皆不可兼得来展开。看不到坚、抚不到白，虽然不能证明有坚、有白，但也不能证明无坚、无白。

"正举"的认识方法。公孙龙认为在认识中，应该正举（是举），而不狂举（非举）。在《公孙龙子》中他对"正举""狂举"问题做了探讨，主要集中在《通变论》的后半部分。为了讲明自己的观点，公孙龙以"羊合牛非马""牛合羊非鸡"两个命题为例，认为用羊有上齿、牛无上齿来说明羊、牛不属于同类，不可以，因为虽然有这些异但仍属于同类；用羊有角、牛有角来说明羊、牛属于同类，不可以，因为虽然有这些同但仍属于异类。举这些属性，就属于狂举；用羊、牛有角，马无角；马有长毛尾，羊、牛无长毛尾来说明羊和牛算同类，和马算异类，可以，这属于正举。用牛、羊有毛无羽，鸡有羽无毛；牛、羊足五，鸡足三来说明牛和羊算同类，和鸡算异类，不可以，这属于狂举。公孙龙的依据是：马材、鸡不材，不可被归为同类。所以，与其举鸡为参照物，宁可举马为参照物。

主张名以副实。对名实问题，公孙龙也有探讨，主要集中在《名实论》中，主张以名谓实、以名适实，反对乱名。公孙龙首先提出了正物思想，"正其所实"，但又不局限于实。公孙龙在谈了正物之后，接着谈正名，提出如果名正，则名应谓（适）实。应以此名谓此实、以彼名谓彼实；不应以此名谓彼实、以彼名谓此实。最后，公孙龙对审名慎谓大发感慨：

> 至矣哉古之明王！审其名实，所慎其谓。至矣哉古之明王！[①]

公孙龙对名谓再次要求审慎，其态度是非常鲜明的。

---

① 谭戒甫：《公孙龙子形名发微·论释·名实论》，中华书局1963年版，第62页。

《吕氏春秋·审应览·应言》和《审应》所述公孙龙劝说燕昭王、赵惠文王"偃兵",使用的方法,是指出他们"名至而实不至",主张"不可以(用)虚名为也,必有其实",是循名责实、以名纠实的做法。

(二)公孙龙的政治思想

基于对君暴吏污、战乱频仍、生灵涂炭的厌恶,公孙龙在政治思想上旗帜鲜明地支持墨子"非攻"①(偃兵)、"兼爱"②观点。大概在公元前284年至公元前279年之间,公孙龙曾经劝说燕昭王偃兵。《吕氏春秋·审应览·应言》记载:

> 公孙龙说燕昭王以偃兵,昭王曰:"甚善。寡人愿与客计之。"公孙龙曰:"窃意大王之弗为也。"王曰:"何故?"公孙龙曰:"日者,大王欲破齐,诸天下之士其欲破齐者大王尽养之,知齐之险阻要塞君臣之际者大王尽养之,虽知而弗欲破者大王犹若弗养,其卒果破齐以为功。今大王曰:'我甚取偃兵。'诸侯之士在大王之本朝者,尽善用兵者也,臣是以知大王之弗为也。"王无以应。③

燕昭王口头上赞成"偃兵",公孙龙用他事实上只豢养善战之士,"诸侯之士在大王之本朝者,尽善用兵者",撕下了他的虚伪面纱。

在赵惠文王二十年(前279年)左右,公孙龙又曾经劝说赵惠文王偃兵。《吕氏春秋·审应览·审应》记载:

> 赵惠王谓公孙龙曰:"寡人事偃兵十余年矣而不成,兵不可偃乎?"公孙龙对曰:"偃兵之意,兼爱天下之心也。兼爱天下,不可以虚名为也,必有其实。今蔺、离石入秦,而王缟素布总,东攻齐

---

① 《墨子·非攻下》:"今王公大人、天下之诸侯则不然。将必皆差论其爪牙之士,皆列其舟车之卒伍,于此为坚甲利兵,以往攻伐无罪之国。入其国家边境,芟刈其禾稼,斩其树木,堕其城郭,以湮其沟池,攘杀其牲牷,燔溃其祖庙,劲杀其万民,覆其老弱,迁其重器,卒进而柱乎斗……是故子墨子曰:'今且天下之王公大人士君子,中情将欲求兴天下之利,除天下之害,当若繁为攻伐,此实天下之巨害也。今欲为仁义,求为上士,尚欲中圣王之道,下欲中国家百姓之利,故当若非攻之为说,而将不可不察者,此也!'"(见(战国)墨翟《墨子·非攻下》,上海古籍出版社1989年版,第39—42页)。
② 《墨子·兼爱上》:"当察乱何自起?皆起不相爱……若使天下兼相爱,国与国不相攻,家与家不相乱,盗贼无有,君臣父子皆能孝慈,若此,则天下治……天下兼相爱则治,交相恶则乱。"(见(战国)墨翟《墨子·兼爱上》,上海古籍出版社1989年版,第29页)。
③ 许维遹:《吕氏春秋集释》,中华书局2009年版,第501页。

得城而王加膳置酒。秦得地而王布总，齐亡地而王加膳，所非兼爱之心也，此偃兵之所以不成也。"①

赵惠王即赵惠文王。经过赵武灵王的改革，其子赵惠文王在位期间，赵国出现了鼎盛局面，与秦、齐三强并立，非常热衷于对外战争。但赵惠文王口头上却声称自己"事偃兵十余年矣"。公孙龙同样用事实戳穿了他的谎言，明确弘扬了"兼爱天下"的主张。

在公孙龙的政治思想中，有明显的尚能、尚功、不尚亲的倾向。《淮南子·道应训》记载：

> 昔者，公孙龙在赵之时，谓弟子曰："人而无能者，龙不能与游。"有客衣褐带索而见曰："臣能呼。"公孙龙顾谓弟子曰："门下故有能呼者乎？"对曰："无有。"公孙龙曰："与之弟子之籍。"后数日，往说燕王。至于河上，而航在一汜，使善呼者呼之。一呼而航来。故曰圣人之处世，不逆有伎能之士。故老子曰："人无弃人，物无弃物，是谓袭明。"②

在此，公孙龙唯能是举，没有什么尚亲、尚贵的嫌疑。

《战国策·赵策三·秦攻赵平原君使人请救于魏》记载：

> 秦攻赵，平原君使人请救于魏。信陵君发兵至邯郸城下，秦兵罢。虞卿为平原君请益地，谓赵王曰："夫不斗一卒，不顿一戟，而解二国患者，平原君之力也。用人之力，而忘人之功，不可。"赵王曰："善。"将益之地。公孙龙闻之，见平原君曰："君无覆军杀将之功，而封以东武城。赵国豪杰之士，多在君之右，而君为相国者以亲故。夫君封以东武城不让无功，佩赵国相印不辞无能，一解国患，欲求益地，是亲戚受封，而国人计功也。为君计者，不如勿受便。"平原君曰："谨受命。"乃不受封。③

在公孙龙的思想中，有拥护君主专制的痕迹，《公孙龙子·通变论》中说："其犹君臣之于国焉，故强寿矣！""君臣争而两明也。两明者，骊色章焉，故曰'两明'也。两明而道丧，其无有以正焉。"即：如果君臣各当其所，则国家强大而长寿。如果君臣互相争辩，就会两现；如果两现，就会导致大道沦

---

① 许维遹：《吕氏春秋集释》，中华书局2009年版，第475—476页。
② 何宁：《淮南子集释》，中华书局1998年版，第867—868页。
③ 缪文远：《战国策新校注》，巴蜀书社1987年版，第608—609页。

丧，还怎么端正社会的视听？

（三）公孙龙名家思想的价值

公孙龙是先秦时期燕赵大地上非常具有代表性的思想家之一，对他的学术思想进行深入剖析具有极大意义。公孙龙的学术思想，既具有巨大的学术贡献，在当时和后世都有巨大的影响，又有一些明显的不足。

公孙龙学术思想的贡献，最主要体现在：在认识论中比较清楚地想到了认识者通过指形成念指的过程，提出了"物莫非指"的重要思想，避免了许多逻辑错误。公孙龙的"白马非马"论，使我们脱离"白马属于马"的思想束缚，想到了白马虽然属于，但不同于不等于马，对于我们明确区分子类和父类是具有重要指导意义的。公孙龙主张认识、辩论中都应该遵循规矩的思想，他这个主张对提醒人们高度重视认识、辩论中的规矩具有重要意义。公孙龙的正物思想也具有不低的价值。在政治思想上，公孙龙明确主张"非攻""兼爱"，在当时君暴臣污、战乱频仍的时代背景下，对于有效克制、弥补主流派思想的弊病，是具有重要意义的。

在战国时代，公孙龙及其学术思想的影响是非常大的。就现有材料看，公孙龙主要活动范围仍在燕赵，但其影响却远超燕赵范围。无论是毁是誉，人们都对之屡屡提及，如《庄子·天下》云："桓团、公孙龙辩者之徒，饰人之心，易人之意，能胜人之口，不能服人之心，辩者之囿也。"[1]《韩非子·问辩》亦言："儒服、带剑者众，而耕战之士寡；'坚白'、'无厚'之词章，而宪令之法息。故曰：'上不明，则辩生焉'"。[2]都体现出同时代人对于公孙龙名家思想的评价。

自战国末期以降，公孙龙等人的影响的确极大衰微，但是并没有消亡，反而不绝如缕。首先，西汉司马谈就对包括公孙龙在内的名家给予了比较公正的评价，"名家使人俭而善失真，然其正名实，不可不察也"。

到了魏晋南北朝时期，玄佛兴盛，公孙龙的学术思想因而有所复兴。成书于魏晋时期的伪书《列子》，其《仲尼》篇虚构了一段公子牟与乐正子舆围绕公孙龙的辩论。其中有一段公子牟替公孙龙辩解说："夫无意则心同。无指则皆至。尽物者常有。影不移者，说在改也。发引千钧，势至等也。白马非

---

[1] （战国）庄周：《庄子·天下》，岳麓书社2016年版，第188页。
[2] （战国）韩非：《韩非子·问辩》，上海古籍出版社1989年版，第136页。

马,形名离也。孤犊未尝有母,非孤犊也。"①可谓精到。

时至近代,人们对公孙龙的学术思想更愿意予以肯定,相关研究也取得了丰硕成果,但可惜的是,由于前述公孙龙的自身缺陷明显、文本错讹过甚、人们逻辑学知识欠缺等原因,即使是肯定评价,人们对公孙龙的误解也是极深的,从而也影响了对其真正贡献的肯定,影响了其对当代发挥有益影响的力度。这些都是需要我们不断努力来改进的。

公孙龙学术思想也有不足之处,首先是其认识虽有重大突破,例如意识到了念指的存在,意识到了它是经由认识者"指"的结果,意识到了指的过程就是对事物的各种属性进行取舍的过程,但是仍然肤浅,不够通透。

首先,他的基本概念及念指(例如认识者、念指、本质、指、离等)仍是不清晰的,而且他的一些非基本但很重要的概念及念指(例如是、非)也不清晰。白马非马,根本上是因为经过设定而得的念指马、白马的本质(内涵)不同(相应地其外延也不等)②。前者中不包括属性白,后者中包括属性白。被包括是在本质属性中被包括,不被包括是在本质属性中不被包括,不是在非本质属性中也不被包括,但他绕来绕去,始终并未能点破此一关键点。所谓"离",就是指在本质属性中不被包括,指在设定时被从本质中剥离,并非真的没有了、不存在了,可是公孙龙却把它与感受时感官感受不到这种"离"、在某些场合不同属性不相结合这种"离"混为一谈,用后两者的存在证实前者的存在,跑了题。前已言及,"白马非马"论中的"是""非"的词义实际上被公孙龙暗中修改了③,但他也没有醒悟和声明,严重阻碍了人们对命题的接受。

其次,时有真正的诡辩发生。如果能够理解了笔者前面的解说,是可知"白马非马"论实非诡辩的,"秦赵非约"那个故事,公孙龙也没有诡辩。但真正的诡辩在公孙龙这里仍是有的。例如《通变论》:

> 谓鸡足一,数足二,二而一故三;谓牛、羊足一,数足四,四而一故五。牛、羊足五,鸡足三,故曰牛合羊非鸡。④

这是什么道理呢?极有可能是:公孙龙从"白马非马"的原理出发,而

---

① 杨伯峻:《列子集释》卷四《仲尼》,中华书局1979年版,第142页。
② 楚人非人,也是这个道理。
③ 是:同于或等于或属于;非:不同于且不等于且不属于→是:同于或等于,非:不同于且不等于。
④ 谭戒甫:《公孙龙子形名发微·论释·通变论》,中华书局1963年版,第38页。

得"鸡左足非鸡足""鸡右足非鸡足""牛、羊左前足非牛、羊足""牛、羊右前足非牛、羊足""牛、羊左后足非牛、羊足""牛、羊右后足非牛、羊足"的命题,这倒未尝不可;然后,他把它们相加,二加一得三,鸡足三;四加一得五,牛、羊足五,这就是诡辩了,不可。因为什么?父类和子类不可相加!不可相加而相加,就是诡辩。

又有《吕氏春秋·审应览·淫辞》:

> 孔穿、公孙龙相与论于平原君所,深而辩,至于藏三牙,公孙龙言藏之三牙甚辩,孔穿不应。少选,辞而出。明日,孔穿朝,平原君谓孔穿曰:"昔者,公孙龙之言甚辩。"孔穿曰:"然。几能令藏三牙矣。虽然,难。愿得有问于君:谓藏三牙甚难而实非也,谓藏两牙甚易而实是也,不知君将从易而是者乎?将从难而非者乎?"平原君不应。明日,谓公孙龙曰:"公无与孔穿辩。"①

"藏"通"臧",是奴隶名。历代学者认为"三牙"为"三耳"之误。公孙龙说"臧三耳",因为什么呢?材料中没有说明。按"鸡三足""牛、羊五足"来推测,很可能是"臧左耳非臧耳,臧右耳非臧耳,臧左耳一,臧右耳一,臧耳一、一、一、一相加得三"——同样是父类加子类,是违规的诡辩。像"二苟无左,又无右,二者左与右"之类,也是纯粹的诡辩。

再次,仍存在用词模糊的弊病。像"指非非指",果真如笔者的理解意即"指不空指"的话,那其用词的弊病就太严重了。辞以达意,如果遣词造句,不但不能高效传情达意,反而形成阻碍,那是万万不可的。总之,公孙龙贡献巨大,也不足明显,但也符合当时人们特别是华夏民族的认识水平。我们既不可看不到其不足,又不可苛责古人。

以公孙龙为代表的名家虽然并没有过多的对辩做理论上的系统研究,但是辩的思想还是非常丰富的,其影响也是巨大的。名家的论辩思想在促成辩的兴起、推动辩的发展、拓宽辩的领域、丰富辩的技巧等方面都发挥了极为重要的作用。因此对中国古代的辩学的形成和发展有着十分重要的意义。在名家思想中,公孙龙的思想特别对中国古代逻辑学的发展做出了巨大贡献。公孙龙在自己的论证中对名名之间、名实之间的关系加以阐述,从而得到看似诡辩的结论,即"白马非马"。实际上这个命题及其论证揭示了概念的内涵

---

① 许维遹:《吕氏春秋集释》,中华书局2009年版,第490—491页。

与外延。白马非马的得出正是从内涵上加以区别而来，同时公孙龙也是承认其外延的相互包含性的。名家对名实关系、对名名关系的探讨引得众人对此方面十分关注，墨家、道家、儒家等均参与论辩，进而得出自己的理论，也丰富了自己的学说。

第二节　董仲舒、崔寔与两汉政治哲学

秦朝的短命而亡使西汉儒家士人们在政治哲学上进行积极思考，因此他们在大一统思想的基础下，又相继加入了天命五行、伦理思想等政治理论，在最大限度上对政治思想进行了儒家式的改造，以期望保障大一统政权的长治久安，在整个社会由点到面地构建稳定的秩序。儒家知识分子对现实政治问题的积极思考是值得我们肯定的。

一、董仲舒的政治思想

董仲舒（前179—前104年），西汉广川（今河北景县西南广川镇）人，西汉著名的思想家、政治家、哲学家、经学大师。出身书香门第的董仲舒，自小就阅读了很多儒家经传，尤其是对《春秋公羊传》有深入的研究。三十岁时，他招收大批学生，教授儒家经典。其中不乏能人志士，比如担任过太名令的司马延曾多次登门求教于他。随着董仲舒的学说被广泛传播，汉景帝任命他为博士，掌管经学讲授。汉武帝元光元年（前134年），董仲舒任江都易王刘非国相十年。在元朔四年（前125年），任胶西王刘端国相，四年后辞职回家。此后潜心著书，但每逢朝廷有大事，武帝常会派人询问他的看法。汉武帝太初元年（前104年），董仲舒在家中因病去世，享年93岁。

董仲舒一生著述颇丰，《汉书·董仲舒传》中说："仲舒所著，皆明经术之意，及上疏条教，凡百二十三篇。而说《春秋》事得失，《闻举》《玉杯》《蕃露》《清明》《竹林》之属，复数十篇，十余万言，皆传于后世。"[①]班固在《汉书·艺文志》中收录了传中提到的"百二十三篇"条陈奏议，以及《公羊董

[①]（汉）班固:《汉书》卷五十六《董仲舒传》。中华书局1962年版，第2525—2526页。

仲舒治狱》十六篇,但志中并没有收录董仲舒所作诗赋。《隋书·经籍志》著录《董仲舒集》一卷。其后《新唐书》著录二卷本。南宋陈振孙在《直斋书录解题》中,著录一卷本,已经散佚。今日所见的《董仲舒集》多为明清时期学者辑本。如明人张燮《七十二家集》辑本,包含董仲舒作品九篇;清人严可均《全汉文》辑录了董仲舒作品十七篇;清人孙星衍在《续古文苑》中,又据《春秋繁露》辑补《五行对》一篇。

(一)董仲舒政治思想的内涵

董仲舒政治思想来源于《春秋》。他指出:"《春秋》之道,以元之深正天之端,以天之端,正王之政,以王之政正诸侯之即位,以诸侯之即位正竟内之治。五者俱正,而化大行。"[1]在他看来,孔子撰写的《春秋》不仅仅是一部史书,也是治理国家的根本依据。而《春秋》之所以拥有至高无上的地位,是因为书中蕴含着"天人相与"。他说:"臣谨案《春秋》之中,视前世已行之事,以观天人相与之际,甚可畏也。"[2]可见,董仲舒政治思想的阐发就是基于他在《春秋》中发掘的"天人理论"。董仲舒主要政治思想有:

大一统思想。董仲舒大一统思想产生背景主要有三点:第一,经济背景。汉初推崇黄老思想,施行"无为而治"的政策,使得国家贫弱,人民困苦的局面得到了根本的改变。然而,随着汉朝经济的恢复发展,各种社会问题也逐渐显现出来,比如贫富差距日益增大、土地兼并日趋严重等。这些问题导致农民起义接连不断,国家随时有被颠覆的可能。第二,思想背景。黄老思想与逐渐兴起的儒家思想产生了尖锐的矛盾,甚至上升到了统治阶级内部,严重影响了统治根基。第三,政治背景。由于汉朝建立之初,在地方上施行郡国并行制度,导致诸侯割据的局面产生。各诸侯视皇帝如虚设,不听从中央命令,严重影响到专制主义中央集权制度。再加上匈奴、百越等少数民族常出兵袭扰汉朝边境。在内忧外患的局面下,董仲舒的大一统思想出现是必然的。董仲舒认为《春秋》推崇的大一统思想是亘古不变的真理,"《春秋》大一统者,天地之常经,古今之通谊也"[3]。

首先,他提出"推明孔氏,抑黜百家"[4],主张思想上的一统。他指出:

---

[1] (清)苏舆撰,钟哲点校:《春秋繁露义证》卷三《玉英》,中华书局1992年版,第70页。
[2] (汉)班固:《汉书》卷五十六《董仲舒传》,中华书局1962年版,第2498页。
[3] (汉)班固:《汉书》卷五十六《董仲舒传》,中华书局1962年版,第2523页。
[4] (汉)班固:《汉书》卷五十六《董仲舒传》,中华书局1962年版,第2525页。

"今师异道，人异论，百家殊方，指意不同，是以上亡以持一统；法制数变，下不知所守。臣愚以为诸不在六艺之科孔子之术者，皆绝其道，勿使并进。邪辟之说灭息，然后统纪可一而法度可明，民知所从矣。"①在董仲舒看来，汉朝是一个君权至上的国家，必须有一个明确的指导思想。然而当今百家各持不同的观点，统治者难以一统，从而导致法令制度多次改变，民众不知道该如何遵守，国家也难以安定。解决这一问题的办法，就是要思想一统，即不在六艺之内或者与孔子学术相违背的学说，应当禁止。但是董仲舒提倡的儒学并不是照搬照抄先秦儒家思想，而是以此为基础，同时融合百家思想的新儒学。他提到"法制""法度"的字眼，这明显是受到了法家思想的影响。

其次，董仲舒结合天人理论提出了以"三纲五常"为核心的封建伦理纲常思想，实现了价值观念上的一统。"三纲"是指君为臣纲、父为子纲、夫为妻纲。即在"君臣""父子""夫妻"三对社会关系中，君主、父亲、儿子处于主要方面。董仲舒认为"三纲"的产生是必然的。他结合阴阳家的思想指出："阴者阳之合，妻者夫之合，子者父之合，臣者君之合。物莫无合，而合各有阴阳……君臣、父子、夫妇之义皆取诸阴阳之道。君为阳，臣为阴；父为阳，子为阴；夫为阳，妻为阴。"②可见，他认为天地万物皆有阴阳之理，其中阳为主，阴为辅。因此在人类社会中，肯定也会存在这种主次关系。而"三纲"的出现是符合阴阳之道的，同时也是上天的安排。他还认为"三纲"不会发生变化的，因为天道是永恒不变的，"道之大原出于天，天不变，道亦不变"③。由上可见，董仲舒通过"天道"，构建了封建社会最基本的伦理纲常，确定了人与人之间的等级关系。

董仲舒还将"三纲"的伦理观念与政治挂钩。他认为在"三纲"中，"忠"与"孝"是核心，因此他指出：

> 地出云为雨，起气为风。风雨者，地之所为。地不敢有其功名，必上之于天。命若从天气者，固曰天风天雨也，莫曰地风地雨也。勤劳在地，名一归于天，非至有义，其孰能行此？故下事上，如地事天也，可谓大忠矣。土者，火之子也。五行莫贵于土。土之于四时无所命者，不与火分功名……忠臣之义，孝子之行，取之

---

① （汉）班固：《汉书》卷五十六《董仲舒传》，中华书局1962年版，第2523页。
② （清）苏舆撰，钟哲点校：《春秋繁露义证》卷十二《基义》，中华书局1992年版，第350页。
③ （汉）班固：《汉书》卷五十六《董仲舒传》，中华书局1962年版，第2519页。

土。土者，五行最贵者也，其义不可以加矣。五声莫贵于宫，五味莫美于甘，五色莫盛于黄，此谓孝者地之义也。①

可见，在五行中，董仲舒非常推崇"土"。他认为"土"勤劳付出，而不求功名，有忠有义，如同儿孝顺父亲，臣子忠心待君主，都是天经地义之事。因此人无论是在政治上，还是在伦理上都要遵守"三纲"。

"五常"是指"仁、义、礼、智、信"。董仲舒指出："夫仁谊礼智信五常之道，王者所当修饬也；五者修饬，故受天之佑，而享鬼神之灵，德施于方外，延及群生也。"②可见，他十分重视"五常"，认为它是王者所必需。同时也可以看出，董仲舒依然用天人思想来说明"五常"存在的合理性。

董仲舒还对"五常"的内涵进行了阐释。在他看来，"仁"是五常的核心。他认为要想成为"仁者"必须要"憯怛爱人，谨翕不争，好恶敦伦，无伤恶之心，无隐忌之志，无嫉妒之气，无感愁之欲，无险诐之事，无辟违之行"③。他所说的"仁者"，是一个心舒志平、气和欲节、心地善事易行道、平易和理、与世无争的人，"仁"是最低的道德底线。同时，董仲舒认为"仁"和"义"之间有种特殊的关系，即"以仁安人，以义正我"。在他看来，"仁"是如何对待他人，"义"是怎样约束自己，规范自身。

"礼"的提出既是规范个人，也是为了维护社会秩序。董仲舒说："礼者，继天地，体阴阳，而慎主客，序尊卑、贵贱、大小之位，而差外内、远近、新故之级者也。"④可见，"礼"的提出是为了规范社会等级秩序，限制个人的私欲，加强社会的稳定。

"智"是为明理。董仲舒将"智"与"仁"结合，提出"智而不仁""仁而不智""不仁不智"三种形式，这不仅强调两者并存的必要性，还说明"智"必须以"仁"作为指导，即"必仁且智"。这样才能算是德才兼备之人。

关于"信"，董仲舒说："《春秋》之义，贵信而贱诈。诈人而胜之，虽有功，君子弗为也。"⑤在他看来，做人不可以有欺诈行为，要讲究诚信，否则就

---

① （清）苏舆撰，钟哲点校：《春秋繁露义证》卷十《五行对》，中华书局1992年版，第316—317页。
② （汉）班固：《汉书》卷五十六《董仲舒传》，中华书局1962年版，第2505页。
③ （清）苏舆撰，钟哲点校：《春秋繁露义证》卷八《必仁且智》，中华书局1992年版，第258页。
④ （清）苏舆撰，钟哲点校：《春秋繁露义证》卷九《奉本》，中华书局1992年版，第275页。
⑤ （清）苏舆撰，钟哲点校：《春秋繁露义证》卷九《对胶西王越大夫不得为仁》，中华书局1992年版，第268页。

不是君子。

由上可见,"三纲五常"思想在维护社会秩序与规范个人行为方面具有重要的意义。但是"三纲五常"的合理性是借助"天"来阐明的,具有浓厚的神秘色彩,具有局限性。

最后,他提出"屈君而伸天,屈民而伸君"①,主张政治上的一统。在董仲舒看来,为了维护中央集权的统治,限制地方诸侯的权力,必须要维护君权,树立皇帝的权威。同时,君主行事也要遵循天道,限制自己的私欲,以保证封建王朝的国家机器正常运转。关于君主如何遵循"天道",董仲舒也明确指出:"且天之生民,非为王也,而天立王以为民也。故其德足以安乐民者,天予之;其恶足以贼害民者,天夺之。"②可见,君主不能无限制满足自己的私欲,而要使民安定,让民众满意。反之,上天就会剥夺君主的权力。值得一提的是,上天惩罚君主是一个过程。他指出:"凡灾异之本,尽生于国家之失。国家之失乃始萌芽,而天出灾害以谴告之;谴告之而不知变,乃见怪异以惊骇之,惊骇之尚不知畏恐,其殃咎乃至。以此见天意之仁而不欲陷人也。"③可见,君主若违背"天道",上天首先会降下灾祸进行警告,如果不思悔改,上天将会对其进行惩处。

总的来说,董仲舒的大一统思想,有利于加强中央集权与君主专制,在一定程度上促进了当时的社会稳定。但是他依靠神学构建的政治大一统体系,具有浓厚的迷信色彩。这也决定了董仲舒用虚无缥缈的"天道"来彻底限制君主的权力是不可能成功的。同时,这也说明这套体系本质上是为君主一统天下提供理论支持,是为统治阶级服务的。

德主刑辅思想。董仲舒在国家治理方面提出了"德主刑辅"的治国原则。董仲舒的德主刑辅思想主要包括君主对民众实行德政,促使民众的内心向善和谨慎使用刑法,将刑法作为德政的辅助两方面。

首先,董仲舒提出"德主刑辅"的主张,是基于"民性待教而为善"的人性论。他将人的"性"与"善"比作"禾"与"米"。"米出禾中,而禾尚未可全为米也。善出性中,而性未可全为善也。"人性中包含着"善",但是

---

① (清)苏舆撰,钟哲点校:《春秋繁露义证》卷一《玉杯》,中华书局1992年版,第32页。
② (清)苏舆撰,钟哲点校:《春秋繁露义证》卷七《尧舜不擅移、汤武不专杀》,中华书局1992年版,第220页。
③ (清)苏舆撰,钟哲点校:《春秋繁露义证》卷八《必仁且智》,中华书局1992年版,第259页。

"性"并不等于"善"。在他看来,"善"需要王者的教化。"天生民性有善质,而未能善,于是为之立王以善之,此天意也。民受未能善之性于天,而退受成性之教于王。王承天意,以成民之性为任者也"①。因此,董仲舒主张君主要对民众施行德治,使民向善。

其次,董仲舒认为秦朝的灭亡是因为过度推行刑法,而汉朝继承了这一弊端。因此他要求皇帝及时更化,才能使国家得到有效的治理。他指出:

> 今汉继秦之后,如朽木粪墙矣,虽欲善治之,亡可奈何……窃譬之琴瑟不调,甚者必解而更张之,乃可鼓也;为政而不行,甚者必变而更化之,乃可理也……汉得天下以来,常欲善治而至今不可善治者,失之于当更化而不更化也。②

关于更化的途径,董仲舒指出:"为政而宜于民者,故当受禄于天。夫仁义礼知信五常之道,王者所当修饬也;五者修饬,故受天之佑,而鬼神之灵,德施于方外,延及群生也。"③在他看来,统治者应当推行儒家的"仁、义、礼、智、信",施行德治。但是仅仅靠德治是远远不够的。董仲舒融合了阴阳家的思想指出:"阳为德,阴为刑;刑主杀而德主生。是故阳常居大夏,而以生育养长为事;阴常居大冬,而积于空虚不用之处。以此见天之任德不任刑也。"④可见,他将"德"与"刑"比作天道的"阳"与"阴",说明"德"为主,"刑"为辅,二者并存。

保民思想。在汉朝的经济得到恢复和发展的同时,大量土地被豪强兼并。它使国家征税的压力转到土地较少的自耕农上,农民负担日益加重,生活困苦。而丧失土地的农民,成为社会的不稳定因素,时常组织大规模农民起义,企图颠覆汉朝政权。因此,保障民众的基本生活需要成为汉朝亟待解决的问题。

董仲舒指出当今下层民众生活困苦,国家若不采取相应的救济政策,将会导致犯罪的人增加,而刑法不能禁止。"富者奢侈羡溢,贫者穷急愁苦;穷急愁苦而上不救,则民不乐生;民不乐生,尚不避死,安能避罪!此刑罚之所以蕃而奸邪不可胜者也"⑤。因此董仲舒提出"均分原则",他指出:"夫天亦

---

① (清)苏舆撰,钟哲点校:《春秋繁露义证》卷十《深察名号》,中华书局1992年版,第302页。
② (汉)班固:《汉书》卷五十六《董仲舒传》,中华书局1962年版,第2504—2505页。
③ (汉)班固:《汉书》卷五十六《董仲舒传》,中华书局1962年版,第2505页。
④ (汉)班固:《汉书》卷五十六《董仲舒传》,中华书局1962年版,第2502页。
⑤ (汉)班固:《汉书》卷五十六《董仲舒传》,中华书局1962年版,第2521页。

有所分予，予之齿者去其角，傅其翼者两其足，是所受大者不得取小也。"①可见，他认为"均分"原则出现是上天所赐，有其必然性。随后，他在对策中指出"均分"方式。首先，他认为官员不能与民争夺财富。"受禄之家，食禄而已，不与民争业，然后利可均布，而民可家足"②。其次，他还注意到豪强大肆兼并自耕农土地的现象，因此他提出限田之策，以保障民众的生存需要。"古井田法虽难卒行，宜少近古，限民名田，以澹不足，塞并兼之路"③。

值得一提的是，董仲舒的"均分思想"并不是完全平均，他承认人与人之间有贫富差距。他指出："圣者则于众人之情，见乱之所从生。故其制人道而差上下也，使富者足以示贵而不至于骄，贫者足以养生而不至于忧。以此为度而调均之，是以才不匮而上下相安，故易治也。"④可见，他希望调和贫富差距，缓和穷人与富人之间的矛盾，使得"上下相安"，以此达到社会稳定的目的。

（二）董仲舒政治思想的评价

董仲舒政治思想是历史发展的必然产物，符合时代的需要。因此评价董仲舒的政治思想需要结合当时的历史环境。

董仲舒结合百家思想创造的政治理论，是我国古代政治思想不可或缺的一部分。他的思想顺应了历史发展趋势，对西汉以及后世王朝的封建政治体系建设具有重要的贡献。首先，他的大一统主张对巩固汉王朝的统治，缓解当时的社会危机起到重要的作用。在思想上，他以孔孟儒家思想为基础，并融合阴阳家、法家等学说，构建了一套新的儒学体系。它既保留了儒家思想的精华，又使得儒家政治理念符合当时汉朝复杂的社会背景。在政治上，他依靠"天人学说"，证明君主统治的合法性，从而树立君主的权威，使天下臣民屈服于君主。同时，他还以天人思想限制君权的膨胀，构建了一套新国家运行机制。另外，他提出"三纲五常"，构建了新的价值观念，稳定了当时的社会秩序。其次，为了使汉政权避免像秦因暴政而亡，他主张"德主刑辅"，使汉政权得以在霸道与王道之间回旋，缓解了当时汉朝的社会危机。最后，董仲舒的政治思想还对西汉之后的封建王朝奠定了理论基础。后世王朝的统治者，在经济、政治、思想等方面，都会借鉴董仲舒的政治思想。值得一提

---

① （汉）班固：《汉书》卷五十六《董仲舒传》，中华书局1962年版，第2520页。
② （汉）班固：《汉书》卷五十六《董仲舒传》，中华书局1962年版，第2521页。
③ （汉）班固：《汉书》卷二十四《食货志》，中华书局1962年版，第1137页。
④ （清）苏舆撰，钟哲点校：《春秋繁露义证》卷八《度制》，中华书局1992年版，第228页。

的是，董仲舒的政治思想还对我们今天价值观的形成、国民的道德标准的确立有一定影响。

但是他的政治思想并非完美无缺的。他提出"天人感应""天道""三纲五常"等思想，限制了社会的进步和人民的思想自由，同时，还扼杀了人民群众的创造性，严重阻碍了科学技术的发展。直至今日，这些封建思想依然存在。

可以说，中国传统儒家的政治思想发展发生了一个大的转折，这种转折在董仲舒之前是不明显的，汉初的儒家很大程度上是传承了先秦时期儒家学说的方法与主张。董仲舒则通过春秋公羊学对《春秋》的解释，将阴阳五行等学说糅入儒学之中，建立了天的哲学，融摄当时社会转折与发展而产生的各种新的变化与趋势，无论在形式、方法还是内容上都使儒家的政治哲学到了这一时期发生了某种程度上的转变。这一时期的儒家政治哲学经过董仲舒的改造不仅在最本源处得到了发挥，而且更加切近政治现实，适应了现实政治的需要，进而使儒学发展成为渗入到社会政治生活中每一角落的大众哲学，实现了儒学"独尊"的局面。显然，儒学的发展以及它在中国传统社会中产生的日益扩大的影响是与董仲舒的努力改造密不可分的。董仲舒对先秦儒家政治哲学的改造虽然巨大，但深入其思想深处，董仲舒的政治哲学并没有放弃先秦儒家所坚持的人文主义精神。这种对人文主义的追求在董仲舒的政治哲学中得以延续，并在他的天人哲学中得到新的阐释。但是在董仲舒之后，他所提倡并致力于一生的经学却逐渐走向僵化，并在内容与方法上备受质疑，一方面是董仲舒代表的天人合一的哲学朝着形而上学的方向迈进了一步，但却最终流向了神秘化和庸俗化；另一方面天人相分的思想学说却无法在更抽象的层面理解社会政治生活。这种状况说明在汉儒形而上学素养有限的情况下，传统儒家政治哲学在汉代无法完成其哲理化过程，而这一过程直到宋代理学家完全在形而上学的层面理解天人关系之后，才算完成了其漫长的道路。

二、崔寔《政论》的政治思想

崔寔（103—170），字子真，小字元始，幽州涿郡安平（今河北安平）人，东汉后期著名的政治家、思想家、农学家。

（一）崔寔的生平及其著述

崔寔出身于官宦世家，祖父崔骃学贯古今，善于撰写文章。其父崔瑗，不仅精通书法，还对天文历法有系统的研究。崔寔受其父崔瑗的影响，少时酷爱诗书典籍。崔瑗去世后，崔寔为他修起坟墓，建立碑颂，并隐居在墓旁，常常受人嘲笑。后他因家财用尽，以贩酒为生。服丧完后，三公多次向朝廷推荐他担任官职，但都被其拒绝。汉桓帝建和元年（147）因崔寔"至孝独行"，朝廷任命他为议郎，后迁为大将军梁冀府司马，并参与国史《东观汉记》的编纂。后又出京任五原太守，崔寔教授当地的百姓制作御寒工具，避免遭受寒冷之苦，深受当地百姓爱戴。当时北方少数民族军队袭扰边境，崔寔率领军队整顿边防，后来崔寔因病被召回，拜为议郎。延熹二年（159），汉桓帝联合宦官单超、徐璜等人杀死外戚梁冀，崔寔因是其故吏被禁锢多年。时鲜卑多次袭扰边境，边境百姓深遭苦难，司空黄琼推荐崔寔为辽东太守。在赴任的路上，崔寔母亲刘氏病故，他上疏请求将其母归葬。服丧之后，朝廷召拜他为尚书。崔寔以当时动乱不安，称病不理事，数月后被免官归家。建宁三年（170），因病故。因其政治清廉，家无余财，光禄勋杨赐、太仆袁逢、少府段颎等人为他准备棺椁葬具，大鸿胪袁隗为其树碑颂德。

崔寔一生著述颇丰，《政论》就是他的代表作之一。关于"政论"的意思，许慎在《说文解字》中指出："政，正也。""论"说的是分析和讨论问题，因此"政论"是指对当时的政治与社会问题提出的观点与看法。《后汉书》中记载也对"政论"的内涵有相似的阐释。"桓帝初，诏公卿郡国举至孝独行之士。寔以郡举，征诣公车，病不对策，除为郎。明于政体，吏才有余，论当世便事数十条，名曰《政论》"。可见《政论》一书是作者崔寔对东汉的政治和社会问题的观点与看法。它集中反映了崔寔的政治思想，也因此范晔对其有很高的评价，"寔之《政论》，言当世理乱"。

关于《政论》的版本流传。该书于东汉末年完成，并一直以手抄的形式流传。后在《隋书·经籍志三》中，著录《正论》六卷，汉大尚书崔寔撰。这也是该书最早被收录在正史的目录中。在《旧唐书·经籍志下》中，著录《崔氏政论》五卷，崔寔撰；在《新唐书·艺文志三》中，著录《崔氏政论》六卷，崔寔撰。在此之后，该书散佚。

今天所见的《政论》都是后人的辑本。明人梅鼎祚在《后汉书》《太平御览》中辑录出《政论》部分篇章，编入《历代文纪·东汉文纪》卷十七中，并于崇祯十七年（1637）付梓。该书后被收入清乾隆年间编撰的《四库全书·集部·总集类》，但是书中记录的内容并不全面，真实性也不可考。嘉庆十九年（1814），清代文献学家严可均从《群书治要》《后汉书》《通典》辑录出九篇，编入《四录堂类集总目》之中，收录到《全上古三代秦汉三国六朝文》原稿。因此，我们可以深入了解崔寔的政治思想。

当然除了《政论》与《四民月令》外，崔寔还撰有《大赦赋》《答讥》《谏议大夫箴》和《太医令箴》，这些都被收入《全后汉文》中。这些著述的内容主旨与《政论》一脉相承。

（二）《政论》中崔寔的政治思想

东汉末年，由于皇帝昏聩，宦官与外戚争权夺利，中央政府政治黑暗，再加上土地兼并严重，以致人民生活困苦，农民起义接连不断，国家政权随时有被颠覆的可能。在此社会背景下，崔寔为了维护东汉王朝的统治，在《政论》中提出了一系列的政治主张。

军事思想。崔寔主张加强武备。在他看来，武备是保证军事胜利的重要前提，"凡汉所以能制胡者，徒擅铠弩之利也"[1]。但是当今国家武器装备不够精良，"至以麻枲被弓弩，米粥杂漆，烧铠铁焠醋中，令脆易治。铠孔又褊小，不足容人，刀牟悉钝"[2]，导致边境将士不肯使用国家制作的兵器，而是自己制造。他认为武器质量下降的原因是"顷主者既不敕慎，而诏书又误进入之宾，贪饕之吏竞约其财用，狡猾之工复盗窃之"[3]。督造兵器的官员不够严令谨慎，而且皇帝诏书错误，官员中饱私囊，节省材料，工匠还经常偷盗。因此，他建议"朝廷留意于武备，财用优饶，主者躬亲，故官兵常牢劲精利，有蔡太仆之弩及龙亭九年之剑，至今擅名天下"[4]。朝廷要重视武器装备，拨有足够的锻造经费，督造兵器的官员要亲自督造，才能造出"蔡太仆之弩""龙亭九年之剑"这样精良的武器。另外，他还主张重申过去的法令，免除工匠的赋税，以此激励工匠，"诚宜复申明巧工旧令，除进入之课，复故财用。虽颇为吏、工所中，尚胜于自中也。苟以牢利任用为故，无问其他"[5]。同时，他主张要监督工匠，《月令》曰："物刻工名，以覆其诚。功有不当，必行其罪，以穷其情。"[6]每把武器刻上工匠的名字，可以有效稽查工匠锻造武器的质量。

---

[1] （汉）崔寔著，孙启智注：《政论校注·阙题五》，中华书局2012年版，第113页。
[2] （汉）崔寔著，孙启智注：《政论校注·阙题五》，中华书局2012年版，第111页。
[3] （汉）崔寔著，孙启智注：《政论校注·阙题五》，中华书局2012年版，第111页。
[4] （汉）崔寔著，孙启智注：《政论校注·阙题五》，中华书局2012年版，第109页。
[5] （汉）崔寔著，孙启智注：《政论校注·阙题五》，中华书局2012年版，第113—114页。
[6] （汉）崔寔著，孙启智注：《政论校注·阙题五》，中华书局2012年版，第116页。

民本思想。崔寔主张缓解贫富差距，以保障民生。在崔寔看来，君主要顺从优待百姓，"故养之如伤病，爱之如赤子，兢兢业业，惧以终始，恐失群臣之和，以堕先王之轨也"①。然而当时的东汉，土地兼并严重，贫富差距加大。他指出：

> 上家累巨亿之赀，户地侔封君之土，行苞苴以乱执政，养剑客以威黔首，专杀不辜，号无市死之子，生死之奉多拟人主。故下户踦岖，无所跱足，乃父子低首，奴事富人，躬帅妻孥为之服役。故富者席余而日炽，贫者蹑短而岁跋，历代为虏，犹不赡于衣食，生有终身之勤，死有暴骨之忧。岁小不登，流离沟壑，嫁妻卖子，其所以伤心腐藏、失生人之乐者，盖不可胜陈。②

可见，当时的东汉政府面临着严重的危机。第一，贫富差距过大，富者财富与日俱增，而贫者生活困苦，全家老小被富人奴役，遇到灾荒之年甚至卖妻鬻子，生活得不到保障。第二，富人拥有大片土地与巨额财富，不仅贿赂诸侯、养武士，还掌控着生杀大权，严重威胁到了中央集权。因此崔寔仿效古人，提出了移民富边的政策。他指出："故古有移人通财，以赡蒸黎。今青、徐、兖、冀人稠土狭，不足相供，而三辅左右及凉、幽州内附近郡，皆土旷人稀，厥田宜稼，悉不肯垦发。"③即因青、徐、兖、冀四州"人稠土狭，不足相供"，故将四州百姓移民到地广人稀、适宜种植的凉州、幽州以及三辅地区左右。但是百姓安土重迁的思想根深蒂固，不愿意迁徙。他建议："今宜复遵故事，徙贫人不能自业者于宽地，此亦开草辟土振人之术也。"④将贫穷的人迁移到富饶的地方去种地致富。可见崔述的政策，既缩小了贫富差距，又发展了边郡经济，加强了国家稳定。

吏治思想。崔寔主张整顿吏治。他指出："自尧、舜之帝，汤、武之王，皆赖明哲之佐、博物之臣。故皋陶陈谟而唐、虞以兴，伊、箕作训而殷、周用隆。及继体之君，欲立中兴之功者，曷尝不赖贤哲之谋乎？"⑤在他看来，尧、舜、汤、周武王等前代圣王之所以使国家复兴，全赖贤臣辅佐。然而当

---

① （汉）崔寔著，孙启智注：《政论校注·阙题六》，中华书局2012年版，第131页。
② （汉）崔寔著，孙启智注：《政论校注·阙题九》，中华书局2012年版，第169—170页。
③ （汉）崔寔著，孙启智注：《政论校注·阙题九》，中华书局2012年版，第175页。
④ （汉）崔寔著，孙启智注：《政论校注·阙题九》，中华书局2012年版，第176页。
⑤ （汉）崔寔著，孙启智注：《政论校注·阙题一》，中华书局2012年版，第29页。

时东汉吏治腐败，因此崔寔在《政论》中十分强调吏治问题。

首先，崔寔认为忠良官吏不受重用。他指出："重刑阙于大臣，而密网刻于下职。鼎辅不思在宽之德，牧牧守守逐之，各竞摘微短，吹毛求疵，重案深诋，以中伤贞良。"①大臣对于属下官吏过于苛刻，地方官员也是相互挑剔，甚至故意加重案情，陷害诋毁忠良之士。而清廉的官员，不肯诌媚奉承，"曲礼不行于所属，私敬无废于府"②。上司"乃选巧文猾吏"③，罗织罪名，排挤陷害忠良。

因此他提出要延长官员的任期。他举例指出："近汉世所谓良吏，黄侯、召父之治郡，视事皆且十年，然后功业乃著。且以仲尼之圣，由曰'三年有成'，况凡庸之士而责以造次之效哉。"④圣人孔子以及西汉时期的黄霸、召信臣皆是长期任职而政绩突出的典范。崔寔指出："故令长视事至十余年，居位或长子孙，永久则相习，上下无所窜情，加以信坚意专，安官乐职，图累久长，而无苟且之政，吏民供奉，亦竭忠尽节。"⑤在他看来，官员任职时间长，可以使上下相互熟悉，官吏也会尽心工作，不会临时应付差事。另外，他还提出完善考核制度，"则宜沛然改法，有以安固长吏，原其小罪，阔略微过，取其大较惠下而已"⑥。改变法令，宽恕小的罪过。

其次，崔寔指出官吏贪污，欺压百姓。当时官府常常诱骗百姓做工，事成又不给工钱，有的时候拖欠很久才给。如果百姓不肯应征，官府"因乃捕之"，因此百姓做的东西质量粗糙，不能使用。这种情况上行下效，愈演愈烈，最终导致风俗变得欺诈，人们变得蛮横虚伪"风移于诈，俗易于欺，狱讼繁多，民好残伪"⑦。

因此，崔寔主张提高官吏的俸禄。他指出官员贪污是因为俸禄太低，"仰不足以养父母，俯不足以活妻子"⑧。崔寔以"百里长吏"的薪俸花销为例。

一月之禄，得粟二十斛，钱二千。长吏虽欲崇约，犹当有从者

---

① （汉）崔寔著，孙启智注：《政论校注·阙题六》，中华书局 2012 年版，第 121 页。
② （清）严可均辑：《全后汉文》卷四十六《崔寔》，商务印书馆 1999 年版，第 467 页。
③ （清）严可均辑：《全后汉文》卷四十六《崔寔》，商务印书馆 1999 年版，第 467 页。
④ （汉）崔寔著，孙启智注：《政论校注·阙题六》，中华书局 2012 年版，第 127 页。
⑤ （清）严可均辑：《全后汉文》卷四十六《崔寔》，商务印书馆 1999 年版，第 467 页。
⑥ （汉）崔寔著，孙启智注：《政论校注·阙题六》，中华书局 2012 年版，第 132 页。
⑦ （清）严可均辑：《全后汉文》卷四十六《崔寔》，商务印书馆 1999 年版，第 466 页。
⑧ （汉）崔寔著，孙启智注：《政论校注·阙题七》，中华书局 2012 年版，第 146 页。

一人,假令无奴,复当取客。客庸一月千,刍膏肉五百,薪炭盐菜又五百,二人食粟六斛,其余财足给马,岂能供冬夏衣被、四时祠祀、宾客斗酒之费乎?况复迎父母、致妻子哉?[①]

可见即使是崇官节约的官员,每个月的俸禄连基本生存的需求都满足不了,以致养活自己的父母、妻子的费用都承担不起,因此才会有"卖官鬻狱""盗贼主守"[②]的现象。由此,他指出应当稍微提高官吏的薪俸,"使足代耕自供,以绝其内顾念奸之心"[③]。另外,他也主张对贪官污吏进行严惩,使其"外惮严刑"[④],不敢侵扰百姓。

最后,崔寔指出地方官员"自违诏书,纵意出入"[⑤]。东汉时期皇位更迭频繁,国家政局腐败,官僚、外戚、宦官争权夺利互相残杀,使得东汉政府中央权力被削弱,地方州郡权力逐渐扩大。崔寔在《政论》中举例指出:"永平中,诏禁吏卒不得系马宫外树,为伤害其枝叶。又诏令雒阳帻工作帻皆二尺五寸围。人头有大小,不可同度,此诏不可从也。"[⑥]当时的官员连"不得系马于宫外""帻皆二尺五寸"这样的小事都违抗皇帝的诏命,足见当时东汉政权的腐朽,因此崔寔主张赏罚严明。他指出:"无赏罚之君而欲世之治,是犹不蓄梳枇,而欲发之治,不可得也。"[⑦]只有建立严格的赏罚体系,才能使官员恪尽职守。

(三)崔寔政治思想评价

崔寔在《政论》中提出的一系列的主张,对于稳定当时东汉政局、革除社会弊病具有重要意义,因此范晔在《后汉书》中评价说:"寔之《政论》,言当世理乱,虽晁错之徒不能过也。"[⑧]同时,崔寔的思想对后世影响深远。在中国古代各个封建王朝中,很多政治与社会问题是相同的。因此《政论》中提出的整顿吏治、加强法制、保障民生、加强武备等建设性的主张,为后世统治者治理国家提供了参考。比如唐朝初年,唐太宗为了解历代政治得失,下

---

① (汉)崔寔著,孙启智注:《政论校注·阙题七》,中华书局2012年版,第149页。
② (汉)崔寔著,孙启智注:《政论校注·阙题七》,中华书局2012年版,第150页。
③ (汉)崔寔著,孙启智注:《政论校注·阙题七》,中华书局2012年版,第153页。
④ (汉)崔寔著,孙启智注:《政论校注·阙题七》,中华书局2012年版,第153页。
⑤ (汉)崔寔著,孙启智注:《政论校注·佚文》,中华书局2012年版,第186页。
⑥ (汉)崔寔著,孙启智注:《政论校注·佚文》,中华书局2012年版,第186页。
⑦ (汉)崔寔著,孙启智注:《政论校注·佚文》,中华书局2012年版,第184页。
⑧ (南朝宋)范晔:《后汉书》卷五十二《崔骃列传附崔寔传》,中华书局1965年版,第1733页。

令魏徵、褚遂良编写了《群书治要》。该书收录了《政论》的部分内容，可见崔寔的思想对后世影响之大，正如仲长统评价《政论》时所说："凡为人主，宜写一通，置之坐侧。"①

当然崔寔的主张也有如下缺陷：

首先，他提出严刑峻法的观点，对于东汉政府十分不利。当时君主无能，奸臣当道，宦官弄权，如果再严刑峻法，会导致杀伐四起，民怨沸腾。故马端临指出："以昏庸之主而复欲其行严酷之法，则土崩瓦解之势当如亡秦，亦不待建安之末而汉鼎始移矣。"②可见，东汉灭亡的原因是因为君主昏聩，并不是刑法松弛。崔寔并没有看到东汉衰败的根本原因。

其次，崔寔的主张只是想要革除当时社会弊端，带有就事论事的性质，并没有真正建立起一套政治理论体系，因此司马光说："故崔寔之论，以矫一时之枉，非百世之通义也。"③

最后，《政论》指出的东汉时期的社会问题，具有时代局限性。因此唐代以后，尤其是宋代，士大夫的思想发生转变。以程朱理学和阳明心学为代表，他们推崇孔孟之道，主张通过教化内心来达到社会稳定。这与崔寔主张严刑峻法治理国家和约束人民截然不同，这也是该书在宋代散佚的主要原因。

第三节　刘劭、欧阳建与魏晋玄学

玄学即玄虚之学。它是中国魏晋时期的思想主流，也是中国哲学发展的重要一环。东汉末年，诸侯纷争，社会秩序遭到严重的破坏。此时，一些学者从《老子》《庄子》与《周易》等中寻求处世之道，后世称这些学者为"玄学者"。河北人刘邵与欧阳建就是其中的代表人物。

一、刘劭的人才理论与玄学

刘劭，一作邵，字孔才，广平邯郸（今属河北）人。三国时期曹魏大臣、

---

① （南朝宋）范晔：《后汉书》卷五十二《崔骃列传附崔寔传》，中华书局1965年版，第1725页。
② （元）马端临：《文献通考》卷一百六十四《刑法三·刑制》，中华书局2011年版，第4903页。
③ （宋）司马光：《资治通鉴》卷五十三《汉纪·孝桓皇帝上》，中华书局1956年版，第1725页。

思想家和政治家。历任太子舍人、秘书郎、尚书郎、散骑侍郎、陈留太守等职，赐爵关内侯。刘邵学问详博，通览群书，曾经执经讲学，参与制定《新律》。编有类书《皇览》，辞赋《赵都赋》《许都赋》《洛都赋》等。

（一）刘邵的《人物志》

刘邵的人才思想主要集中在其著作《人物志》中。刘邵《人物志》一书，辨官论才，把人分为"三才"和十二类型进行品鉴，并指出各类人才的优长与短弊；同时，他把以道家理论为规则的人才作为理想君主，放在各类人才的最高层次予以论赞。刘邵的这一做法，一方面在理论上替汉魏以来评价和任用人才的实践作了系统的总结，另一方面对当时士大夫中正在形成的清议，起了推动的作用。

《人物志》上中下三卷，共十二篇，其篇名为九征、体别、流业、材理、材能、利害、接识、英雄、八观、七缪、效难、释争。全书内容以儒家思想为主，兼采道、法、名、阴阳各家学说，对人的本性、道德、才能、性格以及识别、选取、任用人才的理论和方法作了全面论述。

《人物志》一书对人物才能性情的鉴定作了相当系统全面的论述。首先，继承先秦朴素唯物主义的阴阳五行宇宙生成说，认为人的才智性情秉自自然，由于秉性不同，各种类型的人物相应有各自不同类别的表现特征，因此通过人物的体质可以了解其内在的才性，这就为才性鉴定提供了理论依据。其次，主张品评人物才性应以中庸为准则，并由此出发，将人才总体上分为兼德、兼才、偏才三类，并将偏才之人又具体划分为十二才、八才等。再次，提出鉴定人物才性的各种方法和途径，这部分所占的比重很大，所谓"八观""五视"都是颇有价值的才性鉴定方法。同时作者也指出才性鉴定过程中应避免的七种谬误，即"七谬"；以及处理人际关系时必须遵守的一些心理原则，如"谦让""不争"等。最后，强调才性鉴定的重要性，认为这是事业得以成功的重要依据。特别对于领导人来说，是否了解以及合理地使用各种人才，是其事业成败的关键，只有了解各种人才特点，按才使用，量才授官，才能取得事业的成功。

（二）刘邵《人物志》的人才理论

《人物志》表面上虽是论述人才学的专门著作，但由于其兼容名、法、儒、道各家思想，并对汉魏以来长期争论的才性之辩在理论上作了一次成功的总结，因而在儒学史上占有重要地位，也体现了刘邵丰富完善的人才理论。

其理论主要有：

才性理论。刘劭在人才选择上提出要选择好学和忠厚的人。刘劭认为人的品质才能都是天赋的，都是人所禀受的阴阳五行的成分所决定的。刘劭认为，能够当人主的人，是同一般人完全不同的人，他就是所谓"圣人"。

刘劭认为"中和之质"是构成人才的最好质料。他说："凡人之质量，中和最贵矣。中和之质，必平淡无味，故能调成五材，变化应节。是故观人察质，必先查其平淡，而后求其聪明。……阴阳清和，则中睿外明，圣人淳耀，能兼二美。"①所谓"二美"，就是上面所说的那两种人物，一种禀受阳气多，称为"明白之士"；一种禀受阴气多，称为"玄虑之人"。儒家认为中庸不偏不倚最为适中，就可造就各种品德。刘劭认为，"圣人"所禀受的阴阳之气，恰到好处。这就是"阴阳清和"，也就是所谓"中和"。中和的表现，就是"平淡无味"。"中和"也就是"中庸"。这表明刘劭选拔人才的儒家立场。

在刘劭看来，与"圣人"具有"中和之质"相比，在某一方面比较突出的人可以称得上是"偏至之材"。所以一个人如果生来就是一种"偏至之材"，那就要一直偏至下去，没有办法可以改变。他说："夫学所以成材也，恕所以推情也。偏材之性不可移转矣。虽教之以学，材成而随之以失；虽训之以恕，推情各从其心。信者逆信，诈者逆诈。故学不入道，恕不周物；此偏材之益失也。"②刘劭认为，偏至之材总是有长处有短处的。长处叫"益"，短处叫"失"。他的益、失是联系在一起的。

刘劭认为社会上有各种不同的事业，他称为"流业"，每种流业都有它的特点。这些特点，同"偏至之材"的特点可以互相配合，什么"材"可以成为什么"家"。刘劭说，共有十二个家，"有清节家，有法家，有术家，有国体，有器能，有臧否，有伎俩，有智意，有文章，有儒学，有口辩，有雄杰"。兼有这种三才的人，能够统率天下，就是"国体家"。兼有这种三才而规模比较小的人不能统率天下，只能统率一个地方区域。这种人就是"器能"家。兼有这种三才，但是其中有所偏至。这些人因他们的偏至不同而分为臧否家、伎俩家、智意家。这三种人都在一定程度上备有三才。相反，不兼具三才，但在不同的方面有一定的才能，这就是儒学、口辩、雄杰三家。

---

① （魏）刘劭著，王水校注：《人物志》卷上《九征篇》，上海三联书店2007年版，第9页。
② （魏）刘劭著，王水校注：《人物志》卷上《体别篇》，上海三联书店2007年版，第23页。

援道入儒理论。刘劭是刑名家,但他的《人物志》辨析才性,其哲学倾向则是援道入儒,以道释儒。《人物志》在品评人物德才的标准上并没有脱离早期儒家的伦理观念,但刘劭在对这些传统德目进行诠释时,却凭借道家的思想资源做了新的发挥,一反道家视仁义礼智信为"失道"的根本态度,将"道"作为贯通传统德目中最根本的东西,从而有效地串联起儒家伦理与道家的"自然"观,融合了原本冲突的儒道二家。

刘劭承续孔子思想,视"中庸"为"圣人之德",又将孔儒的中庸之德界定为道家的无形、无名、无为、无味,而且还将不争不伐、卑弱自持视为君子的立身之要道。《人物志·释争》反复申说此立身之道,如"君子知屈之可以为伸,故含辱而不辞;知卑让之可以胜敌,故下之而不疑"[①],又如"不伐者,伐之也;不争者,争之也;让敌者,胜之也。下众者,上之也"[②]等,讲的都是道家"以无为德,以虚为道"的人格准则。这是在处理人际关系中必须遵循的准则。

刘劭得出结论,争只会步入险境。因此,在个人修养方面,必须要"内勤己以自济,外谦让以敬惧"。为了更好说明"争"带来的坏处,刘劭从争强好胜的心理特点进行分析。他们"以在前为速锐,以处后为留滞,以下众为卑屈,以蹑等为异杰……"[③]其次,刘劭在分析了"争"的不利后,强调谦让的必要性。谦让是泯除相争,转祸为福,屈仇为友,化干戈为玉帛的有效手段,同时又是以屈为伸,以退为进,以不争为大发的处世之法,因为情况是反复变化的。因此,君子知道曲折是伸展的依据,谦卑礼让是战胜对手的武器,还有可能化敌为友,获得美好的名声。

由此看来,刘劭认为"君子"是孔儒人格之名号,"中庸之至德"是孔儒人格之最高标准,而"平淡无味"是道家人格的至上境界,"不争不伐"是道家人格的行为准则。刘劭在他的人格理论中将二者打通,与其说是援道入儒、以儒释道,还不如说在哲学层面重新找到了儒、道两家人格理论的相通或相互兼容之处。

阴阳五行识人理论。刘劭认为人物标准的划分是由其性情、德行、形体特征所决定的,而人的内在精神内质、形体特征又是由秉承"阴阳"二气多

---

① (魏)刘劭著,王水校注:《人物志》卷下《释争篇》,上海三联书店2007年版,第150页。
② (魏)刘劭著,王水校注:《人物志》卷下《释争篇》,上海三联书店2007年版,第152页。
③ (魏)刘劭著,王水校注:《人物志》卷下《释争篇》,上海三联书店2007年版,第149页。

少、"五行"成分多少决定的。他认为，人的意识、德性，人的形体等，都源于元气、阴阳、五行。因此他把阴阳五行说朴素唯物主义应用于鉴别人才。按刘劭的说法，"质"和"形"其实是一回事，人的意识也是源于阴阳，也就是"元一"，即元气以为"质"，元气通过五行而形成人的形体。而只有元气调和，才能达到聪明的程度。"聪明者，阴阳之精。阴阳清和，则中睿外明"①。刘劭把这些作为构成人形体的物质原因和要素，是要说明人的精神活动乃是人的形体发生的一种功用。他又说："物生有形，形有精神，能知精神，则穷理尽性。"②先有形而后有神，精神依赖形体，由形把握精神，即是穷理尽性。

刘劭认为，人所禀受五行的成分不同，这不仅表现在他们的道德品质和性格、才能上，甚至他们的容貌、声音、颜色和情味都有不同。以声音为例：声音作为人现实自身的特征和活力，也是表现人的天赋禀性的重要方面。对此，刘劭在《人物志》中提出了自己的看法，《九征》写道："夫容之动作发乎心气，心气之征，则声变是也。夫气合成声，声应律吕。有和平之声，有清畅之声，有回衍之声。"③刘劭认为人的声音发自心气，通过倾听人的声音可以探测到他的心气如何。心气不同，声音各异。

人才使用理论。刘劭主张不拘一格、扬长避短的用人思想。刘劭虽然提出了品评人才之德才兼顾的中和思想，但并不意味着要求封建统治阶级在选拔人才上对人才求全责备。刘劭认为，时势"变化无方"，故选拔人才时应"以达为节"，即以通达为关节，不拘一格。因万事万物皆有其长，亦有其短，人类亦然。他得出结论，人才"各有所宜"④，"量能授官，不可不审也"⑤。刘劭提出不拘一格、扬长避短的用人准则，不仅有利于统治阶级广纳贤才，治理国家，同时也有利于人才资源的合理配置，避免了用人不当而导致的人才资源浪费，无疑他的思想对当时乃至对整个古代社会都起了积极的作用。

（三）刘劭人才理论的评价

刘劭《人物志》在借鉴总结前人成果的同时，又有自己独到的认识，并

---

① （魏）刘劭著，王水校注：《人物志》卷上《九征篇》，上海三联书店 2007 年版，第 9 页。
② （魏）刘劭著，王水校注：《人物志》卷上《九征篇》，上海三联书店 2007 年版，第 11 页。
③ （魏）刘劭著，王水校注：《人物志》卷上《九征篇》，上海三联书店 2007 年版，第 10 页。
④ （魏）刘劭著，王水校注：《人物志》卷中《材能篇》，上海三联书店 2007 年版，第 65 页。
⑤ （魏）刘劭著，王水校注：《人物志》卷中《材能篇》，上海三联书店 2007 年版，第 67 页。

且反映了当时思想意识领域儒道相糅的趋势，例如作者强调仁德与才智并重，平淡和聪明兼备，这基本上也是魏晋玄学思想以儒合道或以道合儒的先奏，反映了汉魏以后学术思想领域发生了新变化的情况。刘劭的人才思想根植于我国传统思想文化深厚的历史积淀，直接继承和吸收了先秦两汉以来传统思想文化的合理内核，并不断地加以发展、完善，他的思想除继承儒家尚德举贤的思想之外，还根据时代需要，强调德才兼备，突出才能的作用。与此同时，刘劭还吸收了道、法、名及阴阳五行诸家的思想内容，博采诸家之长，融为一体，从而形成了颇具时代特色的人才思想体系。这正是刘劭人才思想得以超越前贤的最重要体现。他的这些思想不仅在历史上发挥了重要作用，而且在今天仍有借鉴价值。

当然由于所处时代的局限，刘劭人才思想也还未超过封建时代人们意识形态和道德规范的范畴。他所讲的德无不以传统的封建伦理道德为尺度，这是刘劭思想的不足之处。

从汉末的清议之风到魏晋六朝的清谈之风，其主题都离不开对人物的评论。人才的鉴赏和识别成了士大夫们的重要活动之一。在两汉以儒学思想为主导的治国方略之下，要想走入仕途，成为大众认可的政治人物，必须以儒家的标准修行才能赢得社会的接受和认同。汉代以德选官的制度在理论上似乎很完备，但在实践中却漏洞百出。既然单纯地使用道德标准来选拔人才已经受到了质疑，那么关于何为"人才"的讨论也相应地变得丰富起来。统治者曹操的人生经历和人才观对魏初的主流思想产生了重要的影响，他在用人上把才、德区分开来，使得全社会的才性观发生了相应的变更，人才的标准变得越来越多样化、复杂化，才性理论在此思潮中应运而生。《人物志》的才性观是魏晋时期全面品评人才的思想潮流中的代表。

《人物志》以人物鉴识之术为主要内容，但它处在汉末魏晋学术思想大变迁的过程中，对魏晋玄学的形成影响非常大。刘韵人物志中提及的"人物之本"和"享阴阳以立性"观点，带有从宇宙中寻找人之本的痕迹。才性理论中关于人之根源的追寻成了魏晋玄学形成的重要组成部分。

二、欧阳健《言尽意论》的玄学思想

欧阳建（约269—300），字坚石，渤海南皮（今属河北）人，西晋时期的玄学家，为贾谧"二十四友"之一。他出身冀州豪门大族，才思文雅，辞藻华丽，在北方州郡十分有名望，"甚得时誉"，当时人称其为"渤海赫赫，欧阳坚石"。另外，他还是西晋时期的政治家石崇的外甥，因此仕途顺利，历任山阳令、尚书郎与冯翊太守。后因欧阳建"匡正之言"得罪当时的权贵赵王司马伦，于元康元年不幸被杀，时年三十岁。他临终时作有五言《临终诗》，诗文悲哀凄惨，当时人们"莫不悼惜之"。因其英年早逝，所以传世的作品不多。他的诗作包括五言《临终诗》与四言《答石崇诗》。此外，他还著有《崇有论》与《言尽意论》两篇文章。

《言尽意论》虽然只有 268 个字，但它其中包含着丰富的玄学哲理。在魏晋时期，"言不尽意"论是主流思想，代表人物是王弼、郭象，以及嵇康等人。比如郭象就曾提出"寄言出意"的概念，他指出："夫道，物之极，常莫为而自尔，不在言与不言。"①在他看来，"道"的内涵不是"言"能够表达的。可见，郭象是持"言不尽意"论的。

欧阳建的"言尽意论"是为反驳"言不尽意论"提出的，他指出："世之论者，以为言不尽意，由来尚矣。"首先，他的整体辩论思路是讨论言与意的关系，实际上就是讨论名与实的关系，比如"名之于物，无施者也；言之于理，无为者也""名逐物而迁，言因理而变"。可见，这里的言、理分别与名、实相通。其次，他认为物与理是独立存在的，他指出："名之于物，无施者也；言之于理，无为者也。"可见名不能给物带来什么，言对理也起不到作用。因为世间万物都是客观存在的，他指出："形不待名，而方圆已著；色不俟称，而黑白以彰。"方圆的形状，以及黑白的颜色都不以人的意志为转移。最后，他认为物与理离不开名与言。他指出："理得于心，非言不畅；物定于彼，非名不辨。言不畅志，则无以相接。名不辨物，则鉴识不显。"可见"理"需要靠"言"表达，"物"需要靠"名"来分辨。因此名与言的变化会导致物与理发生变化，他指出："名逐物而迁，言因理而变。"可见在他看来，客观事物的认识必须得依靠人的主观能动性，名、言与物、理是分不开的。故欧阳建得出"言尽意"的结论，"则言无不尽矣，吾故以为尽矣"②。

综上所述，欧阳健的"言尽意论"，既强调了物、理存在的客观性，又阐明了言与理、名与物的联系。"言尽意"是古人一直追求的目标。孔子提出"辞

---

① （清）郭庆藩撰，王孝鱼校：《庄子集释》卷八下《则阳》，中华书局 2012 年版，第 918 页。
② （唐）欧阳询撰，汪绍楹校：《艺文类聚》卷十九《言语·论》，上海古籍出版社 1982 年版，第 348 页。

达而已矣"的命题，开启了后世对"言尽意"问题的广泛探讨。欧阳建的《言尽意论》从哲学上发挥了孔子的思想，紧紧抓住名与物、言与理的统一表达自己的言意观，非常强烈地冲击了玄学家的诡辩。是中国古代"言尽意"理论发展的重要组成部分。

第四节 刘焯、刘炫、孔颖达与隋唐经学

经学自两汉以来不断传承，在隋唐时期发展为义疏之学。义疏是自南北朝时期开始兴起的一种解经体裁，其主要特点是在经、传、注的基础上，对儒家经典作进一步的阐释，来达到解说经义的目的，是隋代和唐初经学成果的集中体现。河北人刘焯、刘炫、孔颖达等人都是隋唐经学的代表性人物。

一、刘焯、刘炫的经学思想

刘焯、刘炫都是隋代有名的经学家，时人把他俩并称为"二刘"。他们二人都家道贫寒、潜心好学，曾先后拜刘轨思、郭懋当、熊安生等名儒为师，后就一起到刘智海家，刻苦攻读了十年，而后同时成名。刘焯、刘炫继承了北学实证精神，删除了繁芜之病，学习了南学的简约之风。刘焯所作《尚书义疏》和刘炫所作《尚书》《毛诗》《春秋》诸疏为唐孔颖达修《五经正义》奠定了基础，为唐代经学统一奠定了基础。

（一）刘焯《尚书义疏》的经学思想

刘焯（544—610），字士元，信都昌亭（今河北冀州）人。刘焯自幼聪慧，并与河间刘炫友善，两人一起向信都郡刘轨思学习《诗经》，向广平郭懋常学《左传》，向阜城熊安生学《仪礼》，后又在武强的大儒刘智海家苦读十年，遂成知名学者，出任州博士，同刘炫并称"二刘"。隋文帝开皇年间，刘焯中举秀才，射策甲科，拜为员外将军，与著作郎王劭一起修订国史，并参议律历。他曾与诸国子共论古今滞义，常有高论，众人皆佩服其学识渊博。开皇六年，洛阳"石经"运抵京师，文字多处磨损，极难辨认。隋文帝便诏刘焯、刘炫等人考证，他们经过努力，一一辨清。国子监举行的一次经学辩论中，他与刘炫力挫诸儒，因此受到嫉恨和诽谤，被革职还乡。自此他游学授

徒于闾里，致力于教育和著述，其间天下名儒有了疑问、学子求学，常千里慕名而至。隋炀帝即位后，他又重被起用，任太学博士。刘焯于大业六年去世。《隋书》《北史》本皆传言刘焯著《五经述议》，《隋志》不著录，久佚。《唐志》著路刘焯《尚书义疏》二十卷。马国翰《玉函山房辑佚书》从《尚书正义》中辑录佚文六节，名《尚书刘氏义疏》。

刘焯的经学思想特点有：

不主一家，择善而从。从现存佚文来看，刘焯往往不主一家，而是择善而从，如对流传北朝不久的伪孔传，刘焯并不像刘炫一样表现出好奇和尊崇，故今存佚文不见其申伪孔之处，而是更多地表现出与伪孔传的立异。如《酒诰》中"惟天降命，肇我民，惟元祀"，伪孔传云："惟天下教命，始令我民，知作酒者，惟为祭祀"。此句伪孔传仅释"元祀"为"祭祀"，并没有解释"元"的意思。《正义》云："《洛诰》'称秩元祀'，孔以为'举秩大祀'。大刘以元为始。误也。"[1]伪孔传把"元"解释为"大"，而刘焯把"元"解释为"始"，刘焯并没用伪孔说。

疏解翔实，内容丰富。《尚书义疏》现存六节佚文中，有两节疏解翔实，而这两节《正义》皆称"大刘"。其中一节为《洪范》"初一曰五行，次二曰敬用五事，次三曰农用八政，次四曰协用五纪，次五曰建用皇极，次六曰乂用三德，次七曰明用稽疑，次八曰念用庶征，次九曰飨用五福，威用六极"。《正义》引刘焯说释所以福五极六之因，亦颇翔实："大刘以为'皇极'若得，则分散总为五福，若失则不能为五事之主，与五事并列其咎弱，故为六也。犹《诗》平王以后与诸侯并列同为《国风》焉。咎征有五而极有六者，《五行传》云：'皇之不极，厥罚常阴。'即与咎征'常雨'相类，故以'常雨'包之为五也。"[2]以上可以看出，刘焯疏解《尚书》往往言不虚发，翔实可据，这当是刘焯疏《书》的主体风格。然过于求详，难免繁杂，刘焯经学这一特点仍是北朝主流经学风尚之延续。

刘焯博览群经，著成《五经述议》。在五经之中，刘焯对《毛诗》的研究也最为精到，以后传《毛诗》的，多出自刘焯、刘炫的门生。出自北学的经

---

[1]（清）阮元校刻:《十三经注疏·尚书正义》卷十四《酒诰》，上海古籍出版社1996年版，第206页。

[2]（清）阮元校刻:《十三经注疏·尚书正义》卷十二《洪范》，上海古籍出版社1996年版，第188页。

学名士刘焯对南学的研究，促使南北学术合流。

隋代是南北朝经学向唐代经学的过渡阶段，在经学习尚上也表现出诸多过渡时期的痕迹：努力体现南北并重，兼容会通。隋朝最著名的儒生刘焯拔萃出类，学通南北，博极今古，后生钻仰，莫之能测，为唐代经学统一奠定了基础。

（二）刘炫的经学思想

刘炫（约546—约613），字光伯，河间景城（今河北献县）人，隋代著名经学家，与信都刘焯结为好友，号称"二刘"。刘炫约生于546年，时为东魏武定四年，此后，550年北齐代东魏，577年北周灭北齐，581年隋代北周。刘炫的幼年和青年就是在这样一个政治风云变幻莫测的时代度过的，但政治似乎对他并无影响，他一直坚持不懈地钻研学问，奠定了其毕生学术的基础。《隋书·儒林列传》记载："（刘炫）少以聪敏见称，与信都刘焯闭户读书，十年不出。炫眸子精明，视日不眩，强记默识，莫与为俦。左画方，右画圆，口诵，目数，耳听，五事同举，无有遗失。"[①]开皇（581—600）中，奉敕修史。后与诸儒修定五礼，授旅骑尉。旋任太学博士。卒于隋末，门人谥为宣德先生。刘炫学识广博，著述宏富，据《隋书·经籍志》记载，有《毛诗述义》四十卷、《春秋左氏传述义》四十卷、《尚书述义》二十卷、《古文孝经述义》五卷、《论语述义》十卷等。

其所著《尚书述议》《毛诗述议》《春秋左氏传述议》《春秋左传杜预注集解》等书的内容，靠孔颖达所编著的《五经正义》流传下来，从《五经正义》可以看出刘炫的经学成就。

刘炫经学的特色有：

释义简约，富有文采。刘炫虽是北人，但他注疏基本摒弃了北学中的深芜、烦琐之病，释义简约，富有文采。孔颖达《尚书正义序》说道："炫嫌焯之烦杂，就而删焉。虽复微稍省要，又好改张前义，义更太略，辞又过华，虽为文笔之善，乃非开奖之路。义既无义，文有非文，欲使后生，若为领袖，此乃炫之所失，未为得也。"[③]虽然孔颖达对刘炫的评价有一定的主观色彩，但对刘炫经学特点的归纳较为符合。孔颖达在《毛诗正义序》称："焯、炫并聪

---

① （唐）魏徵等撰：《隋书》卷七十五《儒林列传·刘炫传》，中华书局1973年版，第1719页。
② （清）阮元校刻：《十三经注疏·尚书正义序》，上海古籍出版社1996年版，第110页。

颖特达，文而又儒"①，《春秋正义序》云："经注易者，必具饰以文辞，其理致难者，乃不入其根节。"②孔氏以上论述都突出了刘炫经学简约而有文采的特点。

择善而从，敢于立异。刘炫勤奋博学，遍习群经，故能贯综古今，融通南北。择善而从，遇过而规也因此构成了刘炫经学的突出特色。如刘炫疏解《左传》，以杜预为宗而做《述义》，显然是要比较古今诸家注疏之后以杜为长。但是与恪守一家之学的经学家不同，刘炫也会不认同杜预的错误之处，并做《规过》以纠错。据刘文淇《左传旧疏考证》所考，现存于《正义》中的刘炫驳难先儒者有126条。

总之，在南北朝经学史上刘炫是一位重要人物。他生在南北统一之际，继承了北学实证精神，删除了繁芜之病；学习了南学的简约之风，摒弃了其玄虚之习，故其经注在南北朝诸儒中脱颖而出，所疏群经贯综古今，兼容南北。刘炫著述宏富，所作《尚书》《毛诗》《春秋》诸疏为唐孔颖达修《五经正义》奠定了基础。刘炫所作《古文孝经述义》为唐玄宗《御注孝经》及宋邢昺《孝经正义》撰修之基础，可见刘炫于经学之贡献大矣。清人陈熙晋将其与郑玄相比拟。称郑玄集两汉之大成，而刘炫集六朝之大成。

二、孔颖达《五经正义》的经学思想

孔颖达（574—648），字冲远，冀州衡水（今属河北）人。孔颖达生于北齐后主武平五年（574），唐初著名经学家、秦王府十八学士之一，孔子第三十三代孙。他从小聪明过人，八岁从师学习，每日能背诵经书一千多字，熟记《三礼义宗》。成年后，又熟读《左氏传》、郑玄注的《尚书》、王弼注的《周易》《毛诗》和《礼记》这五部儒家经典，还擅长历法和算术。隋炀帝大业初年，孔颖达举明经科及第，被授予河内郡博士。隋末大乱，孔颖达到武牢避难。直到武德初年，秦王李世民平定王世充、窦建德，他才被召为秦府文学馆学士。武德九年（626），孔颖达被授国子监博士。贞观初年（627），又被授曲阜县男，转任给事中。由于他进谏得体，深受太宗赏识，先后被任为国子司业、太子右庶子、散骑常侍、国子祭酒等。贞观十八年（644），在凌

---

① （清）阮元校刻：《十三经注疏·毛诗正义序》，上海古籍出版社1996年版，第261页。
② （清）阮元校刻：《十三经注疏·春秋正义序》，上海古籍出版社1996年版，第1698页。

烟阁上画他图像，颂扬他："道光列第，风传阙里，精义霞开，掞辞飙起。"①贞观二十二年（648）六月，孔颖达卒于万年县平康里地，终年75岁。太宗下诏赠物一百段，陪葬昭陵，谥曰"宪"。孔颖达一生不仅仕途坦顺，而且在学术上也颇有建树。他曾奉命参与修订《五礼》，编撰《孝定义疏》《大唐仪礼》《孔颖达集》，后与魏徵等人一起修撰《隋书》，但他一生最大的功绩还是主持修撰了《五经正义》，被唐太宗称为"关西孔子""伏生再世"。贞观十二年（638），唐太宗下诏孔颖达与诸儒撰定《五经》义疏，凡一百七十卷，名曰《五经正义》，令天下传习。《五经正义》的推行统一了南北经学，在经学史上占有重要地位。

（一）孔颖达修撰《五经正义》

《五经正义》是孔颖达奉命主持编订的，前后历时三十余年，包括《周易正义》十卷、《尚书正义》二十卷、《毛诗正义》七十卷、《礼记正义》六十三卷和《春秋左传正义》六十卷。其中《周易正义》用魏王弼、晋韩康伯注；《尚书正义》为梅赜本，汉孔安国传；《诗经正义》用汉毛亨传、郑玄笺；《礼记正义》用郑玄注；《左传正义》用晋杜预注。孔颖达成功撰修《五经正义》是具有多方面原因的。

经学统一的需要。广义的"经学"是指西周到战国时期，国学及各类官学所传授的《诗》《书》等典籍和各种私学传授的古代典籍。先秦诸子经常引用一些春秋以前的典籍，他们对这些典籍的研修也属于广义的"经学"范畴，但是在许多的古代文献中，"经书"特指"儒经"，"经学"特指"儒术"。战国时既有"四经""六经"之名。其中六经之说，始见于《庄子·天运》："孔子谓老聃曰：丘治《诗》、《书》、《礼》、《乐》、《易》、《春秋》，自以为久矣。"②章学诚认为庄子为子夏门人，故称"六经之名，起于孔门弟子"③。庄子是否出于子夏，尚无确认。而荀子却为子夏门人，荀子《劝学》中"学恶乎始？恶乎终？曰：其数则始乎诵经，终乎读礼"④，此则可证战国时儒家已自称其典籍为经。"后《乐》亡佚，至汉时，称《诗》、《书》、《易》、《礼》、《春

---

① （后晋）刘昫等撰：《旧唐书》卷七三《孔颖达列传》，中华书局1975年版，第2603页。
② （宋）吕惠卿撰，汤君集校：《庄子义集校》卷五《天运》，中华书局2009年版，第296页。
③ （清）章学诚著，叶瑛校注：《文史通义校注》卷一《内篇一·经解上》，中华书局1985年版，第94页。
④ （清）王先谦撰，沈啸寰、王星贤点校：《荀子集解》卷一《劝学》，中华书局1988年版，第11页。

秋》为五经"。①汉武帝"罢黜百家，尊崇儒术"，为传授这五部儒家经典而又专设五经博士。至此，儒家思想成为封建社会的正统思想，经学独占官学，五经成为儒家最基本的典籍。汉代儒士将五经之学占为专利，把"五经"称为"圣人之作"，是"五常之道"。于是"经"被赋予特定的内涵，特指皇帝钦定的"圣人之作""典诰之书""圣哲彝训曰经"，而此后逐渐形成的"经、史、子、集"四部图书分类法，进一步加强了"经"就是"儒家经典"的含义。

东汉末年以后社会动乱造成许多儒家经典散佚。到了魏晋南北朝时期，南朝与北朝的国学体制、社会风俗、文化传承存在明显差异，经学逐渐形成了南北两派不同的风格，由于分别使用不同的经典传注本，称为"南学"与"北学"。马端临的《文献通考》记载了南北学之间的差异：

> 晁氏曰："颖达据刘炫、刘焯疏为本，删其所烦，而增其所简云。自晋室东迁，学有南北之异，南学简约，得其英华；北学深博，穷其枝叶。至颖达始著义疏，混南北之异，虽未必尽得圣人之意，而刑名度数亦已详矣。自兹以后，大而郊社、宗庙，细而冠婚、丧祭，其仪法莫不本此。元丰以来，废而不行，甚无谓也。"②

可以看出儒学内部宗派林立，导致纷繁复杂的儒学疏作晦涩难懂。北学比较深奥，保持了汉魏经学的传统，一般不采纳玄学家的经注。南学则较为简约，明显具有玄学化的特征，而玄学化更能代表经学在哲学思辨上的最新进展。李唐王朝建立后，中国社会又重新走向统一，南学和北学逐渐统一成为必然趋势。《贞观政要·崇儒学》中记载了唐太宗为何要修撰《五经正义》：

> 贞观四年，太宗以经籍去圣久远，文字讹谬，诏前中书侍郎颜师古于秘书省考定《五经》。及功毕，复诏尚书左仆射房玄龄集诸儒重加详议。时诸儒传习师说，舛谬已久，皆共非之，异端蜂起。师古辄引晋、宋已来古本，随方晓答，援据详明，皆出其意表，诸儒莫不叹服。太宗称善者久之，赐帛五百匹，加授通直散骑常侍，颁其所定书于天下，令学者习焉。太宗又以儒学多门，章句繁杂，诏师古与国子祭酒孔颖达等诸儒，撰定《五经疏义》，凡一百八十卷，名曰《五经正义》，付国学施行。③

---

① 李学勤主编：《十三经注疏·序》，北京大学出版社1999年版，第1页。
② （元）马端临：《文献通考》卷一七九《经籍考六》，中华书局2011年版，第5317页。
③ （唐）吴兢撰，谢保成集校：《贞观政要集校》卷七《崇儒学》，中华书局2009年版，第384页。

唐太宗认为儒经文字五花八门、经义师说繁杂而且多有分歧，不利于政治一统。所以下令让资深年长的孔颖达主持撰修《五经正义》，与其一同参加修撰《五经正义》也都是在经学上很有造诣的人如颜师古、马嘉运、司马才章、王恭、王琰、朱子奢、王德韶、谷那律、赵弘智以及后来修撰《周礼注疏》《仪礼注疏》的贾公彦和修撰《春秋穀梁传注疏》的杨士勋等。从上述论述不难看出孔颖达编撰《五经正义》直接目的就是统一南北经学。

国家统一和统治者的推崇。 思想文化与社会政治息息相关。国家的分裂与政治的对抗往往导致文化的分化与思想的对峙，但是国家的统一也往往造就统一程度较高的思想文化。梁启超在《论中国学术思想变迁之大势》也谈论过文化和政治之间的关系："泰西之政治，常随学术思想为转移；中国之学术思想，常随政治为转移，此不可谓非学界之一缺点也。"[①]他认为在中国的思想文化是随着政治变化而变化的。从东汉末年一直到隋唐，中国大地大部分时间处在政治分裂状态。与此相对应，经学也处于分裂状态。皮锡瑞曰："学术随世运为转移，亦不尽随世运为转移。隋平陈而天下统一，南北之学亦归统一，此随世运为转移者也；天下统一，南并于北，而经学统一，北学反并于南，此不随世运为转移者也。"[②]到了隋唐时期，中国又重新统一，从而为南北经学的统一创造了政治契机。

隋朝的两个皇帝都重视学校教育和经学。根据《隋书·儒林传》记载：

> 于是超擢奇俊，厚赏诸儒，京邑达乎四方，皆启黉校。齐、鲁、赵、魏，学者尤多，负笈追师，不远千里，讲诵之声，道路不绝。中州儒雅之盛，自汉、魏以来，一时而已。及高祖暮年，精华稍竭，不悦儒术，专尚刑名，执政之徒，咸非笃好。暨仁寿间，遂废天下之学，唯存国子一所，弟子七十二人。炀帝即位，复开庠序，国子郡县之学，盛于开皇之初。征辟儒生，远近毕至，使相与讲论得失于东都之下，纳言定其差次，一以闻奏焉。于时旧儒多已凋亡，二刘拔萃出类，学通南北，博极今古，后生钻仰，莫之能测。所制诸经义疏，搢绅咸师宗之。[③]

隋朝虽然只是短暂地统一了中国，但是这两任统治者帝都重视学校教育

---

① 梁启超：《论中国学术思想变迁之大势》，上海古籍出版社2001年版，第51页。
② （清）皮锡瑞著，周予同注释：《经学历史》，中华书局1959年版，第193页。
③ （唐）魏徵等撰：《隋书》卷七十五《儒林列传》，中华书局1973年版，第1706—1707页。

和儒学。隋炀帝还多次亲自召集并主持经义辩论，经学界也多次展开了旷日持久的学术论辩。大业四年（608），隋炀帝令全国学官集会洛阳，讨论经义。孔颖达辨析经义，力挫群儒，荣获第一，补太学助教。在国家政权的干预下，经学加快了统合的步伐。

到了唐代，统治者为了巩固统治，采取多种措施统一儒学。武德四年，秦王李世民在平定王世充后，入据宫城，命令萧瑀、窦轨等人封守府库，一无所取，令记室房玄龄收隋图籍。同年，唐高祖又开设弘文馆，招纳全国各地人才。太宗即位后，把修文馆改为弘文馆，大力发展儒学教育。规定"凡博士、助教，分经授诸生，未终经者无易业……凡《礼记》《春秋左氏传》为大经，《诗》《周礼》《仪礼》为中经，《易》《尚书》《春秋公羊传》《穀梁传》为小经。通二经者，大经、小经各一，若中经二。通三经者，大经、中经、小经各一。通五经者，大经皆通，余经各一，《孝经》《论语》皆兼通之"[1]。此外，唐太宗还让当时的经学大师孔颖达多次讲授经学，影响非常广泛。据《资治通鉴》记载：

（贞观十四年）二月，丁丑，上幸国子监，观释奠，命祭酒孔颖达讲《孝经》，赐祭酒以下至诸生高第帛有差。是时上大征天下名儒为学官，数幸国子监，使之讲论，学生能明一大经已上皆得补官。增筑学舍千二百间，增学生满二千二百六十员，自屯营飞骑，亦给博士，使授以经，有能通经者，听得贡举。于是四方学者云集京师，乃至高丽、百济、新罗、高昌、吐蕃诸酋长亦遣子弟请入国学，升讲筵者至八千余人。[2]

皇帝尊崇经学并以其为正宗，以经学来选官，据儒经以议政并为学校教育和文化建设提供必要的政治支持和充分的资源保障，这就为经学的发展提供了极为有利的政治环境。

（二）《五经正义》中孔颖达的经学思想

孔颖达作为儒学的集大成者，在唐初被尊为名儒。在孔颖达主持修撰的《五经正义》一书中，体现了孔颖达独到的经学思想。孔颖达的经学思想主要包括以儒学为宗，杂糅儒、释、骚各家和疏不破注，尊重旧注两方面。

首先，孔颖达坚持以儒学为宗，兼容道、释等诸家思想。孔颖达作为一

---

[1] （宋）欧阳修、宋祁撰：《新唐书》卷四十四《选举志上》，中华书局1975年版，第1160页。
[2] （宋）司马光：《资治通鉴》卷一百九十五《唐纪十一》，中华书局1956年版，第6152—6153页。

代儒学大师，奉命主持五经义疏的整理工程，是以重建他心中更为纯粹的儒家经学为至高目标的。他在《周易正义序》中明了地表达了他的这一儒学理想："今既奉敕删定，考察其事，必以仲尼为宗；义理可诠，先以辅嗣为本；去其华而取其实，欲使信而有征。"①即把孔氏儒学作为考量义理的标准和导向，构建大唐的纲常宗法、明经取士文化框架。《旧唐书·儒学列传上》也谈到儒学的重要性："古称儒学家者流，本出于司徒之官，可以正君臣，明贵贱，美教化，移风俗，莫若于此焉。故前古哲王，咸用儒术之士，汉家宰相，无不精通一经……近代重文轻儒，或参以法律，儒道既丧，淳风大衰，故近理国多劣于前古。"②认为儒家思想可以移风易俗、教化百姓和稳定秩序，所以古代帝王多以用儒士为官传播经学。

《五经正义》虽以儒学为宗，但是也不可避免杂糅道、佛、骚等诸家思想。张宝三在《五经正义研究》一书中阐述了魏晋后儒、释、道三家力量的增减和彼此之间的影响："魏晋之后，玄风盛行，影响所及，学者每以老庄解说儒家经典，致儒、道合流。另谈辩之风兴盛，释氏与名士、儒者多有交往，儒家讲经受佛家之影响，义疏之学因而兴焉。南北朝时期南北两地经学风气有异，南学重玄，北学则较能固守儒学之藩篱。隋唐以后，南北学合流；五经正义据南北朝、隋代旧疏删订而成，可谓六朝义疏之总结。由于如儒、释、道三家交涉结果，儒家经疏中不免有佛、道之说。"③魏晋以后，道教兴起，佛教西入影响力逐渐提高。到了唐朝，统治者推行儒释道三教并行的政策。虽然太宗还是把儒学作为经邦治国的指导思想，但是儒释道三家长期的碰撞交流让孔颖达修撰《五经正义》也受其他两家思想的影响。《五经正义》虽不以佛教说经，然正义乃据旧疏删定而成，又值佛教盛行之世，其疏中偶杂释氏之语，亦势所难免④。在维护儒学思想的同时，孔颖达还积极倡导屈骚"忠规切谏"的精神，他说："君子之人，守道而死，虽遭困厄之世，期于致命丧身，必当遂其高志，不屈挠而移改也。"⑤在《周易正义》借对比干、龙逄舍生取义

---

① 李学勤主编：《十三经注疏·周易正义序》，北京大学出版社1999年版，第3页。
② （后晋）刘昫等撰：《旧唐书》卷一百八十九《儒学列传上》，中华书局1975年版，第4939—4940页。
③ 张宝三：《五经正义研究》，华东师范大学出版社2010年版，第822页。
④ 张宝三：《五经正义研究》，华东师范大学出版社2010年版，第861页。
⑤ 李学勤主编：《十三经注疏·周易正义》卷五《困》，北京大学出版社1999年版，第195页。

的认可，传达了自己对屈骚精神的肯定和赞美。在实践中，孔颖达身体力行，对唐太宗和太子承乾"数进忠言"，彰显了一位忠直之臣的品格与意志。

其次，孔颖达始终遵循"疏不破注"的原则。孔颖达充分尊重旧注，在"疏不破注"的原则指导下修撰《五经正义》。皮锡瑞总结《五经正义》的"著书之例"，说："注不驳经，疏不驳注；不取异义，专宗一家。"[1]按照"疏不破注"的要求，五经一旦选定注本，就需要极力地维护原注。即便原注中存在确凿的错误，不需加以修改，而是找论据为之辩解，甚至不惜曲解注文。此外，"疏不破注"还强调随文释义，在各经之间或一经之内中诠释疏解有相互矛盾之处，不予追究。

孔颖达坚持"疏不破注"原则，与唐太宗实施重振儒学的政策有关。为了清除魏晋以来的今古文经之争、南学北学之争，促成儒学内部统一和加强思想统治，太宗要求儒家经典注释的编纂者要精挑细选符合唐朝统治思想的旧注疏本，以此为范例，供百姓士子研读。正是因为其宗一家之说，而且不能更改已经选定需要诠释解析的文本，所以在很大程度上限制了孔颖达诠释空间的拓展与自由发挥。孔达颖只能遵循唐太宗的要求，他能做到的只是在选取注本时，力争选取最为权威的文献。孔氏取舍旧注的标准是"必取文证详悉，义理精审；剪其繁芜，撮其机要"[2]。《周易正义》以王弼注为主，因"唯魏世王辅嗣之《注》独冠古今"[3]。《尚书正义》取孔安国注，因陆德明《经典释文》、颜师古《五经定本》均定此版本，且流传甚广；《毛诗正义》《礼记正义》取郑玄注，因郑学权威性得到公认，南学、北学对此均已服膺；《春秋左传》以杜预《左氏集解》为宗。在对"疏不破注"原则的严格坚持下，汉魏六朝以来的经学终于得到系统的清理，一个统一的经学局面形成了。南北经学相得益彰，共存共荣，早前那些烦冗复杂的章句得以淘汰，文本简明成为流行，原本杂乱无章的注疏义理，从此以"正义"的形成得以规范。

（三）孔颖达《五经正义》经学思想评价

《五经正义》正式刊定之后，唐高宗永徽四年（653），"颁孔颖达《五经正义》于天下，每年明经依此考试"[4]。《五经正义》统一南北经学，成绩显

---

[1] （清）皮锡瑞著，周予同注释：《经学历史》，中华书局1959年版，第201页。
[2] 李学勤主编：《十三经注疏·礼记正义序》，北京大学出版社1999年版，第4页。
[3] 李学勤主编：《十三经注疏·周易正义序》，北京大学出版社1999年版，第2页。
[4] （清）皮锡瑞著，周予同注释：《经学历史》，中华书局1959出版，第198页。

著；又作为考试标准，供士人学习。它在经学史上有着不可替代的地位和作用，而且直接影响了当代与后世的学习和研究。

儒家思想再度成为官方正统思想。孔颖达编撰的《五经正义》是魏晋南北朝经学分立之后，重新统一了儒家经义。让儒家思想取得了官方正统地位。范文澜在《中国通史》说过："唐太宗令孔颖达撰《五经正义》……对儒学的影响，与汉武帝罢黜百家独尊儒学有同样重大的意义。"[1]自汉武帝"罢黜百家，独尊儒术"后，儒家从诸子百家中跃居庙堂之上，儒家经典也取得官方正统地位。至此，儒家经学成为中国思想文化的主体，这就是经学家所称的经学昌明极盛时期。但从东汉末年一直到唐朝初年，中间除了西晋和隋短暂统一过外，国家大部分时间都处于分裂状态。隋朝统一天下后，经学也有趋于统一的趋势。但是隋只经历过两代皇帝，就被李唐王朝所取代。唐在政治的统一，要求在思想上结束玄学、佛学和儒家经训解说纷纭的局面。因此，唐太宗命令孔颖达与诸儒撰定《五经正义》。此书原本称《五经义赞》，后被改为《五经正义》。"'正义'者，正前人之义疏，奉诏更裁，定名曰正，犹纪传史之名正史，其意相同。"[2]从此名目不难看出浓重的官方正统色彩。书成之后，唐太宗下诏褒奖："卿等博综古今，义理该洽，考前儒之异说，符圣人之幽旨，实为不朽。"[3]并付国子监施行。永徽四年，唐高宗颁孔颖达《五经正义》于天下。从此，《五经正义》成为全国统一的官定书籍，是各级学校教学的教材，也是科举考试的依据。从唐至北宋熙宁间王安石用新经义取士止，明经取士皆遵用此本，影响深远。正如刘泽华先生所说，《五经正义》在刻画时代精神风貌方面发挥重大作用，对唐至五代、北宋时期的官僚士人的政治思想和政治意识有着广泛而深刻的影响。例如唐代著名的思想家柳宗元称《五经》为"取道之源"，他的自然天道论、大中之道、生人之道等显然受到《五经正义》的影响，有些言论还直接取材于《五经正义》[4]。

孔颖达经学上承汉代经学，下启宋代理学。唐代经学是经学发展的重要阶段，上承汉学之精髓，下启宋学之辉煌，是汉宋经学的转折点，具有典型的时代特征。孔撰《五经正义》与《易》取王弼注，《书》取孔安国传，《诗》

---

[1] 范文澜：《中国通史》（第4册），人民出版社1978年版，第243页。
[2] 申屠炉明：《孔颖达评传》，南京大学出版社2011年版，第167页。
[3] （后晋）刘昫等撰：《旧唐书》，中华书局1975年版，第2602—2603页。
[4] 刘泽华、张分田：《孔颖达的道论和治道》，《孔子研究》1991年第3期。

用毛传郑笺,《礼》取《礼记》郑注,《春秋》取《左传》杜预注,是在南北朝旧基础上撰写的新疏。五经中除了《诗》《礼》南北共遵郑注外,其他都是六朝以来江左盛行的"南学"。南学援玄学入儒,重义理。孔颖达按着"疏不破注",主一家之学的诠释原则,极力维护原注,即使存在确凿的偏漏,亦不加纠正,而是找论据为之辩解,甚至不惜曲解注文。同时,"疏不破注"又强调随文释义,对于各经之间,一经之内,诠释疏解相互矛盾之处,不予追究。在此坚持下,汉魏六朝以来的经学终于得到系统的清理,一个统一的经学局面形成了。南北经学相得益彰,共存共荣,早前那些烦冗复杂的章句得以淘汰,文本简明成为流行,原本杂乱无章的注疏义理,从此以"正义"的形成得以规范。汉朝的《五经》里只有《仪礼》而无《礼记》。而孔氏《五经正义》,于《礼》不取《仪礼》而取《礼记》。一方面是因为六朝以来,江左《礼记》之学盛行;另一方面是因为《仪礼》只讲名物制度,不如《礼记》便于理解。《礼记》还详细地论述了各种典礼的意义和制礼的精神,宣扬了儒家的礼治主义。统治阶级认识到,利用以礼治为中心的儒家思想,是维护统治秩序从而获得长治久安的大政方针[1]。从上述可以看出,孔颖达注疏重义理又不废训诂,这个传统被宋朝儒士(特别是朱熹)所继承。

总之,孔颖达一生主要功绩在于主持修撰了《五经正义》。在思想文化领域结束了自汉魏以来的经学内部宗派林立的局面,对唐代以前的经学作了一次全面总结,适应了唐朝大一统的需要。同时,《五经正义》成为此后很长时间内科举考试的标准教材,对隋代形成的科举制度的完善起到至关重要的作用,现在通行世界的"文官制度"直接学习了中国的科举制度。因此,孔颖达是从衡水大地上走出的一位具有世界影响的历史文化名人。

第五节 邵雍、刘因、魏裔介与宋明理学

宋明理学又被称为"新儒家"或"新儒学",它是宋明(包括元及清)时代占主导地位的学术体系。宋明理学立足于继承先秦儒学,整合儒、道、佛三

---

[1] 《文史知识》编辑部编:《经书浅谈》,中华书局1984年版,第64页。

教，为中国后期封建社会创立了新型的意识形态，在中国古代政治思想史上占有极其重要的地位。河北人邵雍、刘因、魏裔介都是北方的理学代表性人物。

一、邵雍与《皇极经世》的理学思想

邵雍（1011—1077），字尧夫，人称安乐先生、百源先生，北宋理学家、数学家、诗人，与周敦颐、张载、程颢、程颐并称"北宋五子"，两宋理学奠基人之一。《皇极经世》是邵雍最重要的学术著作，最能体现其理学思想。他以"观物"思想为核心，以贯通天人之理为目的，融合其象数学与心性论，构建了一套庞大的学术体系。邵雍作为宋明理学的主要开拓人之一，对理学的发展有着不可忽视的贡献。

（一）《皇极经世》思想体系

《皇级经世》是邵雍最著名的代表作，"皇极"一词最早出现在《尚书·洪范》中，有"建用皇极""惟皇作极"的表述，言治道则上推三皇有追寻道统本源之意；"经世"经邦济世、治理人事之意①。书名的含义是："至大之谓皇，至中之谓极，至正之谓经，至变之谓世。"②"大"是指本书涉及的范围广大；"中"是指宇宙终极存在的相对位置；"正"指端正不偏不倚，特指不变的、规范万物发展的法则；"变"即变化，特指万物不停生成和运转。"大中正变"合在一起的意思是天地万物的本源与其存在、演化、发展必须遵循的根本法则。所以，《皇极经世》探讨的就是"大中正变"的道理。关于"皇极经世"的含义讨论，朱伯崑认为："其所谓皇极经世，即按三皇所立的至高法则观察和推测人类历史的变化以御世。因为此法则为伏羲氏所立，故又称其易学著作为《皇极经世》。"③关于此书的内容和体系，邵雍之子邵伯温曾对其作过如下概括：

> 《皇极经世书》凡十二卷。其一之二，则总元会运世之数，《易》所谓天地之数也。三之四以会经运，列世数与岁甲子，下纪帝尧至于五代历年表，以见天下离合治乱之迹，以天时而验人事者也。五之六以运经世，列世数与岁甲子，下纪自帝尧至于五代书传所载兴废治乱得失邪正之迹，以人事而验天时者也。自七之十，则以阴阳

---

① （宋）邵雍著，郭彧、于天宝点校:《邵雍全集·前言》，上海古籍出版社2015年版，第6页。
② （宋）邵雍著，郭彧、于天宝点校:《邵雍全集·皇极经世》，上海古籍出版社2015年版，第1247页。
③ 朱伯崑:《朱伯崑论著·易学哲学史》，沈阳出版社1998年版，第135页。

刚柔之数穷律吕声音之数，以律吕声音之数穷动植飞走之数，《易》所谓万物之数也。其十一之十二，则论《皇极经世》之所以成书，穷日月星辰、飞走动植之数，以尽天地万物之理，述皇帝王伯之事，以明大中至正之道。阴阳之消长，古今之治乱，较然可见。故书谓之《皇极经世》。[①]

《皇极经世书》共十二卷六十四篇，前面六卷以《元会运世》为主，三十四篇；次四卷为《声音律吕》十六篇；再次为《观物内篇》十二篇；最后为《观物外篇》二篇。前六十二篇是邵氏自著，末二篇是门人弟子记述。此书以元经会，以会经运，以经世起，于尧即位之二十一年甲辰，终于周显德六年己未，编年纪兴亡治乱之事，以符其学。邵雍以数为象至推演天地万物之理，预示大中至正之道，将阴阳消长与古今治乱相互验证，用易理和易教推究宇宙起源。

（二）《皇级经世》中邵雍的理学思想

邵雍作为宋明理学的主要开拓者之一，他以"观物"思想为核心，以贯通天人之理为目的，并融合其象数学与心性论，构建了一套庞大的学术体系。他的理学思想基本蕴含在《皇极经世书》一书中，朱熹说过："康节之学，其骨髓在《皇极经世》，其花草便是诗。"[②]这足以说明《皇极经世书》最能体现邵雍的思想体系。

观物思想。观物是邵雍思想的核心，邵雍所讲的"观物"既是一种不带主观偏见、认识万物存在依据、运化规律及本质特征的认识论命题，也是一种与物同乐、臻于圣人境域的修养功夫。邵雍的"物"与平常说的"物"不同，一般的"物"指的是具体的物品，与人相对立的客观器物。而邵雍的"物"不但包括器物，还包括自然物象和人事。"人事"是指人及人类社会中有形有迹的事物，如人类社会中的器物、人养的动植物、人类历史、人本身及与人相关的事件等。

"以物观物"是邵雍观物的基本立场，是指以万物存在的依据与运行法则为角度，对万物进行全面体察，进而达到了悟万物本来面目的认识方式。邵雍将万物的存在依据与运行法则称之为"理"，即"自然物"与"人事"背后

[①] （宋）邵雍撰，郭彧整理：《邵雍集》，中华书局2010年版，第7页。
[②] （宋）黎清德编；王星贤点校：《朱子语类》卷一百《邵子之书》，中华书局1986年版，第2553页。

蕴藏的存在依据和运行法则。所以,"以物观物"又被称之为"以理观物"。邵雍认为,"观物"关键在于理解万物背后的存在依据和运行法则,进而认识万物的本来面目,因此,邵雍主张消解个人的主观偏见,不能因为自身的偏见影响理的客观性。在邵雍看来,"观物"具有深浅与层次差异。《渔樵问对》云:"夫所以谓之观物者,非以目观之也。非观之以目,而观之以心。非观之以心,而观之以理也……以目观物,见物之形;以心观物,见物之情;以理观物,见物之性。"①既不能"以目观物","目观"只能看到物的外部形体;也不能"以心观物"。"心观"看到的是人所赋予物的情感与精神;而应该"以理观物","理观"才能看到物的本来面目。

"观物之乐"是指通过"以物观物",达到的一种与物同乐、安乐逍遥的境界,是对个体生命的安顿也是一种精神境界的超越。通读邵雍著作,便可发现其对"乐"的特别偏好,他把自己的住处取名"安乐窝",人称"安乐先生"。邵雍把人生境界分为三个层次:人世之乐、名教之乐、观物之乐。人世之乐是人的自然需求得到满足之乐;名教之乐是道德需求得到满足之乐;而观物之乐是最高的层次,是"把人提高到宇宙意识的高度"的一种"天理真乐"。邵雍曰:"予自壮岁业于儒术,谓人世之乐何尝有万之一二,而谓名教之乐固有万万焉。况观物之乐复有万万者焉。"②邵雍称之为"观物之乐",即将"以物观物"理论落实于具体的日常生活,就表现为"乐"的行为与心态。陈来认为,邵雍的思想有两大特色,其中之一便是"提倡'安乐逍遥'的精神境界"③。而这安乐逍遥的精神境界便是邵雍"观物"的内在呈现。在邵雍看来,应该用超脱的眼光看待人事和自然,对天地万物有所透彻,追寻人与物和谐相处的"观物"乐境。

心本论思想。邵雍提出的心本论哲学,开启了理学心本论思想的先河。邵雍认为,心是宇宙万物的本源,天地万物都是由心产生的。邵雍在诠释《周易》时,借鉴以图解《易》的治《易》方法,接受了《先天图》,认为"伏羲八卦"就是"先天八卦",先天学来源于先天图。并且将先天学等同于心,又

---

① (宋)邵雍著,郭彧、于天宝点校:《邵雍全集·伊川击壤集》,上海古籍出版社2015年版,第459页。
② (宋)邵雍著,郭彧、于天宝点校:《邵雍全集·伊川击壤集》,上海古籍出版社2015年版,第452页。
③ 陈来:《宋明理学》,华东师范大学出版社2004年版,第91页。

在一定程度上以道教宇宙生成的思想，来构建起以心为宇宙本源的思想体系。邵雍认为："先天学，心法也。故《图》皆自中起。万化万事，生乎心也"[1]。"先天之学，心也；后天之学，迹也"[2]。从中可知，万事万物及其变化都是心的产物，有心，才有万事万物。邵雍还把心和迹相对比，无形迹的心是先天存在的，而有形迹的万事万物是后天才有的。因此，他提出了"身在天地后，心在天地前，天地自我出，其余何足言"[3]。即人的身体虽然产生在天地之后，但是心和身体是分离的，心不以身体的存在而存在，心在天地前就已经存在了，而天地万物都是心的产物。邵雍的这种心先于天的思想就是典型的以心为宇宙本源的理论。

在天人关系上，邵雍说："一物其来有一身，一身还有一乾坤。能知万物备于我，肯把三才别立根。天向一中分体用，人于心上起经纶。天人焉有两般义，道不虚行只在人。"[4]他认为人心是人和天沟通的媒介，通过探讨人心，便可了解宇宙间的变化，而天人合一的基础在于人心。

先天象数学理论。邵雍先天象数学哲学体系大致而言包括两大部分：先天学的自然哲学和先天学的历史哲学。先天学的自然哲学，论述了从太极到两仪、四象、八卦、六十四卦，再到天地万物的发展和变化过程。太极（道）生两仪、两仪生四象、四象生八卦、八卦成六十四卦，但邵雍更重视四象，并且赋予四象以新的内容。所谓四象，即天之四象：太阳、太阴、少阳、少阴；地之四象：太柔、太刚、少柔、少刚，其中天之四象分别对应日、月、星、辰，地之四象分别对应水、火、土、石；日月星辰和水火土石的进一步变化，分别对应着暑寒昼夜和雨风露雷；暑寒昼夜和雨风露雷的进一步变化，分别对应着性情形体和走飞草木；性情形体和走飞草木互相交融，又代表了十六类事物或生命存在，这十六类事物或生命存在又表现出色声气味和耳目口鼻的特征。通过四象说，邵雍依靠天之四象和地之四象及其变化，把自然界中的基

---

[1] （宋）邵雍著，郭彧、于天宝点校：《邵雍全集·皇极经世》，上海古籍出版社2015年版，第1228页。
[2] （宋）邵雍撰，郭彧、于天宝点校：《邵雍全集·皇极经世》，上海古籍出版社2015年版，第1217页。
[3] （宋）邵雍著，郭彧、于天宝点校：《邵雍全集·伊川击壤集》，上海古籍出版社2015年版，第393页。
[4] （宋）邵雍，郭彧、于天宝点校：《邵雍全集·伊川击壤集》，上海古籍出版社2015年版，第290页。

本事物、现象及其特征都统摄了起来，可以说，邵雍用四象说简略地解释了自然界及其系统性。

先天学的历史哲学，是邵雍提出的以皇、帝、王、伯为核心的历史观。他从宋代之前的中国历史中总结出四种历史模式：（1）皇，以中国古史传说中最早的人物"三皇"为典范。这种历史模式的特点是崇道、尚无为，"以道化民"，具体反映于《周易》这部经书中。（2）帝，以中国古史中的"五帝"为典范。这种历史模式的特点是崇德、尚让，"以德教民"，具体反映于《尚书》这一经书中。（3）王，以中国夏商周三代开国之王为典范。其特点是崇功、尚正，"以功劝民"，具体反映于《诗经》之中。（4）伯，以春秋"五霸"为典型。这种历史模式的特点是崇力、尚争，"以力率民"，具体反映于《春秋》这部经书中。在《皇极经世书》对宋代之前中国历史大事的叙述中，卷三至卷四"以会经运，列世数与岁甲子"，卷五至卷六"以运经世，列世数与岁甲子"[①]。从宇宙论或理学综合研究的角度看，这是"天时"与"人事"的互验。但从社会历史研究的角度看，人类历史的演变是由"天时"决定的。邵雍的历史哲学，一方面揭示了宇宙发展的客观进程，另一方面也宣扬了儒家价值观。

（三）邵雍对宋代理学的贡献

在中国思想史上，理学的产生和发展，标志着儒学进入一个新的发展阶段。邵雍是我国宋代大思想家、哲学家，是我国古代儒家和自然科学的集大成者，对后世哲学思想的发展产生了巨大影响，尤其是对理学的建立和发展具有奠基意义。在理学的创立阶段，邵雍和周敦颐、张载、程颢、程颐作为主要的奠基者，并称"北宋五子"。《宋史》将邵雍列入《道学传》，李贽《藏书》将邵雍列入《德业儒臣传》，则表明邵雍是有宋道学（或称理学）的大家。

首先，他的治学、修身之道，为宋代理学发展开辟了道路。当时的许多理学家都敬服邵雍的学术道德，也从中受到一定的影响。邵雍和二程兄弟关系非常密切。二程兄弟和邵雍同巷里居住近三十年，世间事无所不论。当时二程正处于思想观念的形成时期，二人除了受其恩师周敦颐指点外，也经常向邵雍请教学问，与邵雍论天地万物之理以及六合之外。二程经常称颂邵雍的人品和学问，非常佩服邵雍学问的博大和精深。程颢曾说："尧夫之学，先

[①] （宋）邵雍著，郭彧整理：《邵雍集·前言》，中华书局2010年版，第7页。

从理上推意，言象数，言天下之理。"①南宋理学的集大成者朱熹评价邵雍："尧夫之学从理上推意，言象数言天下之理。"朱熹对邵雍的思想非常重视。朱熹以"太极""四象"等来说明自然现象和社会现象的变化问题，这显然是受到邵雍思想的影响。除此之外，朱熹提出的"格物致知"思想，实则和邵雍提出的"以物观物"一脉相承。清人全祖望说："康节之学，别为一家。或谓《皇极经世》只是京、焦末流，然康节之可以列圣门者。正不在此。"②邵雍因为他的学术思想和立身行事为人堪为儒者典范。他作为理学开创者之一，在儒家经典基础上，以象数为工具言"理"，追求内圣外王之道，以抵挡佛老之惑，最终致力于现实人伦的探究。

其次，邵雍之学对南宋陆九渊"心学"一派产生影响。心是邵雍哲学的最高范畴，是宇宙万物的本源，天地万物都是由心产生，心和物的关系，是生与被生的关系。邵雍对心的范畴非常重视，他的心学思想是连接隋唐佛、道心学与宋明心学的中间环节。邵雍曰："人居天地之中，心居人之中。天地之心者，生万物之本也。天下之心为己之心。其心无所不谋矣。"③他认为客观世界的一切事物都是由"心"产生的，把外部客观事物看作自我主观感觉，都是人的主观的产物。邵雍在《击壤集》中也说过："物有声色气味，人有耳目口鼻；万物于人一身，反观莫不全备。"④"身生天地后，心在天地前。天地自我出，自余无所言。"⑤即天地离不开我"身"的感觉，宇宙离不开我"手"的感觉，没有我的感觉就没有万物。邵雍的这种主观唯心的观点对陆九渊产生一定的影响，开启了陆九渊"宇宙就是吾心，吾心便是真理"心学的先河。

最后，《皇极经世书》以先天象数学的独特形式，提出了理学的宇宙模式，对宇宙的生成问题作了探讨，对后来的理学家们进行宇宙论的构建起了推动作用。邵雍认为宇宙的本源是太极，太极生出天地，先于天地。太极生两仪，阴阳相交产生四象，四象相交产生八卦。两仪、四象、八卦都是"象"，

---

① （宋）邵雍著，郭彧、于天宝点校：《邵雍全集·前言》，上海古籍出版社2015年版，第2页。
② （清）黄宗羲：《宋元学案·百源学案序录》，中华书局1986年版，第365页。
③ （宋）邵雍著，郭彧、于天宝点校：《邵雍全集·伊川击壤集》，上海古籍出版社2015年版，第1199页。
④ （宋）邵雍著，郭彧、于天宝点校：《邵雍全集·伊川击壤集》，上海古籍出版社2015年版，第403页。
⑤ （宋）邵雍著，郭彧、于天宝点校：《邵雍全集·伊川击壤集》，上海古籍出版社2015年版，第393页。

与这些"象"相对应的就是一到六十四个数字。邵雍以此推演出一个象数系列，用它来说明宇宙的形成。他用的象、数关系，不可能是具体事物及其相互转变的过程，而是事物产生过程的"理"。他认为世界万物产生的过程是一个矛盾不断展开的过程，是世界日益丰富的过程。邵雍在宋代理学形成过程中起到了奠基的作用，之后的理学家大都受邵雍影响，从构建宇宙论开始，再通过修养功夫完善人性、践履人道，以达到天理、心理合一的圣贤境界。

总之，邵雍是我国古代儒学的集大成者。《宋史》中对邵雍作出高度评价："德气粹然，望之知其贤""高明英迈，迥出千古，而坦夷浑厚，不见圭角，是以清而不激，和而不流，人与交久，益尊信之。"[①]他以"观物"思想为核心，以贯通天人之理为目的，并融合其象数学与心性论，构建了一套庞大的学术体系。邵雍作为宋明理学的主要开拓人之一，对理学的发展有着不可忽视的贡献及影响。正因如此，邵雍也被称为"理学始祖"。

二、刘因的理学思想

刘因（1249—1293）字梦吉，号静修，又号雷溪真隐、牧溪翁、樵庵、汎翁及雪翠翁等。雄州容城（今河北徐水）人，元代著名理学家、诗人。刘因早年十分聪慧，"六岁能诗，十岁能为文，落笔惊人"[②]。成年前后学问日益精进，"甫弱冠，才器超迈，日阅方册，思得如古人者友之，作《希圣解》。"[③]担任过承德郎、右赞善大夫、集贤学士、嘉议大夫等职，提出"《诗》《书》《春秋》皆史"[④]之说。其经学著作有《四书精要》三十卷、《小学语录》、《易辞系说》，已亡佚。其著作《静修先生文集》，为元人所辑。

刘因是元初著名的理学家，清人全祖望将其与许衡列为"元北方两大儒"（《宋元学案》）。得益于理学家的身份，元廷招揽刘因做官，刘因拒绝，即使忽必烈亲自出面，刘因也同样婉拒。刘因的《四书精要》三十卷、《易系辞说》、《丁亥诗集》五卷等，收录于《四库全书》。这些著作，为理学由宋到明的过渡和理学在北方的传播起了重要的作用。

---

① （元）脱脱等撰：《宋史》卷四百二十七《道学列传·邵雍传》，中华书局1985年版，第12727—12728页。
② （元）苏天爵：《滋溪文稿》卷八《静修先生刘公墓表》，中华书局1997年版，第111页。
③ （明）宋濂等撰：《元史》卷一百七十一《刘因传》，中华书局1975年版，第4007页。
④ （元）刘因：《静修集续集》卷三《续学》，文渊阁《四库全书》抄本，第820页。

（一）刘因理学思想的形成

刘因的理学成就和其良好的家学及早年跟随砚弥坚学习的经历是分不开的。刘因之父刘述深得北方学术的熏染，并且他对刘因进行了精心培养。苏天爵记载了刘因的非凡天赋和刘述对其的精心培养：

> 先生天资绝人，三岁识书，日记千百言，随目所见，皆能成诵。六岁能诗，十岁能属文，落笔惊人。故国子司业砚公弥坚教授真定，先生从之游，同舍生皆莫能及，独中山滕公安上差可比。砚公皆异待之，谓先生父曰："令子经学贯通，文词浩瀚，当为名儒"。初，先生之父四十犹未有子，乃曰：'天果使我无子则已，有子必令读书。"故自真定还居保定，谢绝交朋，专务教子。[①]

刘因早年跟随砚弥坚学习经学，钻研训诂疏释之说。《元史》载："国子司业砚弥坚教授真定，因从之游，同舍生皆莫能及。"[②]这与后来刘因看重训诂疏释之说不无关系。刘因跟随砚弥坚学习经学，钻研训诂疏释之说后，因为博闻强记，过目成诵，他很快便有了新的目标。当时经许衡、窦默、姚枢等人的提倡，正值程朱理学开始传播到北方，刘因对程朱理学产生了极大兴趣。他对程朱诸书非常痴迷，手不释卷，并能做到触类旁通、举一反三。此外，刘因之学与朱熹相关，苏天爵引《会稽袁公文集》条中说道：

> 金踩宋逾南，两帝并立，废道德性命之说，以辨博长雄为词章，发扬称述，率皆诞漫丛杂，理偏而气豪，南北崇尚，几无所分别。当是时，伊、洛之学传南剑，至乾道、淳熙，士知尊其说阐明之，朱文公统宗据会，纤钜毕备，正学始崇。又未几，伪学造谤，咸讳其说，以售仕干时。金将亡，各流离自保，乌睹所谓经说哉。有明其说者，独江汉赵氏，私相笔录，尊闻传信，稍自异流俗。皇元平江南，其书捆载以来，保定刘先生因笃志独行，取文公书，会稡而甄别之，其文精而深，其识专以正，盖隆平之兴，使夫道德同而风俗一，不在于目接耳受而有嗣也。[③]

[①]（元）苏天爵：《滋溪文稿》卷八《静修先生刘公墓表》，中华书局1997年版，第111页。
[②]（明）宋濂等撰：《元史》卷一七一《刘因列传》，中华书局1976年版，第4007—4008页。
[③]（元）苏天爵辑撰，姚景安点校：《元朝名臣事略》卷十五《静修刘先生》，中华书局1996年版，第300—301页。

(二)刘因理学思想内涵

在为学次第上,他提倡"惟当致力'六经'、《语》《孟》耳",并且他对世人学习儒家典籍的顺序提出了批评:"世人往往以《语》《孟》为问学之始,而不知《语》《孟》,圣贤之成终者,所谓博学而详说之,将以反说约者也。圣贤以是为终,学者以是为始,未说圣贤之详,遽说圣贤之约,不亦背驰矣乎?"[1]在他看来,当时的世人仅仅把《论语》《孟子》当作学问的起点,却不知道其优点,并且认为学者把《论语》《孟子》当作做学问的起点与圣人之道背道而驰。在论学主张上,在提倡"问学自《六经》始"时,他说道:"虽然,句读训诂不可不通,惟当熟读,不可强解,优游讽诵,涵泳胸中,虽不明了,以为先入之主可也。必欲明之,不凿则惑耳。《六经》既毕,反而求之,自得之矣。治《六经》必自《诗》始。"[2]在刘因看来,《六经》可以"反而求之""问学自《六经》始"是刘因四书学特有的特点。

在治经方法上,他主张治经必须从传注入手。他说:"《六经》自火于秦,传注于汉,疏释于唐,议论于宋,日起而日变,学者亦当知其先后,不以彼之言而变吾之良知也。近世学者往往舍传注疏释,便废诸儒之议论,盖不知议论之学自传注疏释出,特更作正大高明之论尔。传注疏释之于经,十得其六七;宋儒用力之勤,铲伪以真,补其三四而备之也。故必先传注而后疏释,疏释而后议论,始终原委。推索究竟以己意体察,为之权衡,折之于天理人情之至。"[3]从中可以看出刘因对汉唐传注疏释持肯定态度,在刘因看来,诸儒的议论之学自汉唐传注疏释出,故治经必先从传注开始,然后再疏释,而后议论,"以己意体察,为之权衡"。

在关于"经""书"轻重中,刘因以"六经"为本。他说:"本诸《诗》以求其情,本诸《书》以求其辞,本诸《礼》以求其节,本诸《春秋》以求其断。然后以《诗》《书》《礼》为学之体,《春秋》为学之用。一贯本末具举,天下之理穷。理穷而性尽矣。穷理尽性以至于命,而后学夫《易》。《易》也者,圣人所以成终而成始也者。"[4]在刘因看来,"六经"才是本。这与程颢有很大的不同,程颢认为"四书"重要。他说"传经为难,如圣人之后才百年,

---

[1] (元)刘因:《静修集续集》卷三《叙学》,文渊阁《四库全书》抄本,第805页。
[2] (元)刘因:《静修集续集》卷三《叙学》,文渊阁《四库全书》抄本,第806页。
[3] (元)刘因:《静修集续集》卷三《叙学》,文渊阁《四库全书》抄本,第808—809页。
[4] (元)刘因:《静修集》续集卷三《叙学》,文渊阁《四库全书》抄本,第807—808页。

传之已差。圣人之学，若非子思、孟子，则几息矣"①。刘因与宋儒有很大的不同，宋儒认为，"四书"比"六经"更为重要。刘因也不是认为"四书"不重要，苏天爵《静修先生刘公墓表》载："初，朱子之于《四书》，凡诸人问答与《集注》有异同者，不及订归于一而卒。或者辑为《四书集义》数万言，先生病其太繁，择为《精要》三十卷，简严粹精，实于《集注》有所发焉。"②就其编《四书精要》足见其还是注重"四书"的。但是，在刘因看来"六经"是本。刘因关于"理"的认识，来源于朱熹。刘因认为"理"是宇宙的本源，世间万物都有赖于"理"而存在。他强调"天化"与"人化"的关系，把天地在内的一切事物都看作一个过程。它们变化的原因是"气化"，即阴阳二气相感生万物，变化的动因是"气机"，自然与社会在生生不息地发展与变化。刘因进一步发展了邵雍的"观物"思想，指出社会与人生总是盛衰相寻，治乱相推，忧乐相继，祸福相倚，一切都在阴阳中不停地转化，这颇有辩证法思想。有学者说："他所以推崇邵雍，是因为他也深契邵雍的象数学和'观物思想'。"③

在修身养性方面，刘因强调自求本心，只要努力修身养性，清除私欲，就可以达到善的本性，因此，成为"圣人"的关键在于无欲。刘因认为人的主观努力可以做到所有的事，强调事在人为，反对消极颓废的精神状态。

此外，刘因作为一个诗人作了大量的诗。与理学相关的诗，观其题目可知，对儒家经典著作进行发微和阐释是这部分诗歌的主旨。仅举《讲八佾首章》④为例：

　　以忍伤肌手自危，割余痛切不胜悲。
　　心同义理元无间，从此俱看未忍时。

《论语·八佾》是孔子对于贵族不尊法度和礼节而作，"是可忍孰不可忍"由此而生。刘因就这件事作了《讲八佾首章》，站在"心同义理"的角度，劝告孔子多看看"未忍时"。

刘因对理学义理的阐发、论述独到，在学术思想上传承了程朱理学，并且刘因积极进行教学活动，因治学有方饱受赞誉，促进了理学在民间的广泛

---

① （宋）程颢、程颐：《程氏遗书》卷一七，中华书局1981年版，第227页。
② （元）苏天爵：《滋溪文稿》卷八《静修先生刘公墓表》，中华书局1997年版，第113页。
③ 侯外庐等主编：《宋明理学史》上，人民出版社1984年版，第705页。
④ （元）刘因：《静修集》卷五，文渊阁《四库全书》抄本，第174页。

传播。刘因的经学思想独树一帜，影响深远。总之，刘因在元代理学发展中起到重要作用。

三、魏裔介与清初庙堂理学

魏裔介（1616—1686），字石生，直隶柏乡（今属河北）人，清初大臣。顺治三年（1646）进士，选庶吉士，历任工科、吏科、兵科给事中和左副都御史、吏部尚书、太子太保等职。著作有《四书大全纂要》《圣学知统录》《圣学知统翼录》《兼济堂文集》等。

魏裔介在思想流派上属于程朱理学，是清初庙堂理学的代表性人物。魏裔介的理学思想注重总结程朱理学的学术观点，利用道统论坚定地拥护程朱理学的正统地位，对陆王心学进行贬低，但又不完全排斥陆王心学，将陆王心学中的一些思想观点与程朱理学结合和协调起来。魏裔介的理学思想还具有重视实践的特点，十分重视把理学思想在实际生活中加以应用，在魏裔介为官施政的政治思想和写作诗文的文学思想中，都充分地运用了程朱理学的思想原则。

（一）魏裔介的理学思想

魏裔介坚定地支持程朱理学，在他的儒学思想中，将"道统"置于极为重要的地位，并认为程朱理学是继承自孔子、孟子的"正统"，而陆王心学则是夹杂了其他学说的"杂统"，不能列入儒学道统之中。自明朝中叶以来，王学迅速发展，在社会上形成了巨大的影响，严重冲击了程朱理学的正统地位，程朱理学在整体上陷入困境。进入清代后，在清朝统治者的大力提倡和广大理学人士的推动下，出现了重建程朱理学正统地位的热潮。魏裔介作为清朝官员，十分积极地参与到重新确立程朱理学在思想界统治地位的活动中，通过明确儒学道统的方式来论证程朱理学的正统地位。如在魏裔介编写的记载正统儒家人物事迹的著作《圣学知统录》中，将程颢、程颐和朱熹等程朱理学的代表性人物与周公、孔子、孟子等儒家传统观念中的"圣贤"并列，认为他们都属于"见知闻知之统"[1]，是儒学一脉相承的正统，而对于陆王心学等其他流派的人物则加以排斥，不予列传，从而抬高了程颢、程颐和朱熹等人的地位。在晚清理学家唐鉴的《清学案小识》中将魏裔介列入《守道学

---

[1] （清）魏裔介著：《兼济堂文集上》卷三《圣学知统录序》，中华书局2007年版，第69页。

案》①中，肯定了魏裔介维护和弘扬程朱理学思想的贡献。

魏裔介在人性问题上支持孟子的性善论，既反对法家的性恶论，也反对陆王心学"无善无恶"的观点。魏裔介认为，一个人的人性可以分为"性"和"气质"两部分，其中"性"是人本质的、内在的本性，每个人的"性"都是相同的。由于人的"性"是天理在人身上的直接反应，因此人的天性是至善的。而不同人的后天"气质"不同，因此人会具有多种多样的性格。"性"与"气质"之间具有不可混淆的明确界限。魏裔介批评法家的性恶论，认为法家使用严刑峻法压制士民会导致国家的灭亡。魏裔介也反对陆王心学中人性"无善无恶"的观点，认为"'谓无善无恶者心之体'，亦可曰无善无恶者性之体乎？知心性之合一者，人心不得与道心参，而太极之体昭昭矣"②，他提出心学中的"无善无恶"实际上来源于告子，与孟子的性善论相违背，因此偏离了儒学正统，会导致社会出现"礼乐崩坏"结果。魏裔介并不否定人具有的各种欲望，认为人的各种"情"和"欲"都是正常的，但不能错误地将人的欲望作为人的本性。

魏裔介在认识论方面继承了程朱理学"格物致知"的观点，认为要想真正理解天理，使人向善，就必须在万事万物中去探求，日常的言行也都要符合伦理纲常，把圣人的言行作为标准，只有这样才能提高个人的道德修养，才能实现"穷理"的目的，而不存在其他方法。魏裔介虽然支持王阳明的《大学》不缺的观点，但反对王阳明"为善去恶为格物"的观点，认为这种方式"不务实学，惟事虚谈，不知舍人伦事物之外，更于何处觅性命也？"③看似简易，实际上却脱离了实际生活，也偏离了儒学正统。在"格物"的方式上，魏裔介强调通过读书求学的办法。如果能够充分学习圣人先贤的成果，就可以较为顺利地了解天理。相反，若是采取直接向具体事物探求的办法，无异于舍近求远。

在个人与社会的关系问题上，魏裔介支持"入世"的观点，认为只有通过亲身实践，"通世故"，才能真正践行天理，对于佛教"出世"的观点进行抨击。魏裔介具有强烈的家国情怀，在内修诸身的同时，还希望在朝政中施展自己的抱负。在魏裔介撰写《圣学知统录》时，对人物的生平介绍中也注

---

① （清）唐鉴撰辑：《清学案小识》卷六《守道学案》，商务印书馆1935年版，第186页。
② （清）魏裔介著：《兼济堂文集上》卷四《顾端文先生罪言序》，中华书局2007年版，第83页。
③ （清）魏裔介撰；《樗林偶笔》卷一，清康熙十九年（1680）龙江书院刻本，第16页。

重记述各个人物躬身实践的内容。魏裔介反对佛教的出世思想，认为"夫佛氏弃君臣、父子、夫妇、昆弟、朋友，以从事于空虚寂灭，其学只是畏死，自为一身而已，初非为天下也，施之天下，亦一朝不可行也"[①]。由于佛教只重视个人的思想解脱，而无视个人的社会责任，不能用于治理国家，因此是一种没有实际用处的学问。魏裔介由于反对佛教，将佛教盛行的魏晋到唐朝的一大段时期称为儒学衰落的时期，对于这一时期的儒学家也不列入儒学正统之中。

（二）魏裔介理学思想的实践

魏裔介提倡"经世致用"的观念，十分注重在生活中应用理学思想原则解决实际问题，在魏裔介的政治和文学思想中都体现了他的理学思想。

政治思想。魏裔介认为在政治实践中应当以理学思想的基本原则处理各种问题，也希望刚刚入主中原的清朝能够放弃其原有的统治方式，将程朱理学思想作为治理国家的理论指导，同时要求清朝皇帝积极学习儒学知识。在顺治五年（1648），魏裔介进呈了《圣德与年俱进疏》，要求开设经筵日讲，希望顺治帝能够效仿古代贤主，努力学习儒家学说，这样才能成为品德高尚的明君，国家才能实现长治久安。顺治十年（1653），魏裔介又进呈《圣主虚怀下询疏》，请求顺治帝仔细研读程朱理学的经典著作来掌握古今兴亡得失的历史教训。魏裔介在文章《圣学以正心为要论》中，进一步阐释说，要成为三皇五帝那样圣明的君主，最重要的是"广稽古宪，考典谟之正训，披圣哲之心传"[②]，通过克己复礼的办法来顺应天理。

魏裔介继承了孟子的民本思想，认为爱护百姓，维持百姓的正常生产生活既是顺应天道的要求，也是维持社会稳定的必要条件，对于侵犯百姓利益和加重百姓负担的行为，魏裔介进行了激烈的批评。如清初实行严厉的逃人法，严禁在圈地中失去生产资料的农民逃亡，魏裔介对于这一极不合理的法令多次加以批评，认为这种法令使得农民在遭受自然灾害时不能自由向未受灾的地区迁移，逃人在走投无路之时只能铤而走险，成为盗贼，极不利于社会稳定，失去民心，提出了"逃人宜宽"[③]的主张。又如顺治时期，曾有人建

---

① （清）魏裔介著：《兼济堂文集上》卷九《与白方玉书》，中华书局2007年版，第221页。
② （清）魏裔介著：《兼济堂文集下》卷十四《圣学以正心为要论》，中华书局2007年版，第375页。
③ （清）魏裔介撰：《魏文毅公奏议》卷一《查解宜责州县疏》，《畿辅丛书》清光绪五年（1879）刻本，第34页。

议增加练饷五百万两，魏裔介依据"取民有制"①的原则极力反对增加百姓负担。康熙初年，朝廷曾准备派出察荒御史丈量土地以增加赋税，魏裔介也加以劝阻。

在管理民众的方法上，魏裔介重视道德教化的作用，主张培养百姓自觉践行儒家道德，社会风气自然会得到改善。魏裔介为了让民众都能够了解儒家道德规范，曾编写了《教民恒言》《劝世恒言》等书，用通俗易懂的语言加以宣讲，以实现"以德化民"的目的。魏裔介还十分重视礼乐纲常的地位，认为维护礼乐纲常和衣食住行同等重要。魏裔介反对严刑峻法，认为"法峻则民乱"，只有在不得已的时候才用刑，特别是对于死刑的判决要特别谨慎，反复斟酌确定后，才能执行。

文学思想。魏裔介具有很高的文学修养，著作颇丰，包括几十种书籍和数百首诗歌。作为清初文人领袖，魏裔介对于清初的文学发展具有重要影响。与宋代理学家大多轻视诗文的态度不同，魏裔介对于文学创作持积极态度，认为"吾辈千秋不朽，毕竟在于文章"②，并将理学思想原则融入文学创作之中。

魏裔介在诗歌创作中，重视理论的指导作用，经常与人就诗歌的创作原则进行讨论研究。魏裔介在诗歌创作中坚持"温柔敦厚"的原则，认为诗的内容应当言之有物，反对使用华丽辞藻堆砌成文。在诗的情感表达上，认为要表达出作者的真实情感，同时又认为感情抒发应以适度为原则，反对过于激烈的感情迸发。魏裔介为推行自身的诗歌创作理念，编选了《今诗溯洄集》作为诗歌创作的模板。但魏裔介在诗歌创作中有时过于注重表述理学思想，降低了诗本身的文学性和可读性。

在魏裔介的诸多著作中，有相当大的一部分是关于总结宣传程朱理学思想的内容。可以说，弘扬传播程朱理学是魏裔介从事写作的重要目的。在书籍的写作风格上，魏裔介师法韩愈、欧阳修，提倡平直朴实的文风。特别是魏裔介在担任会试主考官时，将北方朴质的文风作为评阅试卷的标准，对于清初社会的整体文风都产生了重要的影响。

总而言之，魏裔介的理学思想属于清初庙堂理学的范畴之中，是儒学与

---

① （清）魏裔介撰：《魏文毅公奏议》卷三《计兵食以恤民力疏》，《畿辅丛书》，清光绪五年（1879）刻本，第291页。
② （清）魏裔介著：《兼济堂文集下》卷十《与陆咸一》，中华书局2007年版，第265页。

王权在清初既斗争又统一的产物。其中，王权起着主导作用，儒学占据主体地位。清初庙堂理学是参与到清初国家意识形态中的那一部分理学，反映与论证了当时经济形态、政治制度及其社会秩序的合理性。清初庙堂理学以程朱理学为主线，由道统、治统及学统三个部分组成。道统是清初庙堂理学融合儒学与王权的理论基础。李光地等庙堂理学名臣的相关道统著述与官方御纂经典均对清王朝的统治合法性进行了论证，确立了以程朱为尊、折中众家的道统理论体系。在王权的威压之下，原来师儒所肩负的道统转向庙堂、最后集中到皇帝手中，形成了道统与治统合一的局面。以魏裔介为代表的清初庙堂理学虽然没有完全意义上实现理学家们的社会政治理想，但是作为一种文化软实力，它推动了清初社会秩序的重建。

第六节 孙奇逢、崔蔚林、颜元、李塨与清代实学

清初至康熙年间，由于清兵入主中原所引起的激烈民族矛盾，以及随着资本主义萌芽的发展而产生的市民阶层反抗封建统治的斗争和西方文化对中国传统文化的冲击与融合，推动了实学的高涨。在中国北方的理学界中出现了调和程朱理学和陆王心学的学术潮流。其中以孙奇逢、崔蔚林的夏峰学派和颜元、李塨的颜李学派最具代表性。

一、孙奇逢、崔蔚林与夏峰学派

夏峰学派是孙奇逢所创立的学派。孙奇逢之学，早年习朱子学，后受好友鹿善继影响，接受王学，其学不分门户，以会合朱王，复归孔子为归，具有调和两派的特点。孙奇逢门徒甚众，该学派在清初具有较大影响。

（一）孙奇逢的理学思想

孙奇逢（1584—1675），字启泰，号钟元，直隶容城（今河北容城）人，明末清初理学家，世称夏峰先生。作为《明儒学案》与《清儒学案》都收录的唯一学者，原籍于北直隶容城、后南迁河南辉县夏峰村的孙奇逢，典型地体现了明清之际"乱世"激荡中，华北学术由理学一家独尊走向各家兼容并包的转型之路。孙奇逢一生著述颇丰，其学术著作有《四书近指》《读易大

旨》《尚书大旨》《理学宗传》《畿辅人物考》《中州人物考》《岁寒居问答》等，后人辑有《夏峰先生集》十四卷。

孙奇逢所处的明末清初时期，在学术上存在着激烈的朱学与王学两大门派的斗争，在这样的时代背景下，孙奇逢试图通过调和朱学与王学两大门派的学术观点来解决理学发展中的门派之争。孙奇逢反对无意义的门户之争，认为应当通过躬行实践的方式来提高自身的学问德行。孙奇逢的主要理学思想有：

程朱理学与陆王心学并举，重构天人关系。历来论孙奇逢者，一般认为其学属阳明学，对此，孙奇逢也直言不讳，开宗明义就打出王学旗帜。他认为："阳明崛起，揭良知为宗，博约、知行合而为一。盖仲尼殁至是且二千年，斯道为之大光，而全体大用，立德、立言、立功随感而应，无处非道，无地非学，腐儒面目得阳明一洗之。"①但同时，孙奇逢又打出"一理为二气"的理学旗帜，所以在很多时间，他会用"天""太极""至一"等来代"理"，"他认为周敦颐之所以'识彻全体，学透本源'，就反映在他不固执'理'这个范畴，在透本源、彻全体的前提下，可以任意命名。"②无疑，这种心学与理学并举昭示了孙奇逢思想的特殊性。

陆九渊强调"心"的作用，虽然"宇宙即是吾心，吾心即是宇宙"，但最终归处还是"心即理"，阳明更进一步，用"良知"代替"理"，但"良知"毕竟是个虚空的东西，不同人有不同的"良知"，标准也无法统一，虽然最大限度提高了人的能动性，但却无法控制。所以，对于后儒来说，最大问题就是怎样把由"致良知"发挥的能动性局限在一个恰当的限度之内：既发挥能动性，但又在"理"的限度之内。这正是孙奇逢心学理学并举的关键所在，他与其他理学家最大的不同在于他不但为"心"找到了一个落实对象，而且建构起一个心学、理学相互流通的体系。

孙奇逢之所以能够为"心"找到了一个落实对象而建构起一个心学、理学相互流通的体系，关键在于他特别拈出"天""天命"而讲"天人之际"，注重在天人之分基础上讲天人合一。孙奇逢在天人之分基础上讲天人合一最明显体现在《读易大旨》中。在《读易大旨》中，孙奇逢首先提出了"本来

---

① （清）孙奇逢著，朱茂汉点校：《夏峰先生集》卷九《读十一子语录书后·王文成》，中华书局2004年版，第343页。
② 李之鉴：《孙奇逢哲学思想新探》，河南大学出版社1993年版，第52—53页。

之《易》"与"圣心之《易》"、"无文之《易》"与"有文之《易》"、"画前之《易》"与"画后之《易》"等概念。在《易》起源上,"与邵雍的解释不同,孙奇逢强调了易的客观来源,天地自然才是易产生的条件,圣人之易不过是对自然之易的模写罢了"①。他认为:"上天之载,无声无臭而生万物,此《易》之源也。庖羲氏通神明之德,类万物之情,始设奇偶二画以象之。二画错而八卦成,八卦错而四图著。图之文不一,阴阳消长之象则一。阴阳消长,天地之变化也。文王重之以尽其变,周、孔系之以效其动,因时救弊,岂能于图之外加毫末?"②进而孙奇逢总结出四种天人关系:天之天、天之人、人之天、人之人,其中"天之天"和"天之人"指客观意义上的自然与人本身,而"人之天"和"人之人"指被人类主观认知的那部分自然与人本身,它代表了人类对自然和人本身的认知水平与局限。在此过程中,孙奇逢成为清代易学的奠基人。

在理学视野与儒学视野的结合中重构儒学千年发展之道统。孙奇逢的儒家道统理论以孔子为权威,用孔子论断来会通陆王程朱。他说:"儒者谈学不啻数百家,争虚争实,争同争异,是非邪正,儒释真伪,雄辩不已。予谓一折中于孔子之道,则诸家之伎俩立见矣。《论语》中论学是希贤希圣之事,论孝是为子立身之事,论仁是尽心知性之事,论政是致君泽民之事,论言行是与世酬酢之事,论富贵贫贱是境缘顺逆之事,论交道是亲师取友之事,论生死是生顺殁宁之事。只此数卷《论语》,无意不备,千圣万贤,不能出其范围。识其大者为大儒,识其小者为小儒,不归本于孔圣之道者,则异端邪说,是谓非圣之书,不必观可也"③。由此,孙奇逢认为"学问须要包荒,才是天地江海之量"④。因此,他主张两派应超出门户之见,平心静气,取长补短,正是在此基础上,并以元亨利贞重构儒学从上古传说的尧舜禹汤三代圣王到晚明顾宪成千年之间发展之大道统⑤。

在所有道统中,孙奇逢认为最关键的是孔子、颜曾思孟、周程张朱陆王,

---

① 汪学群:《清初易学》,商务印书馆2004年版,第43页。
② (清)孙奇逢,朱茂汉点校:《夏峰先生集》卷八《太极图说》,中华书局2004年版,第299页。
③ (清)孙奇逢著,朱茂汉点校:《夏峰先生集》卷十三《语录》,中华书局2004年版,第554—555页。
④ (清)孙奇逢著,朱茂汉点校:《夏峰先生集》卷十三《语录》,中华书局2004年版,第543页。
⑤ 孙奇逢建构的从上古传说的尧舜禹汤三代圣王到晚明顾宪成的儒家新道统,参看孙奇逢著,朱茂汉点校《理学宗传序》,载《夏峰先生集》,中华书局2004年版,第135—136页。

他们是儒学精髓主要体现者。除此之外，对其他儒生，可能"与圣人端绪微有所不同"，或"区区较量于字句口耳之习"，或"务为新奇以自饰其好高眩外之智"，或"更有以理为入门之障而以顿悟为得道之捷者"，虽然孙奇逢对他们不免有所批评，但还是认为见不必相同，意不必相非，承认他们"地各有其人，人各鸣其说，虽见有偏全，识有大小，莫不分圣人之一体焉"[①]而列入儒门。可以说，在理学系统内，孙奇逢的道统把包容性推向极致，正是这种极致，理学以至整个儒学体系之内的多样性与共通性显露无遗，使得他能够突破常规，在求同存异中进行别具一格的开拓。

内圣方面，以回归、重释孔孟经典实现对理学的新建构。孙奇逢把视野扩展到整个儒学，在整个儒学的宏阔视野内重建理学体系，在视野充分扩充基础上，孙奇逢重构理学体系。关于此，历来学者关注较多，"调和朱陆""平分朱陆"，按他自我的说法就是"不薄程朱爱阳明"。对于此点，靳大成注意到"夏峰的调和朱陆，也就是从其各自不同的观点往后退，退回到一个双方都接受的更为基本的立场上去"。但这个"更为基本的立场"是什么呢？他接着解释说"夏峰不只是在一个地方、一个具体问题上平分朱陆，而是先从根本上将两家回归到孔孟门下，然后再用对孔、孟思想的解说反证程朱陆王言有歧而义归于一"[②]。

在《理学宗传》中，孙奇逢以周敦颐、二程、张载、邵雍、朱熹、陆九渊、薛瑄、王阳明、罗洪先、顾宪成十一位理学家为大宗，称之为主，自汉董仲舒、隋王通、唐韩愈等历朝诸大儒为辅，同时运用易学"元亨利贞"的逻辑关系把程朱陆王两派的学者放在一起评论，对理学的发展进行了系统的总结。

在《四书近指》中，孙奇逢对四书作出了迥异于传统理学的阐释。孙奇逢以《论语》中"学而时习之"中的"学"统率全书，并且以之作为孔孟经典的真谛。"圣贤立训，无非修己治人，亲师取友，理财折狱，用贤远奸，郊天事神，明理适用，总之皆学也。故而论逐章皆点学字。《学》《庸》而《孟》，以学字统括之。此近指一编之义"，并且表示"读白文，只凭管窥，不泥成说，总求不谬于孔曾思孟，斯已矣"[③]。

---

① （清）孙奇逢著，朱茂汉点校：《夏峰先生集》卷四《理学宗传序》，中华书局2004年版，第135—136页。
② 靳大成：《成圣之道——清初孙奇逢理学思想述评》，中国社会科学院文学所编《文学研究所学术文选（1953—2003）》，中国社会科学出版社2003年版，第631—632。
③ 张现清主编：《孙奇逢集》上册《四书近指·凡例》，中州古籍出版社2003年版，第368页。

外王方面,"舍三纲五常无道术"基础上的"礼理合一"。在儒学体系内,内圣与外王相辅相成,而且内圣必然走向外王。孙奇逢也不例外。在回归、重释孔孟经典的同时,外王方面,孙奇逢提倡对伦理纲常的躬行实践,"学为圣人",最终落脚于对"礼"的实践。

首先,孙奇逢区分儒学与释、老,认为"吾儒以经世为业,可以兼收二氏之长;二氏以出世为心,自不能合并吾儒为用"。①因此,儒学在实践中,应该扬长避短,出世以整合人伦为立足之本,"学则三代共之,皆所以明人伦也。释氏只弃人伦,便有老大罪过"②。"孩提爱亲,稍长敬兄,是学问的根本。无为其所不为;无欲其所不欲,是学问的功夫"③。而要发挥理学服务于社会之功用,儒生们就必须在理学发展与社会秩序名教维护的相与为一上做文章,"内圣之学,舍三纲五常无学术,外王之道,舍三纲五常无道术"④。"学术之兴废,系世运之升降,前有创而后有取,人杰地灵,相需甚殷,亦后学之大幸也"⑤。

其次,为了达到不折不扣的躬行实践,就要学习圣人以成就"成圣之道"。"或问:'学何为也哉?'曰:'学为圣人而已,曰:'圣人可学而能乎?'曰:'可。孟子曰:乃所愿,则学孔子也'"⑥。为此,要注意平常日用之间,"任举一物一事,莫非道也,百姓日用而不知耳","愚尝谓:日用饮食之间,可以证圣,人莫之信。夫圣也,而能离此日用饮食乎哉?"⑦终极目标就是做一个道德学问之楷模,"饥饿穷愁困不倒,声色货利浸不到,死生患难考不倒,人之事毕矣"⑧。

(二)孙奇逢理学思想的价值

在孙奇逢的理学思想中,无论是在内圣还是外王,其思想各方面都是相互关联和完美结合的。正是这种结合,使得孙奇逢在明清之际展现出儒学最大的开放性,从而能够引领潮流,转换视野,率先为清学展开提供了新平台。

就理学派别来说,孙奇逢在理学视野内放弃程朱陆王之争,专作会通,

---

① (清)孙奇逢著,朱茂汉点校:《夏峰先生集》卷七《重修宝藏寺募疏》,中华书局2004年版,第551页。
② 张现清主编:《孙奇逢集》下册,中州古籍出版社2003年版,第1302页。
③ 张现清主编:《孙奇逢集》下册,中州古籍出版社2003年版,第846页。
④ 张现清主编:《孙奇逢集》下册,中州古籍出版社2003年版,第594页。
⑤ 张现清主编:《孙奇逢集》下册,中州古籍出版社2003年版,第624页。
⑥ (清)孙奇逢著,朱茂汉点校:《夏峰先生集》卷十三《语录》,中华书局2004年版,第551页。
⑦ 张现清主编:《孙奇逢集》下册,中州古籍出版社2003年版,第546页。
⑧ (清)孙奇逢著,朱茂汉点校:《夏峰先生集》卷十三《语录》,中华书局2004年版,第539页。

以实践圣人之道,他"非常注意把讲论义理与个人的生活实践相联系,结合人的心理活动展示道德真理,把被版拗的理学家说得非常玄虚的东西还原到实处,起到立竿见影的效果"①。同时又把理学各派会通于对孔孟经典的新阐释,当然就比宋明理学有更大的包容性,于西学"既抵拒又有会通",于考据学"虽存门户之见,但也兼采"②。

同时,孙奇逢主张躬行践履。坚持道德践履,按照"知行合一"思路,在躬行实践中"知""行"并进,以儒家伦理纲常规范日常活动,坚持不懈,"成圣入贤",为清代"真理学"代表。其《日谱》作为他晚年二十余年日常修身践履的集中体现,现存不及原稿一半,却仍是古代中国部头最大的私人修身日记,其中蕴含的提点身心、提高修养之法被清代理学界及颜李学派在为学中广泛采用。

就考据学派来说,也是如此。孙奇逢强调在整个儒学视野下,要回归、重释孔孟经典,这也正是考据学派不断努力的方向。况且,在开创清代考据学学风上"导夫先路"的费密也出自其门下。钟泰说:"凡此皆异日汉学之士,所喋喋以为攻击宋儒之议者,而不知潜庵已先发之。盖风气之变,至此已见其端。"(夏峰《题费此度中传论》亦云宋儒寻求坠绪,皆赖汉儒之力)③。其实何必等到汤斌?同时,孙奇逢"礼理合一"的礼学思想至少也为清代中叶"礼学经世""以礼代理"思想及嘉道间崇礼思想之兴起提供了思想先导。

正是如此,在明清之际朝野互动中,孙奇逢清初"三大儒"之首地位迅速确立。在朝,与清初很多学者过度注重纸面讨论,在当时并没有获得朝廷青睐不同,孙奇逢及其学派构想得到官方接受,"达于朝,而上为道揆;施于野,而下为善俗。其在近世讲学诸子,风声所被,教泽所加,未有及先生者也。"④孙奇逢与南迁河南之后培养的弟子后学汤斌、张伯行皆从祀孔庙,位居清学各派从祀孔庙之冠。

孙奇逢以实事求是的态度对前人的理学思想进行了系统的批判和总结,

---

① 靳大成:《成圣之道——清初孙奇逢理学思想述评》,中国社会科学院文学研究所编《文学研究所学术文选(1953—2003)》,中国社会科学出版社2003年版,第637页。
② 龚书铎:《清代理学的特点》,《史学集刊》2005年第3期。
③ 钟泰:《中国哲学史》(二),辽宁教育出版社1998年版,第301页。
④ 张现清主编:《孙奇逢集》中册,(清)钱仪吉:《重刻夏峰先生集序》,中州古籍出版社2003年版,第1320页。

形成了具有时代特征的实学思想，在中国哲学史上具有不可低估的价值。然而，孙奇逢始终未能突破理学的限制，理学立场影响了他的实学思想向更高水平发展。

（三）崔蔚林的理学思想

崔蔚林（1634—1688），字夏章，号定斋，又号玉阶，直隶新安（今河北安新）人，清初官僚、儒学家、易学家。顺治十五年（1658）进士，历任侍读、侍读学士、侍讲学士等职。崔蔚林在儒学上师承孙奇逢，属于夏峰学派，主张折中程朱、陆王。在易学上推崇来知德《易经集注》，潜心研究太极图，颇有成就。著作有《四书讲义》《易经讲义》，皆未成。

崔蔚林的儒学思想师承孙奇逢，继承了夏峰学派兼容并包程朱理学和陆王心学的特点，将两派均尊为儒学正统，对两派的思想均加以研究，认为不论是哪一派的儒学思想，最终都是要看它是否与孔子、孟子的思想相吻合，只要是与孔孟之道相符合的，都可以接受。与孙奇逢相比，崔蔚林更加倾向于陆王心学，提出"格物是格物之本，乃穷吾心之理也"，认为"心"是理的本源，而对于朱熹的"格物"方法则加以批评，提出"朱子解作天下之事物，未免太泛，与圣学不切"①。

康熙帝时期开始实行的独尊程朱理学的文化方针，以制度形式确立程朱理学统治性地位，而对陆王心学进行打压。崔蔚林对此感到不满，曾经在与康熙帝辩论时，批评朱熹学术观点上的不足，介绍自己的学术思想。但夏峰学派的自由学风不能满足统治者维护自身统治的需要，也与当时社会上复兴程朱理学的风气不符，因此没有得到康熙帝的支持，崔蔚林也受到了强烈的批评和打击。

二、颜元、李塨与颜李学派

颜李学派是17世纪在中国北方形成的一个重要的思想学派，创始人为清初北方著名学者颜元。颜李学派标榜"实学"，主张"实文、实行、实体、实用"，与清初官方提倡的宋明理学相抗衡，在社会上产生过相当大的影响。

（一）颜元思想演变的历程

颜元（1635—1704），原字易直，更字浑然，号习斋，直隶博野（今属河

---

① 中国第一历史档案馆整理：《康熙起居注·康熙十八年十月》，中华书局1984年版，第446页。

北)人。明末清初思想家、教育家，颜李学派创始人。颜元一生以行医、教学为业，继承和发扬了孔子的教育思想，主张"习动""实学""习行""致用"几方面并重，亦即德育、智育、体育三者并重，主张培养文武兼备、经世致用的人才，猛烈抨击宋明理学家"穷理居敬"、"静坐冥想"的主张。其主要著述有《四存编》《习斋记余》《四书正误》《朱子语类评》《礼文手钞》等。

颜元早期思想的变化。颜元一生思想几经变化。年轻时代在佛老、陆王、程朱中穿梭。十四岁读《寇氏丹法》，学神仙导引术，娶妻不近，"看寇氏丹法，遂学运气之术。见斥奸书，知魏阉之祸，忿然累日夜，恨不手刃之！"[1]十九岁，从学孙奇逢学生贾端惠，习染顿改，折节为学。二十四岁读《七家兵书》，并习技击，研究战守机宜。"至二十四岁忽得《七书》而悦之，以为《七书》之粹精在《孙子》，《孙子》之粹精在首章，于是手抄十二篇，朝夕把玩。凡兵家精粗事宜，亦颇留心。"[2]二十四岁从彭通处得到《陆王语要》，开始接受陆王心学。二十六年得《性理大全》，寻求"孔颜乐处"，"孔子曲肱疏水，颜子箪瓢陋巷，当日不知作何心景，自谓今日或庶几矣"[3]，又成了程朱理学信徒。

颜元思想体系的创立。颜元三十四岁养祖母丧时，颜元遵朱熹《家礼》服丧，疏食少饮，几乎病饿致死。这使他对理学产生了怀疑，认为理学的观点，不是孔子、孟子的本来宗旨，"第自三十四岁遭先恩祖母大故，一一式遵《文公家礼》，颇觉有违于性情。已而读周公《礼》，始知其删修失当也。及哀杀，检《性理》乃知静坐读讲非孔子学宗；气质之性，非性善本旨也。朱学盖已掺杂于佛氏，不止陆、王也；陆、王亦近支离，不止朱学也。"[4]三十四岁以后，颜元的思想走向坚决反对程朱的道路。

三十五岁时，颜元著《存性编》，作性图9幅，对理学家的人性学说进行批判。三十八岁时，颜元著《存学编》，"申明尧、舜、周、孔三事、六府、六德、六行、六艺之道，大旨明道不在章句，而期如孔门博文约礼，身实学之，实习之，毕生不懈者"[5]。至此，颜元具有自身特色的实学思想框架基本形成。五十八岁时，颜元著《朱子语类评》，在此文中，颜元正式与程朱理学

---

[1] (清)颜元:《颜元集·颜习斋先生年谱》卷上，中华书局1987年版，第709页。
[2] (清)颜元:《颜元集·习斋记余》卷三《答五公山人王介祺》，中华书局1987年版，第429页。
[3] (清)颜元:《颜元集·习斋记余》卷二《柳下坐记》，中华书局1987年版，第422页。
[4] (清)颜元:《颜元集·习斋记余》卷六《王学质疑跋》，中华书局1987年版，第497页。
[5] (清)颜元:《颜元集·颜习斋先生年谱》卷上，中华书局1987年版，第737页。

决裂,"朱子之道千年大行,使天下无一儒,无一才,无一苟定时,不愿效也"①,而把"经济功利以生民"的功利论作为衡量一切学派的标准,希望以功利论取代理学空洞的道义论。至此,颜元的理学思想体系得以完善。

颜元对孙奇逢的扬弃。颜元对孙奇逢的学问与品行十分景慕,以私淑弟子师事孙奇逢。就颜元与孙奇逢的关系来看,他应该属于孙奇逢的弟子门人序列②。颜元的实学思想体系,一方面受到了孙奇逢夏峰学派的深远影响,另一方面又与孙奇逢在圣人标准问题上有所背离。

颜元的思想和孙奇逢有很多相同之处。首先,颜元和孙奇逢都以回归、重释孔孟经典来基点整合自己的思想体系;其次,颜元和孙奇逢都公开反对考据学,并且对于刚刚兴起的考据学大加抨击;最后,颜元和孙奇逢的思想体系中一般都避免过于形而上的讨论,特别注重"孝""礼"的实践。

然而,在圣人的标准问题上,颜元和孙奇逢发生了背离。颜元认为,孙奇逢的圣贤标准太宽泛,程朱、陆王,甚至于连一般的儒生都有可能获得圣人之得。而颜元认为,不但是一般的儒生,就连程朱陆王也严重偏离了原始儒学体系。"汉宋以来,徒见训诂章句,静敬语录与帖括家,列朝堂,从庙廷,知郡邑;塞天下庠序里塾中,白面书生微独无经天、纬地之略,礼、乐、兵、农之材,率柔脆如妇人女子,求一腔豪爽倜傥之气亦无之"③。在圣人的取舍上,颜元采取一种更加严格的态度:只有周公孔子具有圣人品格,要学为圣人,就要学习周公孔子之道,"唐虞之世,学治俱在六府三事,外六府三事而别有学术,便是异端。周孔之时,学治只有个三物,外三物而别有学术,便是外道。"④由此颜元对孙奇逢发生了离异,即以周孔正道的"事物"之学代替孙奇逢兼容并包的成圣之学。颜元认为只要习行尧、舜、周、孔相传的"三事""六府""三物""四教"等儒门正学,就能成为经世之才,进而成圣成贤。也正是如此,颜元走上了弃同转异、力批理学、兴实学的道路。

---

① (清)颜元:《颜元集·四书正误》卷六《朱子语类评》,中华书局1987年版,第266页。
② 关于颜元与孙奇逢之间关系,参看钱穆:《〈清儒学案〉序》,《中国学术思想史论丛》卷八,第364、367页;嵇文甫:《颜习斋与孙夏峰学派》,《嵇文甫文集》下册,河南人民出版社1990年版,第648页;陈祖武:《清初学术思辨录》,中国社会科学出版社1992年版,第185页。
③ (清)颜元:《颜元集·习斋记余》卷一《泣血集序》,中华书局1987年版,第399页。
④ (清)颜元:《颜元集·颜习斋先生言行录》卷下《世情》,中华书局1987年版,第685页。

（二）颜元的实学思想

颜元是明末清初的一位重要的思想家。他反对读死书，空谈性理，静坐冥想，同时提倡实学，注重实践，是明末清初实学思潮的代表人物。颜元的实学思想主要包括实性论、为学论、经世论、义利论。

实性论。颜元的实性论认为人性是实而不是空，性是不可以空谈的，性理寄予世间万事万物中，彰显于万事万物之中，因此主张一切从实处出发。颜元将人性实化，认为人性就是五官、四肢、百骸这些生理器官构成的形体所具有的属性和功能，"形，性之形也；性，形之性也，舍形则无性矣，舍性亦无形矣。失性者据形求之，尽性者于形尽之。贼其形则贼其性矣。"[1]颜元认为人性不可分，在颜元看来，人之性只有一个，那就是具体落实在每一个人形体之上，也即是气质上的性。这种落在气质上的性，才是人们可以在实践中把握的真实的性。去掉人性所依托的气质而言性，性就会成为虚幻的无用的道理。依托在气质上的人之性，才能对人生对社会有价值。颜元又认为气质之性是绝对善的，他反对宋儒说气质有恶，"若谓气恶，则理亦恶，若谓理善，则气亦善。盖气即理之气，理即气之理，乌得谓理纯一善而气质偏有恶哉！"[2]而认为恶是由于"引蔽习染"这些后天因素的影响而造成的，"恶何以生也？则如衣之著尘触污，人见其失本色而厌观也，命之曰污衣，其实乃外染所成。"[3]

为学论。颜元的为学论认为，为学要以对国家社会实际有用为目的，面向有实效的知识技能，通过身体的实行实践进行学习。颜元强烈反对学者闭门读书谈心性，他指出，人们把精力都用于静坐、读书之中，不能获得真正的知识，"静极生觉，是释氏所谓至精至妙者，而其实洞照万象处，皆是镜花水月，只可虚中玩弄光景。若以之照临折戴，则不得也"[4]，"千余年来率天下入故纸堆中，耗尽身心气力，作弱人、病人、无用人者，皆晦庵为之"[5]。在知识来源上，颜元把实践提到空前重要的位置，认为行是第一位的，"养身莫善于习动，夙兴夜寐，振起精神，寻事去作，行之有常，并不困疲，日益精

---

[1] （清）颜元：《颜元集·存人编》卷一《唤迷途》，中华书局1987年版，第128页。
[2] （清）颜元：《颜元集·存性编》卷一《驳气质性恶》，中华书局1987年版，第1页。
[3] （清）颜元：《颜元集·存性编》卷一《棉桃喻性》，中华书局1987年版，第3页。
[4] （清）颜元：《颜元集·存学编》卷二《性理评》，中华书局1987年版，第69–70页。
[5] （清）颜元：《颜元集·四书正误》卷六《朱子语类评》，中华书局1987年版，第251页。

壮。但说静息将养,便日就惰弱"①,知来源于行。在教育目的上,颜元主张培养真正实用的人才,这种实用性不仅指对学生身心有益,更指对国家社会百姓之事业有用,"凡为吾徒者,当立志学礼、乐、射、御、书、数及兵、农、钱、谷、水、火、工、虞,予虽未能,愿共学焉。"②在教育方法上,颜元反对僵化死板的教学方式,主张根据学生的不同特点,因材施教,"人之质性近夷者,自宜学夷;近惠者,自宜学惠。今变化气质之说,是必平丘陵以为川泽,变川泽以为丘陵也,不亦愚乎?"③同时颜元也注重发挥学生的主观能动性,积极主动进行学习,"人赋性质愚,耕田凿井,勤力养家,无负于天矣,亦无负于亲矣。赋性聪秀,不能出众自强,以才德见于世,如天之生我何!如亲之育我何!故下之为秀民,中之为豪杰,上之为圣贤,在乎人自为耳"④。

经世论。颜元的经世论认为,应当以实事实绩造福天下百姓。颜元有着强烈的经世济民思想,认为独善其身不是真正的儒者,而更提倡实干。在政治领域,他认为,要实现天下长治久安,必须在政治上实行分封政体,"非封建不能尽天下人民之治,尽天下人才之用"⑤,将天下分为各个小邦国。在军事领域上,反对兵农分离,"慨自兵农分而中国弱"⑥,而主张实行寓兵于农制,以使百姓面对战乱时有能力自卫。在民生领域,他提出要推行以均分田亩为核心的井田制,以求从根本上改变土地占有差距过大的社会问题,"岂不思天地间田宜天地间人共享之,若顺彼富民之心,即尽万人之产而给一人,所不厌也"⑦,实现社会公平正义,"如古井田,苟使民之有恒业者得遂其耕获;无恒业者能免于饥寒,家给人足焉,即谓之今日之井田可也"⑧。在选拔人才领域,颜元极力批判死读书,败坏人才的情形,对于内容脱离实际的科举考试加以批判,"自幼稚从事做破题,捭八股,父兄师友之期许者,入学、中举、会试、做官而已。自心之悦父兄师友以矢志成人者,亦惟入学、中举、

---

① (清)颜元:《颜元集·颜习斋先生言行录》卷上《学人》,中华书局1987年版,第635页。
② (清)颜元:《颜元集·颜习斋先生年谱》卷上,中华书局1987年版,第743页。
③ (清)颜元:《颜元集·四书正误》卷六《孟子下》,中华书局1987年版,第230页。
④ (清)颜元:《颜元集·颜习斋先生言行录》卷下《教及门》,中华书局1987年版,第672页。
⑤ (清)颜元:《颜元集·存治编》《封建》,中华书局1987年版,第111页。
⑥ (清)颜元:《颜元集·存治编》《治赋》,中华书局1987年版,第106页。
⑦ (清)颜元:《颜元集·存治编》《井田》,中华书局1987年版,第103页。
⑧ (清)颜元:《颜元集·习斋记余》卷一《送安平杨静甫作幕序》,中华书局1987年版,第405页。

会试、做官而已。万卷诗书，只作名利引子，谁曾知道为何物！"①颜元主张改科举制为推举制，"窃尝谋所以代之，莫若古乡举里选之法。"②认为纸上文字测试不出实际德行和才干，而建议以德才实绩作为选人标准，由乡三老开始，负责任地层层推荐，"仿明旧制，乡置三老人，劝农、平事、正风，六年一举，县方一人。如东则东方之三老，视德可敦俗、才堪莅政者，公议举之，状签某某深知其才德，兼以事实之，县令即以币车迎为六事佐宾吏人。供用三载，经县令之亲试"③，加以考核，从而最大限度地杜绝私弊。

义利论。颜元的义利论鲜明地认为人欲不可去，人性正是在人们对欲望的追求过程中得以实现。颜元重视对利益的正当追求，他指出，既然人之天性与材质都是善的，人们的欲望也是正当的，而不应以道德说教打压人的正常欲望。颜元反对程朱理学的禁欲主义，认为男女两情相悦完全合理，"禽有雌雄，兽有牝牡，昆虫蝇蛆亦有阴阳。岂人为万物之灵而独无情乎？故男女者，人之大欲也，亦人之真情至性也"④。客观地说，这种功利论有益于社会的进步和人民的福利。

颜元身处明末清初"天崩地解"的社会现实之中，同时思想界玄虚空谈之风日盛，颜元针对理学的种种弊端，发起了攻击，提出了自己不同的见解，这无疑给人们打开了一扇寻找真理的大门。颜元针对宋明理学的"空"与"静"，提出了自己的"实"与"动"的思想；针对宋明理学家的崇尚"浮文"，提出了自己的"实行"的教育思想；针对宋明理学家的"存天理、灭人欲"，提出了"经世致用"的具有功利主义倾向的思想。颜元的这一思想，是符合当时的客观实际的，同时也是符合社会发展需要的。

颜元的"实学"思想虽然具有巨大的进步意义和一定的现代精神，但是，在他的思想里也有一些弊端。颜元非常重视"行"，强调"习行"，认为知识来源于实际，这在当时是难能可贵的。但是，他却忽视了"知"对"行"的作用，轻视了读书也可以获得一定的知识，忽视了对其学生理论思维的开发。颜元的"实学"思想在某些方面也不同程度地表现出一定的复古主义思想。在颜元的"实学"教育思想中，他崇尚周孔之学，主张以"六艺"为教学的主

---

① （清）颜元：《颜元集·存人编》卷二《唤迷途》，中华书局1987年版，第138页。
② （清）颜元：《颜元集·存治编》《重征举》，中华书局1987年版，第115页。
③ （清）颜元：《颜元集·存治编》《重征举》，中华书局1987年版，第116页。
④ （清）颜元：《颜元集·存人编》卷一《唤迷途》，中华书局1987年版，第124页。

要内容。这在当时虽然在一定程度上起到对宋明理学的批判作用，但是，它的复古倾向是抹杀不掉的。另外，他在政治上倡导恢复"井田制""封建"和"宫刑"等，也是其复古思想的表现。

（三）李塨对颜元思想的继承与发展

李塨（1659—1733），字刚主，号恕谷，直隶蠡县（今属河北）人。清初哲学家、教育家。他是颜元学说重要的继承和发展人，在教育领域也颇有成就。著作有《大学辨业》《四书传注》《周易传注》《论语传注问》《拟太平策》等。

在学术思想上，李塨在继承颜元理气一体的本体论、强调实践的认识论、重视均田、兵农合一的经世论、注重习行的教育论的同时，提出了自身的独到见解，进一步发展了颜元的学说。

本体论。在本体论思想上，李塨继承了颜元之学说，主张理气一体，认为气外无理，"草堂曰：'颜先生言理气为一，理气亦似微分。'曰：'无分也。孔子曰：'一阴一阳之谓道'，以其有条理谓之理，非气外别有道理也。'"[1]而且在理事关系上，李塨发展了颜元的思想，提出了"理见于事"的理事一元论，认为理和事不可分离，"理即在事中"，"离事物何所谓理乎"[2]，反对脱离具体事物空谈理。

认识论。在认识论思想上，李塨继承了颜元将"知"与"行"密切联系的观点，肯定了"行"的重要性。但在"知"与"行"的关系问题上，李塨反对颜元的知行合一、行在知先的观点，而主张知在行先，"不知不能行，不行不可谓真知，故《中庸》谓道不行由于不明，道不明由于不行。如适燕京者不知路向北往，如何到燕京？至燕京行熟，则知其路方真。然究是二事，究是知在行先"[3]。李塨的认识论有很强的辩证思维和严谨的理论逻辑性，但其理论前提是错误的，陷入了唯心主义路线。

经世论。在经世论思想上，李塨继承了颜元的均田论思想，并认为"均田"为"第一仁政"。[4]李塨的均田思想还进一步制定了佃户分田的方法，一是佃户分种、二是计口授粮，与颜元的均田思想相比更加具体，可实践性强。

---

[1] 冯辰、刘调赞：《李塨年谱》卷二，中华书局1988年版，第63页。
[2] 四存学会校：《颜李丛书·论语传注问》，四存学会1923年版，第26页。
[3] 四存学会校：《颜李丛书·大学辨业》卷三，四存学会1923年版，第8页。
[4] 四存学会校：《颜李丛书·拟太平策》卷二，四存学会1923年版，第1页。

李塨也继承了颜元的兵农合一思想，主张在均田的基础上，由各个郡县自行组织军队，"今拟制田能行，必宜兵寓于农"①。在政治思想上，颜李二人的分歧主要在于国家政治制度。颜元主张恢复秦汉以前的封建制，李塨则反对复古封建，主张郡县制。李塨批评复古封建不现实，"惟封建以为不必复古，因封建之旧而封建，无变乱，今因郡县之旧而封建启纷扰"②，而且李塨认为实行封建世袭制，会使封建贵族世居民上，使民遭殃。

教育论。在教育论思想上，李塨继承了颜元注重习行的主张，但对于读书的态度更加积极。在读书问题上，颜元认为书本无用，力倡学子扔开书本，在他看来，习与行是一回事，不习行就得不来知识，不仅书本无用，经书之真伪更无用，"读得书来，口会说，笔会做，都不济事。须是身上行出，方算学问。"③李塨认同习行的重要性，认为"纸上之阅历多，则世事之阅历少；笔墨之精神多，则经济之精神少"④。但李塨对读书的态度比较积极，认为书本知识不可尽废，强调读书是明理的先决条件，"书以明理，不读书理何由明？"⑤，反对颜元完全轻视书本的偏激观点。

总之，李塨毕生以继承传播颜学要旨为己任，在发扬传承颜学上的贡献无人能比，是"颜李学派"最重要的继承者与传播者。李塨广纳当世名家之学问，上承师说，下启后学，在对颜学继承和发扬的同时，对颜学有所损益并实现了超越，因为李塨的努力弘扬与发展，颜李学作为一个学派影响了一时的风气。

颜李之学是自成一格的事功之学，史称颜李学派。这一学派，是中国历史上第三次功利思潮的高潮所在，颜元和李塨把清代实学思潮发展到了一个新阶段。颜李之学在近代，随着社会历史条件的变化与人们透视它的眼光的变动，又被赋予了古今中西之争的时代新内涵。颜元使清代北学发展出现了另一种可能，而这种可能又被其徒——清初另一位河北大儒李塨发扬光大，但也正是李塨弥合各方努力的失败，导致颜李学派二世而衰，清代河北学术又回到各家学术思想兼容并包的学术氛围中。即使如此，颜李学派也没有因

---

① 四存学会校：《颜李丛书·平书订》卷九，四存学会1923年版，第1页。
② （清）颜元：《颜元集·存治编》《书后》，中华书局1987年版，第118页。
③ （清）颜元：《颜元集·习斋记余》卷四《初寄王法乾书》，中华书局1987年版，第466页。
④ 冯辰、刘调赞：《李塨年谱》卷二，中华书局1988年版，第36页。
⑤ 四存学会校：《颜李丛书·论学》卷二，四存学会1923年版，第3页。

为李塨去世而亡,只是在此后进入了衰落阶段。当然,即使颜李学派日渐衰落,北方学术并非像某些学者认为的那样退出历史舞台[1]。晚清曾国藩甫一就任直隶总督,就看到以侠儒兼收、文武兼收为特征的河北士风犹存,"即今日士林,亦多刚而不摇,质而好义,犹有豪侠之遗"[2]。

---

[1] 陈祖武:《清初学术思辨录》,中国社会科学出版社1992年版,第187页。
[2] 曾国藩:《劝学篇示直隶士子》,李瀚章、李鸿章编纂《曾国藩全集·文集》,中国华侨出版社2003年版,第204页。

第二章

河北史学家与中国史学

第一节　崔浩、魏收、李德林、李百药、崔仁师、魏徵的正史撰述

正史是指以纪传体为编撰体例的史书,其名最早见于阮孝绪的《正史削繁》。清朝乾隆年间,朝廷诏定《史记》《汉书》等二十四部纪传体史书为正史。自魏晋南北朝至唐代,正史的撰述尤为兴盛,其中包括《后汉书》《三国志》《晋书》《宋书》《南齐书》《梁书》《陈书》《魏书》《北齐书》《周书》《隋书》《南史》《北史》,它们不仅在数量上占二十四史中的一半,而且质量极高。河北人崔浩、魏收、李德林、李百药、崔仁师与魏徵对这一时期的正史撰述具有重要贡献。

一、崔浩与国史编纂

崔浩(381—450),字伯渊(《北史》避唐高祖讳作"伯深"),清河郡东武城县(今河北固城)人,出身名门清河崔氏,白马公崔宏之子。史称他"少好文学,博览经史。玄象阴阳,百家之言,无不关综,研精义理,时人莫及"[1]。历仕道武、明元、太武三朝,累献奇策,助北魏消除北方游牧民族柔然的威胁,平定胡夏、北凉。累迁司徒,封东郡公。太平真君十一年(450),崔浩受国史案牵连,诛九族。

---

[1]（北齐）魏收:《魏书》卷三十五《崔浩传》,中华书局2017年版,第895页。

（一）崔浩编纂国史的过程

唐代史学评论家刘知几在《史通》中讲到元魏本朝国史的修撰时，说："《国记》自邓、崔以下，皆相承作编年体。"①这里的"邓"指邓渊，"崔"指崔浩。他们撰述国史的过程，可以分为三个时期，第一个时期是在道武帝时，后两个时期在太武帝时。

最初，北魏道武帝拓跋珪命秘书郎邓渊撰成《国记》十多卷，"编年次事，体例未成"。邓渊的《国记》只是按年月叙列史实，并没有撰成一部有体例的史书。邓渊后为太祖所杀，其子邓颖则于太武帝时又在崔浩主持下参加著作事。到了明元帝拓跋嗣时，"废而不述"②，这项工作就停止了。所以邓渊撰写的《国记》，主要是指太祖道武帝拓跋珪朝的编年史。

太武帝拓跋焘神䴥二年（429），崔浩开始主持修撰《国书》，"逮于神䴥，始命史职注集前功，以成一代之典"③。参修者有崔浩之弟崔览、高谠、邓颖、晁继、范亨、黄辅等，都是一时儒学之士。最终，在邓渊《国记》的基础上，续写成《国书》三十卷。所以这里崔浩等人撰写的《国书》，主要是指太宗明元帝拓跋嗣朝的编年史。

太武帝拓跋焘太延五年（439）十二月，北魏太武帝下诏命令崔浩"综理史务，述成此书，务从实录"，要求这次续修国史，一定遵从实录的原则，"浩于是监秘书事，以中书侍郎高允、散骑侍郎张伟参著作，续成前纪。"崔浩主要起到总裁大纲的作用，"至于损益褒贬，折中润色，浩所总焉。"④后来崔浩被杀后，参与这项工作的高允坦言对太武帝说："《太祖记》，前著作郎邓渊所为；《先帝记》及《今记》，臣与浩共为之。然浩所领事多，总裁而已。"⑤这里所提到的《太祖记》就是邓渊撰写的《国记》，《先帝记》就是指关于太宗明元帝拓跋嗣的记载《太宗记》，而《今记》则是指有关太武帝拓跋焘的记载《世祖记》。由此看来，这次撰述的成果名字叫《国记》，主要是在《国书》的基础上，续写世祖太武帝拓跋焘本朝的历史。

当时，太武帝要编国史的目的，本来只是留给皇室后代看的。但是《国

---

① （唐）刘知几：《史通》卷十二《外篇·古今正史》，上海古籍出版社2008年版，第260页。
② （北齐）魏收：《魏书》卷三十五《崔浩传》，中华书局2017年版，第904页。
③ （北齐）魏收：《魏书》卷三十五《崔浩传》，中华书局2017年版，第912页。
④ （北齐）魏收：《魏书》卷三十五《崔浩传》，中华书局2017年版，第912页。
⑤ （北宋）司马光：《资治通鉴》卷一二五《宋纪七》，中华书局1956年版，第3942页。

记》修毕后，参与其事的著作令史闵湛、郗标为了讨好崔浩，"请立石铭，刊载《国书》并勒所注《五经》"①，建议把《国记》刊刻在石上，以彰直笔，同时刊刻崔浩所注的《五经》，他们的建议被崔浩采纳。于是，在天坛东三里处，刊刻了《国记》和《五经注》，方圆一百三十步，用工三百万才告完成。由于崔浩秉笔直书，"尽述国事，备而不典"②，把《国记》刻碑竖立在通衢大路旁，引起往来行人议论。鲜卑贵族看到后，到太武帝前告状，指控崔浩有意"暴扬国恶"。太武帝命令收捕崔浩及秘书郎吏，审查罪状。崔浩被捕后，承认自己曾经接受过贿赂。太武帝亲自审讯崔浩时，他也"惶惑不能对"③。其实他对自己所犯何罪，也不明白。

太平真君十一年（450），太武帝下诏诛杀崔浩，清河郡的崔氏无论远亲近亲，以及崔浩的姻亲范阳郡卢氏、太原郡郭氏、河东郡柳氏，全被满门抄斩，被杀者达二千余人。秘书监所属的郎官、令史以下都处以死刑。崔浩及其僚属、僮吏总共一百二十八人被杀。史称"国史之狱"。

崔浩出身于清河崔氏，是北朝汉族门阀士族中第一大姓。他以才能深受道武、明元、太武三帝信任，官至司徒。"国史之狱"的发生主要有以下三个原因：第一是同修诸人皆汉族名士，他们在《国记》中，"曲为邪说，称拓跋之祖，本李陵之胄"，这显然是一种大汉族主义的表现，因此当即遭到鲜卑贵族的"抵斥"④。第二是"书魏之先世，事皆详实"⑤，真实地记述了鲜卑拓跋部进入阶级社会以前的落后状况。第三是美化了汉族门阀士族，渲染了他们在统一北方中的谋谟之功。所以当《国史》写成，并刊石于京都平城郊外，鲜卑贵族"无不忿恚"，相与谮浩于帝，以为"暴扬国恶"⑥，最终构成一场大狱。这桩史案，从表面上看崔浩之所以被祸是由于他修"国书"并勒石公布，而在实际上却是由于他"大欲齐整人伦，分明姓族"⑦，站在汉族地主阶级的立场上去写鲜卑贵族的历史，抬高汉族世家在政治上的地位，而扩大汉族文

---

① （北齐）魏收：《魏书》卷三十五《崔浩传》，中华书局2017年版，第913页。
② （北齐）魏收：《魏书》卷三十五《崔浩传》，中华书局2017年版，第914页。
③ （北宋）司马光：《资治通鉴》卷一二五《宋纪七》，中华书局1956年版，第3943页。
④ （唐）刘知几：《史通》卷十七《外篇·杂说》，上海古籍出版社2008年版，第360页。
⑤ （北宋）司马光：《资治通鉴》卷一二五《宋纪七》，中华书局1956年版，第3942页。
⑥ （北宋）司马光：《资治通鉴》卷一二五《宋纪七》，中华书局1956年版，第3942页。
⑦ （北齐）魏收：《魏书》卷四十七《卢玄列传》，中华书局2017年版，第1153页。

化的影响。

（二）崔浩编纂国史的影响

崔浩主导的国史编纂和由此导致的"国史之狱"是北朝国史编纂过程中的重要事件。崔浩为北魏的国史编纂进行了大量的基础性工作，推动了国史编纂的进程。崔浩在《国记》的编纂过程中弘扬了秉笔直书的著史精神。同时，"国史之狱"事件使北魏文人对修史产生了恐惧心理，降低了北魏史家的地位，阻碍了北魏时期史学的发展。

为北魏国史编纂提供了基础。崔浩死后，北魏的国史编纂工作一度中断。至文成帝时，命高允总揽史务，续修国史。而高允年事高迈，手目俱衰，于是由校书郎中刘模执笔，而高允"口占授之，如是者五六岁。所成篇卷，模有力焉。"①此次修撰，"大较续崔浩故事，准《春秋》之体，而时有刊正"②，未逾崔浩所定义例，唯校正"不典"之内容。崔浩的国史编纂成果为北魏国史编纂提供了大量的素材，打下了坚实的基础。

弘扬了秉笔直书的著史精神。秉笔直书是中国古代历代史家坚持的著史精神，崔述不畏强御，坚持真实记录鲜卑族一些不愿为人所知的早期历史与风俗，以生命为代价坚持秉笔直书精神。崔浩与高允等人一起"叙述国事，无隐所恶"③，直书拓跋氏先祖隐秘之事。尽管崔浩因修史获罪，被夷灭五族，但高允却在太武帝拓跋焘询问《国书》是否都是崔浩所作时，仍然凛然回答："《先帝记》及《今记》，臣与浩同作……至于注疏，臣多于浩。"世祖不得不赞叹其为贞臣："直哉！……临死不移。"高允坚信自己与崔浩著国史："书朝廷起居之迹，言国家得失之事，此亦为史之大体，未为多讳。"④从高允的言行中，反映出北魏国史的修撰基本上继承了秉笔直书的著史精神。

导致了北魏史官地位的下降。崔浩因编纂国史而死后，北魏政权对史家修史的控制力度加大，北魏史家的地位下降。首先，在"国史之狱"后，北魏在之后的十年时间不设史官，直到文成帝和平元年（460）六月，才重新恢复史职，"崔浩之诛也，史官遂废，至是复置"⑤。其次，汉族文人逐渐被排除

---

① （唐）刘知几：《史通》卷十二《外篇·古今正史》，上海古籍出版社2008年版，第260页。
② （北齐）魏收：《魏书》卷四十八《高允列传》，中华书局2017年版，第1196页。
③ （唐）刘知几：《史通》卷十二《外篇·古今正史》，上海古籍出版社2008年版，第260页。
④ （北齐）魏收：《魏书》卷四十八《高允列传》，中华书局2017年版，第1180—1181页。
⑤ （北齐）魏收：《魏书》卷五《高宗纪》，中华书局2017年版，第142页。

出编纂国史工作,北魏统治者通过"史官全是鲜卑文人,监修者也都是北魏宗室重臣"的方法,"将修史大权完全控制在自己手中"①。最后,"国史之狱"中对崔浩和其他修史人员的严酷惩罚,使汉族文人感到恐惧,不敢轻易著史,北魏的私家修史活动也陷入沉寂。后来,崔鸿私撰《十六国春秋》后,北魏宣武帝元恪希望阅览,"鸿以其书有与国初相涉,言多失体,且既未讫,迄不奏闻"②,此事体现了崔鸿对著史中敏感问题的担忧。

(三)崔浩"国史之狱"的评价

崔浩"国史之狱"案是中国古代史上的重大事件,以其牵连广、用刑酷而著称。对于崔浩"国史之狱"的原因,历来就有多种说法,如秉笔直书说、民族矛盾说、阶级矛盾说、信仰冲突说、串通南朝说等。

秉笔直书说。此说认为崔浩"国史之狱"的原因在于崔浩修史秉笔直书。李延寿在《北史》中记载崔浩因修国史"备而不典",记录了一些鲜卑统治者不愿公之于众的内容,惹怒鲜卑统治者而被杀,"著作令史太原闵堪、赵郡郤标素谄事浩,乃请立石,铭载国书,以彰直笔……浩书国事备而不典,而石铭显在衢路,北人咸悉忿毒,相与构浩于帝,帝大怒,使有司案浩"③。刘知几在《史通》中也认为崔浩之死是由于他在史书中秉笔直书,"盖烈士徇名,壮夫重气,宁为兰摧玉折,不作瓦砾长存。若南、董之仗气直书,不避强御;韦、崔(崔浩)之肆情奋笔,无所阿容。虽周身之防有所不足,而遗芳余烈,人到于今称之"④。崔浩所处的时代,正处于拓跋氏入主中原的初期,民族问题较为敏感,崔浩所撰国史,即使内容没有严重问题,只是在细节问题上涉及鲜卑族不愿为人所知的历史过往,也会被人拿去作为借口,就为崔浩招来了灭门大祸。

民族冲突说。此说认为崔浩"国史之狱"的原因在于北方汉族与鲜卑族的民族冲突。刘攽在《旧本〈魏书〉目录序》指出:"拓跋氏乘后燕之衰,蚕食并、冀,暴师喋血三十余年,而中国略定。其始也,公卿方镇皆故部落酋大,虽参用赵魏旧族,往往以猜忌夷灭。"⑤钱穆在《国史大纲》中也认为崔

---

① 尹达主编:《中国史学发展史》,中州古籍出版社1985年版,第131页。
② (北齐)魏收:《魏书》卷六十七《崔光传附崔鸿传》,中华书局2017年版,第1633页。
③ (唐)李延寿:《北史》卷二十一《崔宏传附崔浩传》,中华书局1974年版,第789页。
④ (唐)刘知几:《史通》卷七《内篇·直书》,上海古籍出版社2008年版,第141页。
⑤ (北齐)魏收:《魏书》附录《旧本〈魏书〉目录序》,中华书局2017年版,第3329页。

浩之死是以崔浩为代表的汉族士人与鲜卑族统治者之间民族冲突的结果，"大抵如王猛、崔浩之伦，皆欲在北方于拥戴一异姓主之下而展其抱负者（猛之未肯随桓温南归，殆知来南之无可展布耳）。浩则树敌已多，得罪不专为修史也"①。

阶级矛盾说。此说认为崔浩"国史之狱"的原因在于北方世家大族与鲜卑贵族的社会阶级矛盾。史学家陈寅恪认为崔浩之死的主要原因，"在社会阶级方面，即在崔浩欲'整齐人伦，分明姓族'方面"②。在他看来，崔浩试图在北魏重建门阀制度，实现一种"高官与儒学合一的贵族政治"③，却将有政治势力却无学术背景的鲜卑族人排斥在这种新构建的贵族政治之外。

佛道之争说。此说认为崔浩"国史之狱"的原因在于佛教与道教的信仰冲突。魏收在《魏书》中记载："世祖即位，富于春秋……浩奉谦之道，尤不信佛，与帝言，数加非毁，常谓虚诞，为世费害。帝以其辩博，颇信之。"④魏收认为崔浩笃信寇谦之宣扬的天师道，与信仰佛教的太子拓跋晃发生严重对立，结下了仇怨，导致后来崔浩被诛。

串通南朝说。此说认为崔浩"国史之狱"的原因在于崔浩与南朝刘宋政权串通。沈约在《宋书》中记载：南朝刘宋名将柳元景的从祖弟柳光世，最初在北魏担任折冲将军、河北太守，与姐夫崔浩密谋，想要在元嘉二十七年（450），乘魏太武帝拓跋焘南征之际，一起反叛降宋，"元嘉二十七年，虏主拓跋焘南寇汝、颍，浩密有异图，光世要河北义士为浩应。浩谋泄被诛，河东大姓坐连谋夷灭者甚众，光世南奔得免。"⑤沈约认为崔浩死于对北魏政权有二心。此说不为司马光《资治通鉴》所采纳。

总的来说，崔浩"国史之狱"的直接原因，在于崔浩修撰北魏国史的过程中秉笔直书，揭露了鲜卑拓跋氏一些不愿为人所知的早期历史，得罪了鲜卑统治者。其背后，还有民族冲突、阶级矛盾、佛道之争、南北朝政权之间

---

① 钱穆：《国史大纲》第四编第二十一章《宗教思想之弥漫 上古至南北朝之宗教思想》，九州出版社2011年版，第978页。
② 万绳楠整理：《陈寅恪魏晋南北朝史讲演录》第十五篇《北魏前期的汉化（崔浩问题）》，贵州人民出版社2007年版，第208页。
③ 万绳楠整理：《陈寅恪魏晋南北朝史讲演录》第十五篇《北魏前期的汉化（崔浩问题）》，贵州人民出版社2007年版，第212页。
④ （北齐）魏收：《魏书》卷一百一十四《释老志》，中华书局2017年版，第3295-3296页。
⑤ （南梁）沈约：《宋书》卷七十七《柳元景列传》，中华书局2018年版，第2181页。

的政治冲突等复杂原因。

二、魏收与《魏书》

魏收（505—572），字伯起，巨鹿下曲阳（今河北晋州）人，北朝著名文学家、史学家，以文采华丽著称，与温子升、邢劭齐名。历仕北魏、东魏、北齐三朝，曾任太学博士、中书令、太常少卿、中书监等官职，并兼任编修国史的工作长达二十三年。天保二年，魏收奉北齐文宣帝高洋命编写魏史，共用三年多时间编成《魏书》一百三十卷，后又经高洋、高演、高湛三代，进行了三次大的修改，最终编成颁行。魏收是北齐官修史书《魏书》的编修负责人和主要作者。

（一）《魏书》的编写过程

魏收在编写《魏书》过程中，大量利用了前人的修史成果，因此得以迅速完稿。在撰述北魏、东魏历史时，《魏书》大量使用了北魏国史修撰工作的成果，这些成果有北魏道武帝命邓渊作《国记》，记述道武一朝史事；太武帝时召集以崔浩为首的诸文人编写的《国书》；孝文帝时命李彪、崔光改析《国书》为纪传体，还有自北魏孝文帝起，至东魏灭亡为止历代君主的起居注。此外，元晖业撰写的记述北魏藩王家世的《辨宗室录》四十卷，崔鸿撰写的记述十六国及东晋、南朝史事的《十六国春秋》一百卷，也是魏收编写《魏书》的主要参考资料。

《魏书》的编写工作得到了北齐文宣帝高洋的大力支持，高洋对魏收说："好直笔，我终不作魏太武，诛史官。"[①]给予魏收"魏尹"这一三品官职，让他专职修史，又派平原王高隆之监修国史。在《魏书》编成后，很多官员都对该书不满，攻击魏收作史失实，高洋为了维护魏收，将多人以"谤史"问罪。这些做法都体现出高洋对于编修《魏书》的重视和皇权对编修国史控制的加强。

（二）《魏书》的体例

《魏书》的编撰体例，主要继承自班固的《汉书》。《魏书》共一百三十卷，如果不分子卷，则为一百一十四卷，其中本纪十二卷、列传九十八卷、志二十卷，记录北魏和东魏时期的历史。其中的35条例，25篇叙，94篇论，都出自魏收一人之手。

[①] （唐）李延寿：《北史》卷五六《魏收列传》，中华书局1974年版，第2030页。

《魏书》体例的创新之处主要体现在内容丰富的志。魏收很重视典志在史书编写中的重要地位，在已经完成了本纪列传后，又专门花费了大量时间来编写这一部分。魏收在《魏书》自序中说："窃谓志之为用，网罗遗逸，载纪不可，附传非宜。理切必在甄明，事重尤应标著，搜猎上下，总括代终。"[①]纪传体史书中的志是记载封建职官制度、社会经济状况和文化变迁等内容的篇章，魏晋南北朝的官修史书多无志，《魏书》的"十志"，填补了这一重要空缺，具有重要的史学价值。

其中，《魏书》的《食货志》，是魏晋南北朝其他史书中所缺少的，记述了北魏时期的农业、牧业、矿业、商业等经济部门的发展情况和土地分配、赋税征收、赈济灾民等经济制度，对于中国古代经济社会史的研究，是极为珍贵的材料。在研究这一时期的均田制、租调制、三长制等重要的经济社会制度时，都要依靠《魏书·食货志》中提供的相关材料。《官氏志》采用了创新性的编写方式，其中前半部分写自鲜卑部落建国前至北魏孝文帝修定官制为止的职官制度变化，并着重介绍了北魏官制相比于前朝的创新之处，后半部分写北魏时期鲜卑族进入中原地区后，贵族姓氏的变化情况，共记载了118个鲜卑族姓氏的变化情况，体现出了鲜卑贵族汉化过程中的门阀化趋势。《释老志》是魏收独创的宗教史体裁，记述了北魏时期佛教和道教的发展过程和知名人物，其中对佛教的记述尤为详尽，反映了北朝时佛教在社会上的巨大影响。尤为难能可贵的是，魏收在看待佛教时能够采取不褒不贬的客观态度，将佛教作为一种与儒家、道家等流派相当的社会思想进行评价。

（三）魏收的史学思想

魏收作为一位才华出众的史学家，在编撰《魏书》的过程中，充分展现了他的史学思想，这些思想在很大程度上反映了当时社会的普遍观念，但也包含着一些魏收自己独特的思想因素。这些思想包括：维护北魏、东魏正统地位的大一统思想；受天人感应说影响的天命观和阴阳灾异思想；以传统儒家道德评价人物的儒学思想；民本主义的经世思想；时代环境决定的强烈门阀思想等。

大一统思想。 魏收具有十分明确的大一统思想，在他的眼中，中国虽然出现了多个政权分立的情况，但仍是一个国家。

---

① （北齐）魏收：《魏书》卷一百零四《前上十志启》，中华书局1974年版，第2331页。

北魏王朝的建立者拓跋家族本来属于少数民族鲜卑族，但魏收在《魏书》中却说拓跋家族是黄帝后裔，祖先为黄帝的儿子昌邑，"昔黄帝有子二十五人，或内列诸华，或外分荒服，昌意少子，受封北土，国有大鲜卑山，因以为号"[1]，属于中华血脉，体现了魏收"民族同源论"的民族观。北魏政权的建立是因应了黄帝"土德"，天命所归的结果。在正统问题上，魏收认为占有中原地区的政权就是正统，因此北魏政权是毫无争议的中华正统。同时魏收作为北齐大臣，奉敕修史，因此在《魏书》中将北齐和北齐所继承的东魏政权奉为正统。后世史家多指责魏收奉东魏为正统的做法，但魏收作为北齐大臣，在这个问题上受客观条件限制，实际上只能采取奉东魏为正统的立场，而无法选择其他立场。魏收还采轻视南方政权的立场，如将东晋称为"僭晋"，将南朝的宋、齐、梁三朝称为"岛夷"，对于南朝派使臣前来称为"朝贡"等，其目的是顺应当时政治斗争的需要，维护北魏的正统地位。

在中原王朝与周边蛮夷的关系上，魏收认为中原王朝与周边蛮夷是"羁縻"关系，即蛮夷从属于中原王朝，因此魏收将西晋灭亡后建立的少数民族十六国政权称为"僭伪"。如果"蛮夷"们不服从中原王朝的统治，中原王朝就有权进行讨伐。而北魏作为中原正统王朝，拥有讨伐周边其他少数民族政权的当然权利。

在记述东晋、宋、齐、梁和十六国的史事时，魏收采取为这些政权的君主分别立传的方式。由于南朝和十六国与北魏政权的联系密切，征战频繁，如果不详细记录这些政权的情况，就不能完整地记录北魏的历史，如果记录在《本纪》中，又会导致内容过于冗杂，所以就采取了为这些政权的君主们立传的方式，来详细记述这些政权的情况。这也体现出在魏收的观念中，北魏和东晋、宋、齐、梁和十六国等政权都属于中国的一部分。

天命思想。魏收继承了两汉以来的天命观念，认为君主要维持自身的统治，最重要的就是要因应天命。魏收在论证北魏和东魏政权正统性的时候，就十分注重强调北魏、东魏君主因应天命的特点。如在记录鲜卑拓跋部先祖的《序纪》中，魏收强调北魏的始祖是出生自天女，受到上天的庇佑，又如在《高宗纪》中记载北魏文成帝拓跋濬在位时"众瑞兼呈，不可胜数"[2]，用

---

[1] （北齐）魏收:《魏书》卷一《序纪》，中华书局1974年版，第1页。
[2] （北齐）魏收:《魏书》卷五《高宗纪》，中华书局1974年版，第113页。

天降祥瑞的论据来论证北魏统治因应天命，得到了上天的承认。再如在《高祖纪》中，魏收又叙述了北魏孝文帝拓跋宏出生时"神光照于室内，天地氤氲，和气充塞"①，强调皇帝在出生时，就具有了不同于常人的神圣性。总而言之，北魏、东魏政权的皇帝们都是因为顺应天意，得到上天的承认，才能够得到和统治天下。

同样，魏收对于世间的祸福也常用天人感应和阴阳鬼神来解释。如在《肃宗纪》中，魏收将当时旱灾频发的原因归咎于"不能只奉上灵，感延和气"②。在《李势传》《李歆传》中，描写了成汉、西凉政权灭亡前，出现的各种奇异现象，魏收认为这种奇异现象的出现，说明这些政权失去了上天的保佑，是政权衰亡的预兆。在《魏书》的《天象志》《灵征志》中，魏收分门别类地详细记述了各种异常天象、灾异、祥瑞等灵异现象，并认为这些现象都与现实政治情况相因应，体现出魏收笃信天人感应和阴阳鬼神的思想。

儒学思想。魏收的史学思想中儒学思想居于基础地位。魏收认为，国家在统治中应当以儒学思想作为指导，才能实现长治久安。在北魏诸帝中，魏收对于孝文帝的评价最高，这就是因为孝文帝采取的汉化政策，使北魏的统治方针出现转变，儒学思想成为北魏治国的主导思想。在《儒林列传》中，对于道武帝建立太学，招收生员的行为也给予高度评价。而对于北魏衰落问题，魏收也基于儒家传统思想，将"政纲不张"和"妇人专制"③作为北魏衰亡的最主要原因。

在传记中对人物进行评价时，魏收也以儒学思想作为根本准则。对于儒学造诣精深、遵守孝道等儒家道德、恪守儒家礼制乐制等符合传统儒家行为标准的人物，魏收都给予表彰。在《儒林列传》中记载了一批通晓儒学的著名学者，在《孝感列传》中记录了很多坚守孝道的人物。反之，对于违反儒家道德的行为，则进行否定和攻击。在看待女性的问题上，魏收认为女子的任务只是相夫教子，对于女性参与政治持排斥态度。

经世思想。魏收在《魏书》中对于如何治理国家进行了一些论述，着重强调百姓对于国家的重要性，认为君主治理国家要以民为本，使人民安居乐业，这样才能实现国家的长治久安。此外，还应当通过整顿吏治、鼓励农桑

---

① （北齐）魏收：《魏书》卷七《高祖纪上》，中华书局1974年版，第135页。
② （北齐）魏收：《魏书》卷九《肃宗纪》，中华书局1974年版，第233页。
③ （北齐）魏收：《魏书》卷九《肃宗纪》，中华书局1974年版，第249页。

等方法使国家富强。

魏收对于北魏皇帝们关心民情、安置流民、赈济灾民等行为进行了详细记载和极力称赞。在《魏书》中,魏收大量记载了北魏诸帝减轻赋税、废除苛捐杂税、安置因战乱而流离失所的流民、抚恤难以生存的老弱、在天灾发生时开仓救济灾民等内容的诏书,这一方面是为了宣扬北魏皇帝们爱民如子的光辉形象,另一方面也是强调在国家治理中以民为本的重要性。

魏收十分重视吏治的重要性。在《魏书》中对于自身清正廉洁、能为百姓办实事的官员给予高度赞扬。如李韶出京任冀州刺史时,清廉俭朴爱护百姓,魏收详细地记载了他获得的巨大声誉,并指出李韶的良好名声使他获得了孝明帝的嘉许和赏赐。相反,对于贪污腐败、虐待百姓的贪官污吏,魏收也毫不客气地进行抨击。如郑伯猷虽然与魏收关系密切,但魏收在《魏书》中为郑伯猷作传时,也揭露了他"在州贪恹","专为聚敛,货贿公行"[1]的危害百姓行为。在魏收看来,要整顿吏治,就应当加强监督力度,惩治贪赃枉法的官吏,这样才能使各级官吏不敢残害百姓。

魏收在社会经济活动中特别重视农业的重要价值,认为"夫为国为家者,莫不以谷货为本"[2],只有积极发展农业生产,才能满足百姓衣食所需和国家征收赋税的需要。在发展农业的具体方法上,魏收提出"授民时",即告诉农民正确地进行农业生产的时间和应当进行的农业生产程序。

门阀思想。 魏收在《魏书》的撰写中,体现了强烈的门阀士族观念。

在撰述方式上,《魏书》采用了"家传"的叙述方式,即在传主之下附录其亲族数十人,只要是与传主属于同一家族的,不论有官无官、有事无事,一并录入其中,使人物列传近似于世家大族的"家谱"。如卢玄属于名门范阳卢氏,魏收就在《卢玄传》中记载了卢玄子孙后代数十人的生平事迹。《魏书》中立传的对象,也大多是知名世家大族的代表和门阀化的北魏鲜卑贵族。当时就有人对这种撰史方式加以质疑,杨愔曾对魏收说:"此谓不刊之书,传之万古。但恨论及诸家枝叶亲姻,过为繁碎,与旧史体例不同耳。"而魏收则辩解说:"往因中原丧乱,人士谱牒遗逸略尽,是以具书其枝派。"[3]从魏收的辩解中,也可以看出他浓厚的门阀思想。

---

[1] (北齐)魏收:《魏书》卷五十六《郑羲列传附郑伯猷传》,中华书局1974年版,第1244页。
[2] (北齐)魏收:《魏书》卷一百一十《食货志六》,中华书局1974年版,第2849页。
[3] (唐)李延寿:《北史》卷五十六《魏收列传》,中华书局1974年版,第2032页。

在对不同世家的评价中，魏收存在着强烈的等级观念，认为不同的门第之间"高卑出身，恒有常分"，高低等级的区分是不可跨越的。在《魏书》对人物的评价中，特别注重其出身门第。对于出身于高贵门第的人物，魏收称赞他们具有名声显赫、德高望重、富有才学、风度飘逸、家门和谐等优点。在魏收看来，要成为名副其实的高官，出身于高贵门第是必要条件，为官的能力与出身的高低是密不可分的。魏收还十分看重不同家族间婚配时门当户对的重要性，认为高贵门第与低贱的门第通婚是"亏损人伦"的行为。

魏收在撰史中体现的门阀士族观念有主客观两方面的原因。从客观环境上说，魏晋南北朝时期是一个门阀士族在社会上居于统治地位的时代，门阀士族在北魏社会中具有巨大的政治和文化影响力，魏收作为这一时代的历史人物，自身就出身于世家大族，当然不能突破占据社会主流的门阀士族观念。同时，魏收撰写史书时，大量使用了各大世家的谱牒一类材料，这样的史料来源，也影响了《魏书》的撰述方式。从主观角度出发，魏收在编写《魏书》的过程中，也希望讨好一些显贵人物，因此在书中称赞他们的出身高贵，家世显赫。如当时的左仆射杨愔、右仆射高德正两人权势很大，又与魏收关系不错，魏收就为他们二人都作了家传。

（四）《魏书》的史学价值

对于《魏书》的史学价值，一直存在较大的争议，一些史学评论中，把《魏书》成为"秽史"，贬低《魏书》的史学价值。应当说这种评价是不客观的，《魏书》具有较高的史学价值。

对于《魏书》被称作"秽史"的原因，主要是《魏书》在公布的时候，出现了朝臣"群口沸腾""众口諠然"的情况，指责《魏书》"遗其家世职位"，"其家不见记录"[①]。之所以出现这种情况，是因为在南北朝时期门阀士族势力强大的大背景下，各个家族中历史人物的历史地位就与当时活着的官员们的利益紧密地结合在了一起。因此，史书对于历史人物的评价，也就被当时的朝臣们格外重视，而《魏书》在内容上，当然不能满足所有人的需要。此外，《魏书》记载的历史与魏收生活的时代相距甚近，《魏书》的编写也不能避免当时政治环境的影响。可以说，当时北齐诸人对于《魏书》的批评是不客观的。刘知幾在《史通》中有几十处对《魏书》的评论，又以北齐"诸家

---

① （唐）李延寿：《北史》卷五十六《魏收列传》，中华书局1974年版，第2031—2032页。

子孙"对《魏书》的不满作为论据,进一步坐实了《魏书》"秽史"的观点。

对于《魏书》非"秽史",古今学者都进行了充分的论证。唐初史学家李延寿对于《魏书》的史学价值给予了很高的评价,赞扬了魏收的"史才",认为魏收在文字表述的功力、编辑整理材料的能力和评论历史人物方面具有很高水平,"追踪班、马"[1]。在清代的《四库全书总目提要》中,也反对称《魏书》为"秽史"的观点,认为《魏书》"互考诸书,证其所著,亦未甚远于是非"[2],与历史事实较为吻合。20世纪以来,对于《魏书》的研究也充分论证了《魏书》非"秽史"的论点,其中以周一良与瞿林东两位先生的研究成果最为突出,说明了《魏书》被称为"秽史"的缘由是当时世家子弟对于《魏书》的攻击。尤其是最新的考古发现,证明《魏书》记载的内容大多是可信的。

除《魏书》之外,还曾有过多部记述北魏史事的史学著作,如隋文帝曾命魏澹作魏史七十四卷,也称为《魏书》,还有唐卢彦卿撰《后魏纪》、张太素撰《后魏书》、元行冲撰《魏典》、裴安时撰《元魏书》,但这些史书已经全部佚失了。而李延寿修《北史》,主要依据《魏书》的内容,只是略加删改。《魏书》作为唯一存留至今的完整叙述北魏时期历史的史书,为今天研究北魏时期的历史提供了珍贵的原始资料。从自然淘汰的规律出发,也应当肯定《魏书》的史学价值和魏收的贡献。

《魏书》作为北朝史学的代表性著作,体现了北朝史学与现实政治的密切联系,此期强大的君主集权势力对史学进行全方位的控制,使北朝史学无论意识形态还是史学机构都处于当局政府的严格监管之下,因此形成官方史学与私家史学双线发展而官方史学占据主导地位的特点。北朝官、私史学都取得巨大成就,但总体来说,官方史学的形势不断加强,而私家史学日趋式微。北朝史学在君主集权下的发展特征直接影响到隋唐史学生态的形成。隋文帝开皇十三年诏令禁绝民间私撰国史和臧否人物,唐贞观年间更建立起完备的官方史学系统和基本体制,这些都不同程度地继承了北朝史学的特质。

三、李德林、李百药与《北齐书》

李德林(532—592),字公辅,博陵安平(今属河北)人,隋代著名的政

---

[1] (唐)李延寿:《北史》卷五十六《魏收列传》,中华书局1974年版,第2048页。
[2] (清)永瑢等撰:《四库全书总目》卷四十五《史部·正史类一·〈魏书〉》,中华书局1965年版,第407页。

治家。他出身赵郡李氏，其祖父李寿，曾在北魏担任湖州户曹从事、镇远将军。父亲李敬族，因学问渊博，先后被任命为太学博士、镇远将军、内校书等职。受家庭影响，李德林自幼聪敏好学，"年数岁，诵左思《蜀都赋》，十余日便度"[①]。十五岁时，他每日能背诵数千字的经传和古今文集，"该博坟典，阴阳纬候"[②]，无不涉及。北齐天保八年（557），他被推举为秀才。在秀才考试中，因其"射策五条，考皆为上"[③]，被授予殿中将军。后又历任奉朝请、员外散骑侍郎、给事中、中书舍人、中书侍郎等职。北周平齐后，周武帝十分器重他的才华，封其为内史上士。大象初年，赐爵成安县男。李德林助杨坚夺取帝位后，担任内史令。因其与隋文帝不和，被贬为湖州刺史，后转任怀州刺史，不久病卒，时年61岁。

李德林去世后，其作品收录成集，共八十卷。后因战乱，该文集仅剩五十卷。《隋书·经籍志》《旧唐书·经籍志》，以及《新唐书·艺文志》均存《李德林集》十卷。除此之外，由于李德林文采斐然，再加上其长时间于中央任职，能够接触到前代大量的史籍，因此他在历史著述方面颇有成就。北齐时，他编纂《齐史》二十七卷。从隋朝初年到逝世，他总计完成《齐史》三十八卷。李百药的《北齐书》就是在李德林的《齐史》的基础上完成的。

李百药（564—648），字重规，博陵安平（今属河北）人，唐代著名的史学家。因年少多疾病，其祖母赵氏以百药为名。隋文帝开皇初年，李百药以父荫，担任东宫通事舍人，后迁太子舍人，兼东宫学士。炀帝时，因其为太子旧党，被贬出京城，担任桂州司马。大业十一年（615），又授其建安郡丞。在赴任途中，李百药被迫加入农民起义，并在唐武德年间（618—626）归顺唐朝。唐太宗贞观元年（627），封其为中书舍人，赐爵安平县男。此后李百药奉诏参与《五礼》的修撰，制定律令，并着手编撰北齐史书。贞观二年（628），上《封建论》疏，反对朝廷分封诸侯。贞观四年（627），担任太子右庶子，辅佐皇太子李承乾。曾作《赞道赋》规劝李承乾不要贪图享乐。贞观十年（636），他完成《齐史》五十卷的编纂，迁散骑常侍。贞观二十二年（648），因病去世，时年八十五岁。

---

① （唐）魏徵：《隋书》卷四二《李德林列传》，中华书局1973年版，第1193页。
② （唐）魏徵：《隋书》卷四二《李德林列传》，中华书局1973年版，第1193页。
③ （唐）魏徵：《隋书》卷四二《李德林列传》，中华书局1973年版，第1194页。

(一)李百药与《北齐书》的编修

《北齐书》是唐代初年官修史书的重要成果,也是二十四史之一,具有极高的史料价值。全书共五十卷,包括本纪八卷,列传四十二卷,在体裁上属于纪传体断代史,记载了上起北魏末年,下至北齐灭亡,共五十余年历史。宋人为区别萧子显的《南齐书》,将《齐书》改名为《北齐书》。

《北齐书》借鉴了前人的著述成果。李百药在其父李德林《齐史》38卷基础上完成的《北齐书》。此外,《北齐书》还采用了李德林对北齐历史的时间断限方法。为保证历史叙述的完整性,李德林指出:"唯可二代相涉,两史并书,必不得以后朝创业之迹断入前史。"①在他看来,历史的断限不能拘泥于一个朝代的兴起与灭亡,要能因时制宜。因此李德林编写的《齐史》将高欢作为北齐的高祖神武帝,而高欢的儿子高澄,以及北齐的实际建立者高洋分别为北齐的第二、第三任皇帝。李百药在编纂《北齐书》时,开篇就是记载高洋事迹的《帝纪第一·神武上》和《帝纪第二·神武下》,接着是记载高澄事迹的《帝纪第三·文襄》。可见李百药对李德林历史著述思想的继承。其实在中国历史上,父子相袭的情况并不少见,比如刘歆依照其父刘向的《别录》的体例完成了《七略》、班固在其父班彪《后传》的基础上完成了《汉书》。因此赵翼曾对古人父子相袭的传统进行了阐释,他说:"古人习一业,则累世相传,数十百年不坠。盖良冶之子必学为裘,良弓之子必学为箕,所谓世业也。工艺且然,况于士大夫之术业乎。"②值得一提的是,李百药编纂《北齐书》时,还参考了王劭《齐志》二十卷与《齐书》一百卷,以及崔子发《齐纪》三十卷。

《北齐书》至宋代已经亡佚大半。据考证,今天看到的《北齐书》只有十七卷是出自李百药之手,其中"纪"只有《文宣纪》是原文,"列传"只有卷十二、卷十六至廿五、卷四十一至四十五,以及卷五十是原文,其余内容大都是后人根据唐代史学家李延寿的《北史》补入。

(二)李百药的史学思想

唐朝初年,为巩固专制主义中央集权,统治者开始总结与反思前代历史。同时,为缓和各民族关系,唐政府施行开放与包容的民族政策。在这样的时

---

① (唐)魏徵等:《隋书》卷四二《李德林列传》,中华书局1973年版,第1197页。
② (清)赵翼撰,王树民校证:《廿二史札记校证》卷五《累世经学》,中华书局2013年版,第100页。

代背景下，李白药在《北齐书》中体现了独特的民族观与历史观。

1. 天命与人事并重的历史观

李百药的历史观，既重天命，又重人事。一方面，李百药重视天在政治中的作用，主张君权神授，认为君主的统治依赖于天命，天的意志对王朝兴衰起着决定性作用。另一方面，李百药也重视人在政治中的作用，认为人事对王朝兴衰也有重要影响。

（1）天命观。李百药认为北齐的兴起与衰落与"天"有着密切的联系，即君权神授。君权神授是中国古代帝王宣扬其权力来源的一般理论。中国古代的统治者借"天"的概念，强调自己的权力不可侵犯，为自己的独裁统治提供合法的依据。

首先，《北齐书》对于北齐统治者的相貌与生平的描写充满了神话色彩，以此表明他们的权力是由上天所赐。书中记载北齐神武皇帝高欢相貌，"目有精光，长头高颧，齿白如玉，少有人杰表"[1]。当他经过建兴时，"云雾昼晦，雷声随之，半日乃绝，若有神应者"[2]。高欢死后，其子高澄成为东魏的实际掌权者。因而李百药在《北齐书》中，将他推为文襄皇帝。书中记载其母怀孕时，每夜都由赤光照进屋室内。他出生后"鳞身、重踝"[3]。书中记载了高洋在登基时，"京师获赤雀，献于南郊"[4]的祥瑞之兆。《北齐书》还提到废帝高殷"有人君之度"[5]，孝昭帝高演"幼而英特，早有大成之量"[6]，后主高纬"少美容仪"[7]，可见，在李百药的笔下，北齐的统治者皆异于常人。

其次，《北齐书》对北齐亡国之兆的描写披上一层神秘色彩，以此阐明北齐的灭亡也是上天决定的。李百药在《北齐书》中认为北齐武成皇帝高湛曾梦见大刺猬攻破邺城，是北齐的亡国之兆，"河清末，武成梦大蝟攻破邺城，故索境内蝟膏以绝之。识者以后主名声与蝟相协，亡齐征也"[8]。书中记载另

---

[1] （唐）李百药：《北齐书》卷一《神武帝纪上》，中华书局1972年版，第1页。
[2] （唐）李百药：《北齐书》卷一《神武帝纪上》，中华书局1972年版，第2页。
[3] （唐）李百药：《北齐书》卷四《文宣帝纪》，中华书局1972年版，第43页。
[4] （唐）李百药：《北齐书》卷四《文宣帝纪》，中华书局1972年版，第50页。
[5] （唐）李百药：《北齐书》卷五《废帝纪》，中华书局1972年版，第73页。
[6] （唐）李百药：《北齐书》卷六《孝昭帝纪》，中华书局1972年版，第79页。
[7] （唐）李百药：《北齐书》卷八《后主帝纪》，中华书局1972年版，第97页。
[8] （唐）李百药：《北齐书》卷八《幼主帝纪》，中华书局1972年版，第114页。

一个征兆是儿童嬉戏唱的"高末"童谣,引申为"盖高氏运祚之末也"[①]。

北齐虽然是前朝,但是它与北周、隋朝,以及唐朝是一脉相承的,所以李百药在《北齐书》中,为维护唐王朝统治的合理性,不得不阐明北齐政权是上天所赐。唐朝的建立之初,政权根基不稳,随时面临着被颠覆的可能,因此李百药需要利用君权神授的理论来证明皇权存在的合理性,从而笼络人心。

总的来说,李百药在《北齐书》强调君权神授是历史的必然,但是《北齐书》宣扬神学,具有浓厚的迷信色彩,可见李百药身受时代的局限。

(2)人事观。在《北齐书》中,李百药记载了许多统治者、大臣以及将领的功过得失,认为人事对北齐兴亡起到了至关重要的作用。

首先,李百药认为神武帝高洋对北齐的建立起到至关重要的作用,因此在《北齐书》中,李百药用大量篇幅介绍了高洋的生平事迹,并对其有很高的评价。高欢文武全才,颇受东魏朝廷重用。书中指出他志向高远,"自是乃有澄清天下之志"[②],而且他深谋远虑,城府极深,"神武性深密高岸,终日俨然,人不能测,机权之际,变化若神"[③]。他还喜欢结交贤士,十分重用人才,"擢人授任,在于得才,苟其所堪,乃至拔于厮养,有虚声无实者,稀见任用"[④]。这使得高洋手下人才济济,比如尉景、孙腾,以及司马子如等,他们日后都成为北齐的中坚力量。《北齐书》还记载高洋"将出滏口,倍加约束,纤毫之物,不听侵犯。将过麦地,神武辄步牵马"[⑤]。可见高洋对百姓秋毫无犯,这使得他有深厚的群众基础。

其次,李百药认为北齐的灭亡是人为导致的。北齐的二十八年统治十分腐败,《北齐书》指出:"风雅俱缺,卖官鬻狱,上下相蒙,降及末年,黩货滋甚。"[⑥]书中还记载北齐从开国皇帝高洋就已经显现出衰败之兆,"所幸之徒唯左右驱驰,内外亵狎,其朝廷之事一不与闻。大宁之后,奸佞浸繁,盛业鸿

---

① (唐)李百药:《北齐书》卷八《幼主帝纪》,中华书局1972年版,第114页。
② (唐)李百药:《北齐书》卷一《神武帝纪上》,中华书局1972年版,第2页。
③ (唐)李百药:《北齐书》卷一《神武帝纪下》,中华书局1972年版,第24页。
④ (唐)李百药:《北齐书》卷一《神武帝纪下》,中华书局1972年版,第24页。
⑤ (唐)李百药:《北齐书》卷一《神武帝纪上》,中华书局1972年版,第6页。
⑥ (唐)李百药:《北齐书》卷四十六《循吏列传》,中华书局1972年版,第637页。

基，以之颠覆"[1]。北齐高祖高欢沉迷酒色，"其后纵酒肆欲，事极狷狂，昏邪残暴，近世未有。飨国弗永，实由斯疾"[2]。废帝高殷"自余多骄恣傲狠，动违礼度"[3]。可见北齐皇帝大都昏庸无道。

在讨论北齐的兴亡时，李百药注重人事是有原因的。唐朝初年，统治者十分注重对历史的反思，比如唐太宗曾指出史学的作用在于"彰善瘅恶，激一代之清芬；褒吉惩凶，备百王之令典"[4]。因此，李百药在《北齐书》中对北齐的功过得失进行了详细阐明与系统总结，为唐代的统治者提供了借鉴。

综上所述，李百药在《北齐书》一方面描述了北齐皇帝的与众不同的相貌与生平，宣扬君权神授的思想，另一方面又强调北齐的政权的兴亡与人事密不可分。这体现了他唯心史观与朴素的唯物主义史观的融合。

2. 华夷互化的民族融合观

自古以来，中国是一个多民族国家，汉族与各少数民族在经济、政治以及文化等方面有着密切的联系，因此出现了各民族融合情况。在魏晋南北朝时期，因少数民族在汉族地区长期建立政权，使汉族被迫融入各少数民族中，同时，也使各少数民族逐渐接受了汉文化。李百药在《北齐书》中如实记录了在北齐统治下的华夷互化的过程。

《北齐书》记载很多少数民族人民学习汉文化的史实。比如王纮是太安狄那人，十三岁就能熟读《孝经》，并指出书中"在上不骄，为下不乱"的道理。做官后，他还学习汉族士大夫，敢于直谏与左右饮酒作乐的皇帝，他说："长夜荒饮不寤，亡国破家，身死名灭，所谓大苦。"他平生颇爱文学，喜好著述，"作《鉴诫》二十四篇，颇有文义"[5]。书中记载了鲜卑人学习汉族历史的情况，比如敕勒人斛律金家有一位皇后，两位太子妃，还娶了三位公主，显赫一时。斛律金则引用东汉外戚梁冀的例子告诫其子斛律光说："我虽不读书，闻古来外戚梁冀等无不倾灭。女若有宠，诸贵妬人；女若无宠，天子嫌人。"[6]

《北齐书》还记载了汉人接受少数民族文化的史实。书中记载了很多汉人

---

[1] （唐）李百药：《北齐书》卷五十《恩倖列传》，中华书局1972年版，第685页。
[2] （唐）李百药：《北齐书》卷四《文宣帝纪》，中华书局1972年版，第69页。
[3] （唐）李百药：《北齐书》卷四十四《儒林列传》，中华书局1972年版，第582页。
[4] （宋）宋敏求：《唐大诏令集》卷八十一，中华书局2008年版，第467页。
[5] （唐）李百药：《北齐书》卷二十五《王纮列传》，中华书局1972年版，第365-367页。
[6] （唐）李延寿：《北齐书》卷十七《斛律金列传》，中华书局1972年版，第222页。

改鲜卑姓的情况,比如东魏将领綦连猛"其先姬姓,六国末,避乱出塞,保祁连山,因以山为姓,北人语讹,故曰綦连氏"[①]。綦连猛的祖先本为姬姓,是汉族人,在六国末期,驻守祁连山,因此以山为姓,后北人言语讹误为綦连氏,成为鲜卑姓氏。书中还记载了汉人熟练运用鲜卑语言的情况。比如《高昂列传》记载:"高祖每申令三军,常鲜卑语,昂若在列,则为华言。"[②]北齐高祖高洋本是汉人,但却能用鲜卑语下达军令,可见其已经接受鲜卑文化。这体现李百药对汉族人接受鲜卑文化事实的认同。

(三)《北齐书》的史学评价

自《北齐书》问世以来,学界对该书评价大都毁誉参半,比如《四库全书总目提要》指出:"其文章荌苶,节目丛脞,固由于史材、史学不及古人,要亦其时为之也。然一代兴亡,当有专史。典章之沿革、政事之得失、人材之优劣,于是乎有征焉。未始非后来之鉴也。"[③]可见该评议既指出了李百药本人在史材、史学方面的不足,以及《北齐书》在文章与节目上的缺陷,又赞赏该书记载北齐一朝的历史,为后人提供借鉴。

李百药的《北齐书》书中含有极高的史学以及科技价值。在史学方面,《北齐书》总结了北齐一朝的功过得失,为后代统治者提供借鉴。在科学技术方面,《北齐书》记载了信都芳与綦毋怀文两位发明家的事迹。书中记载信都芳潜心发明,废寝忘食,常常因为思考过于专注而掉进坑里。他还著有《器准图》三卷,书中汇集有浑天仪、地动仪、欹器等器物的图片与说明。《北齐书》还记载綦毋怀文创新灌钢技术,从而大大提高刀剑的质量。

当然《北齐书》也有不足之处,比如书中对北齐皇帝相貌做出了神异的描写,具有浓厚的迷信色彩。再如,《北齐书》的列传叙事混乱,刘知幾指出:"又其列传之叙事也,或以武定臣佐降在成朝,或以河清事迹擢居襄代。故时日不接而隔越相偶,使读者瞀乱而不测,惊骇而多疑。"[④]

在中国史学的地位上,《北齐书》是唐初官修史书壮举中的重要成果之一,在中国正史中占有重要地位,李百药的《北齐书》在思想内容、文学成

[①] (唐)李百药:《北齐书》卷四十一《綦连猛列传》,中华书局1972年版,第539页。
[②] (唐)李百药:《北齐书》卷二十一《高昂列传》,中华书局1972年版,第295页。
[③] (清)永瑢等撰:《四库全书总目》卷四十五《史部·正史类一·〈北齐书〉》,中华书局1965年版,第407—408页。
[④] (唐)刘知幾撰:《史通》卷一七《外篇·杂说中》,上海古籍出版社2008年版,第366页。

就与史学意义上均有重要的研究意义。《北齐书》在唐代的编撰完成是有深刻的社会根源的。唐朝统治者重视以史为鉴,官修史书在这一时期呈现出前所未有的发展态势,统治者的重视成为史学著作竞相完成的重要原因之一。李百药的《北齐书》就成书于这种"重史"的文化氛围中,对历史记录具有高度的现实指向性,鉴古知今成为其重要的著述标准。文学价值与史学价值的并存是《北齐书》等这一时期史学著作的典型特征。

四、崔仁师与《周书》

崔仁师（592—652）,唐代大臣,定州安喜（今河北定州）人,出身名门博陵崔氏。唐武德初年中制举,历任录事参军、殿中侍御史、给事、中书舍人、中书侍郎等职。崔仁师为官敢于直言上疏,曾上《清暑赋》劝谏唐太宗不要沉湎奢侈生活。"宽刑案"废止过重的刑罚。唐高祖武德四年,令狐德棻首倡修史,次年下诏修六代史书,其中侍中陈叔达主修北周史,崔仁师因富有史才,经陈叔达举荐参与修史,但这次修史没有取得成果。唐太宗贞观三年,又重新组织修史,在中书省设置秘书内省来修梁、陈、齐、周、隋五代史书。令狐德棻和岑文本主修《周书》,崔仁师作为修史学士,佐修《周书》,为《周书》的完成做出了自己的贡献。

五、魏徵与《隋书》

魏徵（580—643）,字玄成,巨鹿下曲阳（今河北晋州）人,生于北周宣帝大象二年（580）,死于唐太宗贞观十七年（643）,享年六十四岁,谥号文贞公。他是唐初著名的政治家、思想家、诤谏名臣,同时也是一位重要的史学家。

《隋书》八十五卷,包括帝纪五卷、志三十卷、列传五十卷,是唐朝魏徵、长孙无忌等领衔编撰的官修纪传体断代史书,记述了隋开皇元年（581）至义宁二年（618）共三十八年的历史,系统保存了梁、陈、北齐、北周及隋五朝的典章制度。纪和传主要是记载隋朝的史事,志则包括了梁、陈、北齐、北周和隋五朝的内容,故又名"五代史志"。

（一）《隋书》的编撰与成书

唐朝建立之初,令狐德棻向唐高祖建议撰修前代史,武德四年（621）十一月,起居舍人令狐德棻尝从容言于高祖曰:"近代已来,多无正史,梁、陈及齐,犹有文籍,至于周、隋,多有遗阙。当今耳目犹接,尚有可凭。如更十数年后，恐事迹湮没，无可纪录。"[1]正因为近代多没有正史，担心经历时间长久后无事可记，他上书修史，至唐贞观年间修史条件具备，唐太宗李世民遂下令修"五代史"："初，有诏遣令狐德棻、岑文本撰《周史》，孔颖达、许敬宗撰《隋史》，姚思廉撰《梁》《陈史》，李百药撰《齐史》。徵受诏总加撰定，多所损益，务存简正。《隋史》序论，皆徵所作，《梁》《陈》《齐》各为总论，时称良史。"[2]可以看出魏徵作《隋史》序论，为《梁书》《陈书》《齐书》作总论，在当时称其为"良吏"。

《隋书》于贞观三年（629）始修，十年（636）正月书成。凡帝纪五卷、列传五十卷，"与新撰《周书》并行于时"[3]。其序论皆出于生长在史学世家中的魏徵，其他撰修官除上面提到的颜师古、孔颖达、许敬宗外，还有敬播[4]和李延寿[5]。再加上监修房玄龄和负责体例规划的令狐德棻，至少有八人参与其中。

（二）魏徵的史学思想

隋朝是个短命的王朝，符合"其兴也勃也，其亡也忽焉"的历史周期率。隋朝这个庞然大物在顷刻间倒塌，对于当时来说无疑是震撼的。紧随其后建立的唐王朝对于隋朝的认识是深刻的，作为《隋书》主编的魏徵对于隋朝的认识当然十分重要。

首先，他认为隋亡的根源起于隋文帝。他指出："素无术学，不能尽下，无宽仁之度，有刻薄之资，暨乎暮年，此风逾扇。又雅好符瑞，暗于大道，建彼维城，权侔京室，皆同帝制，靡所适从。听哲妇之言，惑邪臣之说，溺宠废嫡，托付失所。灭父子之道，开昆弟之隙，纵其寻斧，翦伐本枝。坟土未干，子孙继踵屠戮，松槚才列，天下已非隋有。惜哉！迹其衰怠之源，稽其乱亡之兆，起自高祖，成于炀帝，所由来远矣，其一朝一夕。"[6]在魏徵看来，隋亡主要是由于隋炀帝的暴政造成的，但是乱亡的征兆起于文帝，这不

---

[1] 《唐会要》卷六三《修前代史》，上海古籍出版社1991年版，第1287页；《册府元龟》卷五五六《国史部·采撰》，中华书局1988年影印本，第6680—6681页。《旧唐书》卷七三《令狐德棻传》，中华书局1986年版，第2597页。前两书文字全同，似出同源；《旧唐书》本传无系年。
[2] （后晋）刘昫等撰：《旧唐书》卷七一《魏徵列传》，中华书局1975年版，第2550—2551页。
[3] （唐）刘知幾著：《史通》卷十二《外篇·古今正史》，上海古籍出版社2008年版，第265页。
[4] （后晋）刘昫等：《旧唐书》卷一百八十九《儒学列传上》，中华书局1975年版，第4954页。
[5] （唐）李延寿：《北史》卷一百《序传》，中华书局1974年版，第3343页。
[6] （唐）魏徵：《隋书》卷一《高祖纪下》"史臣曰"，中华书局1973年版，第55—56页。

是朝夕之功，所以他认为隋朝的灭亡和隋文帝是分不开的。

其次，他指责隋炀帝的穷兵黩武。他指出："骄怒之兵屡动，土木之功不息，频出朔方，三驾辽左，旌旗万里，征税百端，猾吏侵渔，人不堪命。乃急令暴条以扰之，严刑峻法以临之，甲兵威武以董之。"①在此可以看出他对隋朝暴政的谴责，魏徵对此向皇帝谏言要缓政爱民。

最后，魏徵认为应当吸取隋亡的教训，他指出："鉴国之安危，必取于亡国。臣愿当今之动静，必思隋氏以为殷鉴，则存亡治乱，可得而知。若能思其所以危，则安矣；思其所以乱，则治矣；思其所以亡，则存矣。"②

由此，在魏徵对隋史的认识上，更多地体现在其对隋亡的看法上，他认为隋亡的征兆开始于隋文帝，指责隋炀帝的穷兵黩武。另外，《隋书》的史论部分，集中表现了魏徵的史学思想，具有重要的价值。

（三）《隋书》的史学价值

《隋书》是唐初群臣为吸取隋亡教训进行深刻反思和总结的结晶。其价值是多方面的，它不仅仅作为史书本身的意义存在，在目录学、文学、宗教、民族方面有着广泛而深刻的价值和影响。

在目录学方面的价值。首先，《隋书·经籍志》是现存最早的采用四分法编目的目录学著作。《隋书·经籍志》标志着我国古代书目经、史、子、集四部分类法的确立，它的出现标志着我国古代目录学分类体系的成熟，对后世影响深远。其次，《隋书·经籍志》体现了古代目录学"辨章学术，考镜源流"之宗旨。《隋书·经籍志》体例完备，继承了《汉书·艺文志》有总序、有小序、有小注的体例，并进一步进行了完善。《隋书·经籍志》有总序一篇，后序一篇，四部类序各一篇，各类小序四十篇，附佛经小序一篇，道经小序一篇，共计四十八篇，可以说是非常完备。王重民先生称赞"魏徵仿《七略》的辑略作了《隋书·经籍志》的总序、大序和小序，为各个部类与学术发展史的关系各个部类内图书的沿革、内容和意义都做了历史的分析和理论的阐述，这就把四部分类法的方法和理论又提高了一步。"③张舜徽先生也赞其"汉、隋二《志》，可借以辨章学术，考镜源流者，为用尤宏，而未可徒以簿录视之

---

① （唐）魏徵：《隋书》卷四《炀帝纪下》"史臣曰"，中华书局1973年版，第95—96页。
② （唐）吴兢著，谢保成集校：《贞观政要集校》卷八，中华书局2009年版，第441—442页。
③ 王重民：《中国目录学史论丛》，中华书局1984年版，第92页。

也。"①再次，可贵的是，其在"史部"中专设"霸史"一类，单独著录十六国时期的史书，写道："《传》曰：'不有君子，其能国乎？'自晋永嘉之乱，皇纲失驭，九州君长，据有中原者甚众。或推奉正朔，或假名窃号，然其君臣忠义之节，经国字民之务，盖亦勤矣。而当时臣子，亦各记录。后魏克平诸国，据有嵩、华，始命司徒崔浩，博采旧闻，缀述国史。诸国记注，尽集秘阁。尔朱之乱，并皆散亡。今举其见在，谓之霸史。"②这展现出魏徵等史家对史学有着更加深刻的理解和感悟以及对史书编写的新的观念和方法，是"大一统"和民族融合在史学方面的体现。最后，《隋书·经籍志》也有缺点。分类有不当之处，在叙源流中有不明白的地方，在小注中有以是否存在判定其为亡佚，有重收、失收、误收的地方。但瑕不掩瑜，比起目录学和学术研究，贡献是第一位的。

总的来说，在目录学方面，《隋书·经籍志》是现存最早的采用四分法编目的目录学著作。标志着我国古代书目经、史、子、集四部分类法的确立。体现了古代目录学"辨章学术，考镜源流"之宗旨，特别是其在"史部"中专设"霸史"一类，体现出魏徵等史家对史书编写的新的观念和方法。虽然《隋书·经籍志》在细节方面有些许讹误，但在目录学方面的贡献是首要的。

在文学史方面的价值。首先，《隋书·文学传序》是在文学史和文学理论中具有纲领性和里程碑意义的著作，是《隋书》在文学思想上最集中的表达，为之后的文学发展起到了巨大作用。王运熙先生评价言："《隋书·文学传序》从总结南北文学不同特点的角度立论，故显得新鲜，体现了大一统后观察、思考问题的新视角。"③其次，在内容方面，《隋书》强调文质并重，在注重内容充实时，也兼具形式上的美。杨素作的五言诗恢宏大气，并且具有很高雅的韵味，是当时佳作，然现已失传，十分可惜。最后，在小说方面，在《隋书·经籍志》所载的子部类小说中，刘义庆的《世说》、郭澄之的《郭子》、信都芳的《器准图》等作品已不再是草野之民的见解，而是被一些人汲取精神力量，具有极大文化和社会价值。此外，与《汉书·艺文志》用孔子的论断来申明小说家的地位及小说的价值相比，《隋书·经籍志》则站得更高，从社会制度

---

① 张舜徽：《史学三书平议》，中华书局1983年版，第38页，转引自张子侠《论史志目录的类别及其特点》，《安徽大学学报》2003年第5期。
② （唐）魏徵：《隋书》卷三三《经籍志》，中华书局1973年版，第964页。
③ 王运熙、顾易生：《中国文学批评史新编》，复旦大学出版社2001年版，第178页。

的层面更加具体化地阐明小说的来源和作用，揭示了小说具有"言谏"的作用，也是一大亮点。

总的来说，《隋书·文学传序》是在文学史和文学理论中具有纲领性和里程碑意义的著作，是《隋书》在文学思想上最集中的表达，为之后的文学发展起到了巨大作用。在内容上，人物塑造以及小说等方面具有重要作用和意义。

在宗教史方面的价值。首先，作为研究佛教的史料，《隋书·五行志》中有很多关于佛教的记载。在此试举与佛教征象相关一例："陈太建元年七月，大雨，震万安陵华表，又震慧日寺刹，瓦官寺重阁门下一女子震死……其年（太建十年）六月，又震太皇寺刹庄严寺露磐、重阳阁东楼、鸿胪府门。"[1] 自两汉后阴阳五行学说不断地以各种形式进入官员与百姓的意识里，表明佛教在隋已进入中国文化意识的主流。其次，根据《隋书》很多史料，在文帝统治期间不仅笃信佛教，并且通过压制儒学的方式使佛教得到发展。隋为何要实行这项政策，除了佛教的进一步中国化之外，最大的理由是佛教和隋朝的渊薮。其中佛教对皇室家庭的影响很深，而且已经在隋士人和普通百姓的生活中不断深入。此外，在《隋书》的记载中佛教还得到突厥等少数民族政权的接受，促进了民族融合的进程。再次，《隋志》道家文献主要体现为《老子》和《庄子》的注解，逐渐趋于单一和集中，且以注解类著述为主体，逐渐具备了经学传、注的形式，具有经学思维的特点。在主要形态上，体现的是玄学的"三玄"中的《老子》《庄子》的影响。最后，《隋书》中有着对道教的批判。如"道、佛者，方外之教，圣人之远致也。俗士为之，不通其指，多离以迁怪，假托变幻乱于世，斯所以为弊也。故中庸之教，是所罕言，然亦不可诬也"[2]。"推其大旨，盖亦归于仁爱清静，积而修习，渐致长生，自然神化，或白日登仙，与道合体"[3]。"而金丹玉液长生之事，历代縻费，不可胜纪，竟无效焉"[4]。因在外丹占统治地位的时代，统治阶层和喜好仙术的上流人士比普通百姓更有经济实力，对道教的批判从他们开始。这也反映出人们深化对道教的认识和顺应时代发展，隋唐道教理论为道教返回民间提供了契机。

---

[1] （唐）魏徵：《隋书》卷二二《五行志上》，中华书局1975年版，第627—628页。
[2] （唐）魏徵：《隋书》卷三五《经籍志》，中华书局1973年版，第1099页。
[3] （唐）魏徵：《隋书》卷三五《经籍志》，中华书局1973年版，第1092页。
[4] （唐）魏徵：《隋书》卷三五《经籍志》，中华书局1973年版，第1094页。

总的来说,《隋书》是研究佛教、道家的史料,《隋书》中有着对道教的批判,隋唐道教理论为道教返回民间提供了契机。

在民族史方面的价值和影响。首先,《隋书》是研究对靺鞨及黑水靺鞨的史料之一。黑水靺鞨是我国的古代民族。有学者认为,《隋书》《旧唐书》《新唐书》对靺鞨及黑水靺鞨的记载较为详尽,是研究靺鞨及黑水靺鞨人的历史极为重要的史料。[①]史书整体上对靺鞨及黑水靺鞨的记载较少,《隋书》无疑是极具价值的史料,对研究靺鞨及黑水靺鞨具有重要意义。其次,《隋书》中列有《铁勒传》,关于铁勒部落的记载多达四十处,其分布范围广阔。《隋书·铁勒传》载有铁勒的族源、地理方位、自然环境、经济生活、社会状况、风俗习惯、与突厥之间的关系及与隋朝之间关系等基本情况。在学界对于铁勒族源的研究中,《隋书》依然具有重要作用。最后,对古代藏族史研究具有重要意义。《隋书·附国传》载:"附国者,蜀郡西北二千余里,即汉之西南夷也。"[②]从地理位置上看,附国应当是公元6世纪晚期的吐蕃。此外,还有对外关系的影响:由日本学者藤原佐世编纂的《日本国见在数目》(一卷)模仿了《隋志》的分类结构和次序。此目具有极高的学术价值,展示了中国古代典籍在日本的情况,是研究中日文化交流史的重要文献之一。

总的来说,《隋书》是研究靺鞨及黑水靺鞨、铁勒和藏族史的重要史料,对研究中日文化交流史也具有重要意义。

第二节 郦道元、李吉甫的地理史撰述

中国古代地理史撰述最早可以追溯到先秦时期的《禹贡》。它是我国第一部系统的地理学著作。全文记述了大禹对九州的山川地理与地域方物的勘定,具有极高的文献价值。至东汉时期,受《禹贡》的影响,班固在《汉书》中撰有《地理志》。该书是中国最早以"地理"命名的著作,其内容包括西汉和西汉之前的中国疆域与地方行政区域的沿革,以及西汉疆域内各区域的山川、

---

① 王禹浪、王俊铮:《我国历史文献中所见黑水靺鞨概述》,《哈尔滨学院学报》2015年第8期。
② (唐)魏徵等撰:《隋书》卷八十三《西域列传》,中华书局1975年版,第1858页。

水利、物产、民俗等，形成了完整的沿革地理学体系。《汉书·地理志》的内容与体例对郦道元撰写《水经注》，李吉甫撰写《元和郡县图志》影响甚深。

一、郦道元与《水经注》

郦道元（约470—527），字善长，范阳涿县（今河北涿州）人，北魏时期的酷吏、地理学家。郦道元自小敏而好学，博览全书，稍长承袭其父郦范爵位，后历任尚书郎、郡太守、州刺史、河南尹等职。由于执法严苛，他常遭受宗室怨恨，最终在孝昌三年（527）被萧宝夤杀害。他一生著述颇丰，据《魏书》记载："撰注《水经》四十卷、《本志》十三篇，又为《七聘》及诸文，皆行于世。"[1]但是除《水经注》外，其余著述大都散佚。

《水经注》是郦道元对中国古代佚名著作《水经》做的注，全书四十卷，共三十余万字。该书搜集与征引了大量文献，据陈桥驿在《〈水经注〉评介》中统计，全书征引文献共四百八十种，铭文与碑刻也有三百五十七种，因此《水经注》的记载具有较高的可信性。《水经注》的内容十分丰富。它详细地介绍了1252条河流的源头与流向，比《水经》多出了1115条，文字上也是《水经》的二十倍。书中还详细论述河流流经城镇的历史、水利、物产、民俗、人口分布等，保留了当时大量的人文地理与自然地理资料。另外，《水经注》用词恰当，语言优美，有极高的文学价值。

随着印刷技术的发展，《水经注》在民间得到广泛的传播。至北宋时期，《水经注》出现刊本，但已经缺失五卷。在后世传抄过程中，该书出现了经注不分的情况，有些章节甚至难以辨读。清朝时，很多学者对《水经注》进行了校勘。比较著名的版本，如全祖望的七校《水经注》、赵一清的《水经注释》、戴震的武英殿本《水经注》。这些版本纠正了前代抄本的很多错误，是郦学界宝贵的遗产。

（一）《水经注》编撰特点

《水经注》是一部综合性著作。书中将独创、考证、征引融合，形成创编一体的编撰体例。

首先，在《水经注》的注文中，郦道元独创了很多颇具文学气息的内容，如书中描述"若邪溪"时指出："溪水上承嶕岘麻溪，溪之下，孤潭周数亩，

---

[1] （北齐）魏收：《魏书》卷八十九《酷吏列传·郦道元传》，中华书局2017年版，第2085页。

甚清深。有孤石临潭,乘崖俯视,猿狖惊心,寒木被潭,森沉骇观。上有一栎树,谢灵运与从弟惠连常游之,作连句,题刻树侧。麻潭下注若邪溪,水至清照,众山倒影,窥之如画。"①可见作者通过描述"孤谭""孤石""寒木"等景象,烘托出了潭水孤寂悲凉的气氛,创作了一段"若邪溪游记"。同时,作者也描述了溪水清澈与群山倒影溪水的优美风景,借此表达了对此地的喜爱之情。后世诗人也多根据郦道元的这段描述作成诗句。

其次,郦道元在书中指出前代著作的讹误。比如他指出应劭的《风俗通义》将两条"济水"混淆。"余按二济同名,所出不同,乡原亦别,斯乃应氏之非矣。今济水重源出轵县西北平地,水有二源:东源出原城东北,昔晋文公伐原以信,而原降,即此城也。俗以济水重源所发,因复谓之济源城。其水南径其城东故县之原乡。"②郦道元经过考证分析认为,叫"济水"之名共有两条河,二者同名不同源。另外,郦道元在《水经注》中对《水经》的一些描写进行了考证,并指出与补充《水经》的不足之处。他在《水经注·序》中指出:"《经》有谬误者,考以附正文所不载;非经水常源者,不在记注之限。"③比如他指出《水经》记载北江东至余姚是错误的,"江即北江也。《经》书为北江则可,又言东至余姚则非。考其径流,知《经》之误矣。"④显然这是郦道元通过细微深入的考证得出的结论。

再次,郦道元在《水经注》中征引了大量他人的著述。郦道元生在中国分裂时期,不可能亲身考察中国各个地方,所以参考与征引他人著述是无可厚非的,他指出:"昔《大禹记》著山海,周而不备;《地理志》其所录,简而不周;《尚书》、《本纪》与《职方》俱略;都赋所述,裁不宣意;《水经》虽粗缀津绪,又阙旁通。"⑤可见,虽然他对《大禹记》《地理志》《职方》《水经》等记载地理方面的书籍提出了批评,但是从另外一个角度说明,《水经注》正是郦道元对这些书籍补缺遗漏的产物,因此旁征博引是必要的。比如,当他

---

① (北魏)郦道元著,陈桥驿点校:《水经注校证》卷四十《渐江水》,中华书局2007年版,第942页。
② (北魏)郦道元著,陈桥驿点校:《水经注校证》卷七《济水》,中华书局2007年版,第187页。
③ (北魏)郦道元著,陈桥驿点校:《水经注校证·水经注原序》,中华书局2007年版,第1页。
④ (北魏)郦道元著,陈桥驿点校:《水经注校证》卷二十九《沔水》,中华书局2007年版,第683—684页。
⑤ (北魏)郦道元著,陈桥驿点校:《水经注校证·水经注原序》,中华书局2007年版,第1页。

描述若水的起源时指出:"《山海经》曰:南海之内,黑水之间,有木名曰若木,若水出焉。又云:灰野之山有树焉,青叶赤华,厥名若木,生昆仑山西,附西极也。《淮南子》曰:若木在建木西,木有十华,其光照下地。故屈原《离骚·天问》曰:羲和未阳,若华何光是也。然若木之生非一所也,黑水之间,厥木所植,水出其下,故水受其称焉。若水沿流,间关蜀土,黄帝长子昌意,德劣不足绍承大位,降居斯水,为诸侯焉。娶蜀山氏女,生颛顼于若水之野,有圣德,二十登帝位,承少皞金官之政,以水德宝历矣。若水东南流,鲜水注之,一名州江。大度水出徼外,至旄牛道,南流入于若水。"[①]根据史料,郦道元从来没去过若水,故需要征引《山海经》《淮南子》《离骚》的描述,对若水的历史、水文进行补充。

综上所述,《水经注》采用创编一体的编撰体例,不仅有自己独创的文字描述,还征引了他人著述,增强了记载文字的可信性。这种独特的编撰体例对后世影响甚深。

(二)《水经注》的实用价值

郦道元的《水经注》内容丰富,包罗各种学问,具有极高的地理、军事、文学以及经济价值,被后世学者重视。

军事价值。魏晋南北朝时期是中国分裂时代,兵连祸结,常有战事。生在北魏的郦道元就曾平定元法僧叛乱,击退梁军,因此他具有丰富的作战经验与战略眼光。另外,《水经注》是以西汉版图为基础,可见他强烈的武力统一的愿望。因此在《水经注》中,郦道元详细记载了很多军事要塞、漕运、古代战役。

首先,《水经注》中记载了重要的军事塞达140余处。如他在叙述沔水流经西乐城北面时,就对西乐城以及周围环境的军事价值进行了详细的阐述。他指出:"城在山上,周三十里,甚险固。城侧有谷,谓之容裘谷。道通益州,山多群獠,诸葛亮筑以防遏。梁州刺史杨亮,以即险之固,保而居之,为苻坚所败,后刺史姜守、潘猛,亦相仍守此城。城东,容裘溪水注之,俗谓之洛水也。水南导巴岭山,东北流,水左有故城,凭山即险,四面阻绝,昔先主遣黄忠据之,以拒曹公。"[②]可见他不仅明确指出西乐城"甚险固"的优势地

---

① (北魏)郦道元著,陈桥驿点校:《水经注校证》卷三十六《若水》,中华书局2007年版,第824页。
② (北魏)郦道元著,陈桥驿点校:《水经注校证》卷二十七《沔水》,中华书局2007年版,第643—644页。

理条件，还举出诸葛亮、黄忠、姜守、潘猛、杨亮这些军事家曾固守西乐城的例子，突出西乐城易守难攻，战略位置之重要。

其次，他还总结了中国古代战例达五百余次。如他在讲述昆阳县时，就对刘秀大破莽军的昆阳之战进行了详细的叙述："更始元年，王莽征天下能为兵法者，选练武卫，招募猛士，旌旗辎重，千里不绝。又驱诸犷兽虎、豹、犀、象之属，以助威武，自秦、汉出师之盛，未尝有也。世祖以数千兵徼之阳关，诸将见寻、邑兵盛，反走入昆阳。世祖乃使成国上公王凤、廷尉大将军王常留守，夜与十三骑出城南门，收兵于郾。寻、邑围城数十重，云车十余丈，瞰临城中，积弩乱发，矢下如雨。城中人负户而汲。王凤请降，不许。世祖帅营部俱进，频破之，乘胜以敢死三千人，径冲寻、邑兵，败其中坚于是水之上，遂杀王寻。城中亦鼓噪而出，中外合势，震呼动天地。会大雷风，屋瓦皆飞，莽兵大溃。"①可见，书中对昆阳之战的时间、地点、双方军事实力、战役经过记载十分详细，为后世学者研究昆阳之战提供了丰富的史料。

另外，在孝文帝迁都洛阳后，朝廷为对抗南朝和保证洛阳京畿安全，修建了庞大的漕运系统，使之成为北魏军事力量的保障。在此背景下，郦道元在撰述《水经注》时，描述了魏晋时期的大量漕运。如他在描述"九龙渠"修建历史时指出："代龙渠即九龙渠也。后张方入洛，破千金堨。永嘉初，汝阴太守李矩、汝南太守袁孚修之，以利漕运，公私赖之。水积年，渠堨颓毁，石砌殆尽，遗基见存，朝廷太和中修复故堨。按千金堨石人西胁下文云：若沟渠久疏，深引水者当于河南城北、石碛西，更开渠北出，使首狐丘。故沟东下，因故易，就碛坚便时，事业已讫，然后见之。加边方多事，人力苦少，又渠堨新成，未患于水，是以不敢预修通之。若于后当复兴功者，宜就西碛，故书之于石，以遗后贤矣。"他指出"九龙渠"的漕运功能十分显著，"以利漕运，公私赖之"。②他将九龙渠的修建方式记录下来，目的是为了方便后人修缮。可见他对漕运十分重视。

总的来说，《水经注》记载了古代大量军事要塞、战例地理，突出说明了地理对战争胜利的重要性。书中还阐述了漕运对于国家军事成败的重要性。

---

① （北魏）郦道元著，陈桥驿点校：《水经注校证》卷二十一《汝水》，中华书局2007年版，第502—503页。
② （北魏）郦道元著，陈桥驿点校：《水经注校证》卷十六《榖水》，中华书局2007年版，第392页。

可见《水经注》包含了丰富的军事思想,具有十分重要的意义。

文学价值。《水经注》不单是地理学著作,在文学方面具有极高的价值。在书中,郦道元将地理观念与优美的文字结合,穿插了很多中国古代神话传说与民俗风土,具有丰富的文化内涵。

神话传说。《水经注》受到《山海经》以及汉以来的谶纬神学的影响,记录了很多生动有趣的神话故事,以至于后世学者认为《水经注》是"神话传说的集锦"。如他在讲述"不韦县"时,就指出:"县,故九隆哀牢之国也。有牢山,其先有妇人名沙壹,居于牢山,捕鱼水中,触沉木若有感,因怀孕,产十子。后沉木化为龙,出水,九子惊走,小子不能去,背龙而坐,龙因舐之。其母鸟语,谓背为九,谓坐为隆,因名为九隆。及长,诸兄遂相共推九隆为王。后牢山下有一夫一妇,生十女,九隆皆以为妻,遂因孳育,皆画身像龙文,衣皆著尾。九隆死,世世不与中国通。"②郦道元以简练的语言,生动形象地描绘出了"九隆哀牢之国"的由来。再如,他在讲述夷水经过留难城时,对留难城进行了描述,他指出:"东北面又有石室,可容数百人,每乱,民入室避贼,无可攻理,因名难留城也。昔巴蛮有五姓,未有君长,俱事鬼神,乃共掷剑于石穴,约能中者奉以为君。巴氏子务相乃中之。又令各乘土舟,约浮者当以为君,惟务相独浮,因共立之,是为廪君。乃乘土舟从夷水下至盐阳。盐水有神女,谓廪君曰:此地广大,鱼盐所出,愿留共居。廪君不许,盐神暮辄来宿,旦化为虫,群飞蔽日,天地晦瞑,积十余日。廪君因伺便射杀之,天乃开明。廪君乘土舟下及夷城,夷城石岸险曲,其水亦曲。廪君望之而叹,出崖为崩。廪君登之,上有平石方二丈五尺,因立城其傍而居之,四姓臣之。死,精魂化而为白虎,故巴氏以虎饮人血,遂以人祀。盐水即夷水也。"③他不仅描述了廪君建立留难城的神话传说,还解释了巴氏"人祀"的风俗源头,加深了读者的印象,提高了读者的阅读兴趣。

山水游记的先导。郦道元在为《水经》作注的过程中夹杂大量清丽的山水景致描写,实为卓绝一世的写景佳作,其山水文学价值,明清以来备受文人学者推崇。

---

① (北魏)郦道元著,陈桥驿点校:《水经注校证》卷三十七《叶榆河》,中华书局2007年版,第858页。
② (北魏)郦道元著,陈桥驿点校:《水经注校证》卷三十七《夷水》,中华书局2007年版,第863页。

《水经注》可以说是山水游记文学的先导。郦道元也可称之为当之无愧的写景高手，举凡虫、鱼、鸟、兽、山石、清泉、瀑布、绿潭……描状无不穷形尽态，生机勃勃。他或者摄取一个镜头以突出全景，或者点染来衬托全景，或者以前无古人的角度来描绘展示出情景交融的画面，例如《河水篇》写吕梁山，"其山岩层岫衍，涧曲崖深，巨石崇竦，壁立千仞，河流激荡，涛涌波襄，雷濟电泄，震天动地"[①]。作者只摄取身临其境时耳闻目睹的一个镜头，以聊寥寥数语加以描状，就把吕梁山峥嵘磅礴的气势呈现于眼前，不得不叫人拍手称绝。

郦道元对于景物详尽描绘，全力挥洒笔墨，精描细刻，从而成为相对独立于注文、结构完整的小篇山水游记。如卷二十六《淄水》注"又东过利县东"条云："阳水又东北流，石井水注之，水出南山，山顶洞开，望若门焉，俗谓是山为劈头山。其水北流注井，井际广城东侧，三面积石，高深一匹有余，长津激浪，瀑布而下，澎飏之音，惊川聒谷，渊潺之势，状同洪河，北流入阳水。余生长东齐，极游其下，于中阔绝，乃积绵载，后因王事，复出海岱，郭金紫惠同石井，赋诗言意。弥日嬉娱，尤慰羁心，但恨此水时有通塞耳。"[②]这段文字是描写海岱境内之景致，海岱为青州之古地理名。这里的一草一木，一砖一石在郦道元笔下娓娓动人，极富有情趣。他将石井水之渊源、两水交汇之特势、流向，瀑布倾泻而下所形成之澎飏之音、渊潺之势，描绘得惟妙惟肖，使人如临其境。而如此类以大段文字精心描绘山川景致者，在《水经注》一书中还有许多，这些或夹杂以数句为写景文者，或独立成一小篇山水文者，是为更好地阐明地理水文之变迁，更为准确地注解《水经》，使注文一洗以往单调枯燥之态，而显得摇曳多姿，趣味盎然。

《水经注》中的山水描写，无论是郦道元自己的创作还是摘述改写，都是直接观察的结果，因此描写细致入微，表现趋于个性化，而且十分注重描写的真实，具有较强的艺术真实性，是对自然山水真实的再现，呈现在作者笔下的千山万水，各具风采，艺术表现上更为丰富。如卷三十四《江水》注中对三峡的描写："自三峡七百里中，两岸连山，略无阙处。重岩叠嶂，隐天蔽日，自非亭午夜分，不见曦月。至于夏水襄陵，沿溯阻绝，或王命急宣，有

---

① （北魏）郦道元著，陈桥驿点校：《水经注校证》卷三《河水》，中华书局2007年版，第82页。
② （北魏）郦道元著，陈桥驿点校：《水经注校证》卷二十六《淄水》，中华书局2007年版，第624页。

时朝发白帝,暮到江陵,其间千二百里,虽乘奔御风,不以疾也。春冬之时,则素湍绿潭,回清倒影,绝巘多生怪柏,悬泉瀑布,飞漱其间,清荣峻茂,良多趣味。每至晴初霜旦,林寒涧肃,常有高猿长啸,属引凄异,空谷传响,哀转久绝。故渔者歌曰:巴东三峡巫峡长,猿鸣三声泪沾裳。"①同样是写水,长江不同于黄河,同样是岸高水急,写三峡则突出其"重崖叠嶂、隐天蔽日","清荣峻茂","林寒涧素"的凄清境界,写孟门则渲染其"奔腾万寻、悬流千丈、浑洪备怒、鼓若山腾"②的雄伟气势;长江大河以山高水急的壮丽取胜,而小溪涓流则以木石鱼鸟的优美见长。写水着眼于动态,写山则致力于静态;华山之艰险,泰山之高峻,衡山、庐山以及星罗棋布的小山,惟妙惟肖,曲尽其妙。至于湖泊沼泽之景,也是千娇百媚。

《水经注》在写景语言上,也颇具艺术特色,其写景语言,既有诗和骈文的洗练和韵味,又具备散文的疏阔和自由先导。《水经注》是在为《水经》作注的过程中,由山及水而兼及山水描写的,这种特定的语言环境使郦道元不能对每一座山、每一条水都作详尽、细致的描摹,而只能抓住其总体特征,大笔挥洒,往往只用十几个字乃至几十个字就能勾勒出山水的概貌、特色。郦道元的贡献主要在于他充分利用了这种有限的语言环境,展示了自然山水的雄奇美。

从文体变革的意义上说,郦道元在描山摹水的同时,十分注重处理骈散文体的主从关系,独辟蹊径,骈散兼行,以散驭骈,在行文之际恰如其分地在散体句势中嵌入适量的骈句丽辞,从而给文章增添了几分韵致,融合了骈散文体的天然联系,融合了两种文体的表现功能和艺术技巧,创造了新颖灵活的山水游记的新体制。

总的来说,作为山水游记的开山之作,《水经注》在集前代山水文学之大成的基础之上,进一步开创出山水游记的新体制,其在描写山水景物和名胜古迹方面,对后世山水文学的影响,是极其深远的。我国山水游记的发展到唐代柳宗元趋于成熟,究其源流,它不是沿着汉赋和骈文的路子,而是顺从《水经注》开辟的以散体为主的线索发展而来的。

经济价值。除了记载水文、山脉等自然地理,《水经注》还记载了农业、

---

① (北魏)郦道元著,陈桥驿点校:《水经注校证》卷三十四《江水》,中华书局2007年版,第790—791页。

② (北魏)郦道元著,陈桥驿点校:《水经注校证》卷四《河水》,中华书局2007年版,第102页。

水利、交通等人文地理，并阐明了人文地理与经济发展的关系。

首先，《水经注》记载了很多水利工程。如秦国李冰为治理岷江水患修建都江堰工程，《水经注》也对其进行了详细的描述："李冰作大堰于此，壅江作堋，堋有左右口，谓之湔堋。江人郫江、检江以行舟。《益州记》曰：江至都安堰其右，检其左，其正流遂东，郫江之右也。眉山颓水，坐致竹木，以溉诸郡。又穿羊摩江、灌江，西于玉女房下白沙邮，作三石人立水中，刻要江神，水竭不至足，盛不没肩。是以蜀人旱则藉以为溉，雨则不遏其流。故《记》曰：水旱从人，不知饥馑，沃野千里，世号陆海，谓之天府也。邮在堰上，俗谓之都安大堰，亦曰湔堰，又谓之金堤。左思《蜀都赋》云：西逾金堤者也。诸葛亮北征，以此堰农本，国之所资，以征丁千二百人主护之，有堰官。"①郦道元根据前代史料的记载，指出都江堰不仅有航运、灌溉、防洪的作用，还使得蜀地成为沃野千里的天府之国。再如郑国在关中修筑的郑国渠，《水经注》记载："昔韩欲令秦无东伐，使水工郑国间秦凿泾引水，谓之郑渠。渠首上承泾水于中山西邸瓠口，所谓瓠中也。《尔雅》以为周焦获矣。为渠并北山，东注洛三百余里，欲以溉田。中作而觉，秦欲杀郑国，郑国曰：始臣为间，然渠亦秦之利。卒使就渠，渠成而用注填阏之水，溉泽卤之地四万余顷，皆亩一钟，关中沃野，无复凶年，秦以富强，卒并诸侯，命曰郑渠。"②可见，郦道元认为郑国渠的修建使关中地区成为沃野，这也成为秦国富强的重要原因之一。由上可见，郦道元详细记载都江堰、郑国渠修建及其影响，突出了他和平统一、恢复经济的愿望。同时，这些记载也为后世留下珍贵史料。

其次，《水经注》记载北魏之前历代统治者对农业的发展。比如他指出刘备曾在荆州地区开辟了很多土地发展农业，"沅水又东与序溪合，水出武陵郡义陵县鄜梁山，西北流径义陵县，王莽之建平县也，治序溪。其城，刘备之种归。马良出五溪，绥抚蛮夷，良率诸蛮所筑也。所治序溪，最为沃壤，良田数百顷，特宜稻，修作无废"③。再如他记载了汉武帝曾在西域轮台屯田的

---

① （北魏）郦道元著，陈桥驿点校：《水经注校证》卷三十三《江水》，中华书局2007年版，第766页。
② （北魏）郦道元著，陈桥驿点校：《水经注校证》卷十六《沮水》，中华书局2007年版，第406页。
③ （北魏）郦道元著，陈桥驿点校：《水经注校证》卷三十七《沅水》，中华书局2007年版，第868页。

历史,"川水又东南流经于轮台之东也。昔汉武帝初通西域,置校尉,屯田于此。搜粟都尉桑弘羊奏言:故轮台以东,地广,饶水草,可溉田五千顷以上。其处温和,田美,可益通沟渠,种五谷,收获与中国同"①,虽然汉武帝在西域地区施行屯田,是为了加强边疆稳固,但这也直接促进了西域地区的农业发展。

最后,《水经注》还记载了交通的发展。比如《水经注》记载了黄河上游青海境内交通的发展状况,"永元五年,贯友代聂尚为护羌校尉,攻迷唐,斩获八百余级,收其熟麦数万斛,于逢留河上筑城以盛麦,且作大船,于河峡作桥渡兵,迷唐遂远依河曲"②。虽然护羌校尉贯友修桥的目的是打击迷唐,但这间接促进了中原与青海地区的经济文化交流。再如《水经注》记载了沟通华北和辽东的卢龙塞道,"水又东南径卢龙塞,塞道自无终县东出渡濡水,向林兰陉,东至清陉。卢龙之险,峻坂索折,故有九缘之名矣。燕景昭元玺二年,遣将军步浑治卢龙塞道,焚山刊石,令通方轨,刻石岭上,以记事功,其铭尚存。"③"故陈寿《魏志》:田畴引军出卢龙塞,堑山堙谷,五百余里径白檀,历平冈,登白狼,望柳城"④。可见,曹操与燕景昭帝修筑卢龙塞道,间接地加强了中原与辽东地区的经济联系。

总体来说,《水经注》记述了丰富的经济地理。书中以水利、交通、农业为基础,构建了特殊的经济地理格局,为后世经济发展提供了借鉴。但是因为时代的局限,很多地方郦道元不能躬亲考察,导致书中出现了很多讹误。

(三)《水经注》的影响

《水经注》对我国的地理学研究影响甚深。首先《水经注》所描述的山川、水文、城市、交通等内容,为后世学者撰写地理方面的书籍提供了丰富史料,如李吉甫的《元和郡县志》,虽然它是地方志,但是其自然地理与人文地理相互联系的思想与《水经注》是相同的。其次,后世还出现了大批研究《水经注》的学者,他们对《水经注》校勘、注释、笺疏,甚至成为一门学派。另外,《水

---

① (北魏)郦道元著,陈桥驿点校:《水经注校证》卷二《河水》,中华书局2007年版,第39页。
② (北魏)郦道元著,陈桥驿点校:《水经注校证》卷二《河水》,中华书局2007年版,第42页。
③ (北魏)郦道元著,陈桥驿点校:《水经注校证》卷十四《濡水》,中华书局2007年版,第345—346页。
④ (北魏)郦道元著,陈桥驿点校:《水经注校证》卷十四《濡水》,中华书局2007年版,第346页。

经注》的优美文字、独特体例，在中国文学史上也占据重要地位。

当然《水经注》并非完美无缺，还有很多偏颇之处，值得深思。比如，书中多记载鬼神怪诞之事，缺少科学系统的考证。再如，郦道元由于时代所限，很多地方不能亲自考察，只能通过参考前代著述，因此《水经注》的内容详北略南。《水经注》也有很多记载失误，如《水经注》中指出张飞进军宕渠，与张郃激战于泛口，而《水经注疏》中指出张飞与张郃交战地点在瓦口，"意宕渠自有瓦口而《水经注》误以为泛口"①。

综上所述，《水经注》是中国古代地理文化的集中体现，具有极高的军事价值、文学价值、经济价值。书中虽有不足之处，但瑕不掩瑜，对后世影响深远。

二、李吉甫与《元和郡县图志》

李吉甫（758—814），字弘宪，赵州赞皇县（今河北赞皇）人，唐代著名的政治家、地理学家。他出身名门"赵郡李氏"，自小在其父亲的教导下，勤奋好学，博览群书。二十七岁时，以门荫入仕，任太常博士，后又先后担任屯田员外郎、转驾部员外郎、明州员外长史、饶州刺史等职。元和二年（807）升为中书侍郎、平章事，任宰相之职。元和九年（814）因病去世，谥号"忠懿"。李吉甫一生致力于维护中央集权。政治上他主张削藩，加强中央集权。他曾平定镇海节度使李锜叛乱，在担任宰相期间，撤换三十六个藩镇。他还反对宦官专权，维护皇权。经济上他主张发展农业经济，曾主持修筑了平津堰，以防治洪水，深得百姓爱戴。他还限制寺院经济的发展，并收回长安周围佛寺祠田，接济百姓。边疆问题上，他主张抵抗吐蕃，与南诏、回鹘交好，促进了边疆稳定。另外，他一生著述颇丰，曾撰有《元和郡县图志》四十卷、《元和国计簿》十卷、《删水经》十卷、《古今说宛》十一卷、《李吉甫集》二十卷、《李吉甫古今文集略》二十卷、《国朝哀策文》四卷、《顺宗实录》五卷、《元和郡国图》三十卷等。除《元和郡县图志》外，其他著述大都散佚。

《元和郡县图志》简称为《元和志》，成书于元和八年，共四十二卷，今存三十四卷。它是在继承《汉书·地理志》的基础上，以《贞观十三年大簿》所划定的全国行政区十道为纲，并以元和时期四十七镇分篇，每镇都有一图

---

① （清）杨守敬：《水经注疏》，江苏古籍出版社1989年版，第2359页。

和一志，志下记载府、州的地理、境界、辖县、通往长安的路线等，以及每个辖县的垦田、交通、盐政、水利、军事设施等项，内容十分详细。

自安史之乱爆发以后，盛极一时的唐帝国逐渐衰落，皇权旁落，宦官专权，地方藩镇割据，常有反叛，外族吐蕃、南诏常滋扰边境。李吉甫认为地舆学对解决当时唐政府的内忧外患，维护国家稳定统一至关重要，因此他在《元和郡县图志·序》中指出"成当今之务，树将来之势，则莫若版图地理之为切也"，"丘壤山川攻守利害，本于地理，皆略而不书，佐明王扼天下之吭，制群生之命，收地保势胜之利，示形束壤制之端。"[1]同时，这也是他编撰《元和郡县图志》的宗旨。

《元和郡县图志》问世后，至南宋淳熙三年（1176），张几仲从好友程大昌求得《元和志》的抄本。张几仲读后深有感触，"明主扼天下之吭，制群生之命者，不在兹乎？"[2]遂将此书刊刻，但是程大昌收藏的抄本，图已经散佚，只剩下志，所以此刻本又称《元和郡县志》，此后在流传的过程中第十九、二十、二十三、二十四、三十五、三十六六卷散佚。至清代，一些学者开始对该书进行校勘、补缺，如庞鸿书撰《补元和郡县志四十七镇图说》孙星衍辑、严观补《元和郡县图志》、缪荃孙辑《元和郡县志阙卷逸文》等，具有极高的参考价值。

（一）《元和志》的编撰特点

《元和郡县图志》编纂独具特色。该书不仅征引广泛，具有完备的体例，同时还蕴含着作者求真务实与服务现实的思想主张，为后世学者所借鉴。

首先，征引广泛。《元和志》中征引前代著述达一百余种，包括儒家经典《尚书》《周礼》《尔雅》《春秋》等，先秦诸子《庄子》《墨子》等，历代史籍《史记》《汉书》《国语》《春秋左氏传》《十六国春秋》《吴越春秋》等。地方志《洛阳记》《嵩山记》《齐记》《三齐记》《三秦记》《晋阳秋》《吴志》《吴兴记》《钱塘记》《南岳记》《荆州记》《沅陵记》《武陵记》《华阳国志》《上党记》《鄱阳记》《南康记》等，历代文集，如左思的《魏都赋》《吴都赋》《蜀都赋》，诸葛亮的《笺》等，前代地理学著述《水经注》《寰宇记》《括地志》等。

《元和志》还收录了唐前期地图与官方统计数据。比如唐前期地图《长安

---

[1] （唐）李吉甫撰，贺次君点校：《元和郡县图志》前言，中华书局1983年版，第2页。
[2] （唐）李吉甫撰，贺次君点校：《元和郡县图志》附录，中华书局1983年版，第1102页。

四年十道图》《开元三年十道图》《剑南地图》《十道图》等，这些地图是《元和志》图的重要依据。《元和志》还收录唐代的官方统计资料。书中记载有元和与开元两个时期的户口，使统治者能够及时掌握人口分布情况与经济重心的变化，从而因时制宜地制定经济政策。比如雍州，受安史之乱的影响户口锐减，开元户 36299，元和户 241220，而苏州户口数却有增长，开元户 68930，元和户 100880，饶州户口也有大幅度增长，开元户 55450，元和户 91129，这反映了经济中心逐渐地由北方转向南方。

其次，体例完备。《元和郡县图志》在继承汉魏以来的地理志，以及图经、图记的基础上发展而成。书中将唐分为四十七镇，每镇下面记载府、州、县的等级、历史、户口、四至、八到、山川地势、贡赋以至资源储藏等方面内容，其中州府的"四至、八到"是李吉甫独创的体例，"八到"的"到"指的是东南、东北、西北、西南以及偏微等方位的府州交通路线和距离，交通路线包括取某路、取某江、水路、沿流、溯流、沿溯相兼、渡河、官河、私路、道等类别，特别是道路不通的地方会有详细的说明，如泸州"西至戎州水路三百一十里，陆路二百四十里，山路险峻或不通"①。

《元和志》的完备体例，既突出了疆域政区的主体，又使政治、经济、文化、科技、民生、地理等要素融于一体，因此《四库全书提要》评价此书："舆记图经，隋、唐志所著录者，率散佚无存，其传于今者，惟此书为最古，其体例也最善。"②《元和志》的体例多为后世学者所效仿，比如乐史的《太平寰宇记》、王存的《元丰九域志》、《大元一统志》、《大明一统志》、《大清一统志》等著述基本沿用了"四至八到"的体例，可见《元和郡县图志》是一部承上启下的地理著述。

再次，求真务实。李吉甫编撰《元和郡县图志》是服务于政治，因此李吉甫十分注重对自然现象的分析和客观世界的探索。比如黄河在流经汾川县东边七里时，河岸狭窄，形状像槽，因此该地居民称之为"石槽"，李吉甫指出石槽是大禹为疏导河道所用，"盖禹治水凿石导河之处"③，他还将石槽的形状进行了简要说明，"石槽长一千步，阔三十步，悬水奔流，鼋鼍鱼鳖所不能

---

① （唐）李吉甫撰，贺次君点校:《元和郡县图志》卷三十三《剑南道下》，中华书局 1983 年版，第 864 页。
② （唐）李吉甫撰，贺次君点校:《元和郡县图志》附录，中华书局 1983 年版，第 1106 页。
③ （唐）李吉甫撰，贺次君点校:《元和郡县图志》卷三《关内道三》，中华书局 1983 年版，第 75 页。

游"①,这体现了他实事求是的精神。

前代地理学者在记载各地风土民俗时,因科学条件的限制和佛道思想的影响,多附会鬼怪传说,缺乏真实。而李吉甫对待这些记载,多如实引用,并不掺杂个人评论,既表现自己求实的态度,又保存了原始史料。比如关于离狐县的县名的由来,"旧传初置县在濮水南,常为神狐所穿穴,遂移城濮水北,故曰离狐"②。再如太原府广阳县,泽发水的传说,"故老传此泉中有神似鳖,昼伏夜游。神出,水随神而涌。其水东北流入井陉县界"③。

另外,李吉甫曾多次指出前代地理著述的错误,比如在《水经注》中,记载了相貌丑陋的贾辛在水边射野鸡,博取妻子一笑的故事,而李吉甫指出:"按《左传》魏献子谓贾辛曰:'昔贾大夫恶,取妻而美,三年不言,御以如皋射雉,获之,其妻始笑而言。'注曰:'贾国之大夫。'"④他认为射箭者应该是贾国的大夫,并非贾辛,《水经注》的记载是错误的。再如李吉甫对《钱塘记》记载"钱塘"之名由来产生质疑。据《钱塘记》记载,郡议曹华信在此地建塘,以防海水侵蚀土地,并招募运送土石的工人,遂得"钱塘"之名,然而李吉甫指出:"按华兴汉时为郡议曹,据《史记》'始皇至钱塘,临浙江',秦时已有此名,疑所说为谬。"⑤

最后,服务现实。《元和志》书中不仅记载自然地理,它还十分注重人类与自然的关系,教授人类如何认识、顺应与改造自然,构建人与自然和谐相处的局面,从而促进人类的长足发展。如在关内道的朝邑县,"在县西北三十里许原下,其水咸苦,羊饮之,肥而美。今于泉侧置羊牧,故谚云'苦泉羊,洛水浆'"⑥。可见,该地水虽咸苦,并不适合人类饮用,但是有利于羊的生长,增加了牧民的收入,再如在张掖、酒泉界内的祁连山,牧民利用山中冬温夏凉的

---

① (唐)李吉甫撰,贺次君点校:《元和郡县图志》卷三《关内道三》,中华书局1983年版,第75页。
② (唐)李吉甫撰,贺次君点校:《元和郡县图志》卷十一《河南道七》,中华书局1983年版,第294页。
③ (唐)李吉甫撰,贺次君点校:《元和郡县图志》卷十三《河东道二》,中华书局1983年版,第373页。
④ (唐)李吉甫撰,贺次君点校:《元和郡县图志》卷十三《河东道二》,中华书局1983年版,第370—371页。
⑤ (唐)李吉甫撰,贺次君点校:《元和郡县图志》卷二十五《江南道一》,中华书局1983年版,第603页。
⑥ (唐)李吉甫撰,贺次君点校:《元和郡县图志》卷二《关内道二》,中华书局1983年版,第38页。

气候放牧和制酥,"美水茂草,山中冬温夏凉,宜放牧,牛羊充肥,乳酪浓好,夏泻酥不用器物,置于草上不解散,作酥特好,不斛酪得斗余酥"①。

总的来说,《元和志》是一部十分优秀的地理学著作,李吉甫广泛征引前代学者著述,创建了完整而独特的体例。内容上,李吉甫为满足现实政治与服务于现实的需要,使《元和志》全文贯穿实事求是的精神。

(二)《元和志》的价值

《元和郡县图志》是一部里程碑式的地理著作,其记载内容蕴含着丰富的军事、经济价值,保留了大量的一手资料,为后世学者提供借鉴与思考。

军事价值。《元和志》是一部军事地理著作。唐宪宗元和年间,内有藩镇割据,外有吐蕃袭扰。李吉甫作为中央集权的拥护者,在《元和志》中记载了大量古代军事要塞、藩镇防区、边疆重镇以及关于漕运、粮仓等方面的信息,为抵抗外族入侵与平定藩镇叛乱提供了军事资料。

首先,唐中后期出现藩镇割据的局面,身为宰相的李吉甫,主张通过武力解决藩镇问题,维护中央集权,因此《元和志》记载了大量军事要塞。如他指出陕城的蒲牢关具有重要的战略位置,"陕城蒲牢与彭城、滑台、寿阳、悬瓠,屡经攻守,皆中夏之要云"②。再如,他征引《西征记》的记载指出函谷关的军事价值,"函谷关城,路在谷中,深险如函,故以为名。其中劣通,东西十五里,绝岸壁立,崖上柏林荫谷中,殆不见日,关去长安四百里。日入则闭,鸡鸣则开,秦法也。东自崤山,西至潼津,通名函谷,号曰天险,所谓'秦得百二'也"③。在他看来,函谷关"天险"的地理形势是关中地区的重要屏障。此外,李吉甫还将潼关的关隘功能进行了详细的阐述:"今历二处而至河潼,上跻高隅,俯视洪流,盘纡峻极,实谓天险。河之北岸则风陵津,北至蒲关六十余里。河山之险,逦迤相接,自此西望,川途旷然,盖神明之奥区,帝宅之户牖,百二之固,信非虚言也。"④

---

① (唐)李吉甫撰,贺次君点校:《元和郡县图志》卷四十《陇右道下》,中华书局1983年版,第1021页。

② (唐)李吉甫撰,贺次君点校:《元和郡县图志》卷六《河南道二》,中华书局1983年版,第155—156页。

③ (唐)李吉甫撰,贺次君点校:《元和郡县图志》卷六《河南道二》,中华书局1983年版,第158—159页。

④ (唐)李吉甫撰,贺次君点校:《元和郡县图志》卷二《关内道二》,中华书局1983年版,第35—36页。

其次,《元和志》中记载了唐代各州的漕运,可以看出李吉甫对漕运的重视。比如《元和志》中记载了裴耀卿为保证东南地区的粮食运往关中,维系国家财政支出创造的节级转运法。

"伏见国家旧法,河口元置武牢仓,江南船不入黄河,即于仓内便贮也。巩县置洛口仓,从黄河不入漕洛,即于仓内安置。爰及河阳仓、柏崖仓、太原仓、永丰仓、渭南仓,节级取便,例皆如此。水通利则随近运转,不通利则且纳在仓,不滞远船,不生隐盗,每年剩得一二百万石,即数年之外,仓廪转加。"至二十二年,以耀卿为相,兼转运都使,于是遂分置河阴县及河阴仓,又河清县置柏崖仓,三门东置集津仓,三门西置盐仓。三门北凿山十八里,陆行以避湍险,自江、淮来者悉纳河阴仓,自河阴候水调浮漕送含嘉仓,又取晓㵎河水者递送太原仓,所谓北运也自太原仓浮渭以实关中。凡三年,运七百万石,省脚三十万贯。①

可见裴耀卿因地制宜的修建漕运,不仅节省运费,还使得关中粮食转丰,保证了关中政局的稳定。这种方式成为唐代后期漕运的基本程式。

再次,安史之乱后,唐王朝经常受到周边民族的侵扰,严重影响到政局的稳定,因此他在《元和志》中记载了唐朝边境的军事防区,并阐明了这些防区对于抵抗外族入侵的重要意义。比如,《元和志》记载了唐政府准许李吉甫主张重修天德故城的奏议。"臣久访略已计料,约修此城,不过二万贯钱。今若于天德旧城,随事增饬,因有移换,仍取城隶于天德军,别置使名,自为雄镇,以张声势,可殊邻……及新城施功之日,遂有三万余家移止城内。初,议者又虑城大无人以实,及是远近奔凑,边军益壮,人心遂安"②。可见重修天德旧城既保障了边疆稳定,又使边民安定。此外,书中也介绍了唐玄宗开元二十一年(733)边境地方行政划分发生的变化。比如开元二十一年,唐政府于岭南道设置节度使,"以绥静夷獠,统经略军";开元二十一年,唐政府于剑南道设立节度使,"以式遏四夷";开元二十一年,唐政府于河东道设置节度使、采访处置使,使得河东成为"最为天下雄镇";开元二十一年,唐

---

① (唐)李吉甫撰,贺次君点校:《元和郡县图志》卷五《河南道一》,中华书局1983年版,第136—137页。
② (唐)李吉甫撰,贺次君点校:《元和郡县图志》卷四《关内道四》,中华书局1983年版,第114页。

政府于关内道设置节度使,"以遏四夷";开元二十一年,唐政府还将北庭都护府改置北庭节度使,"以防制突骑施、坚昆,斩啜"。由上可见,开元二十一年,唐政府在边境进行的地方行政改革的根本目的是抵御外族侵略。而李吉甫在书中着重记载了这些改革,突出了他"以式遏四夷"的军事战略思想。

经济价值。安史之乱后府兵制逐渐由募兵制取代,唐中央耗费大量的财力用于募兵,平定藩镇割据,德宗时期"天下财赋耗斁之大者,唯二事焉,最多者兵资,次多者官俸,其余杂费,十不当二事之一"[1]。宪宗时期,朝廷意欲消除藩镇,加强中央权力,但这需要依靠强大的财力支持,李吉甫看到了财政对于唐政府的重要性,所以《元和志》记载了各地的矿产、赋税、农业生产。

首先,《元和志》记载了唐代各地的矿产。据李志庭在《李吉甫与〈元和郡县图志〉》中统计:"全书载有产金地七处(另有鼓金产地五处),产银地八处,产铁地十八处,产铜地十五处,产铅地二处,产锡地三处,产盐地五十八处。"[2]如乐平县东一百四十里之处的银矿,"每岁出银十余万两"。再如淮南道的海陵县"盐监,煮盐六十万石……计每岁天下盐利,当租赋三分之一"。淮南道的盐城县,"在海中,州上有盐亭百二十三所,每岁煮盐四十五万石"。可见盐是唐朝税赋的重要来源。另外,书中还记载李吉甫在元和七年(812)主张恢复飞狐县三河冶铸造钱之事。

> 元和七年,中书侍郎平章事李吉甫奏:"臣访闻飞狐县三河冶铜山约数十里,铜银广至多,去飞狐钱坊二十五里,两处同用拒马河水,以水斛销铜,北方诸处,铸钱人工绝省,所以平日三河冶置四十炉铸钱,旧迹并存,事堪覆实。今但得钱本,令本道应接人夫,三年以来,其事即立,救河东困竭之弊,成易、定援接之形。制置一成,久长获利。"诏从之。其年六月起工,至十月置五炉铸钱,每岁铸成一万八千贯。时朝廷新收易、定,河东道久用铁钱,人不堪弊,至是俱受利焉。

因飞狐县三河冶存有大量铜矿,故李吉甫主张利用拒马河水的运输条件,恢复三河冶置炉铸钱,借此解决河东久用铁钱的弊端。

---

[1] (后晋)刘昫等:《旧唐书》卷一百四十九《沈既济列传》,中华书局1975年版,第4037页。
[2] 李志庭著:《李吉甫与〈元和郡县图志〉》,《史学史研究》1984年第2期。

其次,《元和志》还记述了唐代的贡赋、税收。"贡赋"源自《禹贡》,"贡"是指各地的土特产、手工制品等,"赋"指的是各地缴纳的绢、麻等物品,《元和志》中不仅将"贡""赋"分开,还记载"开元贡"和"元和贡"两种贡,如关于泸川的贡赋"贡、赋:开元贡:罗八匹。布八匹。元和贡:高杼裈布绫罗,高杼衫段,丝布"。此外书中还记载了矿山税银,如河南道伊阳县"银钅窟,在县南五里。今每岁税银一千两"。值得一提的是,书中还记载了商业税,如江南道的浮梁县,"每岁出茶七百万驮,税十五余万贯"。

最后,《元和志》还十分注重农业生产。在水利工程的修建方面,如江陵县的获湖,"沈攸之为荆州刺史,堰湖开渎田,多收获,因以为名"。河内县的丹水,"分沟灌溉,百姓资其利焉"。朝邑县的通灵陂,"开元初,姜师度为刺史,引洛水及堰黄河以灌之,种稻田二千余顷"。书中还会涉及经济作物,如戎州僰道县,"出荔枝,一树可收一百五十斗",湖州长城县顾山,"贞元以后,每岁以进奉顾山紫笋茶,役工三万人,累月方毕"。广州新会县,"利山,在县南一百七十里。上多沉香木"。

总的来说,唐王朝在安史之乱后逐渐衰落,李吉甫作为一个政治家,毕生都在致力于加强国家军事力量、平定藩镇割据、抵御外族侵略、促进经济增长、保障人民安定,因此《元和郡县图志》中记载全国的军事要塞、漕运、军事防区、矿产、税收等,体现了李吉甫的政治、经济思想,给后人留下巨大的财富。

(三)《元和志》的地位及其不足

作为较为完整的地理总志,《元和志》在中国地理学发展历史上具有承前启后的地位。《元和志》的体例是在总结前代地理著述的基础上完成的,如书中设立的"贡赋"体例是沿袭的《尚书·禹贡》。再如书中记述政区的历史、山川、河流、民俗、物产、古迹等项内容,是参考了李泰的《括地志》。《元和郡县图志》构建了完备的体例,对后世影响甚深。如《旧唐书·地理志》《新唐书·地理志》对贡赋的记载,就是受到《元和志》的影响。再如,乐史的《太平寰宇记》的体例也是模拟《元和志》。

《元和志》中有很多不足之处。由于元和年间藩镇割据,关隘林立,导致一手资料难以收集齐全。另外,因个人能力及当时环境的限制,李吉甫不可能亲自考察全国的地理,也没有科技手段勘探地势地形。比如"四至八到"就是一个模糊的定位,所以只能遵循前代地理志记载,因此《元和郡县图志》有许多错误保留下来,记载的数据也并不全面。首先,经济地理不完整,如《元和志》中虽载有垦田一项,但是在所记州府中,只江南道"垦田五万七千九百三十二顷",江南道润州"垦田六千七百二十七顷"的记载,其余州府,有的记载残缺,有的根本没有田垦记载。其次,出现记载错误,如河南道陕州的废置记载错误,太丘县的位置记载错误等。另外,书中还将前代地理志中所记的鬼怪传说保留下来,带有迷信色彩,缺乏科学的考证。

综上所述,《元和郡县图志》中记载的军事、农业、矿产、交通、人口、山川等内容,保留了第一手资料,开阔了当时中国人的眼界,对唐朝发展经济,保证国家稳定繁荣具有重要意义。它的问世激发起了一代又一代学者投身地理研究中,积极为国家和民族作贡献。同时,该书也体现作者李吉甫求真务实、服务现实的精神,以及加强中央集权、促进国家稳定的愿望。

第三节　苏天爵的人物传记撰述

苏天爵(1294—1395)字柏修,号滋溪,真定(今河北正定)人,元代著名的文学家、史学家、理学家。真定苏氏是当时的名门望族,传言为唐代宰相苏味道之后裔。苏天爵自小熟读儒家经典,稍长师从安熙,因其父任职大都,"曾未卒业,奉亲北上"[①],入当时最高学府国子学潜心读书,"故其(苏天爵)清修笃志足以潜心大业而不惑于他歧,深识博闻足以折衷百氏而非同于玩物"[②]。延祐四年(1317),苏天爵参加国子学公试,受到考官马祖常赏识,名列第一。释褐授大都路蓟州判官,后历任翰林国史院典籍官、监察御史、翰林待制、吏部尚书等官职。至正十二年(1352),江淮红巾军起义,奉命参政江淮行省,总兵于饶、信。卒于军中,年五十九岁。

苏天爵一生著作颇丰,他曾前后三度任职史馆,曾参与《武宗实录》《英宗实录》和《文宗实录》《经世大典》的修撰。他个人还著有《国朝名臣事略》(后世称《元朝名臣事略》)十五卷、《文类》(元文类)七十卷,为后世

---

① (元)苏天爵著,陈高华、孟繁星点校:《滋溪文稿》卷二四《祭默庵先生墓文》,中华书局1997年版,第407页。

② 李修生主编:《全元文》,第54册《滋溪文稿序》,凤凰出版社2005年版,第330页。

元史研究留下重要史料文献。另外,他在文学上也有很大成就,"而诗尤得古法"①,著有《诗稿》七卷、《滋溪文稿》三十卷、《松厅章疏》五卷、《春风亭笔记》二卷,另有《辽金纪年》《黄河原委》。此外,在至正十二年,苏天爵撰写《治世龟鉴》,共一卷。流传至今者,仅存《国朝名臣事略》《国朝文类》《滋溪文稿》《治世龟鉴》《刘文静公遗事》,其余著作大都散佚。

《国朝名臣事略》共十五卷,记载了自元初到延祐年间名臣事迹,共四十七人。此外,还附传有速不台、兀良合台、博尔术、博尔忽、土薛、启昔礼六人。该书前四卷记载木华黎、伯颜、阿术等蒙古、色目显贵,共十二人,后十一卷收录刘秉忠、史天泽、廉希宪等三十五名汉人。书中所记人物事迹均辑选自"诸家文集所载墓碑、墓志、行状、家传为多,其杂书可征信者,亦采纳焉"②,因此书中记载的内容可信性极高。全书引文多达一百二十三篇,保留了很多已经散佚的文集、碑刻等,如元初著名文人王鹗、王磐、徐世隆、李谦、阎复、元明善等十余人的作品占一半以上。若干名篇赖该书得以保存,保留了大量的一手史料。

一、《元朝名臣事略》的版本

《国朝名臣事略》的版本有元刻本、明抄本、清影元抄本、清抄本、清乾隆武英殿聚珍本、四库全书本、畿辅丛书本等。

最早的版本就是元刻本,即元统三年(1335)余氏勤有书堂刊本,由于其质量较好,成为现存各本的祖本。另外,有人推测还有其他版本,如在至顺三年(1332),许有任曾作序提道:"《国朝名臣事略》十五卷,湖北宪刻诸梓,征序其端。"③再如清人李文田曾提到过至顺二年(1331)刻本,但这些刊本至今未被发现。

由于明朝与北方蒙古势力大多数时间处于对峙状态,所以元代书籍在明代并不受重视。《国朝名臣事略》在明代只有祁氏淡生堂钞本,而且由于元刊本是断烂版,导致明抄本多有缺误,质量不佳。

乾隆年间武英殿聚珍版刊行此书,并改名为《元朝名臣事略》,也是由于

---

① (明)宋濂等:《元史》卷一八三《苏天爵列传》,中华书局1989年版,第4226页。
② (元)苏天爵撰,姚景安点校:《元朝名臣事略》附录《四库全书总目提要》,中华书局1996年版,第306页。
③ 李修生主编:《全元文》,第38册《国朝名臣事略序》,凤凰出版社2005年版,第90页。

元刻本的残缺，再加上乾隆皇帝命人改译书中的人名、地名、官名，使得此书实用价值不高。至光绪十三年（1887）王灏刊行《畿辅丛书》曾收录聚珍版，但并未校勘。清末陆心源曾对此书进行校订，并著有《名臣事略校补》四卷，他将殿聚珍版所改的人名、地名、官名，以及错字缺误改正。至1962年元史工作者们将元统三年余氏勤有书堂刊本影印。至今最新版本是中华书局1996年出版的姚景安点校本《元朝名臣事略》。

二、《元朝名臣事略》的体例特点

关于《元朝名臣事略》的体例，《四库全书总目》指出："盖仿朱子《名臣言行录》例，而始末较详。又兼仿杜大珪《名臣碑传琬琰集》例，但有所弃取，不尽录全篇耳。"[①]《元朝名臣事略》曾仿照朱熹的《名臣言行录》的体例，比如《元朝名臣事略》每段征引文献的后面都会标明出处，以示有证，这种体例就是借鉴的《名臣言行录》。另外，《国朝名臣事略》不加删减地收录碑刻原文，这是模仿杜大珪《名臣碑传琬琰集》。当然苏天爵在借鉴朱熹与杜大珪的同时，在微观和宏观上也对《国朝名臣事略》进行了系统的整理与编排，形成了独特的体例。

《元朝名臣事略》对于各个传记进行了合理的排列。首先，每卷的传记数量安排十分合理。全书共有十五卷，记载了四十七名传主，每卷记载的传主在二名到四名之间，使得全书结构更加匀称。其次，传记的先后顺序具有时代性。由于元朝是少数民族建立起来的王朝，民族等级森严，所以苏天爵在传记的先后顺序上也进行了特殊的安排，前四卷记载的都是战功卓著的蒙古、色目贵族，后十一卷大都记载汉人，体现了当时的政治环境。值得一提的是，契丹人耶律楚材与汉人杨惟忠同在第五卷中，可见当时民族等级制度的逐步瓦解，以及民族之间相互融合的发展趋势。

在正文之前，加上小传。《元朝名臣事略》在每个传主正文之前，都会先立一小传，内容包括传主的籍贯、生卒年月、生平、仕途等。如卷七，关于刘秉钧的介绍，"公名秉忠，字仲晦，顺德邢台人。少隐武安山，因祝发从释氏游。后居云中，从海云师应召北上，留侍潜邸，凡征伐谋议皆与焉。至元

[①] （元）苏天爵撰，姚景安点校：《元朝名臣事略》附录《四库全书总目提要》，中华书局1996年版，第306页。

初，翰林王鹗请公改正衣冠，诏从之，遂拜太保，参领中书省事。十一年薨，年五十九"[1]。可见，这种小传既可以使读者迅速了解传主之生平，吸引读者的阅读兴趣，又可以使得引文相互连接。

将先祖之事，作为附传。在《元朝名臣事略》中会用小字记载一些传主的祖先生平事迹，这既可以表彰他们的功勋，又不会影响到传主的主体地位。全书共有附传六篇，介绍了十人事迹。比如月吕禄那演的祖先博尔术，"（博尔术），赠太师，谥武忠，善战知兵。太祖在潜，共履艰危，征伐四出，无往不从。时诸部未宁，每遇武忠警夜，寝必安枕，寓直于内，与语或至达旦。蔑里期之战，风雪迷阵，再入敌中，求太祖不见，急趋辎重，则御勒已还，卧憩车中，闻武忠至，曰：'此天赞我也。'及得天下，君臣之分益密。武忠既老，以病薨。子字栾得袭爵"[2]。这段记载虽然只有一百余字，但可以使读者清晰地了解博尔术的生平。

用夹注方式，补充正文。苏天爵在撰写传主之生平时，为确保可信性，常常引用碑刻、墓志铭等一些可信性极高的文献。然而由于碑刻、墓志铭篇幅所限，难以对传主的生平事迹进行详尽的介绍，甚至还会因为年代久远，导致碑刻残缺，文献内容缺失。因此苏天爵采用夹注的方式，补充正文。如卷六《万户张忠武王》记载张柔为苗道润复仇之事，"兴定初，道润为其副贾瑀所害……（张柔）遂檄召道润部曲，会易水之军市川，告以复雠之意"[3]。随后苏天爵以小字的形式，引用郝经的《陵川文集》的记载进行补充："初，中都经略使苗道润，与其副贾瑀有隙，一日，从数骑出，瑀伏甲射之，颠于道左，从者骇散。有何伯祥者，独下掖之，道润懑绝，不能乘。伏发前突，伯祥奋枪大呼，杀数人，贼乃遁去。遂取道润所佩金虎符以出令，疾足间道闻诸朝。乃命易水公靖安民代道润，伯祥因事之。是岁兴定元年也。明年，靖公卒，伯祥以符节归公。"[4]这段引文对苗道润被贾瑀杀害的经过，以及张柔

---

[1] （元）苏天爵撰，姚景安点校:《元朝名臣事略》卷七《太保刘文正公》，中华书局1996年版，第111页。
[2] （元）苏天爵撰，姚景安点校:《元朝名臣事略》卷三《太师广平贞宪王》，中华书局1996年版，第41页。
[3] （元）苏天爵撰，姚景安点校:《元朝名臣事略》卷六《万户张忠武王》，中华书局1996年版，第95—96页。
[4] （元）苏天爵撰，姚景安点校:《元朝名臣事略》卷六《万户张忠武王》，中华书局1996年版，第96页。

为苗道润复仇的原因进行了详细的介绍，使得事件经过更加完整。

苏天爵还以夹注的方式，对传主进行评价。比如在卷六《总帅汪义武王》中记载了汪世显投降蒙古的原因与经过："是时，所在残灭，饥疫荐臻，公与便宜总帅完颜仲德，拥将士吏民出保石门。九年，仲德勤王东下，公拜便宜总帅，制旨大约属以社稷为念，公感泣自奋。至于粮械，莫不精赡。明年，京城变，郡县风靡，公独为之坚守。越三年，犹按堵如故，而外攻不弛，谓其众曰：'宗祀已矣，吾何爱一死！千万人之命悬于吾手，平居享高爵厚禄，死其分也，余者奚罪。与其自经于沟渎，姑徇一时之节，孰若屈己纾斯人之祸'。会顿兵城下，率僚佐耆老，持牛羊酒币迎谒焉。"①可见汪世顺虽为百姓安危着想，不得已投降蒙古，但是与其共事的完颜仲德比起来，缺少了军人气节，后世对他颇有非议。然而苏天爵就此事引用虞集的观点，表达自己的看法。虞集指出："国家龙兴朔漠，威行万方，金源日蹙，吏士守者，或降或死且尽，不能成军。山东、西之间豪杰并起，据保城壁，大抵非金署置之旧。巩昌汪氏据高制远，统郡县数十，胜兵数万，号曰便宜都总帅，栅石门为金守者三世，及我兵攻巩昌，则金亡已三岁矣。汪氏犹为金发丧，登陴哭三日。"②当时金朝政权已经处在存亡之际，汪世顺仍能组织军队驻守城池，但是这支军队并非金朝的设防军队，属于民兵性质。而且在汪投降蒙古时，金已经灭亡三年，"汪氏犹为金发丧"，登上城墙哭三日，以表达对金朝的忠心。由此可见，苏天爵对汪世顺是持肯定态度的。

总的来说，《元朝名臣事略》编纂独具特色。苏天爵既能借鉴前代的优秀体例，又能因时制宜地创作新的体例，为后世学者提供借鉴。

三、《元朝名臣事略》中苏天爵的编撰思想

由于受到儒家经世致用思想影响，苏天爵在《元朝名臣事略》中表达出为国为民的思想主张。同时，苏天爵还是一名优秀的史学家。他继承了中国古代史学家推崇的"秉笔直书"精神，实事求是地记载人物生平。

（一）经世致用的儒家思想

苏天爵的家庭环境与师从经历，是他推崇儒家思想的重要原因。首先，

---

① （元）苏天爵撰，姚景安点校：《元朝名臣事略》卷六《总帅汪义武王》，中华书局1996年版，第88—89页。

② （元）苏天爵撰，姚景安点校：《元朝名臣事略》卷六《总帅汪义武王》，中华书局1996年版，第89页。

他出身儒学世家，其祖父苏荣祖，自幼聪颖好学，而且对独子苏志道教育甚严。苏天爵之父苏志道，喜好读书，"尤尊信大学及陆宣公奏议，未尝去左右"，他对独子苏天爵寄予很高的期望，并延续了其父苏荣祖严厉的教育方式，"对妻子如严师友，内外肃然……笃于教子，余俸辄买书遗之，子亦善学，卒以儒成名，如公志"①。其次，苏天爵的老师也都是当时儒学名士，他曾师从真定郡大儒安熙，安熙是当时著名理学家、"静修学派"创始人刘因的私淑弟子。在大都时，又先后拜吴澄、虞集、齐履谦为师，吴澄、虞集是当时儒学的领军人物，拥有深厚的儒学素养。齐履谦学识渊博，在很多领域都颇有建树，尤其是对经学的研究，苏天爵曾对他评价说："自六经、诸史、天文、地理、礼乐、律历，下至阴阳、五行、医药、卜筮，无所不能，而于经术为尤邃。"②可见儒学思想对苏天爵影响甚深。

苏天爵继承了儒家的经世致用思想，他主张把儒家思想应用到国家治理中，他在担任国子祭酒时曾对贡生们说："天爵弱冠忝为胄子，伏睹祖宗建学育才之美，先贤设教作士之方，潜心有年，始获充贡。今列官于斯，而又深叹其规摹之宏远，典刑之尊严。夫明经所以修身也，修身所以致用也。士负才能，遭时见用，岂但庠序之光，朝廷实有赖焉。然则诸生学古入官，佩服国恩，尚思所以报称之哉。"③可见，苏天爵在通过国子监"潜心有年"的学习后，欲怀揣感恩之心，跻身官场，报效国家。同时，他明确指出儒者报效国家需要经历"明经"到"修身"再到"致用"的递进式过程。

在《元朝名臣事略》中，苏天爵表达了他治理国家的政治主张。首先，苏天爵主张维护国家统一。元朝是中国历史上第一次由少数民族建立的大一统王朝，结束了自唐代以来五百多年的分裂割据的局面，因此苏天爵十分赞赏建立元朝、统一中原的功臣。《元朝名臣事略》中不仅收录了木华黎、伯颜、阿术等蒙古、色目功勋，还以附传的方式，记述了曾跟从成吉思汗驰骋疆场的功勋的事迹，如博尔术、博尔忽、速不台等人。此外，苏天爵认为蒙古之

---

① （元）虞集：《道园类稿》卷四四《岭北等处行省左右司郎中苏公志道墓碑铭》，载《虞集全集》下册，第869页。
② （元）苏天爵著，陈高华、孟繁清点校：《滋溪文稿》卷九《元故太史院使赠翰林学士齐文懿公神道碑铭》，中华书局1997年版，第131—132页。
③ （元）苏天爵著，陈高华、孟繁清点校：《滋溪文稿》卷三《国子生试贡题名记》，中华书局1997年版，第31页。

所以能统一中原，是因为重用了很多才能超群的汉人，他指出："国家龙兴朔幕，中原豪俊奋其材勇，起应以兵。时方急于得人，无远迩戚疏之间，故能克成武功，混一华夏。"①因此书中记载了三十五名汉人，多出蒙古、色目人近三倍，可见苏天爵对统一的维护。

其次，苏天爵主张推行汉法，重用汉儒。蒙古族是崇尚武力掠夺的游牧民族，而汉民族重视农耕、安土重迁，两个文明矛盾甚深。因此元朝建立之初，民族矛盾与统治阶级内部矛盾日趋尖锐，归附州县常有反叛。在此背景下，苏天爵主张推行汉法，缓解矛盾，比如在《元朝名臣事略》中记载了蒙古贵由汗二年（1247）忽必烈与张德辉的一段对答：

> 王曰："或云辽以释废，金以儒亡，有诸？"对曰："辽事臣未周知，金季乃所亲睹，宰执中虽用一二儒臣，余则武弁世爵，若论军国大计，又皆不预，其内外杂职，以儒进者三十之一，不过阅簿书，听讼理财而已。国之存亡，自有任其责者，儒何咎焉！"王悦，乃询以"祖宗法度具在，而未施设者甚多，将若之何？"公指御前银盘曰："创业之主，如制此器，精选白金、良匠规而成之，畀付后人，传之无穷。今当求谨厚者司掌，乃永为宝用。否则不惟缺坏，恐有窃之而去者。"王良久曰："此正吾心所不忘也。"②

当时忽必烈认为辽代、金代都是因为任用汉儒而亡，对汉法持否定态度。张德辉为打消忽必烈的疑虑，指出金朝的统治者的确用过儒者，但是"以儒进者三十之一"，没有实权，可见金朝灭亡与任命汉儒毫无关系。张德辉还将江山比作银盘，借此希望统治者能够珍惜来之不易的基业。由此可见，苏天爵记载这段君臣对话，是想借张德辉之口劝诫元朝统治者重用汉儒，保住祖宗基业。

再如，苏天爵在《元朝名臣事略》中收录了很多传主名臣，但是他选择传主的标准，并未作序说明，导致全书思想主旨不够明确。苏天爵在《滋溪文稿》中的记载，可以视作对这一缺憾的补充。他指出：

> 覃怀商库家藏姚文献公（姚枢）、王文忠公（王磐）、许文正公（许衡）、商文定公（商挺）遗像，天爵拜观，凛然起敬。昔者世祖皇

---

① （元）苏天爵著，陈高华、孟繁清点校：《滋溪文稿》卷一五《武略将军河南淮北蒙古都万户府千户武君墓碣铭》，中华书局1997年版，第250页。
② （元）苏天爵撰，姚景安点校：《元朝名臣事略》卷一〇《宣慰张公》，中华书局1996年版，第206页。

帝天纵神圣，出而为斯民主。自居潜藩，征召儒宿，访求治道，初无远迩亲疏之间。及践天位，建国纪元，发号出令，训农兴学，治历明时，征伐百蛮，混一九有，其功烈烜赫，与古比隆。当是时，材能智略之士若四公者，则有太保刘公秉忠，丞相史公天泽，平章廉公希宪、宋公子贞，左丞张公文谦、董公文炳，参政杨公果、贾公居贞，枢密董公文忠、赵公良弼，尚书刘公肃、李公昶、徐公世隆，内翰窦公默、王公鹗、董公文用、郝公经，太史杨公恭懿、王公恂、郭公守敬。传曰："不有君子，其能国乎。"夫以一时功烈之盛如此，而许公进说，犹曰："自古建国北方，奄有中夏，如元魏、辽、金，维能用汉法，故享国久长。今国家当行汉法，齐一吾民，随时损益，裁为定制，笃信而坚守之。不杂小人，不营小利，不责近效，不惑浮言，庶几可以得天下之心，成至治之效。"此文正之深思长虑度越诸公者也。①

文中提到的能臣名将，皆可在《元朝名臣事略》中找到，可见这段记载有效地阐释了《元朝名臣事略》的传主选择的标准。苏天爵指出忽必烈之所以能建立元朝，实现国家一统，并能使国家得到有效的治理，是因为重用了"材能智略"的汉儒。他还借许衡的奏议主张推行汉法。许衡认为元、魏、辽、金能享国长久，得天下民心，是因为施行汉法，规范制度，并"笃信而坚守之"。

（二）秉笔直书的治史思想

秉笔直书是指史家要如实记载历史事实。从春秋时期董狐"书法无隐"，表明赵盾的错误；南太史抗节，揭露崔杼之罪，再到清代曾朴指出："秉笔直书，悬之国门，不能增损一字。"②可见，秉笔直书是中国古代史家撰写史书的根本原则之一。这对苏天爵影响甚深。他曾在《滋溪文稿》中说："昔司马迁为太史令，网罗天下放失旧闻、遗文古事，靡不毕集。于是据《左氏》、《国语》，采《世本》、《战国策》，述《楚汉春秋》，究天人之际，通古今之变，成一家之言，宣布于世。其文直，其事核，不虚美，不隐恶，故为之实录焉。夫史固欲其核实，事尤贵乎网罗。"③苏天爵不仅对司马迁的秉笔直书钦佩之

---

① （元）苏天爵著，陈高华、孟繁清点校：《滋溪文稿》卷二《四先生画像记》，中华书局1997年版，第25—26页。
② （清）曾朴著，瘦吟山石点校：《孽海花》第三十五回，春风文艺出版社1994年版，第449页。
③ （元）苏天爵著，陈高华、孟繁清点校：《滋溪文稿》卷二六《修功臣列传》，中华书局1997年版，第445页。

至，还将秉笔直书作为治史标准。

苏天爵在《元朝名臣事略》中，就集中体现了苏天爵秉笔直书的治史思想。比如在史料搜集上，欧阳玄说："初为胄子，时科目未行，馆下士莘言词章讲诵，既有余暇月，笔札又富，君独博取中朝巨公文集而日钞之，凡而元臣世卿墓表家传，往往见诸编帙中。及夫闲居，纪录师友诵说，于国初以来，文献有足征者，汇而萃之。"①可见苏天爵为保证《元朝名臣实事略》记载的真实性，花费了很长时间收集一手史料，包括巨公文集中的家传、墓表等。他还"记录师友诵说"，听取师友的建议，考证所引文献的真实性。因此王理在《元朝名臣事略·序》中曾对苏天爵评价说："皇道之成，与三代同风，身为史氏，顾己职业，绎而明之，君子哉其用心也。"②可见苏天爵作为史官是尽职尽责的。

总的来说，书中包含了苏天爵的经世致用思想与秉笔直书的治史思想。他主张维护国家统一、推行汉法，有利于促进当时国家稳定，民族融合，也有利于汉文化的推行。同时，他如实地记载人物事迹，为后人研究元史留下真实的历史史料。

四、《元朝名臣事略》的评价

苏天爵穷尽半生心血编纂成的《元朝名臣事略》，不仅有独特的编撰体例，而且内容涉及广泛，包括政治、军事、文学、教育等方面，具有极高的价值。首先，《元朝名臣事略》具有颇高的史料价值。苏天爵征引的家传、墓志、碑刻等一手资料，不虚美、不隐恶。因此该书既是明代编纂《元史》的参考书目，又是当代学者校勘元史的重要史料，在元史研究领域享有极高的地位。其次，该书还颇具文学价值。书中除了对传主生平事迹的介绍，还记载了传主李谦、王磐、阎复等人优秀的文学作品。这些文学作品大都结合了当时政治、社会等现实因素，摆脱了宋金时期空洞无味的文风，具有很高的实用性。

《元朝名臣实略》也有不足之处。此书虽然多征引传主后人、门生所作的家传、墓志、碑刻等记载，但是这些记载对传主多回护，难免有虚美隐恶的情况出现。《廿二史札记·元史回护处》说："亦多回护处，非明初修史诸人为之著其善而讳其恶也，盖元时所纂功臣等传本已如此。"③可见《元朝名臣事略》

---

① 李修生主编：《全元文》，第34册《国朝名臣事略序》，凤凰出版社2005年版，第424页。
② （元）苏天爵撰，姚景安点校：《元朝名臣事略·王序》，中华书局1996年版，第4页。
③ （清）赵翼：《廿二史札记》卷二九《元史回护处》，第659页。

第四节　崔述的考据学撰述

崔述（1740—1816），字武承，号东壁，直隶大名府魏县（今属河北）人，是清代著名的辨伪学家。他二十一岁中举，直到五十七岁时，才历任福建上杭、罗源知县等职。崔述做官期间清正廉洁，秉公办事，曾为当地修建桥梁，修缮庙宇。由于厌倦了官场的尔虞我诈，他在嘉庆八年（1802）归隐山野，并于嘉庆二十年（1816）逝世，终年77岁。他一生著述颇丰，主要著作有《考信录》，全书总目十二种、三十六卷，其中包括《疑古提要》二卷、《上古考信录》二卷、《唐虞考信录》四卷、《夏商考信录》各二卷、《丰镐考信录》八卷、《别录》三卷、《洙泗考信录》四卷、《余录》二卷、《孟子事实录》二卷、《疑古续说》二卷、《附录》二卷。书中详细记录了崔述对上古历史的考证，构建了一套完整的考史辨伪体系，影响了后世"古史辨派"的发展方向。胡适曾对《考信录》有过很高的评价，他说："况且我深信中国新史学应该从崔述做起，用他的《考信录》做我们的出发点；然后逐渐谋更向上的进步。"[①]除《考信录》外，还有《考信具录》四种十卷、《杂录》二种四卷，以及崔述所作的诗文等。其著作由门人陈履和在1824年汇刻为《东壁遗书》，至1903—1904年，日本学者那珂通世将陈履和刻本排印，并于1936年由顾颉刚重新整理、编订出版了《崔东壁遗书》。

一、崔述疑古辨伪思想的形成

崔述毕生都在致力于疑古辨伪，尤其是对于先秦上古史，"除《诗》、《书》、《易》、《论语》外，几乎都怀疑，连《论语》也有一部分不相信"[②]。他的思想开启了近代疑古辨伪风气，直接影响到"古史辨派"的学术方向，顾颉刚指出："我们今日讲疑古辨伪，大部分只是承受和改进他的研究。"[③]因此，对

---

① （清）崔述撰著，顾颉刚编订：《崔东壁遗书》附录《科学的古史家崔述》，上海古籍出版社1983年版，第953页。
② 梁启超：《中国近三百年学术史》，东方出版社1996年版，第282页。
③ （清）崔述撰著，顾颉刚编订：《崔东壁遗书·序》，上海古籍出版社1983年版，第60页。

崔述疑古辨伪思想的形成过程的探究是十分有必要的。

崔述出身书香门第，祖父崔辑麟、父亲崔元森毕生研究朱熹理学。崔述年少时，其父对他寄予厚望，"愿儿他日为理学"[①]"吾少有志于明道经世之学，欲尔成吾志耳。"[②]稍长，崔元森对他进行严格的教育，"每受若干，必限令读百遍，以百钱置书左而递传之右。无论若干遍能成诵，非足百遍不得止也"[③]。崔述说："先君课述兄弟读书，务令极熟，每举前人'读书千遍，其义自见'之语以助之。"[④]他说的"读书千遍，其义自见"的读书方式源自朱熹，可见崔寔受朱熹理学的影响甚深。在此时，他开始对古书产生了怀疑，出现疑古辨伪的思想萌芽，他说："余少时读书，见传记之文多有可疑者，经文中亦有不相类者，然前人言及之者甚少，心窃怪之。"[⑤]

在会试落榜后，崔述回乡沉潜，刻苦研读，并逐步走上了与朱熹理学截然相反的道路，他的疑古辨伪思想逐渐形成。他指出："唐、宋以来，诸儒林立，其高明者攘斥佛、老以伸正学，其沉潜者居敬主静以自治其身心，休矣盛哉！然于帝、王之事皆若不甚经意，附和实多，纠驳绝少。而为史学者则咸踵讹袭谬，茫无别择，不问周、秦、汉、晋，概加采录，以多为胜。"[⑥]此时，崔述怀疑上古帝王事迹的真实性，表达了自己"求真维实"的思想。

崔述疑古思想成熟的标志，是他从专注经传义理到经典考据的转变，即他把以《五经》为中心的古史考证作为研究的重点。他认为："余窃谓圣人之道大而难窥，圣贤之事则显而易见，与其求所难窥，不若考所易见……故于古帝王

---

① （清）崔述撰著，顾颉刚编订：《崔东壁遗书·无闻集》卷之四《先府君行述》，上海古籍出版社1983年版，第716页。
② （清）崔述撰著，顾颉刚编订：《崔东壁遗书》附录《传状》，上海古籍出版社1983年版，第940页。
③ （清）崔述撰著，顾颉刚编订：《崔东壁遗书·考信附录卷》之一《家学渊源》，上海古籍出版社1983年版，第469页。
④ （清）崔述撰著，顾颉刚编订：《崔东壁遗书·考信附录卷》之一《家学渊源》，上海古籍出版社1983年版，第470页。
⑤ （清）崔述撰著，顾颉刚编订：《崔东壁遗书·考古续说卷》之一《观书余论七则》，上海古籍出版社1983年版，第448页。
⑥ （清）崔述撰著，顾颉刚编订：《崔东壁遗书·唐虞考信录·自序》，上海古籍出版社1983年版，第51页。

圣贤之事，常禅精力以分别其是非真伪，而从无一言及于心性者。"①可见，此时崔述已经摒弃对理学心性的研究，将重心放在考辨古代帝王圣贤之事。

值得一提的是，崔述的学术形成既受到了理学与汉学的影响，但是又不同于理学和汉学，而是形成了自己独特的考辨学术。关于理学，他指出："辨论古史真伪是非，即格物穷理之大端也"②，可见崔述认为"格物穷理"是存在的，但是"格物穷理"是通过对古史的考证探索得出来的。另外，他指出考信古史的基础是辨伪，这与汉学注重考证古书真伪的方向类似，但是二者的考证方法并不相同，汉学的考证方法是由小学入经学，而崔述则是利用经书与古籍互证的方法来印证古史。

总的来说，崔述的疑古辨伪思想既借鉴了主流的程朱理学与汉学，但是又不同于二者，是一种独特的学术思想体系。他的思想否定了传统儒者信奉的传统的古史体系，打击了儒学的神圣化，对后代中国古史研究影响甚深。

二、崔述疑古辨伪思想的特点

崔述是清代十分出色的辨伪学家，他用毕生的时间考证古史，他以取信"六经"为基本原则，主张维护道统、维真求实、经世致用，对古史中的存疑之处进行考证，使帝王圣贤之事真实地展露在世人面前。

（一）取信"六经"

"六经"是《诗》《书》《礼》《易》《乐》《春秋》的合称，相传是由孔子整理、删订的先秦古籍而成。因此"六经"所记载的内容一直被儒家学者所信奉。崔述也不例外。他毕生致力于古史的考辨，他认为战国以来的史家所记载的事实多不可信，后世学者不加辨别地将前代所记载的伪说保留下来，他指出："周道既衰，异端并起，杨、墨、名、法、纵横、阴阳诸家莫不造言设事以诬圣贤。汉儒习闻其说而不加察，遂以为其事固然，而载之传记。"③而破除前代伪说，考辨先王圣贤之事，须以"取信于《经》"为基本原则，他

---

① （清）崔述撰著，顾颉刚编订：《崔东壁遗书·考信录提要》卷下《总目》，上海古籍出版社1983年版，第16页。

② （清）崔述撰著，顾颉刚编订：《崔东壁遗书·考信附录》卷之二《读补上古考信录》，上海古籍出版社1983年版，第140页。

③ （清）崔述撰著，顾颉刚编订：《崔东壁遗书·考信录》提要卷上《释例》，上海古籍出版社1983年版，第3页。

指出:"故居今日而欲考唐、虞、三代之事,是非必折衷于孔、孟而真伪必取信于《诗》、《书》,然后圣人之真可见而圣人之道可明也。"①"以经为主,传注之与经合者则著之,不合者则辨之,而异端小说不经之言咸辟其谬而删削之。"②比如崔述曾对《晋语》中所说的黄帝与炎帝为亲兄弟的说法提出质疑,他引用《春秋》记载进行考证,他指出:"《春秋传》云'黄帝氏以云纪,故为云师而云名;炎帝氏以火纪,故为火师而火名。'观其文义,乃二帝各自为国,各自为代,非兄弟也。"③值得一提的是,"六经"虽是崔述作《考信录》的第一手资料,但是经文字简略,所记载内容也有缺失,于是崔述"则采撷传注中有关史料加以补充,书写格式均低经文一格,以示区别"④,即参考传注进行补充。此外崔述还将传注分类采集,共有补、备览、存疑、附录、附论、备考、存参七种。崔述传注分类的方式,既可以使得读者一目了然,逐类取信,又能为后世学者提供新的编撰思路。

他以经书作为选择史料和解释历史的唯一标准,具有时代的局限性,因此顾颉刚先生曾对崔述提出过严厉批评"只有司马迁和崔述,他们考信于六艺;凡六艺所没有的,他们都付之不闻不问。这确是一个简便的对付方法,但《六艺》以外的东西并不曾因他们的不闻不问而失其存在,既经有了这些东西,难道研究历史的人可以闭了眼睛不看吗?况且就是《六艺》里的材料也何尝都是信史,它哪里可以做一个审查史料的精密的标准呢?"⑤可见崔述的疑古思想是站在"尊经"之上,并未脱离儒家思想的束缚。这也是崔述思想的根本弊病。

(二)维护道统

在唐代,由于佛道的冲击,儒学发展停滞。韩愈为使儒学再次兴盛,提出了道统论。韩愈所说的"道"不同于佛教的"道",它是指儒家的伦理道德,其具体内容是指"仁义道德"。同时,他还认为"道"有一套完整的传承体系,

---

① (清)崔述撰著,顾颉刚编订:《崔东壁遗书》附录《考信录自序》,上海古籍出版社 1983 年版,第 921 页。
② (清)崔述撰著,顾颉刚编订:《崔东壁遗书》附录《考信录自序》,上海古籍出版社 1983 年版,第 921 页。
③ (清)崔述撰著,顾颉刚编订:《崔东壁遗书·补上古考信录》卷之上《黄帝氏》,上海古籍出版社 1983 年版,第 35 页
④ 魏文:《〈考信录〉的编纂体例、刊刻及版本》,《历史教学问题》1991 年第 5 期,第 58 页。
⑤ 顾颉刚:《中国上古史研究讲义·自序一》,中华书局 1988 年版,第 1 页。

他指出:"尧以是传之舜,舜以是传之禹,禹以是传之汤,汤以是传之文武周公,文武周公传之孔子,孔子传之孟轲。轲之死,不得其传焉。"①韩愈构建了道统学的基本框架,后世解释道统的学者大都以此为基础。

清朝中后期,清政府一方面通过编著《四库全书》删毁书籍;另一方面又通过文字狱、八股取士,钳制士人的思想,使儒学进一步衰败。在这样的背景下,崔述十分痛惜当时学者对儒学信仰的丧失,因此他在《考信录》中强调道统的重要性,他指出:

> 道统即治法也,治法即道统也。……故言道统者必始于尧、舜,而后继以汤、文,迄于孔子;《孟子》末章言之明矣。但孔子不得位,不能绍尧、舜之盛治,故不得已而传《诗》、《书》,修《春秋》,发明尧、舜之道以教授诸弟子而使不坠于地。故凡孔子所言之理即尧、舜所行之事,非有二也。是以韩子论道,必自尧、舜推而下之,而谓周公、孔子之所书于册者即尧、舜之道……诚深明乎圣道之本原也。乃近世儒者但知宗孔子而不知述尧、舜,但知谈理而多略于论事,以致唐、虞、三代之事多失其真;甚至异端迭起,各尊其始为教之人而视尧、舜若秕糠然。呜呼,使自古无尧、舜,人何以自异于禽兽,如之何其可以忘所本也!②

可见,在崔述看来,因为近世儒者只知道孔子道统之宗,而不知道孔子继承的是尧、舜之道,再加上异教对尧、舜多有诋毁,导致唐、虞、三代之事多失真,所以要摒弃异说,维护道统。这也是崔述作《考信录》的目的之一。

(三)注重求真

崔述指出,影响历史记载的真实性的因素有很多。首先,客观因素,比如物质条件的限制。他指出:"战国之世,处士横议,说客托言,杂然并传于后,而其时书皆竹简,得之不易,见之亦未必能记忆,以故难于检核考正,以别其是非真伪。"③其次,主观因素,比如历史事实被人为篡改。崔述曾举二例,"《周秦纪行》,李德裕之客所为也,而嫁名牛僧孺";"《碧云霞》,小人毁

---

① (唐)韩愈:《昌黎先生集》卷一,中华书局1989年版,第1120页。
② (清)崔述撰著,顾颉刚编订:《崔东壁遗书·考古续说》卷之一《节录昌黎韩子论道数则》,上海古籍出版社1983年版,第440页。
③ (清)崔述撰著,顾颉刚编订:《崔东壁遗书·考信录提要》卷上《释例》,上海古籍出版社1983年版,第2页。

君子之所为也，而嫁名梅尧臣"①。因此崔述说："然则天下之以伪乱真者，比比然矣，若之何以其名而信之也！"②

崔述作《考信录》目的之一在于求真维实。崔述认为人言不可信，"人之言可尽信乎……舌生于人之口，莫之扪也；笔操于人之手，莫之擎也；惟其意所欲言而已，亦何所不至者！"③同时，他认为研究古史的前提是要考证历史记载是否真实，他在《考信录提要》中指出："大抵文人学士多好议论古人得失，而不考其事之虚实。余独谓虚实明而后得失或可不爽。故今为《考信录》，专以辨其虚实为先务，而论得失者次之，亦正本清源之意也。"④

崔述认为想要求真，就必须遵守"无征不信"的治学理念，这也是崔述作《考信录》的重要原则。"无征不信"是说凡事不可轻信，妄加决断，要秉持怀疑的态度，搜寻可靠的证据加以辨证，因此他指出：

> 周道既衰，异端并起，杨、墨、名、法、纵横、阴阳诸家莫不造言设事以诬圣贤。汉儒习闻其说而不加察，遂以为其事固然，而载之传记。若《尚书大传》、《韩诗外传》、《史记》、《戴记》、《说苑》、《新序》之属，率皆旁采卮言，真伪相淆。继是后有谶纬之术，其说益陋，而刘歆、郑康成咸用之以说经。流传既久，学者习熟见闻，不复考其所本，而但以为汉儒近古，其言必有所传，非妄撰者。虽以宋儒之精纯，而沿其说而不易者盖亦不少矣。至《外纪》、《皇王大纪》、《通鉴纲目前编》等书出，益广搜杂家小说之说以见其博，而圣贤之诬遂万古不白矣！⑤

可见，崔述对于战国以来，包括诸子百家、纬书、杂史、小说等书，都保持了十分谨慎的态度。除此之外，崔述对于《尚书》、《孟子》等儒家经典

---

① （清）崔述撰著，顾颉刚编订：《崔东壁遗书·考信录提要》卷上《释例》，上海古籍出版社1983年版，第10页。
② （清）崔述撰著，顾颉刚编订：《崔东壁遗书·考信录提要》卷上《释例》，上海古籍出版社1983年版，第10页。
③ （清）崔述撰著，顾颉刚编订：《崔东壁遗书·考信录提要》卷上《释例》，上海古籍出版社1983年版，第2页。
④ （清）崔述撰著，顾颉刚编订：《崔东壁遗书·考信录提要》卷上《释例》，上海古籍出版社1983年版，第14页。
⑤ （清）崔述撰著，顾颉刚编订：《崔东壁遗书·考信录提要》卷上《释例》，上海古籍出版社1983年版，第3页。

也持有怀疑的态度,他指出:"经传之文往往有过其实者"。比如他曾经对《诗经》的记载持怀疑态度,他指出:"吾于《书》之《吕刑》,《诗》之《閟宫》皆不能无疑:非但其作之晚,亦以所称述者久远之事,不能保其不失实耳。"崔述大胆地指出儒家经典的失真之处,足见其严谨的求真态度。

(四)强调致用

"致用"是指注重实践与实用的理念,早在春秋时期,孔子提出儒家思想,其目的是恢复周礼,改变礼崩乐坏的局面,恢复理想的社会体系,可见儒家思想是一种"入世哲学"。随着儒家思想被统治者利用,并逐步与政治挂钩,至宋代,"实用"思想再度兴起,如程朱理学主张"格物致知",陆九渊的心学强调"发明本心",虽然他们修身养性的方式不同,但是二者都在探究一条由内圣而开外王的道路。在明清之际,"实用"思潮达于顶点,其中以顾炎武、黄宗羲、王夫之为代表,他们主张经世致用,反对空谈,关心国家大事与民族危亡,这些思想对崔述影响甚深,加之崔述生活在清朝乾嘉时期,国家逐渐走向衰落,各种弊病层出不穷,统治阶层腐朽无能,官员贪污腐化,社会矛盾尖锐,文字狱盛行。这些情况对他刺激也很大,因此他在《考信录》中指出:

> 嗟夫!古今之读书者不乏人矣。其事帖括以求富贵者无论已。聪明之士,意气高迈,然亦率随时俗为转移:重词赋则五字诗成,数茎须断;贵宏博则雪儿银笔,悦服缔交。盖时之所尚,能之则可以见重于人,是以敝精劳神而不辞也。……独于古帝王圣贤之行事之关于世道人心者,乃反相与听之而不别其真赝,此何故哉?拾前人之遗,补前人之缺,则《考信录》一书其亦有不容尽废者与![1]

他认为前代学者注重辞赋,学风空洞乏味,因此他作《考信录》"拾前人之遗,补前人之缺",以经世致用为目的。比如他在《考信录》中指出经典可以用于政治。他指出:

> 《六经》中,道政事者莫过于《尚书》;《尚书》中,自《尧典》、《禹贡》、《皋陶谟》以外,言治法者无如此三篇。……学者于此三篇熟玩而有得焉,于以辅圣天子致太平之治,绰有余裕矣!惜乎世

---

[1] (清)崔述撰著,顾颉刚编订:《崔东壁遗书·考信录提要》卷上《释例》,上海古籍出版社1983年版,第14页。

之学者惟务举业而于此多不究心也！唐李德裕幼而敏捷；武元衡问其所嗜何书，德裕不应。其父吉甫责之，对曰："武公身为宰相，不问理国调阴阳而问所嗜书，所以不应。"然则分《诗》《书》与政事为二，自唐已然。朝廷以《六经》取士，果何为邪？其亦可叹矣夫！①

崔述通过举三个例子论证经典具有资治教化的作用。第一，崔述认为《尚书》，尤其是其中《尧典》《禹贡》《皋陶谟》三篇，对于治理国家政事大有裨益。第二，他还借武元衡、李德裕、李吉甫三人的对话，认为熟读经典与治理国家密不可分。第三，他还指出唐代科举，以是否熟练掌握"六经"为取士标准，可见"六经"对政事的重要性。

值得注意的是，乾嘉时期施行文化专制政策，文字狱兴盛，在这样的政治背景下，崔述的考据多是通过学术研究体现致用的思想，具有时代的局限性。他既不会像王夫之、顾炎武等人具有强烈的民族危机意识、严苛的夷夏之辨观念，以及直接尖锐抨击社会问题的思想，也不会像晚清林则徐、魏源等人的经世致用思想，具有挽救民族危亡与关心国家前途命运的深刻思想。"他的致用思想只是传统儒家入世思想的具体反映"②。

三、崔述疑古辨伪思想的评价

关于崔述的考据思想，后世学者对其评价褒贬不一。清代的汉学家和理学家大都对其持否定态度，比如汉学家王松说："（崔述的）《上古》、《唐虞》诸录，予集《说纬》一书，于古义有不能通者，往往藉以开悟。"③足见当时的汉学家并没有认同崔述的学术思想。同时，由于崔述的学术思想与宋明理学背道而驰，因此很多清代理学家对崔述进行了攻击，如理学家谢庭兰指责崔述说："务别创异解，则不可为训也。"此外，也有学者对崔述的考据思想有过很高的评价，比如汪廷珍指出："已复得其所著《提要》及各《考信录》而读之，见其考据详明如汉儒，而未尝墨守旧文而不求夫心之安也；辨析精微如宋儒，而未尝空持虚理而不核夫事之实也。"④

---

① （清）崔述撰著，顾颉刚编订：《崔东壁遗书·丰镐考信录》卷之四《周公相成王中》，上海古籍出版社1983年版，第213页。
② 韦勇强：《崔述〈考信录〉坚守的"求真""致用"原则》，《广西师范大学学报》2009年第5期。
③ （清）王松：《三代考信录·王序》，载《崔东壁遗书》，上海古籍出版社1983年版，第105页。
④ （清）张维屏：《松心日录》，载《崔东壁遗书》，上海古籍出版社1983年版，第1072—1073页。

崔述对考据思想做出过突出的贡献。首先，崔述通过对上古史如古籍、古事的考证，摒弃后人穿凿附会的古史体系，使得古史达到"信"的层次，比如他通过考证否认了"三皇五帝"传说。再如，崔述还花费了大量时间撰写《洙泗考信录》详考孔子行事，胡适说："确然可算是二千年来洗刷最干净，最富于批判精神的一部《孔子传》。"①其次，崔述严谨科学的考据思想，对前代非理性的历史观念提出了批评，消除了中国传统史学中的迷信色彩，促进了科学史学的建立，推动了社会的进步。此外，他的考辨方法和原则也为后世史学提供了借鉴。

崔述的考据思想也有很大的局限性。首先，崔述深受儒家思想的束缚，取信"六经"，追捧孔子，维护圣贤。顾颉刚先生批评说："他对古帝王、圣贤的神圣的地位依然表示其崇拜。因此崔述的最大的弊病，就是他为古圣贤护善，他虽说'就事论事，未尝有人之见存'，但他终究忘不了几个圣贤。"②其次，崔述常以"非真即伪"的方法考证古史，这种观点过于机械。因为伪书也有一定的史料价值，它反映了当时作伪书之人的思想、态度和当时的历史背景，崔述只是机械地分辨古史对与错，眼光不够长远。再次，虽然崔氏的考据思想打破了传统的古史体系，但是他却没有能建立起新的古史体系。顾颉刚先生说："他根本的误处，是信古史系统能从古书中建立起来，而不知古书中的材料只够打破古史系统而不够建立古史系统。"③最后，崔述在考证古史时，常常引用文学作品里面的故事或者寓言，不够严谨。

总的来说，崔述的疑古辨伪思想既借鉴了主流的程朱理学与汉学，但是又不同于二者，是一种独特的学术思想体系。清代乾嘉时期，考据学逐渐兴盛，并成为学术主流。崔述生活于此时，其学术研究的旨趣在于疑古辨伪，但当时大多数考据学家也持"护惜古人"的主张，尤其信奉汉代古文学派的治学成果，而崔述的疑古思想否定了传统儒者信奉的传统的古史体系，打击了儒学的神圣化，对后代中国古史研究影响甚深。崔述的著述对后世顾颉刚的"古史辨"学说起了重要的启发作用，顾颉刚评价崔述说："虽是他牵绊于圣道王功的偶像作用，还不能把这个工作做得彻底，究竟他已经斧凿开山，

---

① 胡适：《科学的古史家崔述》，载《崔东壁遗书》附录，上海古籍出版社1983年版，994页。
② （清）崔述撰著，顾颉刚编订：《崔东壁遗书·序》，上海古籍出版社1983年版，第63页。
③ （清）崔述撰著，顾颉刚编订：《崔东壁遗书·序》，上海古籍出版社1983年版，第64页。

后人就他的基业上进展容易了不少。"①崔述考证古史也存在很多局限性,他一味强调"尊经",直接否定了其他材料的可信性,考证古史过于武断。维护道统,可见他深受宋儒思想的束缚,具有时代局限性。

事实上,崔述考证古史有很多局限性,他一味强调"尊经",维护道统,直接否定了其他材料的可信性,考证古史过于武断。可见他深受宋儒思想的束缚,限制了他的眼光。他主张致用,也又有明显的时代局限。但是崔述独特的考辨学术,开创了中国上古史考证的先河,对后世影响甚深。

第五节 孙承宗、赵文濂、郭棻、王太岳的地方志撰述

明清时期,在直隶地区,文人们在官府的倡导和组织下,积极进行了地方志的编纂工作,特别是在清代,出现了康熙、乾隆、光绪三次地方志编撰的高潮,为我们今天研究河北地方史提供了宝贵的资料。孙承宗、赵文濂、黄彭年、郭棻、王太岳等河北文人,都对本地区的地方志编纂工作做出了卓越的贡献。

一、孙承宗与《高阳县志》

孙承宗(1563—1638),字稚绳,号恺阳,北直隶保定高阳(今属河北)人,明末著名的军事家、方志学家。孙承宗相貌奇伟,自幼与常人不同,据《牧斋初学集》载:"公生二岁,凛然如成人,邻媪予之饼,必怀归以遗母,母食,然后敢食。母使之旋,顾视诸甥成童者曰:'孺子在旁,不便也。'母笑而异之。"②他年少时遍求名师,学贯古今。万历三十二年孙承宗中进士第二名,授翰林院编修,正式进入官场。万历四十八年,明熹宗朱由校即位,孙承宗以左庶子充当日讲官。明朝末年,后金政权常袭扰明朝边境,孙承宗临危受命,官升兵部尚书,担任为蓟辽督师,修筑宁锦二百里防线,统领军队十一万,功勋卓著,起因遭到魏忠贤的妒忌,辞官回乡。后皇太极兵临北京

---

① (清)崔述撰著,顾颉刚编订:《崔东壁遗书·序》,上海古籍出版社1983年版,第64页。
② (清)钱谦益:《牧斋初学集》卷四七上《特进光禄大夫左柱国少师兼太子太师兵部尚书中级殿大学士孙公行狀》,《四部丛刊》景明崇祯本,上海古籍出版社1985年版,第1161页。

城下时，朱由检再度起用孙承宗，将清军击退。之后孙承宗又遭到弹劾，再次辞官回乡。崇祯十一年（1638），清军大举进攻高阳，孙承宗率领家人死守，城破被擒，自缢而死。弘光元年（1645），获南明追赠太师，谥号"文忠"。崇祯皇帝曾对孙承宗评价说："汉则孔明，唐则裴度。旧辅孙承宗前劳难泯，死义更烈。"[①]孙承宗一生著有诗集《高阳集》、军事著作《车营扣答合编》与地方志《高阳县志》。

《（天启）高阳县志》共有十四卷，目录名称依次为：舆地志、建置志、兵政志、食货志、职官志、名宦志、选举志、人物志、侯籍志、氏望志、艺文志、禨祥志、仙释志、寺观志、翰墨志、方伎志、游寓志、丘墓志、佚事志。在目录之后，还存有一张县境图，作图者不详。图中描绘内容是明朝末年天启、崇祯年间高阳县的县境，以及境内的河流、交通、城墙、碑刻等。在现存七卷中，卷首均刻有"明邑人孙承宗著，后学武陵唐绍尧督刊"的字样。书中记载内容主要是明代万历年间高阳县境内的情况，包括高阳的发展历史、山川河流、水渠堤坝的修筑、灾害记录、官员任职、科举人才等。可见《（天启）高阳县志》编纂质量较高。高阳人李霨曾评价孙承宗所著《高阳县志》"义例灿然，伦脊无爽"[②]。

(一)《（天启）高阳县志》的版本

历史上高阳县旧方志共有八部。据考证，最早的一次是在明嘉靖十五年（1536），周至德修志。后还有嘉靖三十一年林风仪修志、清雍正八年（1730）严宗嘉修志、民国二十二年（1933）李大本修志等。但是上述版本大都散佚。现存最早的就是孙承宗编纂的《高阳县志》。这也是孙承宗编纂的唯一的地方志。他编纂成书后，藏在家中十余年。天启二年（1622），高阳知县唐绍尧从孙承宗之子孙鉁求得，并于天启四年刊印。崇祯六年（1633）孔子后裔孔弘颐曾任高阳知县，并对《高阳县志》进行补充，《河北地方志提要》记载："此志卷五'县职'记至明崇祯十四年，卷七'武举'记至崇祯十二年。"[③]流传至今，只有民国的手抄本，所抄版本及其作者已经无从所考。该手抄本目前被

---

① （清）邓凯、瞿玄锡等：《崇祯长编（外十种）》，北京古籍出版社2002年版，第110页。
② （清）严宗嘉修，（清）李其旋纂：《（雍正）高阳县志·康熙志李序》，清雍正八年（1730）刻本，第1页。
③ 新夏主编，许明辉主审，河北省地方志编委会办公室、南开大学地方志文献研究室编：《河北地方志提要》，天津大学出版社1992年版，第261—262页。

国家图书馆收藏，但只剩下前七卷，并且没有封面。

（二）《（天启）高阳县志》的材料来源

孙承宗自小生活在高阳县，不仅对高阳县的风土民情十分了解，平时还注意收集前人的记载，他说："予因得稍辑后先行事，而合以所经见，可兴可除就里中更老讲说其便。每遭诸廉吏、能吏，辄访其所为。时或跨款假历乡社，一丘、一壑、一石、一木，罔不低回录列。当弱冠阅览廿一史，则手录邑里事为帙，雅好阅名州邑乘载，及唐宋金元诸南北人私集，得邑里旧人旧事。"①可见《（天启）高阳县志》的材料是来源于孙承宗对各地的走访，以及阅读二十一史、其他州县记载、唐宋金元时期私人著述。比如《（天启）高阳县志》征引前代地理志。在描写易水时，曾征引《水经注》中的记载："易水源出故安县阎乡西山，东历安州，届高阳关，过鄚州。"②

（三）《（天启）高阳县志》的影响

在明代，高阳县不过百里小县，也不是重要的战略要冲和交通枢纽，因此高阳县并没有受到当时统治者的关注。然而明代高阳县的全貌得以窥见，全赖《（天启）高阳县志》的记载。比如高阳县的地理位置记载，"燕赵之南陲北际"③。再如，高阳县科举人才的记载，"自唐至明，高阳县在固定年份的科举考试中共出举人八十九人次、进士三十六人次"④。此外高阳县在历史上曾多次受水患影响，因此《（天启）高阳县志》记载了很多治理水灾的方法。他认为高阳"弹丸之地"⑤难以应对，唯有联合相邻州县共同治水，才能保持河湖安澜。比如，书中曾记载嘉靖十一年潴龙河在白洋淀入淀口的决口，高阳与临近安州、新安共同治理之事。《安州志》云："白洋水自高阳圈头入，嘉靖十一年兰家口决水不由河间故道，而高阳、安州、新安为壑，州人上其事。经巡抚许公宗鲁提请开杨村河，循河间故道，水势稍杀三分之一，然卒为河

---

① （明）孙承宗著：《（天启）高阳县志》卷首《〈高阳县志〉叙》，国家图书馆藏民国抄本，第3—4页。
② （明）孙承宗著：《（天启）高阳县志》卷一《舆地志·山川》，国家图书馆藏民国抄本，第12页。
③ （明）孙承宗著：《（天启）高阳县志》卷一《舆地志·山川》，国家图书馆藏民国抄本，第11页。
④ 孙圆：《国家图书馆藏孤本〈高阳县志〉考论》，《中国地方志》2020年第5期。
⑤ （明）孙承宗著：《（天启）高阳县志》卷一《舆地志·山川》，国家图书馆藏民国抄本，第21页。

间阻。明年浚新河，由邑入白洋。"①

《（天启）高阳县志》虽然是私人著作，但是它影响深远，是后世官修县志的典范。比如，在《（雍正）高阳县志》中，除了清代人物，其他时期的人物传记的记载大都继承了《（天启）高阳县志》。《（雍正）高阳县志》的食货志、名宦志，也与《（天启）高阳县志》相同。再如，在《（民国）高阳县志》中，对明代和明代之前职官的记载是摘取自天启《高阳县志》。

总之，《（天启）高阳县志》的内容丰富，具有较高的史料价值，对补充、梳理明代保定地区的发展历史起到重要作用。

二、赵文濂、郭棻、王太岳的地方志撰述

（一）赵文濂的地方志撰述

赵文濂（1805—1889），字鲤门。直隶涞水（今属河北）人，晚清官僚、文学家。清道光二十九年（1849）举人，历任肥乡教谕、正定府学教授等职。李鸿章任直隶总督期间，为重修《畿辅通志》，要求直隶各府县修撰本地的方志以提供资料，从而形成了清代河北编修地方志的第三个高峰期。赵文濂积极参与河北地方志的编纂工作，是地方志修撰活动的重要推动者和参与者，曾主持和参与编修《正定县志》《井陉县志》《赞皇县志》《肥乡县志》《正定府志》等地方志，另著有《读史偶录》《黎云山馆诗集》等著作。

赵文濂修撰地方志时很重视《艺文志》的写作。《艺文志》是中国传统史书中将历代有关图书典籍的内容梗概汇编而成的目录。赵文濂修撰《艺文志》内容丰富全面，既包括本地文人的所作的书籍、文章，又有内容涉及本地情况的外地文人的文学作品，常能对于当地的文学大家如数家珍。在写作《正定县志》的《艺文志》过程中，由于本地文人的作品较少，"正定博通经史者无多，即诗古文辞流传亦少"②，赵文濂花费精力亲自收集整理了自身所见的当地文人作品，利用自己的私人藏书来为《艺文志》的写作补充材料。

（二）郭棻的地方志撰述

郭棻（1622—1690），字芝仙，号快庵，直隶清苑（今属河北）人。清初官僚、学者、书法家。顺治九年（1652）进士，历任检讨、赞善、大理寺正、

---

① （明）孙承宗著：《（天启）高阳县志》卷一《舆地志·山川》，国家图书馆藏民国抄本，第19页。
② （清）贾孝彰修，赵文濂纂：光绪《正定县志》卷四十六《艺文志》，清光绪元年（1875）刻本，第928页。

内阁学士等职，在文学和书法上都有很高的造诣。著有《甲申保定府殉难记》《学源堂文集》《学源堂诗集》等著作。

郭棻曾先后主修《清苑县志》《保定府志》《畿辅通志》等地方志。由于《保定府志》长期没有得到重修，保定府在康熙十一年（1672）开始重修地方志。郭棻于康熙十九年出任《保定府志》主修工作，他充分利用自己之前的研究成果，仅用时一个多月就完成了《保定府志》的初稿，成书二十九卷。在《保定府志》的体例上，以平目体为主体，全书共分29目，综合运用了平目体与纲目体两种体例。郭棻作为保定府当地人，对当地史事十分熟悉，内容较为真实全面，在评论中富有地方特色和自豪感。

郭棻曾担任康熙朝第一版《畿辅通志》的总纂职务，是编写康熙版《畿辅通志》的实际主持者。虽然由于时间紧迫、工作繁重，这一版《畿辅通志》的内容较为粗略，没有对资料进行详细的整理和核实，但仍具有一定的史学价值。第一，《畿辅通志》具有直隶省志的首创性质。在元代和明代，由于直隶不属于独立的行政区划，因此一直没有自身的省志。康熙朝的《畿辅通志》是第一部全面记载直隶全省情况的通志。第二，《畿辅通志》在体例上具有创新。在《畿辅通志》中，郭棻将"建置"和"沿革"两纲目合二为一，避免了两部分内容混杂难辨、相互重复的情况。这种做法为后世一些地方志所沿用。第三，《畿辅通志》注重社会现实情况，内容实用性强。如在《畿辅通志》的《物产》一目中，对于直隶地区出产的有经济价值的物产进行了极为详细的记载，而对于无用的"若妖花异草，狸兽毒鱼，一概弗录"[1]。第四，《畿辅通志》体现出作者强烈的地域自豪感，对直隶地区的悠久历史和绚烂文化多加赞扬。如在《畿辅通志》的《艺文志》中，作者详细地举出了各个时期的知名思想家和著名作品，反驳了认为"燕赵无文章"的错误观点，认为："顾可曰，燕赵无文章哉？"[2]反映出作者强烈的文化自信和地区自豪感。

（三）王太岳的地方志撰述

王太岳（1722—1785），字基平，号芥子，直隶定兴（今属河北）人。清中期官僚、文学家，乾隆七年（1742）进士，历任检讨、侍讲、侍读、湖南按察使、布政使、国子监司业等官。王太岳在经学和史学上都具有很高的造

---

[1]（清）于成龙修，郭棻纂：康熙《畿辅通志》卷一《凡例》，康熙二十二年（1683）刻本，第30页。
[2]（清）于成龙修，郭棻纂：康熙《畿辅通志》卷三十六《畿辅艺文志》，康熙二十二年（1683）刻本，第1985页。

诣，曾任《四库全书》总纂官。论学能够兼取汉宋诸家，不分门派学统。王太岳在研究中特别注重实地考证，讲求经世致用。著作有《清虚山房集》、《芥子先生集》24卷。在地方志撰述方面王太岳留心水利，著有《泾渠志》三卷，详细考证泾渠的发展历史和经营方式，主张重新整修泾渠，使泾渠充分发挥出其作用。

第三章

河北学人与中国科学艺术

第一节 祖冲之、李冶、朱世杰、王恂的数学研究

中国古代数学研究具有悠久的历史和深厚的传统,取得了许多重要的研究成果,对于世界数学发展做出了巨大的历史贡献。河北是中国古代数学研究较为活跃的一个地区,特别是在宋元时期河北地区的数学研究蓬勃发展,成为"天元术"的研究中心。在河北地区的数学家中,祖冲之对圆周率的研究、李冶和朱世杰完善的多元高次方程组列法与解法、王恂在编制历法中使用的新式数学方法等都是古代河北数学家取得的重大成就。

一、祖冲之的圆周率研究

对于圆周率的研究是全世界古代数学的共同课题,对圆周率的研究水平是衡量一个民族古代数学发展程度的重要标尺。中国古代数学家一直注重对圆周率的研究工作,早在《周髀算经》中,就提出了"径一周三"的粗略圆周率,即圆周率等于3,东汉数学家张衡认为圆周率约等于根号十,但这两种观点都不是很准确。曹魏时期数学家刘徽发明了使用"割圆术"来计算圆周率的方法,使中国古代数学中对于圆周率的研究进入了一个新的阶段。这种方法采用求极限的思路,在圆内作内接正多边形,然后将边数加倍得另一正多边形,这样不断将边数加倍,圆与正多边形之间的面积就越来越小,正多边形的面积与圆的面积就越来越接近,"割之弥细,所失弥少,割之又割,以

至于不可割，则与圆周合体而无所失矣"①。刘徽从圆内接正六边形开始不断分割一直割到圆内接正192边形，得到圆周率为3.14，又继续割圆到正1536边形，得到圆周率为3.1416，这个数据把中国古代对于圆周率的研究提高了一大步。祖冲之在刘徽"割圆术"的基础上继续研究，将圆周率计算精确到小数点以后第七位。

（一）祖冲之与圆周率

祖冲之（429—500），字文远，范阳郡遒县（今河北涞水）人，南北朝时期数学家、天文学家、计量学家，曾任从事史、公府参军、谒者仆射、长水校尉等职。祖冲之受家庭环境的影响，从小就对自然科学产生了浓厚的兴趣，在青年时以博学著称。祖冲之毕生坚持严谨的治学态度，"亲量圭尺，躬察仪漏，目尽毫厘，心穷筹策"②，取得了很多重要的研究成果，如在天文历法方面编制了《大明历》，最早将岁差的概念应用到历法中；在计量科学方面，搜集和保存了前代的计量标尺；在机械方面复原出古代的指南车，制造了千里船。在数学方面，祖冲之最大的贡献是大大提高了圆周率的精度，对于祖冲之的研究，《隋书·律历志》中记载：

> 宋末，南徐州从事史祖冲之，更开密法，以圆径一亿为一丈，圆周盈数三丈一尺四寸一分五厘九毫二秒七忽，朒数三丈一尺四寸一分五厘九毫二秒六忽，正数在盈朒二限之间。密率，圆径一百一十三，圆周三百五十五。约率，圆径七，周二十二。③

也就是说，祖冲之得到的圆周率的范围在3.1415926—3.1415927之间，这一结果将圆周率的数值精确到了小数点后七位。此外，祖冲之还得到了圆周率的两个近似分数，分别为22/7和355/117，其中前者被称为约率，后者被称为密率。密率也是一个非常重要的研究成果，在所有分母小于16604的一切有理数中，355/117是最接近圆周率的分数，因此这一分数又被称为"祖率"。

对于祖冲之求得圆周率的方法，史书中没有明确的记载。祖冲之在世时撰写了数学著作《缀术》五卷，详细地记述了自己的数学思想和解决复杂数学问题的方法。《缀术》在唐代被列入了《算经十书》之中，成为唐代国子监算学的官方课本之一。但由于《缀术》内容艰深难懂，"学官莫能究其深奥，

---

① 钱宝琮校：《算经十书·九章算术》，中华书局1963年版，第103—104页。
② （梁）萧子显：《南齐书》卷五二《文学列传·祖冲之传》，中华书局1972年版，第904页。
③ （唐）魏徵：《隋书》卷十六《律历志上》，中华书局1973年版，第388页。

是故废而不理"①，在北宋初年时就已经失传了。因此我们今天无法确切得到祖冲之求圆周率的方法，而只能加以推测。华罗庚认为，祖冲之使用的是求极限或与之类似的方法，而现在普遍认为，祖冲之是在刘徽"割圆术"的基础上，使用了组合加速技术，这种方法相比于阿基米德使用的"穷竭法"更加进步，从而大大减少了计算量。而祖冲之在约率和密率这两个近似分数的计算中，很可能使用了中国古代为编制历法中求闰周而发明出的实数有理逼近算法"调日法"。祖冲之正是在前人研究方法的基础上加以改进，并通过自身精密严谨的计算，得到了这一成果。

（二）祖冲之圆周率研究的意义

祖冲之计算出的圆周率精确到小数点后第7位，成为世界第一位将圆周率值计算到小数点后第7位的数学家。这一成果领先世界千年之久，直到15世纪初，阿拉伯数学家阿尔·卡西求得圆周率小数点后17位精确小数值，才打破祖冲之保持近千年的纪录。祖冲之给出的圆周率密率355/113是一个十分精确的近似值，直到16世纪德国数学家奥托才又发现了这一结果，祖冲之求得的圆周率值，对于中国乃至世界都是一个重大的贡献。

祖冲之的细心推敲、勤于实践的数学思想在今天也具有很大的借鉴价值。祖冲之在数学研究中，十分注重脚踏实地的研究态度，认为"迟疾之率，非出神怪，有形可检，有数可推"②，人类可以认识和掌握数学规律。祖冲之将数学研究与天文学研究、编订历法和机器制造等实用方面相结合，提高了数学研究的地位，促进了中国古代数学的发展。同时，祖冲之也十分重视数学研究的普适性，追求用数学定理解决一般化的问题，如祖冲之提出的开立方法，可以解决各种三次方程问题。我们在数学研究中应当学习祖冲之的这种研究精神。

二、李冶的数学研究与推广

李冶（1192—1279），原名李治，字仁卿，自号敬斋，真定栾城（今属河北）人。李冶是金元时期的著名数学家、文学家。李冶的数学研究具有很高水平，其在数学方面的著作包括研究三角形内切圆、旁切圆等问题的专业著作《测圆海镜》和使用方程法解决各种面积问题的普及性著作《益古演段》。

---

① （唐）魏徵：《隋书》卷十六《律历志上》，中华书局1973年版，第388页。
② （梁）沈约：《宋书》卷一三《律历志下》，中华书局1974年版，第315页。

李冶在文学上也具有较高水平，著有《敬斋古今黈》《泛说》《壁书丛削》等著作。元世祖忽必烈在未即位时，曾经召见李冶询问用人和治国之道。

（一）李冶与天元术

天元术是一种使用数学符号列方程的方法。我国古代数学中，很早就出现了方程的类似概念，但是这种方程都需要使用文字的形式来表达，要建立一个方程，就需要很高的数学水平，同时这种表示方法也相当烦琐。在这种情况下，就出现了使用数学符号来建立方程的需要。李冶并不是天元术最早的发明者，但在李冶之前，天元术还不成熟，符号混乱复杂，数学家在研究中只是偶尔使用，而李冶将天元术改进为一种成熟的列方程的方法。在《测圆海镜》中，李冶大量使用了天元术来解决"勾股切圆"（求内切圆径）问题，充分体现出了经李冶改进后的天元术具有高度的实用性。

李冶对于天元术的改进有多项。首先是符号上的简化。李冶的天元术舍弃了多种复杂的符号，而统一使用"元"和"太"来表示一次项和常数项，在同一个式子中只使用一个符号，在列方程时首先要"立天元一"，相当于"设未知数 x"，再根据条件列出两个相等的且至少含有一个"天元"的代数式，然后通过类似联立相消的方法，得出一个标准格式的方程。这样，使用天元术可以得到任意一个一元多次方程。其次是负数在方程中的使用。在中国古代数学传统中，常常将方程与几何联系起来，如将二次方程与求面积问题相结合，将三次方程与求体积问题相结合，这样就限制了使用方程的范围，如常数项只能为正、方程的次数不能高于三次。而李冶的天元术突破了传统几何思想的束缚，其常数项可正可负，没有什么限制。为方便负数的表示，李冶还发明了负数符号。最后是小数的表示。中国古代传统上使用数名来表示小数的位数，而李冶的天元术中取消了数名，而使用筹码的位置来表示小数的位数，对于纯小数，李冶在小数的空位上加"0"。通过以上多项改进，李冶的天元术成为一种简便实用的列方程的方法。在天元术中还没有使用计算符号，因此是一种半符号代数，到 16 世纪欧洲才出现了类似的代数方法。

李冶为了普及使用天元术的方法，又在讲学期间撰写了《益古演段》，该书把天元术应用于解决常见的平面图形的面积问题，除四道题是一次方程外，全是二次方程问题，内容安排基本上是从易到难。李冶将天元术与传统的几何方法向对照，用直观的几何方法对天元术进行验证，有利于人们接受天元术。这本书对天元术的传播发挥了很大的促进作用。天元术开始在数学计算中被普遍应用，如元代郭守敬编制《授时历》、沙克什设计水利工程时，都使用了天元术来帮助计算。

（二）李冶的数学思想

李冶的数学思想受到道教思想特别是庄子唯物自然观的深刻影响，同时又对其中的错误观点加以批判，形成了具有自身特色的数学思想。

李冶坚定地认为数是自然界中客观存在的，是可以被认识的，人类可以通过掌握数学规律来认识数，反对神秘主义数学观。李冶承认依靠个人的努力是不能够完全掌握数的各种规律，但通过无数人持续不断的研究，最终是可以掌握的，"谓数为难穷，斯可；谓数不可穷，斯不可。何则？彼其冥冥之中，固有昭昭者存。"[①]

李冶很强调数学的重要性，当时社会环境受程朱理学思想的影响，轻视数学、医学等实用性的学科，认为数学是"九九贱技"，而李冶不为社会大环境所影响，坚持进行数学研究，他认为数学中可以体现中天地间的"道"，"安知轩隶之秘不于是乎始"[②]。同时李冶注重数学的实用性，"术数虽居六艺之末，而施之人事则最为切务"[③]，认为数学理论要与解决实际问题相结合，这样才能充分体现出数学的重要意义。

李冶非常乐于分享自身的数学研究成果，积极进行传道授业的工作。他晚年在元氏县定居期间，有很多人前来向他求学，李冶就创立了"封龙书院"来进行讲学，培养出大量的优秀人才。李冶在教导学生时，采取循序渐进、因材施教的方法，希望对于粗通数学者也能够有所裨益，有水平较低的求学者也不加以歧视，李冶的这种做法促进了数学教育的大众化。

三、朱世杰与宋元数学总结

朱世杰（1249—1314），字汉卿，号松庭，直隶燕山（今北京）人，元代数学家、教育家。朱世杰生活的年代是中国古代数学发展的顶峰时期，涌现了一大批杰出的数学家，取得了大量的研究成果。朱世杰全面地继承和总结前人特别是宋元时期的数学研究成果，既吸收了北方的天元术，又吸收了南方的正负开方术、各种日用算法及通俗歌诀，改变了南北方数学几乎相互隔

---

① （元）李冶:《测圆海镜·李冶序》,《知不足斋丛书》本，第4页。
② （元）李冶:《益古演段·自序》,文渊阁四库全书乾隆四十七年（1782）刻本，第3页。
③ （元）李冶:《益古演段·自序》,文渊阁四库全书乾隆四十七年（1782）刻本，第3页。

绝的局面。朱世杰并不只是收集整理前人的研究成果，还在前人的基础上继续加以发展，解决了许多相当复杂的数学问题。

朱世杰的数学著作包括总结和普及数学知识的《算学启蒙》和介绍四元术的《四元玉鉴》。

《算学启蒙》是一部介绍各种数学知识的教科书，体系较为完整，遵循由浅入深、循序渐进的原则，从最简单的一位数乘法开始，一直到最为抽象的天元术用法。这本著作广受欢迎，在国内外都产生了广泛的影响。朱世杰在编写该书时十分注重文字的艺术性，将很多数学公式、定理编写成诗歌、口诀的形式，方便学生记忆，易于激发学生的学习兴趣。朱世杰在教学思想上注重培养学生的自主学习能力，在遇到较难题目时要求学生尝试使用不同方法解决，对于学过的题目要做到举一反三，通过一道例题掌握一类问题的解法。

《四元玉鉴》是朱世杰阐述自身研究成果的著作。该书在原有李冶的天元术、李德载的二元术和刘大鉴的三元术研究成果的基础上提出了"四元术"，即四元高次方程组的列法及解法，提出了一套完整的消未知数的方法，四元术的完成标志着中国古代列方程方法的最终成型。朱世杰还突破了有理数范围的限制，开始尝试建立无理数方程。本书的另一个重大成就是计算特点问题的算法"垛积法"，即高阶等差数列的求和方法与"招差术"，即高次内插法。这部著作在研究几何问题方面具有很高的理论水平，进一步扩大了几何学的研究范围。朱世杰的研究成果基本上代表了中国古代数学发展的最高水平。

四、王恂的历算数学应用

王恂（1235—1281），字敬甫，中山唐县（今属河北）人，元代数学家。王恂曾向刘秉忠学习数学和天文历法方面的知识，精通历算之学。王恂任太史令期间，分掌天文观测和推算方面的工作，参与编制《授时历》，《授时历》的大部分数学工作是王恂完成的。王恂在《授时历》编制工作中运用先进的数学方法，使推算结果极为精密准确，计算出一年为三百六十五点二四二五天，一月为二十九点五三零五九三天，这一成果得到了世人的普遍认同，明朝实行的《大统历》基本上就是《授时历》。王恂在《授时历》中，使用了招差法（三次内插公式）推算太阳、月球和行星的运行度数，发现太阳运动的速度是不断变化的，纠正了之前认为太阳运动速度恒定不变的错误观点。由于确定天体的坐标需要赤道坐标和黄道坐标，王恂又创造了"弧矢割圆术"（球面直角三角形解法），提出了确定赤道坐标的相关公式，使测算的太阳、月亮和行星坐标的准确率大大提高。王恂自己没有著作传世，在他死后，他创造的历律计算法，由郭守敬加以整理为《推步》七卷、《立成》二卷、《历议拟稿》三卷、《转神选择》二卷、《上中下三历注式》十二卷。

第二节　崔寔、耿荫楼的农学研究

农业是中国古代最重要的经济部门，被称为"本业"。对于农业生产和农业技术的研究与推广一直是中国古代文人十分关注的内容，历朝历代关于农业方面的农书数量很多。其中，河北文人崔寔编写的《四民月令》和耿荫楼著作《国脉民天》在农书中具有很重要的地位，介绍了当时的农业生产情况，也是我们今天研究中国古代农业发展水平的重要参考资料。

一、崔寔与《四民月令》

崔寔（103—170），字子真，小字元始，冀州安平（今属河北）人。东汉大臣、农学家、文学家，历任议郎、大将军司马、五原太守、辽东太守、尚书等职，曾参与东观修史的工作，是名门博陵崔氏的代表性人物。

《四民月令》是崔寔编写的一本农书，反映了东汉晚期庄园中全年的管理与运营计划。《四民月令》原本在宋元之际散佚，其内容集中保存在贾思勰的《齐民要术》和杜台卿的《玉烛宝典》之中。

（一）《四民月令》编写的历史背景

自西汉中期开始，达官贵人与地方豪强就开始利用政治和经济手段兼并土地，强迫破产的自耕农成为奴婢，在地方上建立起了庄园。在东汉时期，庄园的存在已经十分普遍，地方豪族拥有的庄园往往面积广阔、人口众多，"豪人之室，连栋数百，膏田满野，奴婢千群，徒附万计"[①]，进行着多种多样的生产活动，如种植业、畜牧业、养蚕业、酿酒业等。在内蒙古和林格尔汗墓中出土的壁画《庄园图》，就较为全面地反映了庄园中进行的耕地、采桑、

[①]（南朝宋）范晔：《后汉书》卷四十九《仲长统列传》，中华书局1965年版，第1648页。

种植蔬菜、饲养家畜等生产劳动。这幅壁画的完成年代与崔寔的生活时代相近,以直观的形式再现了《四民月令》中描绘的庄园景象。要进行这样大规模的集体生产,就需要一套具体、合理的经营管理方案,如果不重视庄园的管理,就会导致收入的降低与家族的败落。

涿郡崔氏作为当时的名门,拥有大量的土地,但崔寔的父亲崔瑗追求奢华排场,对于生产和消费缺乏计划性,导致自家的经济状况恶化,在崔瑗死后,崔寔不得不变卖田产来举办丧事,家中陷入"家无担石储"[①]的状态之中。崔寔吸取其父的教训,对于农业生产经营细心加以了解,生活更具有计划性。《四民月令》总结了博陵崔氏自身的生产经验,以供家族学习借鉴。

(二)《四民月令》中的农业生产活动

在《四民月令》中记述的农业活动具有强烈的地域性,反映了洛阳附近地区农业生产的情况。在《四民月令》关于农业的相关内容中,包括两部分的农业活动,其一是改良土地、耕种、收割、养蚕、畜牧等直接的农业生产活动,其二为祭祀、商业交易、保存工具等与农业生产间接相关的活动。

《四民月令》中的农业活动是依据时间顺序分为十二个月,分别加以叙述,以节气或物候作为安排农业生产的时间标准。一年之中的农事相当繁忙,每个月都有需要进行的农业生产活动。每年的农业活动是以十二月为开端,要开始准备种子、农具、耕牛等生产必备的基础条件,还要选择合适的工人,而每年的正月开始就是播种各种农作物的时间。《四民月令》中特别强调进行农业生产的时间,认为每到适宜进行农业生产的时间点,就应当抓紧时间进行工作,以免耽误农时,如正月"可种春麦、䝁豆,尽二月止。可种瓜、瓠、芥、葵、薤、大、小葱、蓼、苏、牧宿子及杂蒜、芋"[②]。东汉时期阴阳五行思想在社会上具有很大的影响,农业生产中存在着很多的禁忌,《四民月令》中提到种植农作物都有不能种植的时间,如果不遵守禁忌就会导致减产。

从《四民月令》中可以看出,东汉时期麦、稻、粟、黍、大豆等主要农作物的大田作业已经相当成熟,从播种到收获都要经过多个生产步骤,当时的农民已经知道使用绿肥来增强土壤肥力,在水稻种植中还会使用育秧移栽技术来减少杂草的影响。在《四民月令》中提到可以种植的农作物种类很多,

---

① (南朝宋)范晔:《后汉书》卷五十二《崔骃列传附崔瑗传》,中华书局1965年版,第1724页。
② (汉)崔寔著,石声汉注:《四民月令校注》,中华书局2013年版,第13页。

包括粮食作物十三种、蔬果二十二种、经济作物十一种，药材十九种。[1]可以看到，东汉时期的庄园十分注重生产的多样性，除粮食生产外，还有多种经济作物的生产，这样就可以满足庄园内部各种各样的需要。多样农作物的种植需要各种各样的农业技术。如在姜的生产之中使用催芽技术以延长姜的生长周期，在种植树木时使用压条技术以促进树木繁殖。对于农业生产技术改良的重视体现出崔寔"精耕细作"的农业思想。庄园主家庭一年的活动也与农业生产紧密联系在一起，在农忙时庄园主要积极组织农业生产，而在农闲时则可以进行武装操练等活动。在青黄不接时还要对亲族进行救济，以维系庄园内部关系的稳定。在庄园管理中将农业放在首位，一切活动都要顺应农业生产的需要，体现出崔寔的农本思想，在崔寔讨论政治理论的著作《政论》中也提到"国以民为根，民以谷为命，命尽则根拔，根拔则本颠，此最国家之毒忧"[2]。

《四民月令》中记载了庄园中各种副业生产，这种生产主要是为了满足庄园内部的各种需要。如，通过食品加工制作出腊肉、咸菜、酱、醋等产品，以利于食物保存。此外还酿酒用于祭祀，"命典馈酿春酒，必躬亲絜敬，以供夏至至初伏之祀"[3]。通过养蚕缫丝获得丝线，再经过纺织、染色、制衣等环节做出成衣。采集各种草药并制作成药来治疗各种疾病等。这些副业生产降低了庄园对于外界的依赖性，但庄园经济并不能完全自给自足，庄园每年仍需额外购买粮食和丝织品以弥补自身生产的不足，如五月时"籴穬、大、小麦"[4]，还要购买用于生产的铁制农具。此外，在《四民月令》中包括买进卖出各种农产品的记载，可见当时的庄园经济与市场存在着一定的联系，庄园主为缴纳货币税赋和满足自身消费需要，就要出售农产品来换取货币。有时，庄园主为了获得更多货币，还会使用囤积货物、贱买贵卖的方式牟利。

《四民月令》中对于农业生产的规划和家庭生活的组织采取了一种"命令"的形式，体现出在庄园内部采取的是封建家长制的管理模式。东汉时期的庄园大多为"聚族而居"的形式，庄园内的成员作为一个宗族，之间都具有一定的血缘联系，庄园主也同时是宗族的族长，族长对内组织庄园的各种生产生活活动和主持祭祀，对外负责各种社会交际和调解纠纷，还组织武装力量

---

[1] 张睿：《崔寔思想研究》，南开大学2013年博士学位论文，第96页。
[2] （汉）崔寔撰，孙启治校注：《政论校注·阙题三》，中华书局2012年版，第85页。
[3] （汉）崔寔著，石声汉注：《四民月令校注》，中华书局2013年版，第16页。
[4] （汉）崔寔著，石声汉注：《四民月令校注》，中华书局2013年版，第46页。

保卫庄园的安全。庄园的管理与家族的组织在某种程度上趋于一致。

（三）《四民月令》的历史价值

《四民月令》虽然不是专门记载农业生产的书籍，有关具体操作技术的记述很简略，但作为现存的唯一一部东汉时期的农书，《四民月令》在农业史研究上仍具有极高的价值。当我们将《四民月令》与西汉时期的《氾胜之书》相比较后就会发现，《四民月令》中的农业生产方式既有对前朝的继承，又有许多不同之处。在《四民月令》中，一些农业生产上的方法都继承自《氾胜之书》，如在确定播种时间时，《四民月令》提到应当在"土长冒橛"[①]时进行播种，即通过插入土中的小木棍观察土壤的解冻情况。但与西汉时期相比，多种农作物的播种时间有所提前，这可能反映了气候的不同，也可能是农业技术发展的结果。此外，《四民月令》中涉及的经济作物种类远远多于《氾胜之书》所记载的数量，这些作物可能更多的是为了满足富裕阶层的需要。

在体例上，《四民月令》继承自《礼记·月令》，但其本质有着很大的不同，《礼记·月令》主要规定的是国家和君主在一年之内应当做的工作，其作用范围包括整个国家，其内容也是宽泛的。在其中也包括一些农业方面的内容，但无法用于指导农民进行具体的农业生产。而《四民月令》的约束范围要小得多，仅仅局限于一个庄园内部，其写作目的也仅是为了满足自己家族的需要。在农业生产方面，《礼记·月令》只包含农民维持生计所必需的主要作物，而《四民月令》中涉及的农作物种类要多得多，对于农业生产的安排也更加具体，也更与庄园当地的气候、土壤条件相适应。《四民月令》的体例对后世产生了很大的影响，后出的很多农书都模仿《四民月令》，使用"月令体"的体例来撰写。

《四民月令》还在很大程度上反映了东汉社会的政治情况。东汉时期包括崔寔本人在内的河北豪族具有强烈的自立倾向，不愿意接受中央政府的管理。光武帝为了打击豪族势力，曾经下令"度田"，但由于地方豪族的激烈抵抗而归于失败，整个东汉时期中央政府对地方的控制力一直较为虚弱。地方豪族居住在聚族而居的庄园内，能够独立地对庄园的各种事项进行管理，这样就需要直接参与农业生产组织工作。《四民月令》中对于农业生产活动的记述远远没有《氾胜之书》详细，要仅仅依靠《四民月令》来直接进行农业生产是

[①] （汉）崔寔著，石声汉注：《四民月令校注》，中华书局2013年版，第11页。

根本做不到的，由此可见本书并不是写给像自耕农一类的农业劳动者的，而是为庄园主这样的管理者提高的指导书。

二、耿荫楼与《国脉民天》

耿荫楼（？—1638），字旋极，号嵩阳，灵寿（今属河北）人，明代官僚，天启五年（1625）进士，曾任知县、主事、员外郎等职。耿荫楼在职期间高度重视农业生产，曾经亲自组织农业生产实践。《国脉民天》是耿荫楼所著农书，全书分为区田、亲田、养种、晒种、蓄粪、治旱、备荒七篇，篇幅虽然较小，但内容与当时的农业生产实践紧密结合，在农书中具有高度的可实践性。

耿荫楼在《国脉民天》中阐述的核心思想是精耕细作，主张在有限的土地上大量投入劳动力来增加产出。为实现这一思想，耿荫楼提出了"亲田法"，即每年对耕地中的一部分区域加倍精耕细作，通过多施肥料来增加土地的肥力，利用水源灌溉来减轻自然灾害的影响，以保证这一区域土地的产量。对于土壤条件较为贫瘠的土地，使用亲田法可以较大幅度地提高产量，有利于改善北方旱地土壤退化问题。由于本区域内的产量较为稳定，可以提高农民的抗风险能力。

《国脉民天》里还详细地叙述了"区田法"，这种耕种方法把土地分为若干带状区域，播种时在不同区域间保留一定的间隔，"区田法"与《氾胜之书》中的"代田法"具有明显的继承关系，是中国北方农民世世代代使用的耕作方法，其本质是通过轮作的方法来恢复地力和储存水分。

《国脉民天》中重视农业生产中的细节问题，提出和总结了很多具体的农业生产方法，如为了解决肥料缺乏的问题，书中提出可以将土与柴草搅拌后搭配粪肥使用，以提高农田产量。为了提高作物的品质，书中要求必须细心挑选种子，"即颗颗粒粒皆要仔细精拣肥实光润者，方堪作种用"[1]，还提出要专门选择肥沃的土地作为种子田等。《国脉民天》中使用的各种农业生产方法体现出中国古代农民丰富的农业生产经验和高度的智慧，对今天的农业生产仍具有参考价值。

---

[1] （元）耿荫楼：《国脉民天·养种篇》，清光绪四年（1878）莲花池刻《区种五种》本，第3页。

第三节 扁鹊、刘完素、张元素、王清任、张锡纯等人的医学研究

中医药学的起源和发展很早,从有文字记载的医学文献算起,到现在已有数千年之久。从"伏羲制九针""神农尝百草"等古代传说来看,我国在原始公社时代,早已有针灸和药物的应用,中医药学是中华民族在数千年里与疾病进行斗争过程中逐步积累起来的宝贵财富。在长期的实践中,它从独特的视角帮助人类认识生命和疾病现象,进而抵御疾病、维护健康。它还是目前世界上保存最完整、影响力最大、使用人口最多的传统医疗体系。

河北地区在历史上涌现出很多杰出的中医药学人才,如扁鹊、刘完素、张元素、李庆嗣、李杲、王清任、张锡纯等,他们为我国中医药学的发展做出了卓越的贡献。其中,扁鹊是中医药业正式形成时期杰出的医学家,他把地方性的治疗方法推广到全国,开创了中医号脉诊病的先河,推广了针砭疗法。刘完素、张元素、李庆嗣、李杲等人作为中医理论变革的推动者,改变了魏晋以来保守僵化的医学风气,形成了自身具有突破性的医学思想体系,奠定了中医学传统理论体系的基本格局。王清任、张锡纯两人则是在中医传统理论体系趋于完善的情况下另辟蹊径,实现了对中医学的突破性革新,推动了中医药学的全面发展。

一、扁鹊的医学思想

扁鹊,是中国战国时期传说中的名医,其生卒年不详,姬姓,秦氏,名越人,渤海郡鄚(今河北任丘)人。从目前考古工作的发现来看,扁鹊医学具有强烈的地方文化特色。扁鹊这个名字,与古代东夷人的鸟图腾文化具有深厚的联系。如扁鹊在微山、两城等地的汉代画像石中都呈现出"人首鸟身"的形象,具有很强的神话色彩,这是东夷民族鸟图腾崇拜的残余。在中医中占据重要地位的"针灸"技术可能就起源于东夷。扁鹊的生平事迹在司马迁的《史记·扁鹊仓公列传》中有比较详细的记载,此外在《战国策》《韩非子》《韩诗外传》《列子》《说苑》等书籍中都有扁鹊的相关记载。综合史籍记载,

扁鹊医学的主要思想有：重视对于疾病的及时诊断，主要使用望诊和切诊来诊断疾病；使用针灸、砭石和汤药等多种方式综合治疗疾病，依据人体患病的具体情况选择治病手段，其中特别着重使用针砭的方法；将人体的各种器官和生理活动与阴阳五行相结合，利用阴阳五行原理进行诊治。

（一）扁鹊的诊病思想

望、闻、问、切是传统中医的四大诊法，首次提出综合使用这四种方法的人就是扁鹊。在《史记·扁鹊仓公列传》中记载扁鹊在总结诊病方法时说："越人之为方也，不待切脉、望色、听声、写形，言病之所在。"这就是说扁鹊综合运用这四种诊病方法，所以能够对患者的病情做出正确的诊断。在这四种方法中，扁鹊主要使用"望诊"和"切诊"。就是运用视觉对人体的可见征象进行观察和在病人身躯上一定的部位触摸、按压，以了解疾病的外在与内在情况。如扁鹊对蔡桓侯进行诊断就是使用了"望诊"的方法。在《韩非子·喻老》中记载了"讳疾忌医"的故事：

> 扁鹊见蔡桓公，立有间。扁鹊曰："君有疾在腠理，不治将恐深。"桓侯曰："寡人无疾。"扁鹊出。桓侯曰："医之好治不病以为功。"居十日，扁鹊复见曰："君之病在肌肤，不治将益深。"桓侯不应。扁鹊出。桓侯又不悦。居十日，扁鹊复见曰："君之病在肠胃，不治将益深。"桓侯又不应。扁鹊出。桓侯又不悦。居十日，扁鹊望桓侯而还走，桓侯故使人问之。扁鹊曰："疾在腠理，汤熨之所及也；在肌肤，针石之所及也；在肠胃，火齐之所及也；在骨髓，司命之所属，无奈何也。今在骨髓，臣是以无请也。"居五日，桓侯体痛，使人索扁鹊，已逃秦矣。桓侯遂死。故良医之治病也，攻之于腠理，此皆争之于小者也。夫事之祸福亦有腠理之地，故曰："圣人蚤从事焉"。[①]

这里扁鹊在没有与患者直接接触的情况下，就使用了观察外在症状的方式对蔡桓公的疾病发展情况进行了准确诊断。

扁鹊还善于使用"切诊"，即按压身体部位的方式来诊病。扁鹊对于人体的脉象有很深的研究，《史记·扁鹊仓公列传》记载："至今天下言脉者，由扁

[①]（清）王先慎撰，钟哲点校：《韩非子集解》卷七《喻老》，中华书局1998年版，第161页。

鹊也。"①《淮南子·泰族训》中也认为:"所以贵扁鹊者,非贵其随病而调药,归其壓息脉血,知病之所从生也。所以贵圣人者,非贵其随罪而鉴刑也,贵其知乱之所由起也。"②扁鹊诊脉使用的是血脉理论,认为"脉行血,血以通为用",疾病的产生会使人的血液流通不畅。在为赵简子诊断"五日不知人"的怪病时,扁鹊就提出"血脉治也,而何怪!"③扁鹊还发明了切脉于手腕的诊脉方法,相比于原来的诊与全身的方法更加简单易行,是中医学上的一大进步。扁鹊虽然没有脉学专著传世,但在《难经》《脉经》等医学著作中,体现了扁鹊的一些脉法思想。

(二)扁鹊的治疗思想

扁鹊在治疗时,能够根据客观病情的需要,选择和使用针灸、砭石、按摩、汤药、手术等多种方式综合治疗疾病,而不拘泥于一种固定的方法。《史记·扁鹊仓公列传》记载了扁鹊运用多种方法为虢太子治病的案例:

> 扁鹊乃使弟子子阳厉针砥石,以取外三阳五会。有间,太子苏。乃使子豹为五分之熨,以八减之齐和煮之,以更熨两胁下。太子起坐。更适阴阳,但服汤二旬而复故。④

在这里扁鹊按照一定顺序采取了多种治疗方法,与病人的具体情况相协调。同样在《史记·扁鹊仓公列传》中记载的扁鹊为齐桓侯诊病的案例中也提道:"疾之居腠理也,汤熨之所及也;在血脉,针石之所及也;其在肠胃,酒醪之所及也;其在骨髓,虽司命无奈之何。"⑤对于不同位置的疾病,就应当使用不同的治疗方法。在各种治疗方式中,扁鹊特别推崇使用砭石的方法,即用石刺人的体表,使人出血的治疗方法,很多文献都认为扁鹊是砭石疗法的发明人。

扁鹊认为要使疾病痊愈,必须采取实际有效的治疗手段,反对使用巫术治病。春秋战国时期,巫术在社会上具有很大的影响,很多人将自身的身体健康寄托于巫术上。扁鹊坚定地反对使用巫术治病,在《史记·扁鹊仓公列传》记载了扁鹊"六不治"的原则:

---

① (汉)司马迁:《史记》卷一百五《扁鹊仓公列传》,中华书局1982年版,第2794页。
② (汉)刘安编,何宁撰:《淮南子集释》卷二十《泰族训》,中华书局1998年版,第1403页。
③ (汉)司马迁:《史记》卷四三《赵世家》,中华书局1982年版,第1786页。
④ (汉)司马迁:《史记》卷一百五《扁鹊仓公列传》,中华书局1982年版,第2792页。
⑤ (汉)司马迁:《史记》卷一百五《扁鹊仓公列传》,中华书局1982年版,第2793页。

使圣人预知微，能使良医得蚤从事，是疾可已，身可活也。人之所病，病疾多；而医之所病，病道少。故病有六不治：骄恣不论于理，一不治也；轻身重财，二不治也；衣食不能适，三不治也；阴阳并，藏气不定，四不治也；形羸不能服药，五不治也；信巫不信医，六不治也。有此一者，则重难治也。①

扁鹊提出的这六条原则，总的来说是为了强调医学的重要性，认为有的人为了节省金钱或怕麻烦的心理，而放弃医生的治疗，这种心理会导致疾病愈发严重。对于误认为自己有巫术的人，扁鹊也坚决否定，明确了巫术与医学的界限，促进了医学在民间的推广。

（三）扁鹊的阴阳五行思想

阴阳五行思想在战国时期具有很大的影响，扁鹊在自身的医学理论中吸收借鉴了阴阳五行思想，利用阴阳五行的概念来解释人体内部的活动。《扁鹊仓公列传》中扁鹊对于虢太子病情的判断明显体现出了阴阳思想。

扁鹊曰：若太子病，所谓"尸蹶"者也。夫以阳入阴中，动胃繵缘，中经维络，别下于三焦、膀胱，是以阳脉下遂，阴脉上争，会气闭而不通，阴上而阳内行，下内鼓而不起，上外绝而不为使，上有绝阳之络，下有破阴之纽，破阴绝阳，色废脉乱，故形静如死状。太子未死也。夫以阳入阴支兰藏者生，以阴入阳支兰藏者死。凡此数事，皆五藏蹙中之时暴作也。②

这里可以看出扁鹊使用阴阳思想来解释人体内发生的变化和导致人发病的原因，而通过诊脉的方式可以了解人体内的阴阳情况。

在《盐铁论·轻重》中记载有："扁鹊抚息脉而知疾所由生，阳气盛则损之而调阴，寒气盛则损之而调阳，是以气脉调和，而邪气无所留矣。夫拙医不知脉理之腠，血气之分，妄刺而无益于疾，伤肌肤而已矣。"③可见扁鹊使用针石疗法进行治疗的时候，也要依据阴阳五行的理论，以"盛则泻之，虚则补之"的原则来治疗。扁鹊的阴阳五行与人体相结合的模式与我们今天的理论体系存在着很大的不同，但其对后世中医理论产生的巨大影响是不可否认的。

---

① （汉）司马迁：《史记》卷一百五《扁鹊仓公列传》，中华书局1982年版，第2793—2794页。
② （汉）司马迁：《史记》卷一百五《扁鹊仓公列传》，中华书局1982年版，第2790—2791页。
③ （汉）桓宽著，王利器校注：《盐铁论校注》卷四《轻重》，中华书局1992年版，第179页。

扁鹊成为我国历史上第一个有系统文字记载的医生，做出了很多具有开创性的工作，他的医疗技术代表了战国时期中国传统医学诊治的总体发展水平。春秋战国时代，医学从官方垄断转而走入民间。扁鹊认识到了社会对于医生的迫切需要，"随俗为变"，使自身的医学与社会实际相结合，满足了广大人民的需求。扁鹊广招门徒，言传身教，在山东地区形成了齐派医学，促进了民间医学的大发展。扁鹊被后世称为中国传统医学的奠基人。

二、刘完素的医学思想

刘完素（1110—1200），字守真，河间（今属河北）人，别号宗真子、通玄子，自号通玄处士、河间处士，世称刘河间。刘完素是一位著名医生，医学界"金元四大家"之一。他通过对《内经》和《伤寒论》的深入研究发掘，创立了火热理论，认为六气过甚皆能化火。在治疗方法上重用寒凉药，倡导辛凉解表、表里双解、攻下养阴及养肾水、泻心火等治疗方法，创制了不少治疗伤寒病的方剂，拓展了中医治疗温热性病的思路。同时，他还着力阐发了《内经》中的亢害承制理论，发展了中医中的五行学说，以内风和相火论中风，提出"阳火"命题，倡言"心为君火，肾为相火"对后世温病学说有所启发，为中医的理论建设做出了突出的贡献。刘完素弟子众多，从学弟子有穆子昭、荆山浮屠、马宗素、常德、镏洪、董系、刘荣甫等，在刘完素医学思想的影响下，形成金元时期一个重要医学流派"河间学派"，使当时的医学整体风格发生了很大的变化，"金元四大家"中"攻下派"的张从正、"滋阴派"的朱震亨，都与刘完素有师承关系，都属于刘完素创立的河间学派。刘完素一生著述颇多，主要有《黄帝素问宣明论方》《素问玄机原病式》《内经运气要旨论》《伤寒直格》《伤寒标本心法类萃》《三消论》等。

（一）刘完素的"火热论"

"火热论"思想的产生有其独特的历史背景。刘完素生活的时期热性传染病流行。当时在医学上占有主导地位的是陈师文、裴宗元等著的《和剂局方》，该书所用药方多偏温燥，不能适应治疗瘟疫的现实需要，当时北方很多医生都在古籍中寻找治疗流行病的有效方法，在这种情况下，刘完素以自身的医学实践为依据，吸收前代医家成果和易学、道教医学理论等，对于当时的医学思想进行了大胆的革新，创立了"火热论"。刘完素的火热论思想来源主要是《内经》和《伤寒论》。刘完素对于《内经》十分推崇，认为中医的"法之与术，悉出《内经》之玄机"。①其余"千经百论""皆谓非至道造化之用"②。刘完素潜心研究《内经》一书，以《内经·素问》中的"病机十九条"为基础，扩大了火热病症的范围，并提出"六气皆从火化"的观点。刘完素对于张仲景《伤寒论》的研究十分透彻，《伤寒论》的内容主要是基于张仲景对当时所见病例的研究，刘完素不拘泥于原书的内容，而是基于现实的新情况加以改变。张仲景的《伤寒论》建立起一个"三阴三阳"的辩证体系，刘完素对《伤寒论》"阴阳"的理解独出心裁，释"阴阳"为表里，"阴胜则阳病，"得出"然寒主闭藏而腠理闭密，阳气怫郁不能通畅，怫然内作故身热燥而无汗"③的内因致热理论。刘完素认为伤寒病发热的原因，主要是由于身体内阳气堵塞所导致的。这样刘完素就在原有医学理论的基础上，经过自身的大胆创新，形成了具有突破性的新颖理论。在具体治疗时，刘完素并不拘泥于发病的一般时间规律，而是倡导"随证施治""以脉分别"。在当时，很多医家都从研究古籍中寻找解决现实问题的方法，如同为金代的医学家李庆嗣，在学医过程中也潜心研究《素问》《伤寒论》等书，通晓其义，天德间，岁大疫，广平尤甚，贫者往往阖门卧病，广嗣携药与米分遗之，全活者众。李氏著作有《伤寒纂类》四卷、《改证活人书》三卷、《伤寒论》三卷、《针经》一卷。

"火热论"是刘完素医学思想的核心，主要包括"六气皆从火化"与"五志过极皆为热甚"两个方面。刘完素认为六气之中除火热外，其余风、湿、燥、寒四气也能化热生火，指出六气间存在着转化的关系，火热亦往往是产生其他病症的原因，认为寒类病也与火热有关。可见化火是引起疾病的主要原因，而其核心原因就是"阳气怫壅"。刘完素根据五脏功能与五志的密切关系，提出"五志过极皆为热甚"说，五志化火是中医学对于情志疾病的一个重要论点。指由于精神刺激影响了机体阴阳、气血和脏腑生理的平衡，造成气机郁结。刘完素认为："五脏之志者，怒、喜、悲、思、恐也，悲一作忧，若五志过度则劳，劳则伤本脏，凡五志所伤皆热也。"④强调五志会郁结积滞，久而化火，火热会损害人的五脏，提出"诸所动乱劳伤，乃为阳火之化"的论断。在"火热论"的指导下，刘完素用药以寒凉药物为主，提倡辛凉解表，

---

① （金）刘完素：《素问病机气宜保命集·自序》，人民卫生出版社2005年版，第1页。
② （清）张金吾辑：《金文最》卷一九，清道光六年（1826）张金吾爱日精庐抄本，第365页。
③ （金）刘完素：《伤寒直格方》卷中，文渊阁《四库全书》本，第32页。
④ （金）刘完素：《素问玄机原病式》，《古今医统正脉全书》本，第29页。

表证用辛凉之剂，里证则用苦寒降泄之剂。为此他新发明了许多药方，如益元散、凉膈散、甘露饮双解散和三一承气汤等。刘完素还发明了表里双解法，张仲景的《伤寒论》中治表里同病的原则是先解表而后清里热，刘完素则主张表里同治，这样可以使治疗更加稳妥。但刘完素的"火热论"也存在过于简单粗糙的弊病，刘完素主张"六经皆热证"，将《伤寒论》中原本包含的一些疾病视为"阴寒杂病"加以排斥，这样就限制了治疗的范围。

（二）刘完素的气运理论

刘完素在学术研究中十分重视"五运六气"的指导作用，以五运六气为"学之门户"。刘完素在《图解素问要旨论》一书中全面阐述了他自身对于运气学术的理解。

"五运六气"来自唐代王冰在注《素问》时补入的"七篇大论"，是运气学说的核心内容，以十天干的甲己配为土运，乙庚配为金运，丙辛配为水运，丁壬配为木运，戊癸配为火运，统称五运，以十二地支的巳亥配为厥阴风木，子午配为少阴君火，寅申配为少阳相火，丑未配为太阴湿土，卯酉配为阳明燥金，辰戌配为太阳寒水，叫作六气，从年干推算五运，从年支推算六气，并从运与气之间，观察其生治与承制的关系，以判断该年气候的变化与疾病的发生。

刘完素反对单纯地以天干地支机械地套用五运六气，认为由于人体内的动态平衡，运气是经常变化的。为了将五运六气运用于医学实践中，"夫别医之得失者，但以类推运气造化之理，而明可知矣"[1]。刘完素采用"取象比类"的方法，将自然界五运六气的变化发展规律类比人体生脏腑诸气的六气主病，将人体生病的病因与五运六气真正地结合起来，认为病人生病时可能会显现出真假两方面的病症，为治疗一些病症复杂的疾病提供了理论依据。

（三）刘完素的"玄府气液说"

"玄府"这一概念最早见于《黄帝内经》，认为玄府就是汗孔。刘完素进一步扩大了玄府的定义，在著作《素问玄机原病式》中，刘完素对玄府下定义："玄府者，谓玄微府也。然玄府者，无物不有，人之藏府、皮毛、肌肉、筋膜、骨髓、爪牙，至于世之万物，尽皆有之。"[2]可见刘完素定义的玄府是普

---

[1] （金）刘完素：《素问玄机原病式》，《明古今医统正脉全书》本，第4页。
[2] （金）刘完素：《素问玄机原病式》，《明古今医统正脉全书》本，第46页。

遍存在的人体内"气"出入的口户，是玄府微观通道的概念抽象化。

津液指人体内一切正常液体，刘完素认为人体内津液的代谢平衡是一个复杂的过程，疾病能影响到津液的流动，导致津液停滞积聚的病理变化。而遍布人体各处的玄府也会受到津液代谢不畅的影响。刘完素认为热气怫郁是导致玄府闭密的主要原因，"热甚则腠理闭密而郁结也"[①]，治病重在开发郁结，恢复人体气血津液正常的代谢平衡。刘完素在实际治疗中多以辛味药宣发玄府，使病人的病体通畅，加快疾病的痊愈。

（四）刘完素医学思想的价值

刘完素富有创新精神，其医学思想自成体系，与理学、易学和道家医学都有密切联系，打破了中医学自张仲景以来因循守旧的局面。刘完素的"火热论"在当时产生了很大的影响，支持刘完素"寒凉"治疗方法的医学家形成了金元时期一个重要学术流派"河间学派"。张子和受刘完素的影响，提出邪去正安之说，并发展其用攻下与寒凉的一面。李东垣也提出了"阴火"的论点。刘完素对相火的论述及运用益肾养阴法治巧阴虚火旺，为朱丹溪的相火论和滋阴学说打下了基础，刘完素创立的火热论成为温病学派的先导。刘完素开创了寒温之争的局面，其创立的辛凉解表法化及寒凉药的应用，均为温病学的建立奠定了基础。刘完素论治湿热病的辛凉解表法、表里双解法、清热解毒法、清热养阴法、通里攻下法，对后世温病学派温热病治法的确立具有奠基性的作用。

三、张元素、李杲与易水学派的形成

金元时期，各种医学流派竞相建立，继刘完素创立河间学派之后，张元素探索脏腑辨证，在总结前人学术成就的基础上，创立了较为系统的脏腑寒热虚实辨证体系，又经李杲、王好古、罗天益等人的传承与发展形成了著名的易水学派。张元素总结和发展了《内经》《难经》《中脏经》诸经典中有关脏腑辨证的医学理论，并结合自身丰富的临床实践经验，建立了以寒热虚实为纲的脏腑辨证体系。李杲是张元素的亲传弟子，深得张元素的真传，在继承张元素学术思想基础上，着重发展脏腑辨证，创立了"脾胃学说"。

---

① （金）刘完素：《素问玄机原病式》，《明古今医统正脉全书》本，第6页。

（一）张元素的医学思想

张元素（1131—1234），字洁古，金比易水（今河北易县）人，27岁时因进士落榜转而从医，张元素对于《内经》《难经》《中脏经》等医学经典有深入研究，并结合自己长期从医经验，总结和完善了脏腑辨证思想，形成了自身具有特色的理论体系。张元素的学术思想经其弟子李杲、王好古、罗天益等人的传承与发展，形成了以重视脏腑辨证为特征的易水学派。张元素主要著作有《医学启源》《珍珠囊》《脏腑标本药式》《洁古本草》《洁古家珍》等。

张元素的主要医学思想有：

脏腑病机理论。张元素的脏腑病机理论主要记载于他的著作《医学启源》中，张元素总结了前人对于脏腑病理活动和治疗方法的零碎内容，深入研究了五脏六腑与五运六气之间的联系，建立了以寒热虚实为纲的系统的脏腑病机理论体系。张元素指出："夫人有五脏六腑，虚实寒热，生死逆顺，皆见形证脉气，若非诊察，无由识也。虚则补之，实则泻之，寒则温之，热则凉之，不虚不实，以经调之，此乃良医之大法也。"[①]张元素对脾、胃、心包、肺、肝、小肠、脾、肾、膀胱等内脏器官都一一依据"实、虚、寒、热"四个方面提出其可能出现的问题和相对应的症状。在临床诊断中综合依据患者的梦境、脉搏、色泽等表现来确定患者脏腑的虚实寒热情况，判明疾病的发展情况，再结合运用五行相生相克理论，进一步确定疾病的治疗方针，开设处方。

脾胃理论。张元素在人的五脏六腑中对于脾胃最为重视，认为脾胃是人身体的根本，脾胃的功能决定着五脏六腑的功能。在中国传统医学思想中认为"脾为中土之脏"，脾胃象征"土"，土为五行之本，脾胃的盛衰表现出人体内中气、本气的盛衰。张元素认为："脾者，土也，谏议之官，主意与智，消磨五谷，寄在胸中，养于四傍，王四季，正主长夏，与胃为表里，足太阴阳明是其经也。""胃者，脾腑也，又名水谷之海，与脾为表里。胃者，人之根本。胃气壮，则五脏六腑皆壮也，足阳明是其经也。胃气绝，则五日死。"[②]张元素在临床治疗中，特别注意保养胃气，并多用升阳之药物。张元素在治疗脾胃时仍然坚持使用自身以寒热虚实为纲的脏腑病机理论。继张元素之后，

---

① （金）张元素：《医学启源·序》，明刻本，第3页。
② （金）张元素：《医学启源·序》，明刻本，第10—12页。

易水学派充分发扬了该理论,从而形成了系统、完整的脾胃元气学说。

用药处方理论。张元素在用药处方理论方面提出了药物的归经学说和引经报使学说。前者是指某种药物善于入某经络,可以用于治疗相应的病症;后者是指可以利用某种药物自身特点引导其他药物进入该经络,在治疗该经络对应的病症的过程中起导引作用。所谓"归经"是中药功效的定位概念,即为表示中药功效对人体脏腑、经络等特定部位的选择性。张元素依据中药的临床效果,确定了不同中药对经络的归属,如"黄连泻心火,黄芩泻肺火,白芍药泻脾火,知母泻肾经火,木通泻小肠火,黄芩泻大肠火,石膏泻胃火"[①],并以此指导病人用药。张元素在《医学启源》中记述了较多常用药物的归属情况。所谓"引经报使",即认为一些药物对某一经络具有强烈的选择性,可以引导其他药物直达病所,从而提高其他药物的效果。张元素在《医学启源》及《珍珠囊》中首次明确提出了引经药。引经报使学说的提出,对后世方药学的发展产生了深远影响。张元素还创立了药物升降浮沉学说,将临床常用的药物按风升生、热浮长、湿化成中央、燥降收、寒沉藏及法象余品分为六类。这种创新分类方法契合实际需要,方便学习记忆,对药物的功效表述更加准确。张元素还认识到了同类功效的药物,也可能归属不同的脏腑经络。药物的炮制方法和使用部位,也可以改变药物的升降浮沉。基于这一理论,张元素提出了脏腑的苦欲补泻之法,并且明确指出了相应的应用药物。

张元素以前代医学知识为基础再结合自身丰富的临床检验,大胆革新,创立了以寒热虚实为纲的脏腑辨证论治体系,以及归经理论和引经报使理论等新的医学学说,易水学派正是在张氏创立新说的基础上发展起来。河间学派与易水学派间由于治病基础理论的不同而出现长期的学术争鸣,河间学派认为伤寒属于热病用药应用寒凉,而易水学派认为治疗伤寒时应当以保养胃气为先。两派的争论难分高下,一直持续到明代,分别发展成为温病学说和温补学派。

(二) 李杲的医学思想

李杲(1180—1251),字明之,号东垣老人,真定(今河北正定)人,是中国医学史上"金元四大家"之一。李杲师从张元素,并深得张元素真传,在继承张元素学术思想基础上,着重发展脏腑辨证,创立了"脾胃学说"。因

---

① (金)张元素:《医学启源·去府藏之火》,明刻本,第88页。

为在五行当中，脾胃属于中央土，因此他的学说也被称作"补土派"。

李杲的医学思想与张元素一脉相承，同时又与《内经·素问》中的"土者生万物"思想相结合，创立了脾胃学说。在李杲的著作中着重强调了脾胃的生理功能在人体中的重要性，认为人体赖以生存的精气与营养都来自脾胃，脾胃是人体的枢纽，假如脾胃受到损伤，脾胃的升降失常，就会引起人体内其他脏器的失调。因此，李杲认为内伤发热的发病原因主要在于脾胃。李杲在脾胃学说的基础上，又提出了"阴火论"和内伤发热论，认为疾病的发病原因在于饮食不节、劳役过度、精神刺激导致的胃病，"脾胃不足为百病之始"①。阴火的本质即为下焦肝肾中的病理之相火，治疗这一病症的主要原则为补脾胃、泻阴火、升清阳。李杲还十分强调运用辨证论治的原则，强调虚者补之，实者泻之，反对温热峻补和长期使用苦寒泻火类的药物。为实践这一治疗原则，李杲在用药上发明了补中益气汤、升阳益胃汤、升阳除湿汤、升阳散火汤、益气聪明汤等升清阳，制阴火的名方，在治疗疑难杂症时，往往可以收获奇效。

四、王清任的医学理论探索

王清任（1768—1831），字勋臣，直隶玉田（今属河北）人，邑武庠生，曾任千总职，清代医学家，曾在太医院任职。王清任在医学研究中注重实践，对于中国传统的中医研究方法进行创新，通过解剖尸体的方式来观察人体内脏结构，更正了之前中医理论对于人体结构的很多谬误。王清任在其对人体大量研究的基础上提出了"诸病之因，皆由血瘀"的瘀血学说，发明了很多活血逐瘀方剂，在临床上注重分辨瘀血的不同部位而分别给予针对性治疗。王清任的主要医学思想体现在他的医学著作《医林改错》之中。

（一）王清任与实证医学

王清任在中国传统医学中的"五运六气"理论体系已经发展趋于完善的背景下另辟蹊径，通过观察解剖人类和动物尸体的方法，来了解人体的生理结构和疾病的产生原因，体现了王清任朴素的实证医学思想。

王清任认为清楚了解人体的脏腑结构对于正确的治疗非常重要，提出"治

---

① （元）李杲：《脾胃论》，文渊阁《四库全书》本，第1页。

病不明脏腑,何异于盲子夜行"①的观点,王清任利用各种机会对人体的结构进行观察,如在滦州观察染疹痢的小儿尸体、在刑场观察被行刑的犯人尸体等,从而发现古医书中关于人体内脏器官的记述中有不少错误。在《医林改错》中,王清任记叙了自己亲见的脏腑形态,对于传统的错误观点进行了修正,如指出肺有左、右两大叶,肺外皮实无透窍,不存在行气的二十四孔;认为肝有四叶,胆附于肝右第二叶,纠正了传统中肝为七叶的错误。王清任正确地认识到人感觉和思考的器官是脑而不是心。但王清任突出的研究成果因为与根深蒂固的传统观念不合而受到了当时人的非议,称为"故叛经文""非圣无法",王清任的实证医学没有在当时产生很大的影响,也没有改变中医理论发展整体停滞的局面。

(二)王清任与瘀血学说

王清任在《医林改错》中花大量篇幅来论述对血瘀的辨治,提出"若血瘀,有血瘀之症可查,后有五十种血瘀症互相参考"②的学术观点,补充了中医病机学和方药学。王清任的瘀血学说来源于《内经》的气血学说和张仲景的"正气引邪"理论,认为人体的生理活动需要依赖气血的通畅,而气滞血瘀则是人体生病的主要病因,不论外感内伤,对于人体的损伤,皆伤于气血而非脏腑。在诊病时王清任调强调必须明察气的虚实、血的亏瘀之因,辨病性注重虚实,提出外感、积热、气虚、血瘀所致的证型特点,指出"元气既虚,必不能达于血管,血管无气,必停留而瘀"③。明确提出了人的活动能力的强弱在于元气的盛衰,血瘀与气虚有密切关系。

在疾病的治疗方法上,王清任提出了使用"活血法",主要采用活血化瘀的方法加以治疗。在《医林改错》中王清任记载了三十三个药方,主治三十九种病症,其中约有三分之二具有活血化瘀作用。④因王清任认为气虚者必有血瘀,气虚血运乏力而使瘀滞使然,因此补气药合用活血化瘀药是王清任治疗脑

---

① (清)王清任:《医林改错》上卷,京都隆福寺胡同三槐堂书铺道光十年(1830)刻本,第9页。
② (清)王清任:《医林改错》上卷,京都隆福寺胡同三槐堂书铺道光十年(1830)刻本,第24页。
③ (清)王清任:《医林改错》下卷,京都隆福寺胡同三槐堂书铺道光十年(1830)刻本,第17—18页。
④ 王烨燃:《〈医林改错〉活血化瘀方药特点及治法源流探析》,硕士学位论文,黑龙江中医药大学方剂学专业,2007年,第12页。

气亏虚证的首选方法。王氏认为半身不遂，亏损元气，是其本源。根据这些认识，在他治疗疾病的处方中，提出了逐瘀、补气活血两个治疗原则。

王清任在发现经典中的矛盾和错误之后，决心担当起自己的学术使命，他走出"尊经崇古，以经证经"的治学传统，重视解剖观察，通过解剖观察颠覆了"肝藏血""心主神明"等已成定论的观点。他的贡献还包括发现了胰总管、动静脉等解剖结构，创立"脑主灵机"理论，首次开展经络实质研究，创制补阳还五汤、膈下逐瘀汤等经典方剂。他用一生的努力证明解剖学可以推动中医学的发展。王清任是瘀血学说的开拓者，在他治疗疾病的立法处方中，提出了逐瘀、补气活血两个治疗原则，对后世影响巨大。王清任的《医林改错》自 1830 年由京都三槐堂书铺初刻，迄今已有七十多个版本，在民间广为流传。

五、张锡纯与中西医汇通思想

张锡纯（1860—1933），字寿甫，河北盐山人，中西医汇通学派的代表人物之一，近现代中国中医学界的泰斗，在近代医学史上具有举足轻重的地位。张锡纯作为中西医汇通思想的代表性人物，将中医理论与现代西医研究成果相结合，使得中医学有了新的突破与创新。张锡纯祖父张弃、父张彤元精于医术，张锡纯受家庭环境影响潜心医学。他精研《黄帝内经》《难经》及张仲景《伤寒杂病论》等中医经典，在临证上，善化裁古方。在他接触到西方科学后，力主中西医汇通。张锡纯于 1916 年在沈阳创办中国第一间中医医院——立达中医院，1930 年创办国医函授学校，培养了不少中医人才。张锡纯的著作汇总为《医学衷中参西录》，该书在海内外中医界产生了巨大的影响，有"中医之喉舌"之称的《医界春秋》《绍兴医报》《山西医学杂志》《三三医报》等报纸皆称其书为"医家必读之书""医书中第一可法之书""为医界开一新纪元"。

（一）张锡纯中西医汇通思想的形成背景

在张锡纯生活的时代，现代西方科学知识大量传入中国，张锡纯自幼接触西方科学，涉猎很广，对物理、化学、生物、天文皆有研究，体现出张锡纯强烈的求知欲望，也为他的医学研究提供了理论基础。张锡纯熟悉掌握西医医理，常用西医医理印证中医医理，比如关于西医"脑充血证"就是中医"厥证"的论证；他对化学研究透彻，不光解释了西药的药性，而且对中药药性也做了分析。这些西方科学技术的引用，在张锡纯的中西医汇通尝试中占据着极其重要的地位，正是出于对西方科学强烈的兴趣才使得他在中西医汇通研究上独占鳌头。

随着西医在中国的影响力越来越大，西医学越来越表现出优于中医学的势头，在中国社会上出现了要不要废除中医中药的争论。1913 年，北洋政府教育总长汪大燮公开主张废止中医中药，引发了中医界的强烈不满和抗议；1916 年余云岫发表《灵素商兑》，公开斥责中医学，极力要求废止中医，在 1929 年 2 月召开的国民政府第一届中央卫生委员会上，通过了余云岫等人提出的"废止旧医（中医）以扫除医药卫生之障碍案"的议案，将废除中医的理念推到了高潮。中医界的一些有识之士开始把目光转向思考中医的出路问题上，希望可以通过吸收西方现代医学知识，对于传统中医中的一些不科学的观点进行修正。张锡纯身为一名中医，对中国传统医学有着极其深厚的感情，他把不能将中医学发扬光大看成是一种罪过，并极力寻找创新中医学的新途径。张锡纯由儒入医，对中医典籍的体悟比常人要深刻得多，他强烈渴望对中医学有所创新，以使之可以流传下去。张锡纯从西方医学入手，将其引入中医医理的发明中，给中医医理以新的解释。

"废止中医"论的提出，客观上激发了张锡纯对中西医汇通的深层思考。

（二）张锡纯的中西医汇通思想

在对待中西医的问题上，张锡纯力主"衷中参西""中西医汇通"，他不仅精研中医理论，而且对西医学也有很高的造诣，因此提出了许多新的理论。这些理论在保留传统中医思想内核的基础上，将西医的相关知识有机地纳入，从而在医学理论上提出了很多的创新性观点。张锡纯通过中西汇通提出的新观点主要有：

心脑相通思想。西方医学认为脑是人的思维器官，它支配着人的精神或神志。这显然与中医学历来所信奉的"心藏神"的观点是完全不同的，它自古以来就把心看作人体内的最高级的器官，因为它主导着人体的思维和神智，中医认为只有心才是会思考的，是它主导着人的认知。而且，在具体的医疗操作上中医学和西医学也是有很明显的区别：中医认为神明在心，所以凡是神明受伤，皆注重治心；西人认为神明在脑，神明受伤后，自然是注重治脑的。这种关于神智活动的归属问题，在西学东渐后的近代中国引发了学术上的争鸣，出现了"脑主神明"和"心主神明"两个派别。张锡纯为了弥合中西医的这种分歧，提出了独到的"心脑共主神明"的观点。

张锡纯总结历代医家与道家学说，提出神明有元神与识神之分。元神为神之体，识神为神之用。张锡纯还认为，中西医之所以对神明有着不同的认识，是基于它们的侧重点不同。中医重视神明之用，西医重视神明之体，从而提出了"神明之体藏于脑、神明之用发于心"①的学术观点。张锡纯用心脑相通理论对人体的思维活动做出了解释。他认为，既然神明之体在脑，而神明之用发于心，那么思维的过程就是神明由脑及心而发挥作用。因此，心脑之间是相通的，这个通路就是神明运行的道路。心脑之间相通的道路畅通无碍，是神志正常运转的重要保障。病理状态下，一旦心脑相通的道路受阻，则神机阻滞，神明失用，导致各种类型的神志疾病。张锡纯还对心与脑在记忆和思考过程中不同的作用进行了论述。他认为，心与脑各有分工，他把记忆的功能归属于脑，而将思考的过程归属于心。张锡纯用心脑相通理论指导癫狂、癫痫等多种神志病的治疗，取得了很好的疗效。他认为，神志疾病多由情志因素引起，提出了五志化火、耗伤心血、生火生痰、瘀塞于心脑相通之窍络是神志疾病的关键病机，治疗上提倡从痰论治，阴证者予以涤痰通络开窍，阳证者予以涤痰清火开窍。

气化论思想。 随着西方解剖学传入中国，中医传统上对于人体结构的观点受到挑战，张锡纯为了解决这一问题，对于中医传统中的五脏六腑使用气化理论加以诠释，从而与解剖学中的人体器官区分开来。历代中医在论述肝脏的位置和形态时，总是与肝经混淆在一起，张锡纯在《深研肝左脾右之理》中指出："肝右脾左之说，《淮南子》早言之；扁鹊《难经》亦谓肝在右。"②也就是说他接受西医解剖学关于肝脏位置在右的说法，但是这并不意味着他反对中医所谓"肝在左"的观点。张锡纯在针对西医质疑中医"不明脏腑"问题时，用中医的气化理论坚决地加以辩驳。他认为中医学古代经典《难经》对"肝在右"观点的明确表述就是证明中医对"肝的形质位置在右"的事实是心知肚明的，只是中医家在诊病治疗时并不涉及它的形质位置，而是将焦点放在气化功能上。为了说明这个问题，他用"肝虽居右，其气化实先行于左"③进行解释。张锡纯强调中西医学所认识的肝脏之所以不同，是因为中西

---

① 张锡纯:《医学衷中参西录》，山西科学技术出版社 2010 年版，第 295 页。
② 张锡纯:《医学衷中参西录》，山西科学技术出版社 2010 年版，第 292 页。
③ 张锡纯:《医学衷中参西录》，山西科学技术出版社 2010 年版，第 279 页。

医有各自不同的身体观,它们对肝脏位置的不同认识,其实都是服务于各自的医学理论需要。中医传统是讲求气化,反而对形质脏腑重视不够。历代中医都习惯用中医五行气化之脏腑理论来观察人体,而且这在中医范围内解释疾病是完全可行的。张锡纯与同时代的中医医家一样坚持"肝生于左"的观点,一部分原因是捍卫《内经》气化理论的权威,另一方面就是证明中医并不需要确定脏腑形质的位置依旧可以诊病断病。

在气化论的实际临床应用中,张锡纯将斡旋升降作为临证处方用药的原则大法,他特别注意肝气在人体气化中的升发作用,对于各种气逆之证,他在降逆的同时均不忘升发肝气。此外,张锡纯还十分注重脾胃、心肾的升降功能,注重升举大气以调理人身气化。

中西药结合使用思想。张锡纯是中医药结合使用的首创者,首次明确提出通过汇通中西医药来汇通中西医理,这为后世进行中西医结合研究提供了一条新思路。张锡纯对药物药性极为重视。对药性的审查有自己一套经验:"故欲审定药性,须一一自家亲尝;或临证时检对证之药但以一味投之,以观其效力。""尝思天下事,非亲自实验中来,虽言之凿凿,犹不足信。"[①]他把研究目光转向西药,拓宽了研制新方剂所需要的药物范围。张锡纯不只是用还原分析的方法对中药的药性进行了新的阐释,而且还以中医学的性味来描述西药,使西药具有了中药的性状,张锡纯对西药的这种新解释,赋予了西药不一样的意义。赋予西药中药药性,是张锡纯中西医药结合使用的前提,中西医药汇通的"衷中参西"原则在这里表现为"西药中用"。也就是说,他对西药进行中医阴阳、寒热、表里、虚实等辨证论治属性的划分。在坚持中医辨证论治的前提下,把西药纳入中医理论的使用范围,以中医的辨证药理为主,分析西药的寒热补渴作用。这样做的目的就是保证方剂的整体性。所以说,尽管张锡纯将中药进行了西方科学的还原分析,但是并不影响他对中医学整体观的坚守。在中西医药结合中兼顾还原分析和整体思维,是张锡纯中西医汇通思想的一大特色,而且,对西方先进科学方法的借鉴和引入,对中西医结合同样具有指导意义。

张锡纯在临床用药中采取了"西药治标,中药治本"的中西药结合原则。即使张锡纯吸收了西医学的诊断手段,但是对其医理内容还是表示质疑的,

---

① 张锡纯:《医学衷中参西录》,山西科学技术出版社 2010 年版,第 634 页。

在他看来，西药虽然见效快，却治标不治本，根治疾病还是要靠中药。这便是他在中西医汇通思想研究中极力坚持的一点，即必须以中医为本，西医只是作为一种辅助，这也是他"衷中参西"原则的体现。张锡纯在多年的临证处方用药中，深深体会到了中药、西药各自的长处，所以他认为中西药的配伍应用不应该相互抵牾，而应该相济为用，以增加方剂疗效。张锡纯首创了中西药结合方剂——石膏阿司匹林汤，其配方为"生石膏轧细，二钱，阿司匹林一瓦"①，在明确了石膏和阿司匹林各自的药性特点之后，张锡纯把这两种药物巧妙地结合在了一起，不仅使它们各自发挥自己的长处，而且兼顾了整个药方的平衡，石膏清体内之热，阿司匹林发散体热于体表外，两者内外相应，表里双解。

就医环境改良思想。中国传统的就医模式，或是医生走街串巷，或是开设诊所，坐堂大夫也只是提供看病的场所，并不设立固定的病房和床位提供给病人，而且病人是随看随走的，即使是重症、急症病人也没有例外。富裕人家会延请大夫去家中诊治，但也不会一直监护。张锡纯在汇通中西医学的过程中，通过对两种医疗环境的比较，逐渐意识到中医在这方面的落后。比如，病人生病，在中医的眼中，此时病人体弱，是完全不能受风的，所以应将病人置于密不透风的空间里；有的甚至还要在这种密闭空间里燃以炉火，而张锡纯却认为种做法极为不妥，"致令一室之中，皆碳气熏蒸，无病者且将有病，有病者何以能愈"②，而更支持西医中将病人置于空气流通处的观念。他这种对中医学的改造，直接表现在年立达中医院的创建上。这是中国近代第一家中医医院，不仅使中医摆脱了传统医疗过程中的陋习，给中医学的发展提供了一个崭新的平台，而且实现了中国传统医疗空间由"医家"到"医院"的初步转换。张锡纯还在医院中积极使用西方先进医学仪器，如导尿术、人工呼吸、听诊器及显微镜等，提高了对疾病的诊断精确度。

（三）张锡纯中西医汇通思想的评价

"衷中参西"是张锡纯中西医汇通思想的原则，也就是说以中医学为主，参考西医学的内容并对其不足加以补充，这种思想受到了洋务运动"中体西用"思想的很大影响。在西医盛行的情势下，这种做法显然是出于对中医学

---

① 张锡纯：《医学衷中参西录》，山西科学技术出版社2010年版，第259页。
② 张锡纯：《医学衷中参西录》，山西科学技术出版社2010年版，第84页。

的保护。所以说，中西医汇通是对西方医学的一种回应，是为了发展中医学。张锡纯在中西医药方面的尝试最具代表性。他吸收西方科学的还原分析方法对中药进行新的药性诠释，与现阶段进行的中药方剂有效成分的提取是一致的，都是将还原方法应用于中医学研究。他还用中医的阴阳、寒热等辨证论治原则来重新诠释西药的性质，不仅如此，他还开启了中西药合用的先河。这种尝试对中西医结合影响巨大，现阶段的中药复方研究就是对张氏中西药合用的继承。可以认为，张锡纯是中西医汇通派产生之前中西医汇通思想的集大成者。这一点，从前面所讲的张锡纯关于心脑关系、脏腑形质的例子中也多有表现。其实严格说来，在中西医汇通派形成以前，虽然已经出现了中西医汇通医家，可是他们的汇通实践，并没有像汇通派那样触及中医和西医的核心。通过前面的介绍，我们了解到在张锡纯之前还有中西医汇通思想的启蒙期和早期中西医汇通时期，这两个阶段的成果若是和汇通派产生之后相比，还是有些差距的。因为前两个时期的汇通重点在于对西医知识的把握，只是对西方医学知识一种被动的接受。即使有汇通的部分，也多牵强。可是到了汇通派时期就不同了，尤其是到了张锡纯这里，他不仅吸收了西医的部分理论与中医相汇通，而且将这种原则应用到临证中。

但张锡纯的思想也具有其局限性，张锡纯对中医有强烈的执着。他把不能使中医发扬光大看作"罪责"，把对中医中药的废止问题看成关乎"国计民生"的大事，张锡纯的中西医汇通原则就清楚地向我们揭示了其以中医为本，西医只是用来参考的。但是遵循这一指导思想，中西医汇通不可能进行得十分彻底，甚至有些部分还会十分牵强。因为虽然汇通医家们标榜是将中西医放在同一个比较层面上公平对待，但是在具体的汇通操作上，还是以中医为根本，将西医放在了从属的位置上。张锡纯在对中西医治病的差异上作了这样的区分，用现代的眼光来看是不合理的。

第四节　刘焯、僧一行、郭守敬的天文历法研究

天文历法之学在古代科技史中占有重要地位，也一直是古代社会上层建筑的重要组成部分，这也直接促进我国古代天文历法一直繁荣发展。中国古

代改历活动非常频繁，中国古代历法竞争和革新贯穿整个中国古代天文学史。从汉代的《大初历》到明代的《大统历》，期间使用过五十多部历法。开皇二十年（600），刘焯编完《皇极历》，虽然并没有被官方颁布，但它标志着中国古代历法的成熟。他还开创了二次差内插法、主张测试地球子午线，对后代历法影响颇深。唐朝开元年间，僧一行继承发展了刘焯的天文学思想，创造了不等距二次差内插法。他进行一次大规模的实地测验，证实了子午线的存在，在此基础上，他完成了著作《大衍历》。元代著名天文学家郭守敬一生的成就主要集中在天文立法领域，著有《推步》《历议拟稿》《上中下三历注式》等十四种天文著作。他研制出多项天文观测仪器和计时仪器，主持编订《授时历》，这对当时的天文学有着突出贡献。

一、刘焯与《皇极历》

刘焯（544—610），字士元，信都昌亭（今河北冀州）人，隋朝著名的天文学家、经学家，刘献之三传弟子，与刘炫齐名，时人称"二刘"。刘焯自幼聪明好学，少年时和河间景城（今河北献县）人刘炫交识，一同拜师求学。后师从武强交津桥藏经大儒刘智海门下，十年苦读，因深通儒家学说而远近闻名。开皇初年，刘焯中举，射策甲科，拜为员外将军，与著作郎王劭一起修撰国史，参议律历。开皇六年（586），洛阳石经被运送到京师，但是石经上的文字已经难以辨别出来，隋文帝诏群儒考证其文字。在这期间，刘焯力挫众儒，因受到其他儒士嫉妒，被罢官还乡。之后他在家乡教学，不问政事，致力于教育和著述。据《隋书·刘焯传》记载，刘焯"《九章算术》《周髀》《七曜历书》十余部，推步日月之经，量度山海之术，莫不核其根本，穷其秘奥。"[①]"论者以为数百年已来，博学通儒，无能出其右者。"[②]他一生致力于研究日月运行、山川地理的著作。刘焯自己也潜心著书，著作有《历书》十卷、《稽极》十卷、《五经述义》和《皇极历》，这些都是著名的天文学著作和经学名著。特别是《皇极历》，是首次认识到太阳视差运动不均匀性的方法。同时他还创立了相等距内插法来计算日月视差运动速度，推算出五星位置和日食、月食的开始、结束时间等理论。《皇极历》的出现是中国古代历法上重大

---

① （唐）魏徵：《隋书》卷七五《儒林列传·刘焯传》，中华书局1975年版，第1718页。
② （唐）魏徵：《隋书》卷七五《儒林列传·刘焯传》，中华书局1975年版，第1719页。

的突破。

(一)《皇极历》的编订过程

隋朝建立后，隋文帝为"方行禅代之事，欲以符命曜于天下"[1]，急需要一部新的历法。隋文帝下令让道士张宾主持编制新历法的工作，一同参与的还有刘晖、刘宜、马显等十余人。开皇四年（584），新历编成，取名《开皇历》，隋文帝立刻下令颁行。《开皇历》实行初期，刘焯就提出了许多批评意见，认为开皇历"并称其失，言学无师法，刻食不中"[2]。意思是开皇历没有继承前人思想，对日食、月食的推算也有许多误差。《开皇历》的颁行也引起了隋代的历法之争，隋文帝便下令让刘孝孙重启校验新历工作。刘孝孙死后，开皇十年（590），张胄玄被杨素等人推荐继续制定新历工作。刘焯知道隋文帝任命张胄玄编订新历后，便对刘孝孙的历法《甲子元历》进行修改，更名为《七曜新历》，向上请求参与校验。但被张胄玄阻挠，只能回老家，继续钻研著作。

开皇二十年（600），太子杨广在东宫召集天下历算之士，这次刘焯带来了他的著作《皇极历》。但是杨广只是提拔刘焯为太学博士，并没有让他校验历法，这并不是刘焯的目的，他不久便称病返回家乡。仁寿四年（604），刘焯再次上书，一一指出张胄玄新历的错误。大业元年（605），太子杨广继位，下诏让刘焯和张胄玄一起校验历法。张胄玄便攻击刘焯的《皇极历》采用的是定朔法，说："故张衡及何承天创有此意，为难者执数以校其率，率皆自败，故不克成。"[3]刘焯和张胄玄互相反驳，是非不决。刘焯又愤怒而归。大业四年（608），隋炀帝想召回刘焯，使用《皇极历》，但又遭到袁充和张胄玄的排斥，刘焯只能遗憾离世。

刘焯的《皇极历》虽然没有被颁行，但是被破例全文都被载入《隋书·律历志》中。

(二)《皇极历》的价值

刘焯对前人的研究成果进行整理，加上自己的创新，编制的《皇极历》是隋朝最科学的历法，其中有许多革新和创造。

---

[1] （唐）魏徵：《隋书》卷一七《律历志中》，中华书局1975年版，第420页。
[2] （唐）魏徵：《隋书》卷一七《律历志中》，中华书局1975年版，第423页。
[3] （唐）魏徵：《隋书》卷一八《律历志下》，中华书局1975年版，第461页。

1. 刘焯在《皇极历》中极力主张实测地球子午线

隋代以前，长期流行的计算日远、天高的方法是"日影千里差一寸"学说。即南北相距 1000 里的两个地方，在夏至这一天的正午分别在这两地竖立一个长八尺的测杆，它的影子相差一寸。这个学说在两汉、魏晋南北朝时期的中国天文学界长期流行，直到隋唐才被推翻、遗弃。刘焯是第一个对"日影千里相差一寸"提出异议的天文学家，他认为只有通过精确的实地测量，才能真正推翻这个理论。刘焯上述皇太子说：

> 《周官》夏至日影，尺有五寸。张衡、郑玄、王蕃、陆绩先儒等，皆以为影千里差一寸。言南戴日下万五千里，表影正同，天高乃异。考之算法，必为不可。寸差千里，亦无典说；明为意断，事不可依。今交、爱之州，表北无影，计无万里，南过戴日。是千里一寸，非其实差。焯今说浑，以道为率，道里不定，得差乃审。既大圣之年，升平之日，厘改群谬，斯正其时。请一水工，并解算术士，取河南、北平地之所，可量数百里，南北使正。审时以漏，平地以绳，随气至分，同日度影。得其差率，里即可知。①

从上述可以看出，刘焯提出"日影千里差一寸"理论使用需要特定的条件，必须太阳运行的轨道和大地平行。而浑天说中说太阳高度是有变化，太阳运行轨道不能和地平面平行。他认为"日影千里差一寸"没有科学依据，是不可靠的。他也提出了具体的地球子午线测试办法：在黄河南北两地取同一经度的不同位置，在同一时间进行实测日影。刘焯的建议并没有被采纳，但是却对后来的天文学家产生重要影响。唐代开元年间，僧一行进行了一次大的实地观测，证实了刘焯怀疑"日影千里差一寸"的正确性，终结了"日影千里差一寸"学说。

2. 开创二次差内插法公式

利用代数的方法来处理天文观测数据是中国古代天文学的重要特点。在隋朝以前，天文学家基本上都采用线性插值法。隋代大业年间，刘焯在编订《皇极历》中考虑到太阳运行的不均匀性，独创了等间距二次内插算法，并且用这种方法计算太阳位置、日食月食、五星运行等历法问题，开创了历法计算新道路。刘焯在《皇极历》中制作了太阳运动不均匀性改正数值表，给

---

① （唐）魏徵：《隋书》卷一九《天文志上》，中华书局 1975 年版，第 521—522 页。

出了二十四节气时太阳运行速度的改正数据。但是要推出太阳在两节气中任一时间的位置，必须要使用插值算法。在《隋书·律历志下》中记载了刘焯的具体使用方法：

> 推每日迟速数术：见求所在气陟降率，并后气率半之，以日限乘而泛总除，得气末率。又日限乘二率相减之残，泛总除，为总差。其总差亦日限乘而泛总除，为别差。率前少者，以总差减末率，为初率乃别差加之；前者多，即以总差加末率，皆为气初日陟降数。以别差前多者日减，前少者日加初数，得每日数。所历推定气日随算其数，陟加、降减其迟速，为各迟速数。①

刘焯的等间距二次内插算法的公式来源于《九章算术》，他推算每日迟速数的算法，层次分明，环环相扣，构成了一个完整的算法程序。唐初李淳风编订《麟德历》中"日躔盈缩"的算法基本和刘焯的二次内插算法一样。到了唐开元年间，僧一行制《大衍历》，在继承刘焯等间距二次内插算法的基础上，创造了不等间距二次内插方法，把平气改为定气，被誉为中国历法科学的一大进步。

3. 精准计算岁差

所谓岁差，就是假如太阳视运动的出发点是冬至点，一年后太阳并不能回到原来的冬至点，而是差一小段距离，冬至点在黄道上的移动距离就是岁差数值。东晋天文学家虞喜首次发现了岁差，他算出的岁差是 50 年冬至点往西移 1 度。到了南北朝，祖冲之参考了虞喜的岁差值，制定出著名的《大明历》，这是首次在历法中考虑到岁差，但祖冲之认为岁差是 45 年 11 个月差 1 度。到了隋朝，刘焯在《皇极历》中使用的岁差是 75 年差度，与实际的岁差值 71 年 8 个月差 1 度相比，刘焯的计算已经很精准了，后来各朝代基本都沿用刘焯的岁差数值。

4. 使用定朔的方法

定朔是每月第一天的一种计算方法，与平朔相对，比平朔更加精确。朔日这一天的特点是太阳和月亮几乎是同时出没。南朝刘宋时期，何承天编订《元嘉历》是第一次主张用定朔法决定朔日。刘焯继承了何承天、祖冲之等前人的先进思想，在编制《皇极历》时也采用了定朔法，并结合岁差，二次

---

① （唐）魏徵：《隋书》卷一八《律历志下》，中华书局 1975 年版，第 466—467 页。

内插法。《皇极历》的编订,标志着中国古代历法的成熟。

由于保守派的反对,《皇极历》在隋朝没有实行,但是《隋书·律历志》仍然详细记载了其内容,没有让它湮灭。

总之《皇极历》是中国历史上一部十分优秀的历法,它吸收了南北朝时期各家历法的精华,并将南北朝时期重大的天文新发现引入历法,起了承前启后的重要作用。他还开创"定气法"和二次差内插法,为后世所沿用,在天文学和数学发展史上都很有意义。唐代一行继承发展刘焯的二次差内插法公式,编撰了《大衍历》;刘焯提出的"定气法"被清朝颁布的《时宪历》所采用。

二、僧一行与《大衍历》

僧一行(683—727),本名张遂,邢州巨鹿(今属河北)人,唐代著名的天文学家、数学家、密宗高僧。一行是他的法名,取一行为法号是因为一行每日都要研精一行三昧,遂以此为法名。一行年幼时刻苦学习历象和阴阳五行之学,他的祖父张公谨知悉天文精于算术,对他产生很大影响。到了青年,一行已经博览经史,尤精历象、阴阳、五行之学。武则天当权后,她的侄子武三思位居高位,想拉拢一行。但是一行不愿意和武三思同流合污,再加上当时其父母都去世了,一行豁然厌世,怀方外之心。在荆州遇见弘景,欣乐出家,之后"隐于嵩山,师事沙门普寂"[1],后又到天台山学习天文数学。这时他以学识渊博闻名于长安,唐睿宗多次召他回京,均被拒绝。开元五年(717),唐玄宗到达洛阳,他命令一行的族叔礼部侍郎张洽携诏书去荆州强制要求一行去长安任职,一行到长安后,参与翻译、注释佛经的工作,并且研究天文历法。一行有许多天文历法上的著作,根据《旧唐书·一行传》记载,有《天一太一经》《太一局遁甲经》《义决》各一卷,《大衍玄图》以及《大衍论》三卷,"一行从祖东台舍人太素,撰《后魏书》一百卷,其《天文志》未成,一行续而成之"[2]。其中最重要的天文学著作便是《开元大衍历》。

(一)《大衍历》的编写过程

在《大衍历》未编订前,唐朝一直使用的历法是李淳风编订的《麟德历》,

---

[1] (五代)刘昫:《旧唐书》卷一百九十一—《方伎列传一行传》,中华书局1975年版,第5112页。
[2] (五代)刘昫:《旧唐书》卷一百九十一—《方伎列传一行传》,中华书局1975年版,第5113页。

但经过五十多年的推算，已经多次出现预报日食不准确的现象，误差也越来越大。宰相张说向唐玄宗推荐一行，说他"精诸家历法，应令造新历"①。所以开元五年，一行应征入朝。开元九年，唐玄宗命令僧一行考前代诸家历法，主持修编新历。一行认为要重新编订历法，必须要多次测试日月五星运行的规律，在此基础上修编才科学精准，而不是简单地对旧历进行简单的删除增加改动。为了精准测量日月星辰在其轨道上的位置，掌握它们的运动规律，必须要有先进的天文观测仪器。一行发现现存的观测仪器"不置黄道，进退无准。此据赤道月行以验入历迟速，多者或至十七度，少者仅出十度，不足以上稽天象，敬授人时"②。所以一行和率府兵曹参军梁令瓒设计制造了两种非常精巧测量天体位置的新仪器——黄道游仪和水运浑天仪。

　　黄道游仪是仿照天的形状制作成球形，在上面标注了赤道位置、星宿和周天的度数，制作很精密。一行便利用黄道游仪观测日、月、五星的运行规律，测量一些恒星的赤道坐标和黄道的相对位置，以此来重新制定一百五十余颗恒星的变化情况。此后，恒星观测、制定星表成为天文机构的基本常规工作。通过观测，一行发现西汉时期记载的恒星位置已经发生了变化，和现在这些恒星位置有很大的不同，这个发现比英国人哈雷的发现要早九百年。水运浑天仪，是"又立二木人于地平之上，前置钟鼓以候辰刻，每一刻自然击鼓，每辰则自然撞钟"③。这个仪器里面装有齿轮系统，用水力推动旋转运行，以此来直观表现天体实际运行状态。铜制的浑天仪结构复杂精巧，设计了自动报时的装置，是世界上最早的一座自动计时器，比欧洲出现的威克钟要早六百多年。唐玄宗亲自为这两个仪器制铭，并且把它们放于天文台以考星度。

　　仪器制作完后，一行开始进行实地测量。开元十二年（724），一行在全国选择十三个观测地点，北起北纬51度的铁勒（今蒙古人民共和国乌兰巴托西南的喀拉和林附近），南至北纬17度的林邑（今越南），后又在长安选拔人员进行培训，把这些人派遣到十二个观测点进行实地测量，用八尺圭表在春分、夏至、秋分、冬至这四天观测日影，用漏壶测昼夜时刻。经过九年的实地测验，一行仔细计算这些测量数据，然后进行整理总结。他发现，在十二

―――――――――
① （五代）刘昫：《旧唐书》卷三十二《历志一》，中华书局1975年版，第1152页。
② （五代）刘昫：《旧唐书》卷三十五《天文志上》，中华书局1975年版，第1295页。
③ （五代）刘昫：《旧唐书》卷三十五《天文志上》，中华书局1975年版，第1296页。

个观测点中其中有四个观测点的经度相差不大。这四个观测点都设在今河南省，分别是：豫州上蔡（今上蔡县）、汴州浚仪（今开封）、许州扶沟（今扶沟县）和滑州白马（今滑县）。根据它们的纬度和它们之间的距离推算出纬度相差一度，南北距离相差122.8公里，比现代测的南北差距只多出十一公里。这是世界上第一次实际测量出了地的长度，比814年的阿尔马蒙的实测子午线要早九十年，是科技史上划时代的创举，也为后来的天文大地测量学奠定了基础。

在多次实地观测和继承前人成果的基础上，一行在开元十三年（725）开始着手制定新历，开元十五年（727）农历九月，一行把新的历法草稿撰写完成。而一行也积劳成疾，十月圆寂于新丰。唐玄宗在一行去世不久后，为了新的历法及时使用，命令宰相张说、历官陈玄景、赵昇等人按照一行新历的原稿，精心补充整理，合订成书。开元十七年（729），《大衍历》正式在全国颁行。

（二）《大衍历》的价值与不足

《大衍历》一共五十二卷，包括《古今历书》二十四卷、《长历》五卷、《立成法天竺九执历》二卷、《经章》十卷、《历议》十卷、《略例奏章》一卷。《大衍历》内容涉及七十二候、太阳和月球每天的位置及变化、平朔望和平气、每日所见的星象和昼夜时刻、日食、月食和五大行星，形成了完整的历法体系，以后各朝修改历法都效仿大衍历的结构。《大衍历》有许多先进之处：

首先，《大衍历》最大的贡献是比较正确地掌握了太阳在黄道上运行速度的变化规律。汉代以后，人们普遍认为太阳在黄道上的视运速度是均匀的。但是，一行经过多次仔细实测和计算，发现太阳的视运速度是不均匀的，他指出："日南至，其行最急、急而渐损，至春分及中而后迟。迨日北至，其行最舒，而渐益之，以至秋分又及中而后益急。"①大概意思是太阳在冬至时运行的速度最快，以后的运行速度逐渐减慢，到了夏至这天速度是最慢的，夏至后的情况和夏至前的情况则完全相反，这完全改变了汉代以后人们的看法。

其次，一行把二十四节气划分为四个部分：春分到夏至，夏至到秋分都是93.73天；秋分到冬至，冬至到春分都是88.89天。这个划分和现在农历中春分到夏至是92.79天，夏至至秋分是93.63天，秋分到冬至是89.73天，冬至到秋分是89天相差甚小。一行的二十四节气划分方法打破陈规，是我国历

---

① （宋）欧阳修、宋祁：《新唐书》卷二十七下《历志三下》，中华书局1975年版，第621页。

法上的一个重大变革。

最后，创造张遂内插法公式。一行在编订《大衍历》时，使用了张遂内插法公式，这是在刘焯所创立的"内插公式"的理论基础上创立了"不等间距内插法"。一行在计算太阳运动时以定气为依据，在相邻的两气之间算出盈缩分。因为每个定气之间的时间间隔不相等，为了计算太阳的不均匀运动，一行在继承前人的基础上创造了不等间距二次内插法公式，即"张遂内插法公式"。二次内插法公式的发明在天文史上有重要意义，比欧洲使用这一公式早九百多年，唐后期的《宣明历》和明代的《大统历》都使用过二次内插法公式。总之《大衍历》比前人编撰的历法都要准确。《大衍历》颁行后流传海外，对印度、日本的历法都产生重大影响。

但是由于时代的局限性，《大衍历》也存在一些不足之处。一行在编订《大衍历》时，一度迷信《周易》，他认为在《周易》中能够得到重要的天文数据。《周易·系辞上》："大衍之数五十，其用四十有九。"[①]意思是所有的天文数据都衍生于《周易》，故名大衍。一行为表示天文数据来历神奇，天文数据的精准度被降低。例如大衍历推算了开元十二年两次日食，但是这两次日食在当时并没有观测到。一行便用儒家天人感应理论来解释，这是唐玄宗德行被上天所感动，使得上天化解了这两次日食。这就给《大衍历》蒙上了一层主观随意性和神秘色彩。

总之，一行在天文学上的成就，不仅在国内闻名，而且在世界上也有很大的影响，李约瑟在《中国科技史》一书中称赞"僧一行是中国历史上最伟大的天文学家和数学家之一"。称他是中国古代伟大的天文学家之一，是毫不意外的。一行在开元十五年去世，年仅45岁，唐玄宗亲自撰塔铭，赞扬一行："深道极阴阳之妙，属辞尽春秋之美。"[②]赐一行谥号"大慧禅师"。[③]为了纪念中国古代这位著名的天文学家，1955年8月25日中国人民邮政发行了一套《中国古代科学家（第一组）》纪念邮票，志号："纪33"全套4枚。国际小行星组织为纪念这位出色的中国古代天文学家，将一颗行星命名为"一行小行星"。

[①] （唐）李鼎祚：《周易集解》卷十四《系辞上》，中华书局2016年版，第418页。
[②] 陈尚君辑校：《全唐文补编》卷二《大慧禅师一行碑铭》，中华书局2005年版，第2012页。
[③] （五代）刘昫：《旧唐书》卷一百九十一《方伎列传·一行传》，中华书局1975年版，第5112页。

三、郭守敬的天文学成就

郭守敬（1231—1316），字若思，顺德邢台（今属河北）人，元朝著名的天文学家、水利专家。任昭文馆大学士、知太史院事，太史令，世称"郭太史"。郭守敬少时聪颖好学，跟随祖父郭荣学习，"大父荣，通五经，精于算数、水利"[①]。郭荣精通四书五经，通晓天文历法、数学和水利。他对郭守敬的启蒙教育起着非常重要的作用，为其以后的科学活动打下了坚实的基础。郭守敬一生的成就主要集中在天文立法领域，著有《推步》《历议拟稿》《上中下三历注式》等14种天文著作。他研制出多项天文观测仪器和计时仪器，主持编订《授时历》，这对当时的天文学工作研究有着突出贡献。

（一）天文仪器的发明

天文立法对国家的祭祀活动、百姓的生产生活都有非常大的作用，所以中国历朝历代对这项工作也都非常重视。观测精度的提高标志着天文历法的进步，所以需要不断改进和发明天文仪器。

元朝初年，用的是金朝《大明历》。九十年来，这个历法误差逐渐加大，发生过几次推测天象与实际不符合的现象。1276年，元世祖决定改订旧历，下令设立太史局，调动全国各地的天文学者修新历。这个工作由王张文谦、许衡主持，王恂、郭守敬等南北日官测验推算。

郭守敬提出："历之本在于测验，而测验之器莫先仪表。"[②]意思是编订历法首先要进行实际观测，而观测之前要有好的观测仪器。当时大都天文台的仪器设备都是金朝遗物，其中的浑仪还是北宋时期的东西。郭守敬认为这些仪器太老了，仅仅修缮是不行的，所以他首先研制新的天文观测仪器。郭守敬设计天文仪器，元朝雕塑家阿尼哥（尼泊尔人）主持仪器的铸造和美化。从1276年至1279年，郭守敬创制了十二件天文测量仪器，分别为仰仪、浑天象、高表、景符、简仪、玲珑仪、证理仪、立运仪、窥几、星晷定时仪、日月食仪和候极仪。四件可携带仪器，分别为正方案、座正仪、丸表、悬正仪，又作《日出入永短图》《仰规覆矩图》《异方浑盖图》，与上述仪器相互参考。郭守敬、阿尼哥对许多天文仪器进行重大改进，特别是独造了圭表、简仪，

[①] （明）宋濂等：《元史》卷一百六十四《郭守敬列传》，中华书局1975年版，第3845页。
[②] （明）宋濂等：《元史》卷一百六十四《郭守敬列传》，中华书局1975年版，第3847页。

这些仪器在 13 世纪远远超过欧洲的水平。

圭表是我国古代用于测量日影所用的仪器。从周朝开始，测影表高大约为 8 尺，表短则分寸短促，尺寸之下所谓分秒太半少之数，未易分别，不容易做到精密。郭守敬把圭表的表杆从 8 尺改为 40 尺，观测时表影相对应地也增长了。表影变长，测量日影长度的相对误差也大大降低。此外，郭守敬还改进了长度单位的技术，以前测量单位只能精确到厘米，现在则提高到了毫米，这比三百年后的欧洲最精密的天文观测还要精准。

简仪，是郭守敬根据此前主要的天文仪器——浑仪改制而成的。自西汉开始，浑仪结构变得越来越复杂，增加了许多圆环，使用方法变得越来越烦琐，导致了在观测时容易挡住天体。郭守敬只保留了传统浑仪中必要的赤道坐标和地平坐标两个圆环系统，取消了其他系统中的圆环。虽进行了大胆改进，但浑仪的结构从根本上被改变。简仪和传统的浑仪相比，删除了以往的烦琐的圆环系统，增加了实用价值。简仪的结构和天图式望远镜的结构基本一致，简仪的创造，不仅在我国历史上是空无仅有的，而且在当时世界上也是先进的。

（二）主持编订《授时历》

1279 年，太史局改为太史院，郭守敬任同知院事。他在大都城东修建了一座观测天象的天文台——灵台。这里聚集了许多先进的天文仪器和优秀的天文学家，是当时世界上设备最完善的天文台。在此基础上，郭守敬利用简仪等仪器进行多次精密的观测，其中两项对编算新历具有重大意义。一项是二十八星宿距度的测定及星表的编制，另外一项是黄道和赤道交角的重测。

经过四年多的观测和研究，郭守敬等人在 1280 年终于编制完新的历法，取《尚书·尧典》中"敬授民时"的古语，以此取名为《授时历》，第二年颁行全国。《授时历》集古法之大成，改正七事，创法五端，有很多创造性成就。

1. 用小数表示天文数据的尾数

《授时历》未颁行前的旧历一般用分数来表示天文数据的奇零部分，很不利于计算。郭守敬之前也有天文学家利用小数减少天文数据计算误差的尝试。例如唐南宫说撰神龙历，以一日为万分，以百分之一日为"余"，万分之一日为"奇"。但是这种方法并未被后来天文学家所重视，一直到《授时历》颁布才采用这种方法。《授时历》"所用之数，一本诸天，秒而分，分而刻。刻而日，皆以百为率"[1]。意思是把一天分为 100 刻，1 刻为 100 分，1 分为 100 秒

---

[1] （明）宋濂等：《元史》卷五十三《历志二》，中华书局 1975 年版，第 1177 页。

的百进制。《授时历》用分秒来表示天文数据的奇零部分，大大减少了计算时间，便利天文计算，这是我国历法史上一个大的进步。

2. 废除"上元积年"

旧历追溯太古为元，各立积年。上元是指要同时具备甲子年的甲子日，朔旦与冬至同时在半夜发生和五星连珠，日月合璧，只有这几个条件同时具备才叫作上元。积年指的是从制作历法的这一年往上推到上元所累积的年数。所以在编订历法时，推算上元的年份非常麻烦，积年的数字也很庞大，并且这些也没有什么实际意义。《授时历》以至元十八年冬至为推算各项天文数据的开始，"比之他历积年日法，推演附会，出于人为者，为得自然"[①]。《授时历》废除了陈腐的上元积年，改变了以往编算历法的习惯，是中国历法史上一个重要的变革。

3. 测定回归年日

郭守敬编算历法，批判地继承了前人的研究成果。例如，他有效利用古代天文实验资料，根据刘宋大明六年到至元十五年，816年中可据考证的冬至时期，推算一个回归年为365.2425日，按照现在的测定，一年的回归时间是365日5时48分48秒，而郭守敬推算一个回归年是365日5时49分12秒，这两个仅仅相差26秒。《授时历》中这一数据的提出比现在通行的《格里高利历》（公历）早了三百年。总之，授时历是一部具有世界先进水平的历法。自颁行后，沿用了四百多年，是我国使用最长的一部历法。明朝虽然改用《大统历》，但是其中的内容基本照搬《授时历》。《授时历》编订不久后，传至朝鲜、日本，均被采用。《授时历》作为我国历史上一部先进的、精确的、优秀的历法，在世界天文史上也占有突出地位。

在郭守敬六十多年的科学活动中，他始终坚持不懈地刻苦学习和"先之以精测，继之以密算"的学习方法，让他在科学上取得很多成就，确立了他在中国古代科技史上的重要地位。1303年，元成宗下令规定满七十岁的官员可以告老还乡。只有郭守敬退休申请没有被批准，一直留任。1316年，一生为科学事业奋斗的郭守敬去世，葬于河北邢台，享年八十六岁。

郭守敬的科学成就享誉中外，数百年来，人们采用多种形式表达对他的敬意和怀念。1962年中国邮电部发行了一套名为"中国古代科学家"的纪念

[①] （明）宋濂等：《元史》卷五十三《历志二》，中华书局1975年版，第1178页。

邮票，共八枚，其中第七枚和第八枚是郭守敬和他所创制的简仪图像。1970年，国际天文学会将月球上的一座环形山命名为"郭守敬环形山"。1977年3月，国际小行星中心将小行星2012命名为"郭守敬小行星"。1986年10月，河北邢台落成郭守敬纪念馆。1988年北京汇通祠建成郭守敬纪念馆并对外开放。2004年9月国家邮政局发行"古代科学家郭守敬雕像"邮资信封一枚。中科院国家天文台也将国家重大科技基础设施LAMOST望远镜命名为"郭守敬天文望远镜"。

第五节　河北学人与乐论（音乐）

感人心者莫先乎诗，动人情者莫先乎乐，孔子闻《韶》，三月不知肉味。乐是"六艺"之一，儒家认为音乐与礼仪同为教化的工具，乐教与礼教相通，所以"礼乐不可斯须去身"。[1]礼仪是对人行为的外在约束，音乐侧重于从内心感化听者，"故乐也者，动于内者也；礼也者，动于外者也"[2]。不同的音乐在不同的场所对听者都能产生陶冶情操、净化心灵的作用，从而营造有序而又不失温情的社会氛围。"是故乐在宗庙之中，君臣上下同听之则莫不和敬；在族长乡里之中，长幼同听之则莫不和顺；在闺门之内，父子兄弟同听之则莫不和亲。"[3]

自先秦以来，河北地区音乐艺术就较为发达。河北是《诗经》的发源地之一，河间市被誉为"诗经之都"，《诗经》中"郑卫之音"就产生于河北南部与河南等地。燕赵大地上，既有高渐离、荆轲易水送别的感慨悲壮之歌，又有赵女曼妙缠绵之唱，更有李延年、刘琨、祖莹、祖孝孙等在中国古代音乐发展历程中做出贡献的音乐家。

---

[1]（汉）郑玄注，（唐）孔颖达疏，龚抗云整理：《礼记正义》卷三九《乐记》，北京大学出版社1999年版，第1139页。
[2]（汉）郑玄注，（唐）孔颖达疏，龚抗云整理：《礼记正义》卷三九《乐记》，北京大学出版社1999年版，第1142页。
[3]（汉）郑玄注，（唐）孔颖达疏，龚抗云整理：《礼记正义》卷三九《乐记》，北京大学出版社1999年版，第1145页。

一、荀子《乐论》与《成相篇》

荀子，战国时期赵人[①]，其所著《乐论》是现存第一篇系统论述音乐的文章。他继孔子、孟子之后对音乐的起源、特征、功能作了系统的阐释，代表了儒家对音乐的基本认识。

> 夫乐者，乐也，人情之所必不免也。故人不能无乐，乐则必发于声音，形于动静；而人之道，声音动静，性术之变尽是矣。故人不能不乐，乐则不能无形，形而不为道，则不能无乱。先王恶其乱也，故制雅颂之声以道之，使其声足以乐而不流，使其文足以辨而不諰，使其曲直、繁省、廉肉、节奏，足以感动人之善心，使夫邪污之气无由得接焉。……故乐者审一以定和者也，比物以饰节者也，合奏以成文者也；足以率一道，足以治万变。[②]

首先，荀子指出音乐的起源和艺术特征，音乐是人的心理、生理需求，是人的喜怒哀乐之情的宣泄。音乐通过声音表达人的情感，从而反映人内心的种种变化。构成音乐的要素有曲直（旋律的曲折和平缓）、繁省（结构的繁复和简单）、廉肉（音色的纤细和丰满）、节奏（演奏的休止与进行）。"审一以定和"是音乐的基本规律，即选择一个中声为基础，进而产生其他各音，并以这一中声来组织众音，使整个乐曲和谐发展。[③]

其次，他从听者的角度论音乐的情感特征，"穷本极变，乐之情也"。[④] 音乐源于人情又体现、影响人的情感。不同的音乐使听者获得不同的审美感受与体验，"夫声乐之入人也深，其化人也速"，"故齐衰之服，哭泣之声，使人之心悲。带甲婴胄，歌于行伍，使人之心伤；姚冶之容，郑卫之音，使人之心淫；绅、端、章甫，舞《韶》歌《武》，使人之心庄。"[⑤]哭泣之声使人悲伤，行伍之间的歌声使人悲壮，郑卫之音使人心淫，《韶》《武》之歌舞使人庄敬。

---

① 荀子籍贯有三种说法：山西新绛，山西安泽，河北邯郸。刘志轩认为邯郸说最为可靠，参见刘志轩《荀子籍贯考辨》，《邯郸师专学报》2002年第4期。
② （清）王先谦撰，沈啸寰、王星贤点校：《荀子集解》卷一四，中华书局1988年版，第379—380页。
③ 蔡仲德：《中国音乐美学史》，人民音乐出版社2003年版，第182—183页。
④ （清）王先谦撰，沈啸寰、王星贤点校：《荀子集解》卷一四，中华书局1988年版，第382页。
⑤ （清）王先谦撰，沈啸寰、王星贤点校：《荀子集解》卷一四，中华书局1988年版，第380—381页。

音乐是情感的载体,而人对审美客体的接受首先是情感的共鸣,内感于心,外化于行。

最后,他强调音乐的社会教化功能,音乐不仅能感人心,还可以善民心、移风易俗、使人和睦。"乐者,圣人之所乐也,而可以善民心,其感人深,其移风易俗。故先王导之以礼乐,而民和睦。""乐合同,礼别异,礼乐之统,管乎人心矣。"[1]礼的功能在于分,是对人的社会角色的规定,在于构建有序的社会秩序,所谓长幼有序、男女有别、贵贱有分。乐的作用是使人合同,是人际关系的黏合剂和润滑剂,让冷漠的社会有情感的温度,与礼仪共同营造文质彬彬的社会氛围。礼与乐的有机统一不仅是个人修身养性的最佳方案,也是社会治理的必然要求。"乐行而志清,礼修而行成。"只有礼、乐完美结合,才能"耳目聪明,血气和平,移风易俗,天下皆宁,美善相乐"[2],达到人自身、人与人、人与社会的和谐统一。

荀子继承了此前儒家"温柔敦厚"中和之美的取舍标准,强调要以道制欲、以礼节乐,取"正声",远"奸声","凡奸声感人而逆气应之,逆气成象而乱生焉;正声感人而顺气应之,顺气成象而治生焉。唱和有应,善恶相象,故君子慎其所去就也。"[3]

《成相篇》是荀子音乐思想的实践,被誉为"说唱音乐的远祖"[4]。《成相篇》的内容主要是讲君臣治乱之道,以说唱的形式讽喻统治者要举贤任能。[5]"成相"是用"相"打着节奏而歌唱的诗篇。"相"又称"舂牍",班固《汉书·艺文志》著录有《成相杂辞》十一卷,已佚,只有荀子《成相篇》保留了片段,使今人得以认识这种歌唱文本的体制。

成相的曲调,由六句组成一章,句式为三、三、七、四、四、三,中间的四、五两句不押韵,余则有韵。从荀子《成相篇》来看,当为三三七四七。这是中国最古老的民间曲艺形态,为兼有叙事与抒情的民谣。

---

[1] (清)王先谦撰,沈啸寰、王星贤点校:《荀子集解》卷一四,中华书局1988年版,第381—382页。
[2] (清)王先谦撰,沈啸寰、王星贤点校:《荀子集解》卷一四,中华书局1988年版,第382页。
[3] (清)王先谦撰,沈啸寰、王星贤点校:《荀子集解》卷一四,中华书局1988年版,第381页。
[4] 杨荫浏:《中国古代音乐史稿》,人民音乐出版社2004年版,第56页。
[5] (清)王先谦撰,沈啸寰、王星贤点校:《荀子集解》卷一八,中华书局1988年版,第455—472页。

二、李延年的乐府曲调整理

李延年，中山（今河北定州市）人，西汉时期杰出的音乐家。他的父母兄弟皆长于音乐，汉武帝时设立乐府，李延年任协律都尉，在旧曲改造、新曲创制上贡献颇多。

一是为新创歌词谱曲。 依据他人所创歌词，配上新的乐调，用弦乐器伴奏演唱。《汉书》记载："以李延年为协律都尉，多举司马相如等数十人造为诗赋，略论律吕，以合八音之调，作十九章之歌。"[①] "是时，上方兴天地祠，欲造乐，令司马相如等作诗颂。延年辄承意弦歌所造诗，为之新声曲。"[②]

二是改造民间乐歌。 汉代乐府除了文人创作的作品外，还有大量搜集来的民间歌谣，李延年对这些歌谣加工整理，并编配新曲，付之管弦，对当时民间乐舞的发展起了很大的推动作用。

《薤露》《蒿里》本为丧歌二章，一章言人的生命短暂如薤上之露，转瞬即晞。"薤上露，何易晞。露晞明朝更复落，人死一去何时归！"二章言人死后精魄归于蒿里。"蒿里谁家地，聚敛魂魄无贤愚。鬼伯一何相催促，今乃不得少踟蹰。"李延年将二章分为二曲，造"新声变曲"。《薤露》用于送王公贵人，《蒿里》送士大夫庶人，使挽柩者歌之，成为后世挽歌。[③]

三是"因胡曲更造新曲"。 晋人崔豹《古今注》载："《横吹》，胡乐也。博望侯张骞入西域，传其法于西京，唯得《摩诃兜勒》一曲，李延年因胡曲更进新声二十八解，乘舆以为武乐。后汉以给边将军。和帝时，万人将军得用之。魏晋以来，《二十八解》不复俱存，世用者《黄鹄》《陇头》《出关》《入关》《出塞》《入塞》《折杨柳》《覃子》《赤之阳》《望行人》等十曲。"[④]

据学者考证，张骞出使西域所得《摩诃兜勒》原为西域大夏国之乐，乐器以羌笛为主，后加入胡角中的双角，李延年将其改造为"二十八解"，作为军队仪仗之乐。这是我国历史文献上最早明确标有作者姓名及曲名的乐曲，一直影响到汉以后直至明清的军乐。[⑤]

---

① （汉）班固：《汉书》卷二二《礼乐志》，中华书局 1962 年版，第 1045 页。
② （汉）班固：《汉书》卷九三《李延年传》，中华书局 1962 年版，第 3725 页。
③ （晋）崔豹：《古今注》卷中，辽宁教育出版社 1998 年版，第 10 页。
④ （晋）崔豹：《古今注》卷中，辽宁教育出版社 1998 年版，第 11 页。
⑤ 参见王福利《〈摩诃兜勒〉曲名含义及其相关问题》，《历史研究》2010 年 3 期。

三、赵定、刘琨的琴曲创作

赵定，渤海（河北沧县）人，汉宣帝时的宫廷琴师。他本为民间琴家，后因皇帝"欲兴协律之事"①，由丞相魏相举荐，被选拔入宫任待诏。他平常安静少言，但抚琴时，能使听者"多为之涕泣"，著有《雅琴赵氏七篇》。②

刘琨（271—318）字越石，中山魏昌（今属河北）人。出身于"世为乐吏"的音乐之家，故酷爱音乐。在北方抗击民族侵扰中曾利用胡笳声引起"胡"人思乡之情，以此解除了对自己的包围。创作的琴曲《胡笳五弄》，包括《登陇》《望秦》《竹吟风》《哀松露》《悲汉月》，曲目载于《碣石调幽兰》谱后，是最早以胡笳声编为琴曲的作品。

赵定、刘琨创制的琴曲是汉魏雅琴的代表，"西汉赵定善鼓雅琴，为散操；东汉刘琨亦能弹雅琴，知清角之操。则雅琴之制，自汉始也"③。

四、范阳祖氏家族与宫廷音乐建设

魏晋南北朝时期是中国历史上最为混乱、动荡的时期，同时也是文学艺术高度发展的时期。音乐家在中原旧乐的基础上吸收、融合少数民族和异域音乐，在体制、内容上不断创新和丰富，为唐代音乐的繁荣奠定了基础。北魏和隋是宫廷音乐建设的两个关键时期，其中范阳祖氏家族厥功甚伟。自南北朝至隋唐间，范阳祖氏人才辈出，尤精于算学、历学、乐律学。祖氏家族是东汉太常卿祖邈的后人，守居北方者善于乐律，如祖莹、祖珽、祖孝孙，流寓南方者精于历算，如祖冲之、祖暅。《颜氏家训》卷七"杂艺篇"云："算术亦是六艺要事，自古儒士论天道、定律历者，皆学通之。然可以兼明，不可以专业。江南此学殊少，唯范阳祖暅精之，位至南康太守。河北多晓此学。"④算学与律学相辅相成，造就了祖氏家族在音乐上的辉煌成就。

（一）祖莹、祖珽与"洛下旧乐"

"洛下旧乐"（或称"洛阳旧乐"）是北魏时期祖莹典造，其后信都芳、祖珽、长孙绍远等人继承并发展的宫廷音乐，是在汉魏旧乐的基础上杂以西凉、

---

① （汉）班固：《汉书》卷六四下《王褒传》，中华书局1962版，第2821页。
② （宋）朱长文：《琴史》卷三，文渊阁《四库全书》本。
③ （宋）陈旸：《乐书》卷一一九，文渊阁《四库全书》本。
④ 王利器：《颜氏家训集解》，中华书局1993年版，第587页。

北凉乐而成，是音乐上的胡汉合流，对隋唐以后的宫廷音乐产生了深远影响。

祖莹（？—535），字元珍，北魏范阳遒（今河北涞水县）人，少好学，以夜继昼，映炭夜读，亲朋称誉为"圣小儿"。历任散骑侍郎、领黄门侍郎、幽州大中正等职。后除秘书监，以参议律历，赐爵容城县子。以功迁仪同三司，晋爵文安县伯。①北魏末年，祖莹奉命典造"大成乐"，是北魏宫廷音乐的完成者。

永嘉之乱后，晋室南迁，乐人南渡，北方先后建立十几个少数民族政权，其中北魏政治上、文化上采取胡汉合流的政策，尤其是后期更重视礼乐文化的建设。北魏孝明武泰元年（528）尔朱兆兵进洛阳，焚烧乐署，钟石管弦荡然无存。节闵帝普泰元年（531），祖莹与长孙稚等人奉命"营造金石乐器"。他结合《周礼》及当时制尺，历经三载，乐器大备。"臣等谨依高祖所制尺，《周官》《考工记》凫氏为钟鼓之分、磬氏为磬倨（阙）之法，《礼运》五声十二律还相为宫之义，以律吕为之剂量，奏请制度，经纪营造。依魏晋所用四厢宫悬，钟、磬各十六悬，埙、篪、筝、筑声韵区别。盖理三稔，于兹始就，五声有节，八音无爽，笙镛和合，不相夺伦，元日备设，百僚允瞩。虽未极万古之徽踪，实是一时之盛事。"②他还收集今古杂曲，结合魏晋旧乐、西凉乐、北凉乐"戎华兼采"，典造成北魏宫廷音乐，名曰"大成乐"。

祖珽，字孝徵，祖莹子，史称其"天性聪明，事无难学，凡诸伎艺，莫不措怀。文章之外，又善音律。""自解弹琵琶，能为新曲。"③北齐文宣帝初年任尚药典御时，上书自言家学渊源，并采北魏元延明、信都芳等所著《乐说》，请造"广成乐"，"始具宫悬之器，仍杂西凉之曲，乐名《广成》，而舞不立号，所谓'洛阳旧乐'者也"。④

王昆吾评价祖氏父子典造洛下旧乐的贡献说："原由北魏祖莹据中原旧乐典造。北魏太武帝'破平统万，得古雅乐一部，正声歌曲五十曲'；孝文帝讨淮汉，宣武帝定寿春，得'江左所传中原旧曲：《明君》、《圣主》、《公莫》、《白鸠》之类，及江南吴歌、荆楚西声，总谓清商，至于殿庭宴飨兼奏之'；到祖莹典乐的普泰年间，尚有'古杂曲'随调举之将五百曲。这些大抵就是祖莹整理音乐时的基础、营造金石时的依据。北齐时，莹子祖珽准此创革音乐，

---

① （北齐）魏收：《魏书》卷八二《祖莹传》，中华书局1974年版，第1798—1800页。
② （北齐）魏收：《魏书》卷一〇九《乐志五》，中华书局1974年版，第2839页。
③ （唐）李百药：《北齐书》卷三九《祖珽传》，中华书局1972年版，第518—522页。
④ （唐）魏徵等：《隋书》卷一四《音乐志中》，中华书局1973年版，第313页。

杂以西凉之曲，'洛阳旧曲'之名正式成立。隋代著名音乐家万宝常自幼师于祖珽，开皇初奉诏于宫廷制乐，'修洛阳旧曲'，'所为皆归于雅'。这一系统源流有绪，在隋时影响甚大。"①

（二）祖孝孙与旋宫乐

祖孝孙，父崇儒，祖珽族弟，以学业著称，仕至齐州长史。孝孙"博学，晓历算，早以达识见称"，隋开皇九年（589）经太常卿牛弘推荐任协律郎，参加修定雅乐。曾奉命向毛爽学习"京房律法"，提请采用三百六十律，未被采用。入唐，为著作郎，历任吏部郎、太常少卿等职。武德七年（624）奉命与秘书监窦琎修定雅乐，贞观二年，奏上《大唐雅乐》："陈、梁旧乐，杂用吴、楚之音；周、齐旧乐，多涉胡戎之伎。于是斟酌南北，考以古音，作为大唐雅乐。以十二律各顺其月，旋相为宫。按《礼记》云，'大乐与天地同和'，故制十二和之乐，合三十一曲，八十四调。祭圆丘以黄钟为宫，方泽以林钟为宫，宗庙以太簇为宫。五郊、朝贺、飨宴，则随月用律为宫。初，隋但用黄钟一宫，惟扣七钟，余五钟虚悬而不扣。及孝孙建旋宫之法，皆遍扣钟，无复虚悬者矣。"至此，亡绝已久的旋宫乐，"一朝复古，自孝孙始也。"②

旋宫乐的核心内容是"八十四调"和"十二和"。祖孝孙在家学与师承的基础上，成八十四调。《新唐书》卷二十一礼乐志：

> 孝孙又以十二月旋相为六十声、八十四调。其法，因五音生二变，因变徵为正徵，因变宫为清宫。七音起黄钟，终南吕，迭为纲纪。黄钟之律，管长九寸，王于中宫土。半之，四寸五分，与清宫合，五音之首也。加以二变，循环无间。故一宫、二商、三角、四变徵、五徵、六羽、七变宫，其声繇浊至清为一均。凡十二宫调，皆正宫也。正宫声之下，无复浊音，故五音以宫为尊。十二商调，调有下声一，谓宫也。十二角调，调有下声二，宫、商也。十二徵调，调有下声三，宫、商、角也。十二羽调，调有下声四，宫、商、角、徵也。十二变徵调，居角音之后，正徵之前。十二变宫调，在羽音之后，清宫之前。雅乐成调，无出七声，本宫递相用。唯乐章则随律定均，合以笙、磬，节以钟、鼓。乐既成，奏之。

祖孝孙承续南朝梁"十二雅"制"十二和"，取"大乐与天地同和"之意。

---

① 王昆吾：《汉唐音乐文化论集》，台湾学艺出版社1991年版，第45页。
② （五代）刘昫：《旧唐书》卷七九《祖孝孙传》，中华书局1975年版，第2709—2710页。

十二和在乐仪中具体运用是：祭天神奏《豫和》，地祇奏《顺和》，宗庙奏《永和》。天地、宗庙登歌，俱奏《肃和》。皇帝临轩，奏《太和》。王公出入，奏《舒和》。皇帝食举及饮酒，奏《休和》。皇帝受朝，奏《政和》。皇太子轩悬出入，奏《承和》。元日、冬至皇帝礼会登歌，奏《昭和》。郊庙俎入，奏《雍和》。皇帝祭享酌酒、读祝文及饮福、受胙，奏《寿和》。①

祖孝孙完成了十二律旋宫乐的实践，是真正融合南北音乐的音乐家，"一方面他是祖莹洛阳旧声的传人，又是南方律学自京房、钱乐之、沈重、毛爽一脉的沿习者，他将洛阳旧乐之精髓与南朝毛爽所授京房一脉之律学相结合"②。

五、张文收与讌乐

张文收，贝州武城（今河北清河）人，历官协律郎、太子率更令。通音律，能作曲，曾协助祖孝孙典造旋宫乐，是唐代重要的雅乐制定者。唐初沿用隋乐，但"隋用黄钟一宫，惟击七钟，其五钟设而不击，谓之哑钟"。张文收断竹为十二律，用以吹调上述五钟，叩之可合旋宫需要，由是十二钟皆用。祖孝孙卒后，张文收以为"十二和"之制未备，"考正律吕，起居郎吕才叶其声音，乐曲遂备"。③

> 于是依《周礼》，祭昊天上帝以圆钟为宫，黄钟为角，太簇为徵，姑洗为羽，奏《豫和》之舞。若封太山，同用此乐。若地祇方丘，以函钟为宫，太簇为角，姑洗为徵，南吕为羽，奏《顺和》之舞。禅梁甫，同用此乐。祫禘宗庙，以黄钟为宫，大吕为角，太簇为徵，应钟为羽，奏《永和》之舞。五郊、日月星辰及类于上帝，黄钟为宫，奏《豫和》之曲。大蜡、大报，以黄钟、太簇、姑洗、蕤宾、夷则、无射等调奏《豫和》、《顺和》、《永和》之曲。明堂、雩，以黄钟为宫，奏《豫和》之曲。神州、社稷、藉田，宜以太簇为宫，雨师以姑洗为宫，山川以蕤宾为宫，并奏《顺和》之曲。飨先妣，以夷则为宫，奏《永和》之舞。大飨宴，奏姑洗、蕤宾二调。皇帝郊庙、食举，以月律为宫，并奏《休和》之曲。皇帝郊庙出入，奏《太和》之乐，临轩出入，奏《舒和》之乐，并以姑洗为宫。皇帝大射，姑洗为宫，奏《驺虞》之曲。皇太子奏《狸首》之曲。皇太子

---

① （五代）刘昫：《旧唐书》卷二八《音乐志一》，中华书局1975年版，第1041页。
② 参见孙晓辉《祖孝孙的师承与家学研究》，《音乐艺术》2004年第2期。
③ （宋）欧阳修、宋祁：《新唐书》卷二一《礼乐志一》，中华书局1975年版，第464页。

轩悬，姑洗为宫，奏《永和》之曲。凡奏黄钟，歌大吕；奏太簇，歌应钟；奏姑洗，歌南吕；奏蕤宾，歌林钟；奏夷则，歌中吕；奏无射，歌夹钟。黄钟蕤宾为宫，其乐九变；大吕、林钟为宫，其乐八变。太簇、夷则为宫，其乐七变。夹钟、南吕为宫，其乐六变。姑洗、无射为宫，其乐五变。中吕、应钟为宫，其乐四变。天子十二钟，上公九，侯伯七，子男五，卿六，大夫四，士三。及成，奏之。①

祖孝孙完成的雅乐旋宫，重视声律的顺序：祭天以黄钟为宫，祭地以林钟为宫，享庙以太簇为宫，其余祀皆各以月律而奏其音。贞观十四年，张文收以为其制不合古礼，于是依《周礼》调整了祖孝孙旋宫乐，将各种祭祀的乐调固定了下来，唯食举乐随月律旋宫。高宗以后的祭祀用乐多依张文收之制。②

贞观年间，张文收编制《景云河清歌》，作为元日朝会之乐，"(贞观)十四年，有景云见，河水清，张文收采古《朱雁》、《天马》之义，制《景云河清歌》，名曰䜩乐，奏之管弦，为诸乐之首，元会第一奏者是也"。③宴乐即狭义的燕乐，由景云乐、庆善乐、破阵乐和承天乐组成，属于"坐部伎"中六部之一，室内表演。其表演人数、衣着、所用乐器如下：

䜩乐，张文收所造也。工人绯绫袍，丝布袴。舞二十人，分为四部：景云乐，舞八人，花锦袍，五色绫袴，云冠，乌皮靴；庆善乐，舞四人，紫绫袍，大袖，丝布袴，假髻；破阵乐，舞四人，绯绫袍，锦衿褾，绯绫袴；承天乐，舞四人，紫袍，进德冠，并铜带。乐用玉磬一架，大方响一架，搊筝一，卧箜篌一，小箜篌一，大琵琶一，大五弦琵琶一，小五弦琵琶一，大笙一，小笙一，大筚篥一，小筚篥一，大箫一，小箫一，正铜拨一，和铜拨一，长笛一，短笛一，楷鼓一，连鼓一，鞀鼓一，桴鼓一，工歌二。④

六、张野塘与昆曲创始

张野塘，明代嘉靖、隆庆间乐工，河北人⑤，曾协助"昆腔"之祖魏良

---

① （五代）刘昫：《旧唐书》卷二八《音乐志一》，中华书局1975年版，第1042页。
② 参见孙晓辉《祖孝孙的师承与家学研究》，《音乐艺术》2004年第2期。
③ （五代）刘昫：《旧唐书》卷二八《音乐志一》，中华书局1975年版，第1046页。
④ （五代）刘昫：《旧唐书》卷二九《音乐志二》，中华书局年1975版，第1061页。
⑤ 或作寿州人，曾流寓河北。张野塘籍贯于史无考，唯见于明清笔记中，如沈德符《万历野获编》卷二五"而吴中以北曲擅场者，仅见张野塘一人，故寿州产也。"宋直方《琐闻录》、叶梦珠《阅世编》均作河北人。

辅改造乐器、融合南曲与北曲，是昆曲创始人之一。明末宋直方的《琐闻录》载："因考弦索之入江南，由戍卒张野塘始。野塘，河北人，以罪谪发苏州太仓卫，素工弦索。既至吴，时为吴人歌北曲，人皆笑之。昆山魏良辅者善南曲，为吴中国工。一日至太仓，闻野塘歌，心异之，留听三日夜，大称善，遂与野塘定交。时良辅年五十余，有一女，亦善歌，诸贵争求之，良辅不与，至是遂以妻野塘。吴中诸少年闻之，稍稍称弦索矣。野塘既得魏氏，并习南曲，更定弦索音节，使与南音相近，并改三弦之式，身稍细而其鼓圆，以文木制之，名曰弦子。时太仓相公王锡爵方家居，见而善之，命家童习之。"①

张野塘在昆曲创始中的贡献主要有：

（一）改制三弦，组织乐队

沈宠绥《弦索辨讹》称："南曲则大备于明，明时虽有南曲，只用弦索官腔（只用筝和琵琶伴奏）。至嘉隆间，昆山有魏良辅者，乃渐改旧习，始备众乐器，而剧场大成，至今遵之。"②魏良辅主要是戏曲歌唱家，不擅长演奏乐器，改革乐器，组织乐队主要依靠"素工弦索"的张野塘。

三弦，中国传统弹拨乐器，有大小之分。大三弦，又称书弦，用以北曲伴奏。小三弦，又称曲弦，是张野塘精心改制而成。他更定弦琴，使琴腹稍小而圆，音色明亮而清脆，适于南曲伴奏，改变了"箫管可入北词，而弦索不入南词"③的现象。明末张采《太仓州志·物产》："弦子提琴。州著歌吹，故二器极精工，价比他制倍十余。按吾州魏良辅开昆腔一宗，嗣有瞽者张野塘以弦子著，长子张八传父技，次子张九又工管，其提琴则推杨六，吹箫则推上百户，皆擅绝。今惟杨六在。然他邑习弦子提琴，犹问太仓师法。"④明人潘之恒说张野塘"其子以提琴鸣，传于杨氏"⑤。可见，张野塘父子对三弦、提琴这两种昆曲伴奏的弦索乐器改造的重要贡献。

今学者认为，弦索之入江南是从张野塘开始的，因为他素工弦索，与魏良辅定交得了魏氏后，并习南曲，更定弦索音节，使与南音相近，组建了一

---

① （明）宋直方：《琐闻录》，清抄本。
② （明）沈宠绥：《弦索辨讹》，《四库全书存目丛书》本，齐鲁书社1997年版，第426册。
③ （明）沈德符：《顾曲杂言·弦索入曲》，《四库全书》本。
④ （明）张采：《太仓州志》，明崇祯刻本。
⑤ （明）潘之恒：《亘史钞·杂篇·叙曲》，《四库全书存目丛书》本，齐鲁书社1997年版，第194册。

个以弦乐、管乐、鼓板三类乐器合在一起的、规模完整的丝竹乐队，取得了突破性的效果。①

（二）促进南曲与北曲的融合

北曲南传之初，由于语言"绝鄙"不为听者接受。沈德符《顾曲杂言》弦索入曲条云："嘉隆间度曲知音者，有松江何元朗，畜家僮习唱，一时优人俱避舍。然所唱俱北词，尚得金元蒜酪遗风。予幼时犹见老乐工二三人，其歌童也，俱善弦索，今绝响矣。"张野塘熟稔北音，又研习南曲，协助魏良辅将北方曲调吸收到南方的昆曲中来，使其唱腔变得委婉、细腻、流利悠远，被人称之为"水磨腔"。

沈宠绥《度曲须知》上卷弦索题评云："我吴自魏良辅为'昆腔'之祖，而南词之布调收音，既经创辟，所谓'水磨腔'、'冷板曲'，数十年来，遐迩逊为独步。至北词之被弦索，向来盛于娄东，其口中裹娜，指下圆熟，固令听者色飞，然未免巧于弹头，而或疏于字面，如'碧云天'曲中'状元'之'状'字，与'望蒲东'曲中'侍妾'之'侍'字，'梵王宫'曲中'金磬'之'磬'字，及'多愁多病'之'病'字，'晚风寒峭'曲中'花枝低亚'之'亚'字，本皆去声，反以上声收之。"②

张野塘对南曲伴奏乐器也进行了改革，改变了以箫、管伴奏为主的南曲，将笛、管、笙、琴、琵琶、弦子等乐器集合于一堂，使昆腔的演唱更富有感染力。在他的协助下，魏良辅对"昆山腔"进行加工整理，将南北曲融合为一体，改变了以往那种平直无意韵的呆板唱腔，形成了一种格调新颖、唱法细腻、舒徐委婉的"水磨腔"。其后汤显祖、梁辰鱼等人踔厉奋发，使昆剧成为我国重要的地方剧种。

七、李塨《学乐录》及其音乐思想

李塨（1659—1733），字刚主，号恕谷，蠡县（今河北蠡县）人，其学术思想第一章已作论述，这里主要讲他的音乐思想。李塨曾师从毛奇龄学乐，著有《学乐录》。自序云："塨学乐河右先生一年余矣，虽窥涯岸，未尽精微也。其明年春卜旋里，乃将五声歌诀及旋宫相生诸义修札求剖，而忽忽拜别，

---

① 陈有觉、高雪峰：《江南丝竹发源初考》，载文化部艺术服务中心编《中国民间文化艺术之乡建设与发展初探》，中国民族摄影艺术出版社2010年版，第113—116页。
② （明）沈宠绥：《度曲须知》，《四库全书存目丛书》本，齐鲁书社1997年版，第426册。

受言未悉，郁壹于心。端月念七日挐舟北上，一路沉吟似有所得，若相生图则四易稿而乃成焉。因具录如左，以备就正，或天地元音从此大明。虽在愚汋，鬼神亦通也。"是书内容包括《宫调图》《七调全图》《十二律旋相为宫隔八相生合图》《器色七声还相为宫隔八相生图》等，并对诸图加以论述，就音乐理论而言并无多少创见。如他论五音、七声主于四、上、尺、工、六五字，"除一领调字，余字自领调一声递高，又自领调一声递低，圆转为用"，已是成说。《学乐录》中体现的音乐思想与毛奇龄相近，择其要者有二：

（一）古今音乐一贯论

天地元音今古中外只此一辙，辞有淫正，腔分雅靡，而音调必无二致。孟子曰"今乐犹古乐""耳之于声，有同听焉"，诚笃论也。今中华实学陵替，西洋人入呈其历法算法，与先王度数大端皆同，所谓天地一本，人性同然。不知足而为屦，必不为蒉者也，乃于乐独谓今古参商，而传习利用之音为夷乐、俗乐，亦大误会矣！（卷三）①

他认为音乐超越时空界限，古今中外音乐"只此一辙"，反对贵古贱今。音乐源自人性，人性本同，故音调无异，只是在歌词、声腔上有雅正、淫靡之分。他反对一概否定夷乐、俗乐，肯定俗乐是"古乐之遗"，但又站在卫道者的立场对俗乐的"导淫""鼓邪"，主张禁戏弄、废戏弄。

"金元𩥆弄亦古乐之遗也，其歌即古之歌，其舞蹈关目即古之舞，其道白即古之合语，其吹拍弹拨即古之八音。但所扮如生旦导淫、僧道鼓邪之剧即淫乐慝礼也，宜禁之。"（卷四）

"古乐象功德，所以教善；𩥆弄善恶兼演，恶者不足以垂戒而适以导邪矣。全废之可也。如不能全废，则择忠孝节义之事为元人短折犹可，不必如今人全记。盖全记兼悲欢离合，必以淫形正，以恶形善矣。若男子扮女子，亦不可，是教之乱也。"（卷四）

（二）南北音乐并无优劣

"夫九州之人，言语不同，生民已来，固常然矣。"②不同地域语言、音乐不同，语言有语音、音乐之异。李塨对《孔子家语》中贵南贱北，认为南方音乐是君子之乐、治世之音，北方音乐是小人之乐、乱世之音的观点予以

---

① 蔡仲德：《中国音乐美学史资料注译》，人民音乐出版社 2004 年版，第 805 页。
② （北齐）颜之推：《颜氏家训》卷七《音辞》，第 529 页。

批驳。①

  北声亦有柔缓而多忼慨奋厉，南声亦有悲奋而多啴缓柔嘽，或是之分，但《乐记》曰："粗厉猛起、奋末广贲之音作，而民刚毅；宽裕肉好、顺成和动之音作，而民慈爱。"是刚柔皆善也，而其流或过刚而杀伐，或过柔而淫靡，则均失之。乌得谓南音必善，北音必恶耶？

  且舜《南风》之歌，因其诗有"南风""熏时"等语，故曰"南风"未必南音也。《史记·乐书》曰："纣为朝歌北鄙之音，朝歌者不时也，北者败也，鄙者陋也。"《殷本纪》曰："纣饮酒淫乐嬖于妇人，使师延作新淫声，北里之舞，靡靡之乐。"后卫灵公命乐人重写其音，是乃古人所谓流辟邪散之音也。郑卫声淫盖本诸此，而岂北方奋厉之音耶？今因子路见责，以纣北鄙之音加之子路；而子路勇人也，遂以杀伐暴厉之音加之纣之所谓靡靡者，毋乃皆误语乎！夫子路升堂之贤也，即尚勇不中，亦只以行行之气播之乐耳，乌有爱纣靡淫之声而写之者乎。诬哉！况世传黄帝始命伶伦造十二律，而周人所习六乐以黄帝《云门》为首。黄帝居山后涿鹿，正北鄙也。圣经言乐始于舜，舜生诸冯，亦北地。继而正乐者，禹汤文武孔子皆北人也。则中声不在北耶？乃曰"流入于南不归于北"，何也？而更有可疑者，韶之雅，靡靡之邪淫，原不可同日论也。但谓舜以南音而兴，纣以北音而亡，则妄矣。远勿论，姑论近而可见者：明初用北曲天下治不乱也，明末崇南曲天下乱不治也，是乐之得失，唯以雅淫分，不以南北判也。

  首先，李塨认为南北音乐只是风格之异，而无善恶之分。北方音乐倾向于"忼慨奋厉"，南方音乐偏于"啴缓柔嘽"，正如文学中"江左宫商发越，贵于清绮；河朔词义贞刚，重乎气质"。②刚柔兼济时二种音乐皆善，偏于一端时则恶。

  其次，他认为舜《南风》之歌未必是南音，商纣偏爱的"北鄙之音"不能

---

① 《孔子家语》卷八辨乐解："夫先王之制音也，奏中声以为节，流入于南，不归于北。夫南者，生育之乡，北者，杀伐之域。故君子之音温柔居中以养生育之气，忧愁之感不加于心也，暴厉之动，不在于体也。夫然者，乃所谓治安之风也。小人之音则不然，亢丽微末，以象杀伐之气，中和之感，不载于心，温和之动，不存于体，夫然者乃所以为乱亡之风也。"陈士珂辑：《孔子家语疏证》，《丛书集成初编》本，商务印书馆 1939 年版，第 205 页。
② （唐）魏徵等：《隋书》卷七六《文学传序》，中华书局 1973 年版，第 1730 页。

代表北方音乐。《孔子家语》中记载的子路喜好商纣"亡国之音"为不实之词。

再次，从史实角度驳斥《孔子家语》中"夫先王之制音也，奏中声以为节，流入于南，不归于北"的观点。以明代为例论证国家兴亡无关乎北曲、南曲，音乐"惟以雅淫分，不以南北判也"。

第六节　河北学人与书论（书画）

汉字作为表意符号，不仅具有传播和交流信息的实用功能，而且独特的构造形式、艺术特质也赋予了汉字审美功能。汉字的演变过程中，从篆、隶到草、楷、行，旧的文字形体并没有随着新的文字形体产生而消亡，新旧并存，古今并重，恰好说明汉字恒久的艺术魅力。所谓"字如其人"，既体现了书写者的性情怀抱，又是书写者艺术修养的表征。历代书家孜孜以求，在不同的载体上妙笔生花、翻新出奇，使书法成为中华民族特有的艺术形式之一。

河北省境内有大量的书法刻石遗存，较为著名的《群臣上醻石》[①]是已知最早的西汉摩崖刻石，其文曰："赵廿二年八月丙寅群臣为王上醻此石北。"字体为篆书而趋于方扁，杂以隶书，反映了西汉初期篆书向隶书嬗变的痕迹，具有极高的学术价值。北齐时期的响堂山、娲皇宫摩崖刻经，隶书中杂楷法，楷书中掺入隶意，波挑分明，结构平整，是北齐时期民间书写状况的真实写照。近年来，河北境内又有大量刻石发现，上自两汉，下迄明清，其中不少刻石具有文献和艺术双重价值。

河北书法、书论家亦代不乏人。汉代文字改革家王次仲，变小篆为八分之书，"上谷（今河北怀来县）王次仲，初变古形"[②]。一说变隶为楷，"上谷王次仲始作楷法。"[③]"上谷王次仲，后汉人，作八分楷法。"[④]王次仲书迹不存，

[①] 又称朱山石刻，位于河北省邯郸市永年区境内，刻于汉文帝后元六年，即公元前158年。
[②] （汉）蔡邕:《劝学篇》，见（唐）张怀瓘《书断》引，载上海书画出版社编《历代书法论文选》，上海书画出版社1979年版，第160—161页。
[③] （晋）卫恒:《四体书势》，载《历代书法论文选》，上海书画出版社1979年版，第15页。
[④] （南朝宋）羊欣:《采古来能书人名》，载《历代书法论文选》，上海书画出版社1979年版，第44页。

但无论哪种说法为确,他都是文字演变中的关键人物。东汉时崔瑗、崔寔父子为书法大家,泽被深远。东汉末年的文士,张超,字子并,河间鄚(今河北任丘)人,"善草书,妙绝时人,世共传之"。①

魏晋南北朝时,清河崔氏、范阳卢氏为书法世家。唐代魏叔瑜(字思瑾,巨鹿曲阳人,今属河北)、卢藏用(幽州范阳人,今河北涿州)、李玄植(赵州人,今河北赵县)等皆为当时书法名家。

宋代尤其是北宋士人多是官员、学者、文人三位一体的复合型人才,位高权重官员的书体往往会成为时人追慕的对象。如李宗谔(965—1013),字昌武,深州饶阳(今河北饶阳县)人。宋绶(991—1040),字公垂,平棘(今河北赵县)人。二人对北宋前期书法的审美趋向影响广泛,"李宗谔主文既久,士子始皆学其书,肥扁朴拙,是时誊录以投其好,取用科第,自此唯趣时贵书矣。宋宣献公绶作参政,倾朝学之,号曰朝体"②。

金代书家大都承北宋余绪,河北作为当时的政治文化中心,产生了以蔡松年、任询、赵秉文等为代表的书法名家。蔡松年(1107—1159),字伯坚,真定(今河北正定)人,其书转侧肥美,体势近扁而笔画遒逸,略近苏轼而端稳雍容。蔡珪(?—1174),字正甫,松年子,行书《跋苏轼李白仙诗卷》结体宽博,行笔流畅,点画生动精到。任询,字君谟,号南麓,一号龙岩,易州军市(今河北易县)人,善书画,书为当时第一。其书貌似平淡,却有雄健之气。元人王恽称:"南麓书在京师为最多,其擘窠大书,往往体庄而神滞。独此帖豪放飞动,超乎常度"③,"龙岩书在颜、坡之间,然未免有痴绝者。此帖殊清劲可爱"④。今存行草刻本《杜甫古柏行》,以宽大方正字体穿于各行,气宇轩昂。但字体由端正到攲侧,由大字到小字,过渡有些突兀,显得笨拙和呆滞。赵秉文为一代文坛盟主,学问渊博,兼精诗文书画,书法成就尤高。

元代河北书法家鲜于枢(1246—1302),字伯幾,号困学民,德兴(今河

---

① (南朝宋)范晔:《后汉书》卷八〇下,中华书局1965年版,第2652页。
② (宋)米芾:《书史》,文渊阁《四库全书》本。
③ (元)王恽:《跋任龙岩乌夜啼帖》,载《秋涧先生大全集》卷七一,《四部丛刊》本。
④ (元)王恽:《书南麓珍翰后·跋任龙岩乌夜啼帖》,载《秋涧先生大全集》卷七二,《四部丛刊》本。

北涿鹿）人①，与赵孟頫并称"二妙"。他的书法由唐人入手，直追晋人，与赵孟頫共同开启回归传统古典主义的书学潮流。

清代在书法创作和理论有帖学与碑学两种倾向和风气此消彼长。"帖学"崇尚"二王"及属于"二王"系统的唐宋诸大家的书法史观、审美理论，创作以晋唐以来名家墨迹、法帖为取法对象。"碑学"则重视汉魏南北朝碑版石刻的书法史观、审美主张，以碑刻为取法对象。冯铨、梁清标是清初著名藏书家，他们收集名人名帖，汇刻成集，为帖学的兴起推波助澜。

冯铨（1595—1672），字振鹭，涿州（今河北涿州市）人，他收集自钟繇、王羲之直到元代赵孟頫等诸多名帖，摹拓汇编成集。拓本集共分五卷，刻石408方，摹刻精致，因其第一卷以王羲之的《快雪时晴帖》开篇，故称《快雪堂帖》。其大半由真迹摹出，有清一代最佳刻帖。

梁清标（1620—1691），字玉立，一字苍岩，号棠村，直隶真定（今河北正定县）人，精于鉴赏，长于书法，喜收藏图书，所藏法书、名画极多。刻有《秋碧堂法帖》。

戴明说（1608—1686），字道默，号岩荦，晚号定园，沧州人。工书善画，在清初享有盛誉。吴伟业称赞其："丹青墨宝，照耀殿壁，长缣短幅，淋漓墨沈。"②用笔有较浓的摹帖痕迹，但起笔、收笔处提按爽洁，行笔犀利流畅，有较强的节奏感。

晚清名臣张之洞（1837—1909）字孝达，号香涛、香岩，又号壹公、无竞居士，晚年自号抱冰，直隶南皮（今河北南皮）人。张之洞书学苏轼，善用侧锋，笔力遒劲，俊迈豪放，跌宕有致。

下就在书法创作和理论上卓有成就者，择要论之。

一、崔瑗《草书势》

一般认为，书法艺术的自觉始自东汉，崔瑗的《草书势》是今存最早谈论书法的文章。

崔瑗（77—142），字子玉，涿郡安平（今河北安平县）人，崔氏家族是汉代儒业世家。曾祖篆，仕王莽新朝，以经学著称于世，著有《周易林》

---

① 鲜于枢籍贯与生平，参见戴立强《〈鲜于府君墓志铭〉与鲜于枢生年》，《文物季刊》1999年第1期。
② （清）吴伟业：《梅村家藏稿》卷二十七《戴沧州定园诗集序》。

六十四篇。祖毅，隐身不仕。父骃与班固、傅毅同时而齐名，年少时既"能通《诗》、《易》、《春秋》，博学有伟才，尽通古今训诂百家之言，善属文"[1]。崔瑗曾从学于贾逵，与马融、张衡相友好，作有赋、书、记、箴、铭等诸体文五十七篇。书法上师法杜度，尤精于草、篆，时称"崔杜"。庾肩吾《书品》将他置于上之中，并称："崔子玉擅名北中，迹罕南度，世有得其摹书者，王子敬见而称美，以为功类伯英（张芝）。"[2]子崔寔深得家传，是东汉章草大家。

崔瑗《草书势》见于《晋书》"卫恒传"所引，其文曰：

书契之兴，始自颉皇。写彼鸟迹，以定文章。爰暨末叶，典籍弥繁。时之多僻，政之多权。官事荒芜，剿其墨翰。惟作佐隶，旧字是删。草书之法，盖又简略。应时谕指，用于卒迫。兼功并用，爱日省力。纯俭之变，岂必古式。观其法象，俯仰有仪。方不中矩，圆不副规。抑左扬右，望之若崎。竦企鸟跱，志在飞移。狡兽暴骇，将奔未驰。或黝点𩨂，状似连珠，绝而不离；畜怒怫郁，放逸生奇。或凌邃惴栗，若据高临危；旁点邪附，似蜩螗据枝。绝笔收势，余綖纠结，若杜伯揵毒缘巇，腾蛇赴穴，头没尾垂。是故远而望之，隺焉若沮岑崩崖；就而察之，一画不可移。机微要妙，临时从宜。略举大较，仿佛若斯。[3]

文章首先追述草书的渊源：草书出现在隶书之后，主要出于实用的目的，由于时间仓促紧迫，为提高书写效率，笔画简略，因而在形体上由象形转为象征。后来的书论家多沿袭这种说法，如蔡邕说："昔秦之时，诸侯争长，简檄相传，望烽走驿，以篆隶之难，不能救速，遂作赴急之书，盖今草书是也。"唐代张怀瓘《十体书断》亦称："汉元帝时，史游作急就章……损隶之规矩，纵任奔逸，赴速急就，固草创之意，谓之草书。"[4]

其次，他在书法史上首次对书法艺术作了审美观照和描述。论述了草书在结体、用笔、势态的特点：左轻右重、左简右丰、左低右昂，用笔似断还连，势态静中寓动，改篆隶中规中矩的静态美为飞奔流走的动态美。崔瑗用形象的比喻描述草书的艺术效果，由仓促应用的权宜之举上升到审美高度。

---

[1] （南朝宋）范晔：《后汉书》卷五二《崔骃传》，中华书局1965年版，第1708页。
[2] 上海书画出版社编：《历代书法论文选》，上海书画出版社1979年版，第88页。
[3] （唐）房玄龄等：《晋书》卷三六《卫恒传》引，中华书局1974年版，第1066页。
[4] 上海书画出版社编：《历代书法论文选》，上海书画出版社1979年版，第162、165页。

崔瑗还将草书创作与书写者的心性、才情相联系，由于是"临时从宜"，是潜意识的发挥和临时应变，突破了固有的规程束缚，从法天象地的取象模仿到自抒心性的主观创造，更富有个性化和审美价值。

最后，崔瑗从创作者和欣赏者的角度采用移情类比，描述创作、观赏草书时获得的审美体验，"是故远而望之，崔焉若沮岑崩崖；就而察之，一画不可移"。书法本体作为独立的审美对象呈现，而非仅仅是表意的符号。

崔瑗《草书势》从"文字原型转向书法本体，由文化生成走向审美生成"，实现书法理论的审美转换，标志着书法审美意识的觉醒。① 不仅对以后的书论，还对画论和文学理论产生了深远的影响。

二、北魏书门清河崔氏与范阳卢氏

清河东武城（今河北故城）崔氏、范阳（今河北涿州）卢氏是曹魏时期形成的文化士族，崔林、卢毓先后位至司空，学承马融、郑玄。崔卢两家为姻亲，在十六国中的前秦、后燕、西燕、南燕等政权和北朝政权中也都做过高官。他们不仅世传儒业，还是北朝时期的书法世家。

> 玄伯（崔宏）祖悦与范阳卢谌，并以博艺著名。谌法钟繇，悦法卫瓘而俱习索靖之草，皆尽其妙。谌传子偃，偃传子邈；悦传子潜，潜传玄伯。世不替业。故魏初重崔卢之书。又玄伯之行押，特尽精巧，而不见遗迹。②

> 初，谌父志法钟繇书，传业累世，世有能名。至邈以上，兼善草迹。渊习家法，代京宫殿多渊所题。白马公崔玄伯亦善书，世传卫瓘体。魏初工书者，崔卢二门。③

崔氏成为书门始自崔悦，书家有崔悦、崔潜、崔玄伯等，卢氏始自卢志，书家卢志、卢谌、卢偃、卢邈等。钟繇、卫瓘是两晋书坛两大流派，崔氏宗法卫瓘，擅长古文、篆书、草书；卢氏师法钟繇，长于隶书、行书、楷书。

北魏初，清河崔氏成为北方第一盛门、儒学大族，其中以崔玄伯（？—418）、崔浩（381—450）最为著名。崔玄伯"少有儁才，号曰冀州神童"，崔浩"少好文学，博览经史"，父子备受帝王礼遇，"每至郊祠，父子并乘轩轺，时人荣

---

① 姜寿田：《中国书法理论史》，河南美术出版社 2009 年版，第 9—11 页。
② （北齐）魏收：《魏书》卷二四《崔玄伯传》，中华书局 1974 年版，第 623 页。
③ （北齐）魏收：《魏书》卷四七《卢渊传》，中华书局 1974 年版，第 1050 页。

之。"①二人书法为世人追慕，崔玄伯"尤善草隶行押之书"，"特尽精巧"，朝廷文诏书檄多出自其手；崔浩书写的《急就章》成为流行的字书，"既工书，人多托写《急就章》。……浩书体势及其先人，而妙巧不如也。世宝其迹，多裁割缀连以为模楷。"②崔氏家族精于书法者还有崔卢、崔衡、崔高客、崔光、崔亮等。

北魏平城时期（398—494），崔、卢二门所传的书法体势已有一些变化：本是卢氏专长的行押书，魏初时崔玄伯已"特尽精巧"；楷书体，崔浩也有此专长；草书，卢氏在北魏初年已不能兼善；至于篆书，则一直是崔氏的专长。卢氏在政治地位及书坛影响上都逊于崔氏。

北周时期书法家黎景熙传习崔氏书法。黎景熙，字季明，河间鄚（今河北任丘）人，精于篆楷。"季明少好读书，性强记默识，而无应对之能。其从祖广，太武时为尚书郎，善古学。尝从吏部尚书清河崔玄伯受字义，又从司徒崔浩学楷篆，自是家传其法。季明亦传习之，颇与许氏有异。"③

三、李嗣真《书后品》

李嗣真（？—697），字承胄，赵州柏人（今河北隆尧）人，以明经登科，乾封初补许州司功，后入弘文馆，与学士刘献臣、徐昭齐名，号称"三少"。史称其"博学晓音律，兼善阴阳推算之术"④，著有《诗品》《书品》《画品》等。

李嗣真所著《书品》是初唐书论名作，因继王愔、王僧虔、庾肩吾等诸《书品》后，故又称《书后品》或《后书品》。是书载录自秦代李斯至当世书家王知敬共82人，分为十等，开唐代书法品第之先河。

（一）"尚逸"审美观的确立

魏晋以来，文艺理论中"逸"字频繁出现，如刘勰称曹植"诗丽而表逸"（《文心雕龙·物色》），王僧虔称孔林之书法"天然绝逸"（《论书》）等。李嗣真在书论史上首列逸品，在九等之上列逸品四人：张芝、钟繇、王羲之、王献之，称赞他们的书作"神合契匠，冥运天矩，皆可称旷代绝作"⑤。李嗣真

---

① （北齐）魏收:《魏书》卷三五《崔浩传》，中华书局1974年版，第807页。
② （北齐）魏收:《魏书》卷三五《崔浩传》，中华书局1974年版，第826—827页。
③ （唐）李延寿:《北史》卷八二《黎景熙传》，中华书局1974年版，第2747页。
④ （宋）欧阳修、宋祁:《新唐书》卷九一，中华书局1975年版，第3796—3798页。一作滑州匡城人，参见刘昫等撰《旧唐书》卷一九一，中华书局1975年版，第5098—5099页。
⑤ （唐）李嗣真:《书后品》，载《历代书法论文选》，第133—142页，以下所引（唐）李嗣真《书后品》皆同。

"尚逸"的审美观大致包含以下三方面内容：书写者应具有才情与个性，未必兼善，贵在独具；书写过程中，笔势要富于变化，"元常每点多异，羲之万字不同"；书法作品要呈现雄浑飘逸的气象。"吾作《诗品》，犹希闻偶合神交、自然冥契者，是才难也。及其作《画评》而登逸品数者四人，故知艺之为末，信也。"

（二）崇尚自然的创作原则

李嗣真之前，卫恒、孙过庭分别从书法的美学呈现和本源提出"自然"观。卫恒《四体书势》论古文字："是故远而望之，若翔风厉水，清波涟漪，就而察之，有若自然。"①孙过庭《书谱》："同自然之妙有，非力运之能成。"②李嗣真在卫、孙二人的基础上对书法创作的"自然"观加以具体与深化。他提出的"自然"大致有两方面意思：一是书写者要发挥主体的创造性，不能对前代亦步亦趋，如评论褚遂良时说："褚氏临写右军，亦为高足，丰艳雕刻，盛为当今所尚，但恨乏自然，功勤精悉耳。"二是主体的创造性发挥不是一味放任和纵逸，要有规矩加以约束，如评中下品七人时说："古之学者皆有规法，今之学者但任胸怀，无自然之逸气，有师心之独任。"总的来说，李嗣真关于书法创作的"自然"类于宋人诗歌创作的"活法"，即"规矩备具而能出于规矩之外，变化不测而亦不背于规矩"（吕本中《夏均父集序》）。就创作主体而言，既重视天才、逸气，又强调精修勤练；书法作品既要有意韵，又要讲法度。"有天才者或未能精之，有神骨者则其功夫全弃，但有佳处，岂忘存录！"

（三）二王优劣论

唐初，李世民、孙过庭从求善求备和儒家正统观，贬小王（王献之），尊大王（王羲之）。李世民说："献之虽有父风，殊非新巧。观其字势疏瘦，如隆冬之枯树；览其笔踪拘束，如严家之饿隶。"（李世民《王羲之传论》）③孙过庭认为献之自称胜父有违人伦，书法也逊于其父："以子敬之豪翰，绍右军之笔札，虽复粗传楷则，实恐未克箕裘。"（孙过庭《书谱》）④

李嗣真肯定小王的独善、逸气、风骨，这是他在书法审美上的独特之处。他认为如果从求全责备方面讲，王羲之也难于兼善，"求其盛美，难以备诸"，

---

① 上海书画出版社编：《历代书法论文选》，上海书画出版社 1979 年版，第 13 页。
② 上海书画出版社编：《历代书法论文选》，上海书画出版社 1979 年版，第 125 页。
③ 上海书画出版社编：《历代书法论文选》，上海书画出版社 1979 年版，第 121—122 页。
④ 上海书画出版社编：《历代书法论文选》，上海书画出版社 1979 年版，第 124—125 页。

而献之"不失"的作品则达到"神妙无方"。他摒弃以儒家传统道德观评论书法的立场，虽然也认同献之自称胜过其父"有害名教"，但肯定献之草书确实胜过其父，"子敬草书逸气过父，如丹穴凤舞，清泉龙跃，倏忽变化，莫知所自，或蹴海移山，翻涛簸岳"。

四、赵秉文书法与书论

金代书法承接北宋，美学祈向上以米芾、苏轼等为鹄的，崇尚雄劲飘逸之美。河北书法家有蔡松年、蔡珪、任询、赵秉文等，其中赵秉文成就最高。

赵秉文（1159—1232），字周臣，号闲闲，磁州滏阳（今河北磁县）人。幼颖悟，有才思，举金世宗大定二十五年（1185）进士，历任安塞簿、邯郸令等职。金宣宗兴定元年（1217）拜礼部尚书，兼侍读学士，兼修国史、知集贤院事。元好问撰墓志铭，《金史》有传。赵秉文为人至诚乐易，性疏旷，诗文书画皆工，是金末文坛领袖，著作颇丰，今存诗文集《闲闲滏水文集》。

赵秉文书法初学王庭筠，后追慕苏轼、米芾，以行草见长。结字、点画虽未跳出苏、米之藩篱，但其学力深厚，为人旷达，加之广摄博取，大字行书顿挫挥洒，骨力遒劲，气象峥嵘。书法作品今存《赵霖六骏图跋》《武元直赤壁图跋》，前者为行草，开端以行楷，中间过渡到行草，最后以行书结束，纵逸酣畅，节奏感强。后者大字行书拖尾，侧笔露锋刷掠多飞白，转折处筋骨暴露，似横竖笔自运不连贯，雄强怒张。

赵秉文书论见于题跋及书札。他强调学书要循序渐进，既能熔铸百家，取精用弘，又要做到学古而不泥古。

> 学书当师三代金石、锺、王、欧、虞、颜、柳，尽得诸人所长，然后卓然自成一家。非有意于专师古人也，亦非有意于专摈古人也。自书契以来，未有摈古人而独立者。……昔人谓之法书，岂是率意而为之也？又须真积力久，自楷法中来，前人所谓未有未能坐而走者。飞动乃吾辈胸中之妙，非所学也。若世人能积学而不能飞动，吾辈能飞动而不能积学，皆一偏之弊耳！①

赵秉文认为书家应该博学厚植，道德学问与书艺相辅相成："窃以谓通经学道，本也；书，一艺耳。然非高人胜士，胸中度世有数百卷书，笔下无一点

---

① （金）赵秉文：《闲闲滏水文集》卷一九《答李天英书》，文渊阁《四库全书》本。

尘，不能造妙入微。"(《张天锡草书韵会序》)[1]在书法作品的审美趋向上，赵秉文崇尚劲拔、雄浑之美。他评苏轼的书作有"严劲之象，雄浑之状"，(《跋东坡四达斋铭》)[2]评米芾"雄入九军，气凌百代，而于古今有一日之长，其笔阵之堂堂者乎。"(《跋米元章多景楼诗》)[3]

赵秉文不但书法创作上推崇苏轼，而且书论上也多有承袭。苏轼论述黄庭坚书法的创新途径时说："鲁直以平等观作欹侧字，以真实相出游戏法，以磊落人书细碎事，可谓'三反'"。(《跋鲁直为王晋卿小书〈尔雅〉》)[4]赵秉文评黄庭坚草书："涪翁参黄龙禅，有倒用如来印手段，故其书得笔外意，如庄周之谈大方，不可端倪；如梵志之翻着袜，刺人眼睛。"(《题涪翁草书文选诗后》)[5]"倒用如来印"，出自禅宗语录，如禅宗六祖慧能对神秀的偈语反其意而用，用于书法创作其意在于寻找前人创作的不完满处，反其道而行之，翻新出奇，自成一家。

五、河北画家及创作

与书法相比，河北学人在绘画创作和理论上相对逊色，见于记载及有画作传世的有胡瓌、刘贯道、李肖岩等。

胡瓌，契丹人，范阳（今河北涿州）人。五代后唐画家，擅画人物、鞍马，尤长于描绘北方游牧民族的生活。子胡虔，传其家学。宋刘道醇评其"善画番马，骨格体状富于精神，其于穹庐部族帐幕旗斾、弧矢鞍鞯，或随水草放牧、或在驰逐弋猎，而又胡天惨冽，沙碛平远，能曲尽塞外不毛之异趣，信当时之神巧，绝代之精技欤，故人至今称之。"(《五代名画补遗·走兽门》，文渊阁《四库全书》本)画史说他画的马"富于精神，虽繁富细巧，而用笔清劲"。传世作品有《卓歇图》，构图相当精彩，虽人物、鞍马众多、形神各异，但作者处理得起伏有致，有条不紊而又浑然一体。描绘了契丹族可汗率部下骑士出猎后歇息饮宴的情景。可汗与其妻关氏盘坐地毯上宴饮，侍从正执壶进酒献花，前有奏乐起舞者。画面上有骑士多人或倚马而立，或席地而坐，马鞍上

---

[1] （明）杨慎：《墨池琐录》卷三，文渊阁《四库全书》本。
[2] （金）赵秉文：《闲闲滏水文集》卷二〇，文渊阁《四库全书》本。
[3] （金）赵秉文：《闲闲滏水文集》卷二〇，文渊阁《四库全书》本。
[4] （金）赵秉文：《闲闲滏水文集》卷二〇，文渊阁《四库全书》本。
[5] （金）赵秉文：《闲闲滏水文集》卷二〇，文渊阁《四库全书》本。

驮着鹅、雁等猎物。人物面相服饰具有契丹族特征，画面沙漠荒寒，人物气质犷达，马匹膘壮，形象各异。笔法古健雄劲，线条繁密，有北方画派的特色。

刘贯道，字仲贤，中山（今河北定州）人。生卒不详，约活动于至元年间（1264—1294）。至元十六年（1279），画真金太子像，受到元世祖忽必烈的赏识，补御衣使，遂为宫廷画家。元人夏文彦称赞刘贯道："工画道释人物鸟兽花竹，一一师古，集诸家之长，故尤高出时辈。亦善山水，宗郭熙，佳处逼真。"[1]刘贯道善画人物、山水、花竹、鸟兽，作画用笔凝练坚实，造型准确，形象生动传神，有宋院画遗风，传世画作有《元世祖出猎图》、《画罗汉》（现藏台北故宫博物院）、《消夏图》（现藏美国堪萨斯纳尔逊画廊）等。

《元世祖出猎图》中元世祖白裘青马，侍从八九骑，或架鹰，或纵犬，或弯弓，刻画精细，表情神态自然生动。元世祖的容貌与《元历代帝后像》册中的元世祖半身像相似，可见系写实作品。

《消夏图》描绘文人闲适生活，取境、构图、用笔等方面都堪称此类题材的名作。构图画中有画，分实景与虚景，实景为主人公一身燕居之服卧于方榻之上，右手轻拈拂尘，左手漫拄书卷，背倚隐囊，一双方舄置于踏床。隐囊后面竖一把阮咸。画面右方侍女二人，一人捧袱，一人肩扇。卧榻后面一架座屏，芭蕉、翠竹分别点缀于屏风两侧。虚景为屏风画，画面深处又是一架山水屏风，前方卧榻一张，榻上一个小小的书案，案上放着书册、辟雍砚、笔格和笔，案旁一个投壶。主人坐榻，小童手奉博山炉立于侧。画面左边一个方桌，桌边茶盏、盏托，一摞茶盏倒扣在桌子中间，此外则食盒一，注碗一，注子一，荷叶盖罐一。桌旁一具有莲花托座的风炉，炉上坐着铫子，一童子手持铫子的长柄方在煎茶。贴着桌脚一个大水盆。这种画中有画的构图方式容纳大量器物，成为表现文人风雅闲趣的"器具"集成。

刘贯道《消夏图》是"画中画"与"二我图"的集合。重屏之设，是"画中画"；实景中人与屏风画中人面貌相肖，则又"二我图"之意趣，是这一类题材构图元素的集成。《消夏图》中的主人公乃被置于士人向往的另一番闲适之境。画家以诸般细节铺陈清雅，几乎在在有所依据，且颇存宋院画的体物精微和造型准确。[2]

---

[1] （元）夏文彦：《图绘宝鉴》卷五，文渊阁《四库全书》本。
[2] 中国社会科学院文学所扬之水 2012 年在上海博物馆讲座《刘贯道〈消夏图〉细读》，持此观点。

李肖岩，中山（今河北定州）人，元代中期宫廷画家，擅长肖像画，多次奉旨为皇帝、皇后画像。程钜夫盛赞其"海内画手如云起，写真近说中山李。一入都门天下闻，半纸无由及田里……含毫泚墨笑且谈，忽见威仪在屏几"①。

今藏故宫博物院的《元历代帝后像》手法娴熟，勾线细劲匀净，晕染得体，人物形象丰满传神，有些可能出于李肖岩之手。

李廷敬，字景叔，号宁圃，一字味庄，沧州（今河北沧县）人，乾隆四十年（1775）进士，乾隆五十七年（1792）起任苏、松、太兵备道，历时10年，嘉庆十一年（1806）年卒于上海。李廷敬酷嗜名人法书，精刻唐至明名家书迹，雇良工拓成《平远山房法帖》，"墨林宝之"。②李廷敬不但本人工诗文、善书画，能鉴赏，而且延揽不少书画家成了他的幕宾，李廷敬幕中书画名家有康恺、改琦等，为乾隆上海画派的形成起了关键作用。杨逸在《海上墨林·叙》中说："闻昔乾嘉时，李味庄观察廷敬备兵海上，提倡风雅，有诗画一长者，无不延纳平远山房，坛坫之盛，海内所推。"③

康恺，字饮和，号宁斋，一号起山，上海人。乾隆五十七年举人，肖像画家康绥长子。《墨林今话》称其"为人风骨崚嶒，不谐世俗，嗜酒善谑"。他深得家传，仕女画能以白描取肖，山水纵横恣肆，独成一家。论者谓兼有董其昌、李流芳胜趣。

改琦，字伯韫，号香白，又号七芗、玉壶外史。《墨林今话》说："其先西域人……幼通敏。沧州李味庄先生备兵沪上，平远山房坛坫之盛，海内所推。七芗时甫逾冠，受知最深。既而声誉日起，东南佳丽地，恒扁舟往返其间，贤士大夫娴雅而好古者，莫不推襟揽袂，争定交焉。"他善于画人物，尤长于仕女，笔墨秀雅洁净。所作甚多，以画《红楼梦》人物为突出。今传有《红楼梦图咏》（红楼梦版画插图）、《改七芗红楼梦临本》等，笔墨秀雅洁净，线条流畅。另一些人物画如《百子图册（拟新罗山人画本）》则能表现儿童好动、天真活泼的特点，情节、动态都生动，逗人喜爱。他也画花卉、兰竹、山水，一些作品水墨淋漓，颇有特色。

---

① （元）程钜夫《赠李肖岩》，（元）程钜夫：《雪楼集》卷二十九，《四库全书》本。
② （清）李放：《皇清书史》卷二三，《辽海丛书》本。
③ 杨逸著，陈正青校点：《海上墨林》，上海古籍出版社1989年版。

第四章

河北学人与中国文学研究

第一节　韩婴、毛苌、刘德的《诗经》研究与传播

任何经典的阐释，都是一种新的思想创造。汉代河北学人的《诗经》研究，一方面是儒家经典解释的产物，成为后世儒家经典阐释史的重要一环；另一方面，用现代学术观念来看，《诗经》的本质是一部诗歌总集，因此以韩婴、毛苌、献王刘德为代表的《诗经》阐释与传播，又是河北学人对文学研究的重要贡献。

一、《韩诗》的传承与衰落

《诗经》是中国古代第一部诗歌总集，始称"诗三百"，是周王朝礼乐治政的诗化载体，是周王朝礼乐文化的象征。先秦时期，人们并没有把《诗经》当作文学范本加以学习和吟咏，而是作为政治与教化的工具来使用。所谓"兴于诗，立于礼，成于乐。"《诗》在当时有很强的政治功能。"诵诗三百，授之以政，不达；使于四方，不能专对；虽多，亦奚以为？"《诗》可以"兴观群怨"，"不学诗，无以言"，因此《诗》是先秦非常重要的典籍，在政治活动和礼乐教化中引《诗》用《诗》非常普遍。

经过秦朝"焚书坑儒"的文化劫难后，西汉前期，经学传播集于齐鲁大地，经学大师多为齐、鲁人。传授《诗经》的有齐、鲁、韩、毛四家。齐之袁固、鲁之申培皆为山东人。河北大地上，传授《诗经》的燕有韩婴、赵有毛苌。齐鲁韩三家诗为今文经学，西汉前中期立为学官。《毛诗》为古文经学，

出现较晚，立为学官之后，影响极大，导致齐、鲁、韩三家逐渐衰微，北宋后基本亡佚，现存的只有燕人韩婴所撰的《韩诗外传》。

（一）韩婴与《韩诗外传》

关于韩婴传授《诗经》的情况。《史记·儒林传》载："韩生者，燕人也。孝文帝时为博士，景帝时为常山王太傅。韩生推《诗》之意而为《内外传》数万言，其语颇与齐鲁间殊，然其归一也。淮南贲生受之。自是之后，而燕赵间言《诗》者由韩生。后其孙商为博士。"①

《汉书·儒林传》的记载更为详尽："韩婴，燕人也。孝文时为博士，景帝时至常山太傅。婴推诗人之意，而作《内外传》数万言，其语颇与齐、鲁间殊，然归一也。淮南贲生受之。燕赵间言《诗》者由韩生。韩生亦以《易》授人，推《易》意而为之传。燕赵间好《诗》，故其《易》微，唯韩氏自传之……后其孙商为博士。"②

从史籍载记可见，燕人韩婴，文帝时为博士，景帝时为常山王刘舜太傅，武帝时与董仲舒有过学术交锋与辩论。以传授《诗经》为学术主业，兼治《易》学，是西汉韩《诗》学的开创者。其著述有《韩诗内传》四卷、《韩诗外传》六卷，另有《韩故》三十六卷、《韩说》四十一卷。南宋以后散佚，今仅存《韩诗外传》。清赵怀玉曾辑《韩诗内传》佚文，附于《韩诗外传》书后。马国翰的《玉函山房辑佚书》辑有《韩诗故》两卷、《韩诗内传》一卷、《韩诗说》一卷。

（二）《韩诗外传》体例特征

现存《韩诗外传》共十卷三百一十章。其中讲授《诗经》篇章主旨和本事的，如卷五第一章讲《关雎》等，数量非常少。大部分篇幅与刘向《说苑》《列女传》的体例相近，先叙述一段故事，或发一番修身齐家、治国理政的议论，然后引用《诗经》的句子作结，或引用《诗》句后再加阐发。因此，与侧重解释《诗经》文义的《鲁诗》《齐诗》相比，《韩诗外传》不是一部注解《诗经》的书，更像是一部引用《诗经》诗句为自己的学说观点做旁证的政论文集。

东汉班固的《汉书·艺文志》评《韩诗外传》"或取《春秋》，采杂说，

---

① （汉）司马迁：《史记》，中华书局1959年版，第3124页。
② （汉）班固：《汉书》，中华书局1962年版，第3613页。

咸非其本义"[1],认为《外传》与《诗》的本义无关。南宋陈振孙《直斋书录解题》也说此书"盖多记杂说,不专解《诗》"。明代王世贞更认为此书"大抵引《诗》以证事,而非引事以明《诗》"[2]。清代汪中也曾说:"《韩诗》之存者,《外传》而已。其引《荀卿子》以说《诗》者四十有四,由是言之,《韩诗》《荀卿子》之别子也。"[3]直接把《韩诗外传》看成是和《荀子》《新书》《新论》一类的子书。从《外传》结构形式上看,或以《诗》证史,或以《诗》证事,或用《论语》互证,或以《易》互证,还有三处不引《诗》而化解《诗》意而述的现象存在。作者抛开《诗》之语词与本事,而以治国之道解《诗》,这种为我所用的解诗,本质上不是解《诗》而是用《诗》。因此《四库提要》评曰:"王世贞称《外传》引《诗》以证事,非引事以明《诗》,其说至确。"

由此说来,《韩诗外传》撰著体例显著具有今文经学通经致用的特点。众所周知,"今文经"指用隶书记录的经典,"古文经"是用战国古文字记载的经典。今文经学与古文经学的差异,不仅是载体字体的不同,更主要的是其阐释经典的着眼点不同。古文经学解释经典,立足经典文本,注重文字训诂,解释典章制度,理清历史事实,具有鲜明的实证色彩;而今文经学则淡化文字训诂,立足现实政治,努力阐发经文背后蕴含的微言大义。《韩诗外传》作为汉初兴起的今文经学代表著作,以故事说《诗》的解经方式,从不同角度援引大量生动的故事,取譬连类,贯通经史百家及古今言论事迹,与《诗》义相阐发,达到"片言可以明百意"的解说效果,形成一个开放多义的解说系统。作者一方面按照《诗》三百的排列顺序,解说阐释《诗》句之意,同时,借解诗的形式载体将个人的哲学智慧、治国之道贯穿其中,大到驭民理政、小到修齐治平等思考思索,融会贯通,成为解诗与立言的思想创造。

(三)《韩诗外传》的哲学智慧

作为今文经学著作,《韩诗外传》与其说是解说《诗经》,还不如说借解说《诗经》来阐释个人的思想观念。全书杂引古书古语,出入老庄孟荀、韩非管晏,貌似驳杂,但核心仍以儒家思想为主。适应汉初大一统社会形势的需要,作为博士学官的韩婴,他试图融合儒道各家思想,建立一个涵盖天道

---

[1] (汉)班固:《汉书·艺文志》,中华书局1962年版,第1708页。
[2] (明)王世贞:《弇州四部稿》卷一一二《读韩诗外传》,影印文渊阁《四库全书》本,台湾商务印馆出版,第1280册,第763页。
[3] (清)汪中:《述学·补遗·荀卿子道论》,《丛书集成新编》本,第77册,第545页。

观、人性论、历史观、社会观等多方面内容的思想体系。

从天道观看,《外传》吸收老庄道家思想,以独立于天地之外的"道"和"德"作为世界本体范畴。卷五第二十九章:"德也者,包天地之大,配日月之明,立乎四时之周,临乎阴阳之交。寒暑不能动也,四时不能化也。敛乎太阴而不湿,散乎太阳而不枯。鲜洁清明而备,严威毅疾而神,至精而妙乎天地之间者,德也。"[①]这个"德"就是《老子》所谓"有物混成,先天地生,寂兮寥兮,独立而不改,周行而不殆,可以为天下母。吾不知其名,字之曰'道'"的那个世界本源的"道"。作为世界的本源,"道"与"德",包罗天地,吞吐日月,主宰阴阳,化生万物,派生四时,超越于大千世界之上而派生出大千世界。所谓"天地有合,则生气有精矣。阴阳消息,则变化有时矣。时得则治,时失则乱。"(卷一第二十章)人们要把握形而上的神秘天道,就必须通过天人之间的互感互通,由天道自然来体悟人情物理,所谓天道通于人道。卷五第十六章:"天设其高,而日月成明。地设其厚,而山陵成名。上设其道,而百事得序。"由天地运行之道,体悟人道、政道,是早期"天人合一"思想的具体体现。

由此出发,《外传》强调君主治国理政,要顺时委运,合于自然天性。"善为政者,循性情之宜,顺阴阳之序,通本末之理,合天人之际。如是则天地奉养而生物丰美矣。"认为善为政者,要顺应自然规律和人之性情,则天地和顺,物阜民康。反之,就会遭到自然的警示与惩罚。卷二第三十章:"国无道则飘风厉疾,暴雨折木,阴阳错氛,夏寒冬温,春热秋荣,日月无光,星辰错行,民多疾病,国多不祥,群生不寿,而五谷不登。"这种天有意志,奖善罚恶,天人互感相通的观念,后经董仲舒的丰富发展,就形成了著名的"天人感应"学说。

在人性论方面,《韩诗外传》一方面继承了孟子的法先王和"性善说",另一方面,也没有全盘否定荀子的"性恶说",而是着眼于人性的复杂性。他说:"目欲视好色,耳欲听宫商,鼻欲嗅芬香,口欲嗜甘旨,其身体四肢欲安而不作,衣欲被文绣而轻暖。"(卷五第十六章)耽于五官肌体的享受是人的本性和欲望,欲望是人类创造发展的动力。《外传》并不一味否认人的欲望,

---

① 许维遹:《韩诗外传集释》,中华书局1980年版,第196页。以下凡引《韩诗外传》皆出于此,不再一一注明页码。

而是在肯定欲望的同时，强调要节制欲望，要"不以私欲害其所闻"（卷一第五章）。人对欲望的无限追求，可能导致人性恶，而人本性又有向善之心，所谓"夫人者说人者也，形而为仁义，动而为法则"，（卷二第三十四章）"孟子曰：仁，人心也。义，人路也……学问之道无他焉，求其于心而已。"意思说人天生就有向往仁义、礼智、善良之心，因而就包含了仁义向善的可能性。因此，人性既不是完全为善，也非彻底为恶。人性本身共存有"善""恶"两种因子，"夫人性善，非得明王圣主扶携，内之以道，则不成为君子。"人要成为君子，必须经过明王圣主的引导教育，去恶从善，则为君子。正因此，《外传》强调礼乐教化，将荀子的非"十二子"减为"十子"，又把荀子的"学为圣人"改成"学圣人"，折中孟荀观点，提出了"依天理，观人情"的修养观。《外传》的人性论思想，是对儒家学说改造的结果，是儒学思想转折的标志，对推动经学独尊地位的形成具有积极意义。从这个意义上说，韩婴是从孟荀到董仲舒儒学发展史上重要的过渡人物。

从历史观看，《外传》继承荀子的朴素唯物思想，认为事物是发展变化的，所谓"无常安之国，无恒治之民"，具有发展的历史观，同时也强调历史的发展变化周而复始，顺应万物。"夫五色虽明，有时而渝。丰交之木，有时而落。物有成衰，不得自若。故三王之道，周则复始，穷则反本，非务变而已，将以止恶扶微，绌缪沦非，调和阴阳，顺万物之宜也。"韩婴与董仲舒"天不变，道亦不变"思想不同，一方面肯定历史是发展变化的，另一方面强调人事决定王朝的盛衰。卷五："故无常安之国，无恒治之民，得贤则昌，失贤则亡，自古及今，未有不然者也。"因此，《外传》强调要以史为鉴。卷五："夫明镜者所以照形也，往古者所以知今也。……前车覆而后车不诫，是以后车覆也。"要重视观古知今和前车之鉴。卷六："赏勉罚偷，则民不怠。兼听齐明，则天下归之。然后明其分职，考其事业，较其官能，莫不治理，则公道达而私门塞，公义立而私事息。"认为治国理政兼听则明，偏听则暗，公私分明，以史为鉴，方有长治久安的政治局面。

（四）《韩诗外传》的政治思想

《外传》的本质不是注解《诗经》的著作，而通经致用的政论文集，体现出丰富而深刻的政治思想和治国策略。适应汉初大一统社会休养生息的需要，《外传》融合先秦以来的儒道思想，提出了"无为""重民""尚贤""崇礼"的政治主张与治国理政的思想方法。

无为。汉初黄老之学盛行，推崇"法自然"的老庄思想。《外传》吸收道家黄老之学，强调无为而治。认为治国理政要顺应自然规律，顺应民意。卷七第十九章："传曰：善为政者，循情性之宜，顺阴阳之序，通本末之理，合天人之际。如是则天气奉养而生物丰美矣。不知为政者，使情厌性，使阴乘阳，使末逆本，使人诡天，气鞠而不信，郁而不宣，如是则灾害生，怪异起，群生皆伤，而年谷不熟。是以其动伤德，其静亡救。故缓者事之，急者弗知。日反理而欲以为治。"顺应自然规律和民意情性，就能造就协调平衡的政治局面。顺应自然，要做到"顺阴阳之序"，遵从自然特性，不违农时。顺应民意则是"循情性之宜"，按照民情民理政治国。

无为而治，强调清静无为，删繁就简，缓政宽刑。卷一第二十三章说："传曰：水浊则鱼喁，令苛见民乱，城峭则崩，岸峭则阪。故吴起峭刑而车裂，商鞅峻法而支解。治国者譬者张琴然，大弦急则小弦绝矣。故急辔衔者，非千里之御也。有声之声不过百里，无声之声延及四海。……故惟其无为，能长生久视，而无累于物矣。"用鱼水关系、城岸之危、张琴衔辔、有声无声等多个比喻事例说明物极必反，与其苛政严刑、繁文缛节，不如删繁就简、缓政宽刑、轻徭薄赋的无为而治更能长生久视。

重民。《外传》提出鲜明的贵民重民思想。中国文化一贯强调天人和谐，君权是天的象征。《外传》则强调君主心中，要以民为天。卷四："齐桓公问管仲曰：'王者何贵？'曰：'贵天。'桓公仰而视天。管仲曰：'所谓天，非苍莽之天也。王者以百姓为天。百姓与之则安，辅之则强，非之则危，倍之则亡。'《诗》曰：'民之无良，相怨一方。'民皆居一方，而怨其上，不亡者未之有也。"认为王者要以民为天，治国贵在安民。相反，作为臣民，也要遵从天道，服从王命，不然必遭天谴。卷一："今杀其君，所以反天地，逆人道也，天必加灾焉。"对臣民而言，自然与天道至高无上，君权是天的象征，反抗君权就是反天逆道，就会遭天灾惩罚。通过君与民的不同"天道"论述，强调重民贵民，以民为天，安民乐道，方可长治久安。

《外传》强调要做到重民贵民，君主必须深谙修身养廉、养民教民的为政之道。卷五："故道得则泽流群生，而福归王公，泽流群生则下安而和，福归王公则上尊而荣。百姓皆怀安和之心，而乐戴其上，夫是之谓下治而上通。下治而上通，颂声之所以兴也。"君王人主要获得善政颂声，就要修身养廉，做到"不佚佟靡，不高台榭，不大钟鼎，不沈于酒，不贪于色，用不糜财，养不害性",造就下治而上通的良好社会政治局面。卷三中作者还列举人主易犯的痿、蹶、逆、胀、满、支隔、肓、烦、喘、痹、风等十二种病疾,警示人主:"故人主之疾,十有二发,非有贤医,莫能治也。"并一一开列医病之法,强调廉洁自律方能光大国家。其意与后来枚乘的《七发》赋作异曲而同工。

《外传》强调君主养民要做到"民行役不逾时,男女不失时以偶,孝子不失时以养,外无旷夫,内无怨女",民之意愿与需求得到充分尊重与实现,才能实现"天下和平,国家安宁"。《外传》认为养民的同时,还要重视教民。"故罄千里,不为有地。愚民百万,不为有民",引用孟子教民思想说:"口欲味,心欲佚,教之以仁。心欲安,身欲劳,教之以恭。好辩论而畏惧,教之以勇。目好色,耳好声,教之以义。"是孔孟教民思想的发扬光大。

尚贤。《外传》认为要做到无为而治,必须尚贤使能,重用贤才。"得贤昌,失贤亡,自古及今,未有不然者也"。书中列举越王勾践、齐桓公、晋文公、秦穆公等人"皆困而知疾据贤人者也"。《外传》对比了子贱和巫马期的治政效果说:"子贱治单父,弹鸣琴,身不下堂而天下治;巫马期以星出,以星入,日夜不处,以身亲之,虽治犹未至也。"原因是:"子贱任人,而巫马期任力,任人者佚,任力者劳"。巫马期不如子贱善用贤才,因而劳心劳力,在韩婴看来,"虽治犹未至"。此外,《外传》还强调尚贤用人,必须学会知贤、推贤、引贤、荐贤,尤其肯定荐贤之可贵,"荐贤,贤于贤",齐鲍叔、郑子皮皆有荐贤之功,比管仲、子产更为可贵,因为"吾闻鲍叔之荐管仲也,子皮之荐子产也,未闻管仲、子产有所荐也"。只有做到尚贤使能、慎取贤才,才是作为国君人主的明智超人之处。

崇礼。《外传》突出地强调礼在治国理政中的重要作用,主张礼乐教化。以礼为核心,乐是从属的教化工具。礼乐并称,适时而变,因时而用。首先,《外传》把礼提升到至高无上的位置。卷一:"传曰:在天者莫明乎日月,在地者莫明于水火,在人者莫明乎礼义……故人之命在天,国之命在礼。"君主要隆礼尊贤,把礼作为治国之本。引《诗经》"人而无礼,胡不遄死"以证。

对于国家而言,礼关乎国家的治乱兴衰。卷三:"故修礼者王,为政者强,取民者安,聚敛者亡。"故明君"将修礼以齐朝,正法以齐官"。对个人而言,"君子者以礼分施,均遍而不偏。臣以礼事君,忠顺而不解。父宽惠而有礼,子敬爱而致恭。兄慈爱而见友,弟敬拙而不慢。夫照临而有别,妻柔顺而听从。"个人依礼修身齐家,治国平天下,才能实现个人价值。

《外传》不仅把礼推到至高无上的地位，而且还从天人关系来解释礼的合理性。卷五："百礼洽则百意遂，百意遂则阴阳调，阴阳调则寒暑均，寒暑均则三光清，三光清则风雨时，风雨时则群生宁，如是而天道行矣。"认为礼合乎天道，自然随着人意的变化而变化，人意礼洽则天道遂行。所谓"礼者则天地之体，因人之情而为之节文者也"，礼不仅是自然天道的体现，也是人情的合理体现，体现出一种全新的天人合一关系。

《外传》对礼乐教化给予充分的论述。众所周知，乐器在古代中国是最重要的礼器之一，是天子权威、身份地位、荣誉权力的标志与象征。诸侯只有在德行上有超常表现才可以获得赏赐乐器的优待。《外传》卷八："诸侯之有德，天子锡之。一锡车马，再锡衣服，三锡虎贲，四锡乐器……谓之九锡也。"依朱东润先生《古玉图考》可知，九锡是三代至汉的大礼，乐器之赐是九锡大礼之一，这种礼乐风尚一直延续到魏晋以后，为礼乐教化的重要体现。

《外传》卷五："秦之时，非礼义，弃《诗》、《书》……未尝见仁义之道，被礼乐之风。"秦朝严刑酷法治政，不兴仁义礼乐，短命而亡。《外传》说："人有六情，目欲视好色，耳欲听宫商。"认为耳目之欲为人之本能，不可放纵。乐作为礼教的载体与工具，既能满足人之欲望需求，同时更要承担教化陶熏人的功能。《外传》进而发挥"审音知政"的乐论观念。卷三："伯夷叔齐目不视恶色，耳不听恶声……故闻伯夷之风者，贪夫廉，懦夫有立至……故闻柳下惠之风者，鄙夫宽，薄夫厚。"乐声有净化心灵、纯洁行为的功效，不同的声乐教化会造就不同的社会政治氛围。

（五）《韩诗外传》的学术贡献与历史地位

西汉建立之初，高祖刘邦并不重视《诗》《书》及礼乐治国之道，后采纳儒士之谏言，始以儒道治国理政。自公元前195年开始，汉朝陆续完成定律令、军法、章程、礼仪、设誓藏金等社会结构与规范的制定，进而把传《诗》作为礼乐治国的重要载体。齐、鲁、韩三家《诗》在这种背景下开始兴盛起来。齐、鲁、韩三家《诗》通经致用，服务现实政治，继承先秦各家思想并吸收汉初黄老思想、天人观念自由解说，为一统江山的长治久安提供理论依据，得到朝廷的认可，列为学官，成为官方显学。

就学术贡献说，《韩诗外传》以经典解释为载体，进行新的思想创造。一是其天人合一、天人互感互通的天道观，开启了董仲舒"天人感应"说的先河。二是其人性论学说，继承了孟子"性善说"，同时吸收荀子"性恶说"合理因素，从人性都共存着"善""恶"因子角度，分析了人性的复杂性，进而推演了针对人性复杂性而开展的礼乐教化的治世方略。把哲学层面的人性论与政治层面的教化说有机结合起来，为现实政治长治久安提供了可资借鉴的医世良方。特别是书中提出的"无为""重民""尚贤""崇礼"等政治策略，以儒家经典为骨干，消化吸收诸子之学，同时对流行的黄老之学及被时人否定的法家思想做出了积极回应，把富有人伦精神的先秦原始儒学，提升到为大一统王朝长治久安提供治国理政方略的高度，成为汉初统治者的治世法宝。故晚唐皮日休《读〈韩诗外传〉》说："韩氏之书，折百家，崇吾道，至矣！"三是《韩诗外传》借经典阐释进行新的思想创造的思维方式，开启了汉代以政论作品为代表的重视"历史事理"、具有鲜明功用性和通俗性的汉儒学术。《外传》之后，陆贾的《新语》，贾谊的《新书》，刘向的《新序》《说苑》《列女传》等在著作体例与言说方式上都直接地受到了《韩诗外传》的启发。四是《韩诗外传》叙事议论带有鲜明的辩证思维，是古代先贤中庸智慧的典型体现。《外传》分析人性的复杂性，抛却孟荀非善即恶的思维方式，而是从人的本性欲望与向善之心共存并生的角度，挖掘人性的复杂现象与教化对策，充满辩证智慧。《外传》对天道的阐释，君以民为天，顺时使民；民以君为天，逆天必诛。《外传》对"无为"的讨论也不是绝圣弃智的消极无为，而是强调人主施宽简政治，而诸侯大臣则要勇于作为。凡此种种，都是充满了辩证思维的大智慧。

  韩婴生活于汉初时期，此时"罢黜百家，独尊儒术"的尊经崇儒的局面尚未建立，面对黄老流行、众家融合的思想格局，他与陆贾、贾谊两位大儒一道，探索长治久安的治国理路。他以内涵丰富的《外传》著述成为汉初儒家思想复兴的代表人物。"韩婴的思想可以看作儒家由汉初的政论向建立新的系统的哲学理论和意识形态的过渡"[①]。他的人性论观点，开启了董仲舒"性三品"思想的先河，而其中的灾异思想，也被董仲舒加以系统发挥，成为董仲舒"天人感应说"的先声。龚鹏程先生还认为《韩诗外传》代表了汉代儒学的一大转折。《外传》提出的养生治气、中和中道的理论，引领了汉代养生学蔚为大观局面的到来，直接影响了道教在汉代的形成。[②]其中珍视个体生命、

---

① 金春峰：《汉代思想史》，中国社会科学出版社1987年版，第112页。
② 参见龚鹏程《论韩诗外传》，载《汉代文学与思想学术研讨会论文集》，台北文史哲出版社1991年版。

贵生养生、尊隐风尚等汉初学风在《外传》中都有充分的阐释,成为汉初学术的代表倾向,对思想学术都产生了广泛的影响,对促成武帝时期"独尊儒术"的大一统思想的来临,具有积极的奠基作用。

(六)《韩诗》的传承与衰落

《韩诗外传》虽然不是从文学和文本角度解说注释《诗经》,但这种独特的说诗方式,也成为《诗经》研究领域重要的成果,丰富着诗经学的研究内涵。

粗略梳理,韩婴之后,传授《韩诗》的学者有很多。据中南民族大学左洪涛教授综合前人研究成果考证,《韩诗》传人有20人,习《韩诗》者33人。[①]《韩诗》传人中河北学人有韩婴之孙韩商。宣帝时,涿郡韩生又成为《韩诗》第二代传人。东汉时《韩诗》依然很有影响,著名传人有立为博士的薛汉父子与弟子及再传弟子。《后汉书·儒林传》载:"薛汉,字公子,淮阳人也。世习《韩诗》,父子以章句著名。……弟子犍为杜抚、会稽澹台敬伯、巨鹿韩伯高最知名。"薛汉为淮阳人,东汉千乘太守。《隋书·经籍志》载:"《韩诗》二十二卷,汉常山太傅韩婴,薛氏章句。"从《隋书》著录看,在《韩诗》传承上,韩婴之后,薛汉章句《韩诗》最有影响,而其弟子韩伯高则为河北巨鹿人。

东汉时期,随着大一统局面的稳固发展,汉代经学的阐释,由通经致用向着考本事、重训诂的古文经学方向发展,古文经学的代表《毛诗》被立为学官,齐、鲁、韩三家《诗》,逐渐衰落。然而在三家《诗》中,《韩诗》的影响最大,亡佚时间也最晚。《韩诗》的传人与学者富有学人气节,东汉建立前,传授韩诗的学者不与王莽政权合作,王莽败绩,韩诗学者赢得东汉皇权的肯定。另一方面,"善说灾异谶纬"是《韩诗》特色之一,东汉建立之初,统治者尚图谶,同时重用和表彰不仕莽政的志士仁人,因此《韩诗》在东汉仍然盛传不衰。

魏晋至隋唐时期,儒学衰微,《诗经》作为"五经"之首,基本是毛诗的天下,但以《韩诗外传》为代表的韩诗并没消亡。到了宋代,主张"依天理,观人情"[②]的《韩诗》,与宋儒们提倡的"存天理,灭人欲"相矛盾,受到宋儒的排斥,而《外传》中倡导的"一统永远"的思想,也不会得到元代统

---

① 参见左洪涛《〈韩诗〉传授人及学者考》,《文献》2010年第2期;《〈诗经〉之〈韩诗〉传授人新考》,《中南民族大学学报》(人文社会科学版)2013年第5期。
② 卷五第二章:"孔子抱圣人之心,彷徨乎道德之域,逍遥乎无形之乡,倚天理,观人情,明终始,知得失。故兴仁义,厌势力,以持养之。"(许维遹:《韩诗外传集释》,中华书局1980年版,第165页。)

治者的崇尚。因此《韩诗内传》在宋元时期逐渐失传，仅有《外传》流存下来。现存《韩诗外传》，《汉书·艺文志》著录为六卷，隋书、唐书的《经籍志》和今传本，均作十卷。卷数差异表明《韩诗外传》流传过程中，曾不断被修改、补充和丰富。今天所见《韩诗外传》可能已非汉代韩婴著述的原貌。尽管如此，以《韩诗外传》为代表的《韩诗》，仍然是河北学人对诗经学的独特贡献，在河北乃至整个中国诗经学史和中国思想史上占据着重要地位。

二、《毛诗》的兴起与传播

《毛诗》为古文经学的代表，兴起于西汉的河间，是河北学人对中国学术史的重要贡献。与今文经学的齐、鲁、韩三家《诗》相比，《毛诗》地位最低，西汉时期仅在民间传播，至王莽篡政时才立为学官。但在今古文经学斗争中，一代代《毛诗》学者以其言必据典、质朴简约，重美刺教化，不浮夸、不虚妄的学术风格与个性，不断提升《毛诗》在汉代经学中的地位，最终占据《诗经》学的主导地位，影响规范了两千年《诗经》学史的基本走向与学术风貌。

（一）《毛诗》的作者

《毛诗》得名于毛亨的《毛诗故训传》。汉初毛亨研习《诗经》，撰《毛诗故训传》并传授给侄子毛苌，河间献王刘德"雅好儒术"，立毛苌为博士，扩大了《毛诗》的影响，形成了与今文派齐、鲁、韩三家《诗》并称的古文派《毛诗》，因此毛亨和毛苌为《毛诗》学派的创始人。毛亨被称为"大毛公"，毛苌称"小毛公"。《毛诗故训传》则成了《毛诗》学派的奠基之作。

毛亨，生卒年不详。原为战国末年鲁国（今山东曲阜）人，从荀子习《诗》，因避秦坑儒之难而隐居于武垣县（今河北河间市），遂为河间人。毛亨隐姓埋名，直到汉惠帝撤销"挟书律"后，毛亨才公开传授《诗经》，撰有《毛诗故训传》。文献记载称其诗学源自孔子学生子夏，《汉书·艺文志》载："汉兴，鲁申公为《诗》训故，而齐辕固、燕韩生皆为之传。或取《春秋》，采杂说，咸非其本义。与不得已，鲁最为近之。三家皆列于学官。又有毛公之学，自谓子夏所传，而河间献王好之，未得立。"[1]说明齐、鲁、韩三家今文《诗经》在西汉前期已立为学官，而《毛诗》尚未得到朝廷认可，仅在民间传播。三国陆玑《毛诗草木鸟兽虫鱼疏》载言："孔子删《诗》授卜商，商为

---

[1] （汉）班固：《汉书·艺文志》，中华书局1962年版，第1708页。

之序，以授鲁人曾申，申授魏人李克，克授鲁人孟仲子，仲子授根牟子，根牟子授赵人荀卿，荀卿授鲁国毛亨。亨作《诂训传》以授毛苌。时人谓亨为大毛公，苌为小毛公，以其所传故名其诗曰《毛诗》。"①陆玑在此勾画出从孔子、卜商（字子夏）、曾申、李克、孟仲子、根牟子、荀卿到毛亨、毛苌的《毛诗》传承谱系。东汉郑玄的《诗谱》也说："鲁人大毛公为《训诂传》，河间献王得而献之，以小毛公为博士。"

毛苌，生卒年不详。西汉赵人（今河北邯郸市鸡泽县），学诗于毛亨，得毛亨《毛诗故训传》，被河间献王刘德立为博士。为《毛诗》学派创始人之一，世称"小毛公"。《汉书·儒林传》："毛公，赵人也。治《诗》，为河间献王博士，授同国贯长卿。长卿授解延年。延年为阿武令，授徐敖。敖授九江陈侠，为王莽讲学大夫。由是言《毛诗》者，本之徐敖。"《儒林传》不仅记载毛苌曾为河间献王刘德之博士，而且还梳理了从毛苌立为河间国博士到王莽时《毛诗》立为学官的《毛诗》传承过程。经过毛苌、贯长卿、解延年、徐敖、陈侠五代传承，徐敖的《毛诗》讲说，得到朝廷的认可，与《周礼》等古文经学一道，列为学官。

毛亨、毛苌作为古文经学《毛诗》学派的创始人，不仅为学林留下《毛诗故训传》这部《诗》学经典名著，使《毛诗》成为后世《诗经》学传承发展的唯一经典范本。而且以其"言必据典"、追求历史真实、崇尚美刺、注重教化的学术品格，对后世的《诗经》学、文字音韵训诂为主的传统语言学以及经典解释学产生了深广的影响，以至于语言学者言必称"毛传""郑笺"。二人以辉煌的研究成就，赢得了世人的景仰与爱戴。

元朝至正年间，河间县官员在崇德里的毛精垒奏建毛公书院。1506 年又在其遗址上重新建堂修祠，祠内供奉毛公像。乾隆二十二年，皇帝南巡，途经河间，赋诗咏毛公，还特遣重臣致祭。第二年，河间知县吴凤山奉命扩建毛公书院，目的使毛公书院与"岳麓、嵩阳、应天、白鹿洞诸名流传不朽也"。经过不断修葺，近代的毛公书院更加完善。前有学堂，后为祠庙，古柏森森，环境幽雅。祠内塑有毛公像，匾书"六义宗公"。"文化大革命"期间，书院被毁。

此外，沧州河间还存有"毛公墓"。毛公墓亦称"毛公垒"，位于河间市

---

① （三国）陆玑：《毛诗草木鸟兽虫鱼疏》，《丛书集成新编》本，第 43 册，第 620 页。

三十里铺村北，为献王博士毛苌之墓冢。明朝礼部尚书李时的《毛公书院记》云："毛公者，汉儒毛苌也。献王征公为博士。公善为讲说，演绎其义，号为《毛诗》。卒葬河间城北三十里。""毛公墓"于"文革"期间被毁。2005 年河间市人民政府重建毛公墓，现为河北省重点文物保护单位。

（二）《毛诗》兴起的过程

西汉前期，今古文经学并行不悖，未起争端。今文经学出于服务现实政治的目的，不拘原典，自由解经，意在为新建立的刘汉一统王朝提供理论支撑和治国方略，因而得到朝廷的认可，立为学官。而古文经学坚守原典，推求本义，以还原历史本真为学术旨归，政治色彩不浓，未能得到朝廷的认可。两个学派自由发展，相安无事。至成帝时，刘歆跟随刘向校书，推崇古文经学的实证性治学特点，上《责让太常博士书》，有意识谋求把古文经学立为学官，受到今文学派的攻击批判，由此引发汉代学术史上声势浩大的"今古文之争"。

古文经学主要包括《古文尚书》《费氏易》《毛诗》《周礼》《逸礼》《春秋左传》《古文论语》和《古文孝经》八种儒家经典。其中《古文尚书》《逸礼》的篇数多于今文经，《春秋左传》相比《公羊》《穀梁》有史料优势，而《周礼》事关军国建制，地位重要，因此都成了汉代今古文之争的焦点和主战场。相比而言，《诗经》因为以其讽诵，为"遭秦而全者"，古文的《毛诗》比今文的齐、鲁、韩三家没有特别的优势，因此《毛诗》自始至终，没有成为汉代今古文斗争的焦点。刘歆谋求把古文经学立为学官，主要针对《古文尚书》《逸礼》《春秋左氏》三书而言，也没有提到《毛诗》。到王莽朝，今古文之争聚焦在《周礼》。东汉时期今古文之争一直在《左传》和《公羊》间进行。光武帝时有陈元、范升，章帝时有贾逵、李育，桓灵之时有郑玄、何休。其间偶有《毛诗》《古文尚书》《周礼》之争，但都处于附属地位。因此《毛诗》的成长发展一直是随着古文经学的共同命运而沉浮升降的。

毛诗的兴起，得益于三个因素：一是朝廷政策的扶持。二是自身学理特性赢得了习诗治诗者的认同。三是众多著名学者的不懈努力。

先看朝廷的政策扶持。汉初《毛诗》仅在民间传授，后来得到"雅好儒术"的河间献王刘德的赏识与支持，为《毛诗》的传播发展赢得了机会与空间。武帝时河间献王在自己的河间国里把《毛诗》立为学官，任毛苌为博士，使《毛诗》由民间走向官学，奠定了其兴起而避免消亡的基础，由此也获得了与今文三家《诗》抗衡的机会。但在平帝之前,《毛诗》历经毛苌、贯长卿、解延年、徐敖、陈侠的五代单线传承,一直处于较为弱势的状态。平帝时,《毛诗》借助王莽崇尚古文经学的契机,随着《古文尚书》《逸礼》《春秋左氏》三经一道被立为朝廷的官学,它标志着《毛诗》不但拥有了与其他古文经典同等的地位,而且也获得了当时"十四博士"之学共有的荣誉与权益。《毛诗》从此迎来了自身的勃发之势。

东汉之世,朝廷对《毛诗》的态度总体上是扶植的。章帝、安帝、灵帝三朝《毛诗》地位持续提升,对于《毛诗》最终压倒今文三家《诗》,起到了至关重要的作用。汉章帝喜爱古文经学,曾下诏"令群儒选高材生,受学《左氏》《穀梁春秋》《古文尚书》《毛诗》,以扶微学,广异义焉"[1]。《儒林列传》也记载章帝"诏高才生受《古文尚书》《毛诗》《穀梁》《左氏春秋》,虽不立学官,然皆擢高第为讲郎,给事近署"。给予古文经学家与今文学家同等的地位与荣誉。东汉中后期,安帝、灵帝延续扶持古文经学的政策。安帝曾在官吏中诏选"能通《古文尚书》《毛诗》《穀梁春秋》各一人"给予重用,灵帝也曾"诏公卿举能通《古文尚书》《毛诗》《左氏》《穀梁春秋》各一人,悉除议郎"[2]。随着《毛诗》在朝廷扶持与奖掖下地位的提升,今文经学也失去了往日的荣光,渐呈衰落之势。

《毛诗》压倒其他三家《诗》,虽然有政策扶持的原因,但根本上还是靠自身的学理特性赢得了习诗治诗者的认同。以《毛诗故训传》为奠基之作的《毛诗》,采用集解式体例注解《诗经》文本,把《诗经》文本放回到西周至春秋的历史文化语境中,还原史实,言必有据,同时又强调《诗经》的美刺教化功能,把先秦孔孟提倡的"知人论世""以意逆志"和"思无邪"解诗传统,一一落在实处,使《毛诗》学派具有鲜明的理性精神和实证特征。"其学风表现为质朴不枝、简约古奥,其解经注重美刺、教化,强调兴义,不夸饰,不虚妄,这些古文学的特色是《毛诗》有别于今文三家、表现自身生命力、最终取得胜利的基础。"[3]《毛诗》学派的壮大,与其自身的学理特征及习诗治诗者的认同密不可分。

---

[1] (南朝宋)范晔:《后汉书·肃宗孝章帝纪》,中华书局1965年版,第145页。
[2] (南朝宋)范晔:《后汉书·孝安帝纪》《后汉书·孝灵帝纪》,中华书局1965年版,第237页、第344页。
[3] 王承略:《论〈毛诗〉在两汉今古文斗争中的地位和命运》,《山东大学学报》2001年第2期。

此外,《毛诗》的发展壮大还是众多著名学者共同努力的结果。平帝之前,《毛诗》一直在师徒间单线传授,排列起来为:毛亨—毛苌—贯长卿—解延年—徐敖—陈侠—谢曼卿。陈侠在平帝朝为王莽讲学大夫,谢曼卿元始四年也曾应公车征召,讲说《毛诗》。①陈谢二人利用王莽重视古文经学的有利时机,积极宣讲《毛诗》,对扩大《毛诗》的影响,提升其政治地位功不可没。

东汉中兴,最值得注意的弘扬《毛诗》人物是谢曼卿的弟子卫宏和贾徽。卫宏著有《毛诗序义》,深"得风雅之旨"。对《毛诗》小序的润色与阐释,贡献巨大,以至后世有卫宏作《诗》小序之说。贾徽从谢曼卿受《毛诗》,又兼攻《左传》和《尚书》,学问渊博,并悉授其子贾逵,使贾逵成为东汉首位古文经学大师。贾逵著有《毛诗传》,并奉诏比较《毛诗》与三家《诗》异同,全面地揭示了《毛诗》的学理精义,为《毛诗》的振兴与发展开辟了道路。其后,贾逵的学生许慎撰著《说文解字》,特别标榜《毛诗》,其体例"字从三家,义本毛《传》",以《毛诗》释义为主的取舍态度,最终确立了《毛诗》在四家《诗》中的权威性地位。

东汉对《毛诗》学做出重大贡献的还有"郑氏"一系。郑兴为刘歆高足,史载他"好古学,尤明《左氏》《周官》,长于历数"②,与陈元、桓谭、杜林享誉学林,是东汉第一位治古文经学而官至九卿的学者。其身份地位对促进《毛诗》等古文经学的传播具有重要的作用。其子郑众袭承父业,系统研习古文经典,著有《毛诗传》等,成为"郑氏学"的中坚力量。

《毛诗》在贾、许与郑氏两个系列并行发展的同时,又出现另一位重要的古文经学大师马融。他精通《春秋》三传,在贾逵、郑众的《毛诗传》基础上,继续完善《毛诗》。其《毛诗传》吸收贾逵、郑众著作精华,深探力取,成为《毛诗》传注后出转精的集大成之作。如果说马融的贡献在于集贾、许及郑众等古文派之大成,建立了最完善的《毛诗》解经体系,那么接下来其弟子郑玄则以《毛诗》为主、兼容三家《诗》精华,博采众长,建构起融通今古文经学的《诗经》解经体系,最终把《毛诗》的解说阐释推进到辉煌的顶峰。

郑玄原本研习今文经学,拜师马融后转习古文经学。兼通今古文经学的修养,加上"今古文之争"也到了需要整合的时代,因此,郑玄以"思整百

---

① (唐)陆德明:《经典释文·叙录》曰:"或云,陈侠传谢曼卿,元始五年公车征,说《诗》。"
② (南朝宋)范晔:《后汉书》本传,中华书局 1965 年版,第 1223 页。

家之不齐"为目标，以古文经为主，融合今文和谶纬之学，博采众长，消除异端，撰著《毛诗笺》，最终实现了今古文经学的最终合流。《毛诗笺》以古文派《毛诗》释义为主，补其不足，加以引申，或以三家之义正其谬误并兼及个人研习心得。这种不拘一家一派、博采众长的注解方式，顺应了学术发展走向融合统一的趋势与规律，成为两汉《诗经》学的最集大成著作。当然，融合今古文两派精华，推进经典解释学，并非郑玄的孤明先发。之前的贾逵、许慎等古文经学大师就已经有意识地以古文为主，兼取今文之说，其后马融还尝试汲取谶纬之精华，但他们都有意识地严格标明和区分今古文之间的差异。郑玄的创新在于，他有意识地废除和泯灭今古文的界限与差异，以古文为主，兼采众长，却不再标明派别之异，力求融会贯通，因此郑玄的《毛诗笺》是两汉经学由今古论争走向融合的产物。从这个意义上讲，在两汉"今古文之争"中，"以本经连同解经体系成为本领域里的绝对胜利者，独有《毛诗》。就此而言，《毛诗》实际上可称为两汉今古文斗争中最大的成功者"①。从此毛《传》与郑《笺》成为两汉《诗》学留给后世最完善的学术经典。而今文三家《诗》随着《毛诗》的如日中天也渐趋衰落并陆续消亡。

《毛诗》的胜利是众多学者共同努力的结果，但所有这些努力都本于河间毛公的《毛诗故训传》，因此，《毛诗》是河北学人对《诗经》学的重大贡献，它翻开了中国传统儒家经典解释学崭新的一页。

（三）《毛诗》的构成与特点

《毛诗》由《诗序》和《故训传》两部分构成。

《诗序》又分为《诗小序》和《诗大序》。《毛诗》在《诗经》各篇之首均有小序，简述诗篇的主题、作者和写作背景。如"《关雎》，后妃之德也。《风》之始也，所以风天下而正夫妇也"；"《君子于役》，刺平王也。君子行役无期度，大夫思其危难以风焉"，被称为《诗小序》。在《关雎》篇的小序后面，有一段较长的文字，系统地阐述了诗歌的性质特征、社会作用、内容体裁和表现手法等问题，被称为《诗大序》。

关于《诗序》的作者，历来说法不一。郑玄《毛诗谱》认为《诗大序》是孔子弟子卜商（字子夏）所作。《经典释文》引沈重之说，认为《诗小序》

---

① 王承略：《论〈毛诗〉在两汉今古文斗争中的地位和命运》，《山东大学学报》（哲学社会科学版）2001年第2期。

是子夏、毛公合作。《后汉书·儒林传》中范晔则认为小序为卫宏所作。综合前人各说，学界认为《诗序》并非一时一人之作，而是汉代解说《毛诗》学者的集体成果。从价值意义来看，《诗大序》虽然是为解释《诗经》服务的，但其具有独特诗学理论意义。他在系统阐释诗歌的特征、内容、作用、分类、手法等问题的同时，对先秦以来儒家的诗学理论诸如教化说、美刺说、温柔敦厚说、六义说、四始说、风雅正变说等都做了简要的归纳和阐述，是儒家诗学理论的集成与总结，在中国文学批评史上占有重要的历史地位。

《诗大序》开篇先论述了诗歌的缘起与性质：

> 诗者，志之所之也。在心为志，发言为诗，情动于中而形于言，言之不足，故嗟叹之，嗟叹之不足，故咏歌之，咏歌之不足，不知手之舞之足之蹈之也。情发于声，声成文谓之音，治世之音安以乐，其政和；乱世之音怨以怒，其政乖；亡国之音哀以思，其民困。

《诗大序》继承先秦以来"诗言志"的儒家诗学观念，认为诗是人的思想情感的表现，诗与音乐、舞蹈相连，是人们表达情感的产物。不同的时代有不同的社会状况，产生的诗歌也会有不同的风格，准确地把握了诗歌与社会政治的关系。《大序》接着论述了诗歌的社会作用，提出了"教化说"："故正得失，动天地，感鬼神，莫近于诗。先王以是经夫妇，成孝敬，厚人伦，美教化，移风俗。"基于这种认识，所以《毛诗》解释《国风》也说："风，风也，教也。风以动之，教以化之。"认为诗歌具有移风易俗的教化功能与社会作用。

《大序》还提出了著名的"六义说""美刺说""温柔敦厚说""正变说""四始说"：

> 故诗有六义焉：一曰风，二曰赋，三曰比，四曰兴，五曰雅，六曰颂，上以风化下，下以风刺上，主文而谲谏，言之者无罪，闻之者足以戒，故曰风。至于王道衰，礼义废，政教失，国异政，家殊俗，而《变风》《变雅》作矣。国史明乎得失之迹，伤人伦之废，哀刑政之苛，吟咏情性，以风其上，达于事变而怀其旧俗也。故《变风》发乎情，止乎礼义。发乎情，民之性也；止乎礼义，先王之泽也。是以一国之事，系一人之本，谓之《风》；言天下之事，形四方之风，谓之《雅》。雅者，正也，言王政之所由废兴也。政有大小，故有小雅焉。颂者，美盛德之形容，以其成功告于神明者

也。是谓四始,诗之至也。

所谓"六义说"指的是风、雅、颂、赋、比、兴。前三者为《诗经》三种体裁分类。风诗"以一国之事,系一人之本",是产生在各国地方的诗歌;雅是"言天下之事,形四方之风",为朝廷中央的诗歌;颂诗"美盛德之形容,以其成功告于神明者",为祭礼和赞美祖先之诗。赋、比、兴为《诗经》三种常用的表现手法,《大序》没有展开具体的解释。

所谓"美刺说"是强调诗歌有两种社会功能:赞美颂扬和讽刺规劝。所谓"上以风化下,下以风刺上",诗歌具有评论国家政治得失的功能与作用。所谓"温柔敦厚说"是强调诗歌反映社会现实,要"发乎情,止乎礼义。发乎情,民之性也;止乎礼义,先王之泽也"。即使批评现实也不能过于直露和刻薄,这种诗歌要求,被后世称为"温柔敦厚"说,是儒家诗教观下诗歌评判的基本标准。

所谓"正变说",正指正风正雅,变指变风变雅。正风正雅为政治清明时代产生的诗歌,变风变雅则是国家衰败乱亡之际产生的诗歌。《大序》说"王道衰,礼义废,政教失,国异政,家殊俗,而《变风》《变雅》作矣",与前面引文"治世之音安以乐,其政和;乱世之音怨以怒,其政乖;亡国之音哀以思,其民困"正相吻合。强调诗歌的风格与时代风尚密切相关。治世之音,产生的诗歌则为正风正雅,安详平和,温柔敦厚;而乱世或亡国之时,诗歌风格怨愤激切,哀伤痛楚,称为"变风变雅"。

所谓"四始说"是强调《诗经》中风诗、小雅、大雅及颂诗的排序不是随意的而是有意味的。四类诗歌每类的第一篇,具有强调教化、寓含微言大义的价值意义。风诗《关雎》、小雅《鹿鸣》、大雅《文王》、颂诗《清庙》四篇居首诗作,喻有王道兴衰之所由始之意。

《诗大序》继承先秦孔子、荀子和《乐记》有关诗乐思想,融合汉代人们对诗的理解,全面系统地总结了儒家的诗学理论,成为指导人们解释《诗经》和从事文学批评的重要指导思想和理论纲领。从这个意义上讲,由大、小序构成的《诗序》是理解《诗经》的钥匙。

《毛诗》的主体是其训传部分,集中在三个方面。一是解释语词。如"渐渐之石,维其高矣。"传曰:"渐渐,山石高峻。""天监在下,有命既集。文王初载,天作之合。在洽之阳,在渭之涘。"传曰:"集,就;载,识;合,配也。洽,水也。渭,水也。涘,厓也。"二是注释名物。如"匪兕匪虎,率彼旷野。"传曰："兕、虎，野兽也。""骐骥是中，骝骊是骖。"传曰："黄马黑喙曰骝。""其镈斯赵，以薅荼蓼。"传曰："蓼，水草也。""南山有台，北山有莱。"传曰："莱，草也。"举凡花草树木、鸟兽虫鱼等名物都加注释。三是训释地理名物，如山水名称等。如"终南何有？有条有梅。传曰："终南，周之名山中南也。""荟兮蔚兮，南山朝隮。"传曰："南山，曹南山也。""溱与洧，方涣涣兮。"传曰："溱、洧，郑两水名。""彼汾沮洳，言采其莫。"传曰："汾，水也。"此类例子，不一而足。《毛诗》此类训传的最大特点是简约明了，不蔓不枝。

然而体现《毛诗》经典解说的创造性与阐释特色的地方，并不在此类名物语词的训释上，而体现在篇章产生历史背景的把握与诗作主旨的发掘上。以毛亨、毛苌为代表的《毛诗》学者以实证精神，努力还原诗篇产生的历史事实，进而阐释作品的主题要义。其创造性集中在"小序"当中。如《二子乘舟》："思伋、寿也。卫宣公之二子争相为死，国人伤而思之，作是诗也。"认为诗篇是记录卫宣公杀害伋和寿，伋和寿争相为对方而死的史实。这类小序比比皆是：

《君子于役》，刺平王也。君子行役无期度，大夫思其危难以风焉。

《载驰》，许穆夫人作也。闵其宗国颠覆，自伤不能救也。卫懿公为狄人所灭，国人分散，露于漕邑。许穆夫人闵卫之亡，伤许之小，力不能救，思归唁其兄，又义不得，故赋是诗也。

《东山》，周公东征也。周公东征，三年而归，劳归士。大夫美之，故作是诗也。

《采薇》，遣戍役也。文王之时，西有昆夷之患，北有猃狁之难，以天子之命，命将率，遣戍役，以守卫中国。故歌《采薇》以遣之，《出车》以劳还，《杕杜》以勤归也。

《毛诗》解诗另一特征是注重美刺、教化之意。《毛诗》学派从诗乐教化意图出发，每每强调诗歌的美刺教化功能，发明诗篇的微言大义。如：

《雄雉》，刺卫宣公也。淫乱不恤国事，军旅数起，大夫久役，男女怨旷，国人患之，而作是诗。

《匏有苦叶》，刺卫宣公也。公与夫人并为淫乱。

《考槃》，刺庄公也。不能继先公之业，使贤者退而穷处。

《摽有梅》，男女及时也。召南之国被文王之化，男女得以及时也。

《卷耳》，后妃之志也。又当辅佐君子求贤审官，知臣下之勤劳，内有进贤之志，而无险诐私谒之心，朝夕思念，至于忧勤也。

《汉广》，德广所及也。文王之道被于南国，美化行乎江汉之域，无思犯礼，求而不可得也。

从引文可见，《毛诗》以儒家诗教观为指导思想，努力挖掘诗篇的美刺与教化功能，实质上是以诗歌的解释与阐发这种独特的注经方式在积极努力地参与社会秩序的建构工作，是值得肯定的。然而，这种努力也造成许多诗篇被解诗者强加附会上教化内容，显得不伦不类。如《关雎》原本是抒发男女恋人相爱相思的篇章，却被冠以"后妃之德也"的微言大义；《草虫》本是盼望丈夫早日归家的闺怨诗，却被说成是表彰"大夫妻能以礼自防"的伦理篇章；《女曰鸡鸣》原本是描写新婚夫妇恩爱缠绵诗篇，却被当成了"不悦德而好色"的批判对象。《卫风·静女》原是表现恋爱约会的诗篇，却被牵强地加上"刺时也。卫君无道，夫人无德"的讽喻之意。这种牵强附会的解说与阐释，是《毛诗》经典阐释的不足所在。

尽管《毛诗》小序的篇章释义存在牵强附会的瑕疵，但整体上说，《毛诗》解经以实证求真的精神，还原史实与人物，使诗篇的解释建立在历史语境基础上，富有理性精神和实证特征。其《诗序》与《故训传》，各有侧重，相得益彰，成为后世经典解释体系化的经典范本。正因此，清代陈奂《诗毛氏传疏·叙》说："故读《诗》不读序，无本之教也；读《诗》与《序》而不读《传》，失守之学也。文简而义赡，语正而道精，询乎者为小学之津梁，群书之钤键也。"[①]陈奂准确地概括了《毛诗》在《诗经》研究史上的价值意义。

（四）《毛诗》对后世《诗经》学的影响

由毛亨、毛苌创立的《毛诗》，奠定了古文派《诗经》学的基础，以其"言必据典"的实证精神，原还史实，解经释义，又突出诗歌的"美刺"与教化功能，以诗歌阐释的方式自觉地肩负起传播儒家伦理、和谐人际关系、重建社会秩序的历史重任，凭借自身的学术优势与学术个性，从河间走向全国，从民间走向庙堂，以《毛传》《郑笺》为代表，博采众长，融会贯通，最终登上了两汉经学研究的顶峰，成为后世研习《诗经》、解释经典的最完备的范本。故《隋书·经籍志》论《诗经》学发展时说：

---

① （清）陈奂：《诗毛氏传疏·叙录》，《续修四库全书》第70册，第3页。

孔子删《诗》，上采商，下取鲁，凡三百篇。至秦，独以为讽诵，不灭。汉初，有鲁人申公，受《诗》于浮丘伯，作诂训，是为《鲁诗》。齐人辕固生亦传《诗》，是为《齐诗》。燕人韩婴亦传《诗》，是为《韩诗》。终于后汉，三家并立。汉初，又有赵人毛苌善《诗》，自云子夏所传，作《诂训传》，是为《毛诗》古学，而未得立。后汉有九江谢曼卿，善《毛诗》，又为之训。东海卫敬仲，受学于曼卿。先儒相承，谓之《毛诗》。序，子夏所创，毛公及敬仲又加润益。郑众、贾逵、马融，并作《毛诗传》，郑玄作《毛诗笺》。《齐诗》，魏代已亡；《鲁诗》亡于西晋；《韩诗》虽存，无传之者。唯《毛诗》《郑笺》，至今独立。①

以《毛传》和《郑笺》为代表的《毛诗》学，其中不仅体现出河北学人对《诗经》学的巨大贡献，成为河北学术史辉煌的一页，也全方位地影响了中国两千年经学史的书写，具有不朽的历史地位，产生了不可低估的深远影响。

三、河间献王刘德与《诗经》的传播

两汉河北学人的《诗经》研究，不可或缺地要讨论西汉河间王刘德及其河间儒学学术中心的巨大成就、贡献与影响。

（一）刘德与河间儒学中心

刘德是汉景帝刘启的二儿子。孝景帝前二年（前155年）16岁的刘德被封为河间王。其生平行事，《史记·五宗世家》记载："河间献王德，以孝景前二年用皇子为河间王。好儒学，被服造次必于儒者。山东诸儒多从之游。二十六年卒，子共王不害立。"非常简略，只交代其一生雅好儒学，日常行为必以儒家礼仪为准，山东许多儒士都跟随他游学。《汉书·景十三王传》的记载则稍加详细：

河间献王德以孝景前二年立，修学好古，实事求是。从民得善书，必为好写与之，留其真，加金帛赐以招之。繇是四方道术之人不远千里，或有先祖旧书，多奉以奏献王者，故得书多，与汉朝等。是时淮南王安亦好书，所招致率多浮辩。献王所得书皆古文先秦旧书，《周官》《尚书》《礼》《礼记》《孟子》《老子》之属，

---

① （唐）魏徵：《隋书·经籍志》，中华书局1973年版，第918页。

皆经传说记，七十子之徒所论。其学举六艺，立《毛氏诗》《左氏春秋》博士。修礼乐，被服儒术，造次必于儒者。山东诸儒，多从而游。武帝时，献王来朝，献雅乐，对三雍宫及诏策所问三十余事。其对推道术而言，得事之中，文约指明。立二十六年薨。①

从《汉书》的记载可以归纳出刘德的生平特点：一是修学好古，实事求是。二是喜爱聚书藏书，是一位著名的藏书家，藏书总量几乎与朝廷藏书相等。三是推崇儒学，藏书以先秦儒家经传说记为主。四是在河间国推举儒家六艺之学，把《毛诗》《春秋左传》等儒家古文经立为博士学官。五是这些行为做法，赢得山东儒士的认同，许多人都追随他来研究儒家古文经典。六是武帝时曾进京朝见，为朝廷进献雅乐，从容对答皇帝策问，简洁明了，深得要领。

众所周知，汉朝继承秦朝建立的郡县制，同时又补充性实行分封制，众多皇子被立国封王。当时的"列国诸侯，苟不以宫室相高，狗马相尚，则哀奸聚猾，僭逆妄图"②，不是骄奢淫逸，就是胡作非为，甚至实力足够强大了就僭逆叛乱，只有河间王刘德、淮南王刘安、东平献王刘苍等少数值得称道。东平献王刘苍宽仁弘雅，孝友乐善，为汉明帝赏识。淮南王刘安也雅好藏书，围绕在他周围形成一个淮南道学学术中心。但其"所招致率多浮辩"之人，最终被诬叛逆，惨遭杀身之祸。只有河间献王刘德修学好古，招贤纳士，传播经典，成为对中国学术史有重大贡献的一代侯王。

献王刘德"厉节治身，爱古博雅，专以圣人法度遗落为忧，聚残补缺，校实取正"。他以渊博的知识、卓越的见识、身体力行的学术建树、"实事求是"的实证态度以及儒雅的人格魅力，吸引并率领天下雄才俊儒，征集先秦儒家经典文献，整理"六艺"之书，在河间国立《周礼》《毛诗》和《春秋左传》为博士学官，以政治家的深谋远虑，传播和兴复儒学。以他为核心，形成一个河间儒学学术中心。"河间儒学对我国古代尤其是对汉代的学术思想、学术发展产生了巨大的影响力，其中对先秦儒家经典文献《诗》《书》《礼》《乐》《春秋》等的保存、阐释和传播更是做出了不可替代的贡献。"③

作为中国第一部诗歌总集的《诗经》，其最为经典的传播范本《毛诗》，

----

① （汉）班固：《汉书》，中华书局1962年版，第2410—2411页。
② （宋）司马光：《河间献王赞》，见（宋）司马光《传家集》卷六六，载景印文渊阁《四库全书》第1094册，台湾商务印书馆1936年版，第614页。
③ 王长华、易卫华：《汉代河间儒学与〈毛诗〉》，《河北师范大学学报》2004年第6期。

就是在河间儒学学术中心培育成长壮大的。河间献王刘德不仅立传授《毛诗》的毛苌为河间国博士学官，而且其所"恪守的'实事求是'、重视礼乐教化的文化精神和文化倾向也在一定程度上影响了《毛诗》解诗特色的形成"[①]。因此，献王刘德和河间儒学学术中心与中国《诗经》学有着不解之缘。

（二）献王刘德的学术贡献

献王刘德的学术贡献是多方面的。

一是广开献书之路，拯救先秦文化典籍。东周之世，王纲解纽，礼坏乐崩，思想领域百家争鸣，特别是战国以来，周道沦丧，诸侯混战，维护君权的儒家文化备受冷落。所谓"周室衰，道德坏，五帝三王之文，飘沦散失，弃置不省。"秦并六国，一统天下，为钳制人们思想，采取"焚书坑儒"的灭绝文化政策，"称礼乐者谓之狂惑，述仁义者谓之妖妄。必薙灭先圣之道，响绝迹尽，然后慊其志"[②]，残酷灭绝性的文化劫难，造成民间书籍罕存，秦始皇查抄焚毁典籍的重点《诗》《书》和"百家语"，更是难得见到。献王刘德"厉节治身，爱古博雅，专以圣人法度遗落为忧"，为了拯救儒学典籍，复兴儒学文化，他广开献书之路，广泛搜集、整理散佚在民间的儒家原始文献。

《汉书·景十三王传》记载他"从民得善书，必为好写与之，留其真，加金帛赐以招之。繇是四方道术之人不远千里，或有先祖旧书，多奉以奏献王者，故得书多，与汉朝等"。为了得到先秦原始典籍，他不惜花费人力、物力和财力，得到好书，便派人抄写，留下原本，还以抄本并赐以金帛奖励，这种策略，大大调动了四方之人献书的积极性，人们不远千里前来献书，以至于河间国藏书几乎等量于朝廷的国家藏书。为挽救先秦文化典籍和传播儒学文化做出了巨大贡献。

献王刘德"修学好古"，痴迷于传承先秦儒家文化，因此他搜聚典籍，不同于淮南王刘安的浮辩时尚之好，史载"献王所得书皆古文先秦旧书，《周官》、《尚书》、《礼》、《礼记》、《孟子》、《老子》之属，皆经传说记，七十子之徒所论"。所聚多为先秦儒家经典，而且献王存原本还抄本的做法，表明献王刘德不仅已经具有了注重底本、善本的版本学意识，而且其所搜聚收藏的典籍比朝廷藏书具有更高的版本价值意义。从这个意义上说，献王刘德堪称中国

---

① 王长华、易卫华：《汉代河间儒学与〈毛诗〉》，《河北师范大学学报》2004年第6期。
② （宋）司马光：《河间献王赞》，司马光《传家集》，文渊阁《四库全书》，台湾商务印书馆1936年版，第1094册，第614页。

版本学研究的开山之祖。

献王不仅广聚图书典籍，还"聚残补缺，校实取正"，积极开展文献整理工作。陆德明《经典释文》卷一记载："河间献王开献书之路，时有李氏上《周官》五篇，失《冬官》一篇，乃购千金不得，取《考工记》以补之。"献王以《考工记》加以补足的就是"三礼"中的《仪礼》。这是献王文献整理的典例。

在修补校正典籍文献的同时，献王刘德还身体力行，全心投入到儒学礼乐文化的研究之中。《汉书·艺文志》著录河间献王著述有《对上下三雍宫》三篇、《河间周制》十八篇。《汉书·艺文志》还记载说："武帝时，河间献王好儒，与毛生等共采《周官》及诸子言乐事者，以作《乐记》。献八佾之舞，与制氏不相远。其内史丞王定传之，以授常山王禹。禹，成帝时为谒者，数言其义，献二十四卷《记》。刘向校书，得《乐记》二十三篇，与禹不同。"

刘向校书时发现的二十三篇《乐记》虽然与献王、毛生合撰并由王禹传承进献的二十四卷《乐记》不同，但也能证明献王刘德与毛生等的确曾撰有《乐记》。近代马国翰辑有《河间献王书》一卷、《乐元语》一卷①，都是河间献王与河间儒学中心研究并传播礼乐的明证。

献王刘德在王位二十六年，他率领经师学者，搜集整理了大量先秦诸家经典，除前文提到的《周官》《尚书》《毛诗》《礼》《礼记》《孟子》《老子》等以外，"河间献王采礼乐古事，稍稍增辑，至五百余篇。"②足见其整理典籍的数量之多、范围之广和规模之大，对于挽救先秦典籍文化做出了不朽的贡献。

二是招贤纳士，设馆讲学，传播儒家礼乐文化。献王刘德广泛搜集和"聚残补缺，较实取正"的大规模文献整理，与一般藏书家以收藏为目的不同，其整理典籍、研究儒学，意在复兴儒学文化。

献王"修学好古"的努力不仅仅出于他个人酷爱学问的兴趣爱好，在景帝十四子中，献王刘德还是一位深谋远虑、富有战略眼光的诸侯王。他主张中央集权，维护政治一统。其立王位的第二年（前154年）就爆发了吴楚"七国之乱"，他派太傅卫绾率领河间国将士勤王南下，助力周亚夫平定叛乱，卫绾因功拜为中尉，后为太子刘彻之太傅，官至丞相。可见献王刘德并非一介

---

① 分别见《玉函山房辑佚书·子编·儒家类》《玉函山房辑佚书·经编·乐类》。
② （汉）班固：《汉书·礼乐志》，中华书局1962年版，第1035页。

书生。其文韬武略足以证明，他"不仅是一位酷爱中国传统文化的儒学大师，也是一位深谋远虑、具有政治眼光的诸侯王"①。

他充分地认识到儒家礼乐文化对协调政治、安定社会的重要作用。《汉书·礼乐志》云："河间献王有雅材，亦以为治道非礼乐不成，因献所集雅乐。"②儒家礼乐教化学说是农耕文明积淀起来的、规范和调节人际关系与人们日常行为的基本准则，是达到天下大治、政治稳定不可或缺的教化工具。因此，他"学举六艺，立《毛氏诗》、《左氏春秋》博士。修礼乐，被服儒术，造次必于儒者"③。

在今文经学盛行之际，他一方面将代表古文经学的《周礼》《毛诗》《左氏春秋》立为诸侯国的博士学官，从政治上强化古文经学的地位。另一方面推行儒家的礼乐教化，日常行为以儒家礼仪为基本规范。戴震的《河间献王传经考》说："昔儒论治《春秋》，可无《公羊》、《穀梁》，不可无《左氏》。当景帝、武帝之间，六艺初出，群言未定，献王乃立《毛氏诗》、《左氏春秋》博士，识固卓卓。"赞赏河间首立古文经博士学官的举措。《史记·五宗世家》中裴骃集解引《汉名臣奏》曰："河间献王经术通明，积德累行，天下雄俊众儒皆归之。"

献王修德好学，奖掖经师的举措，赢得众多雄才俊儒的追慕，他在河间筑宫设馆，招贤纳士，传经讲学。《三辅黄图》载："筑日华宫，置客馆二十余区，以待学士，自奉养甚薄，不逾宾客。"一说他还在国都北面建造了君子馆，陈直注释《三辅黄图》时引《畿辅通志》卷一百六十一所载："献县南三十五里，有河间献王日华宫故址。"又同卷云："河间县西北三十里，有君子馆故址。"据陈直考证：河间有君子馆遗址的记载，始见于《金史·地理志》。但陈直认为君子馆为日华宫内的二十余馆之一，非另设宫馆。献王刘德儒雅节俭，礼遇宾客，有谦谦君子之风，"山东诸儒多从而游"，从而形成了以献王为核心的儒学学术中心。

利用这一中心，献王以士林领袖的身份，传经讲学，制礼作乐，传播儒家礼乐文化，并以此来影响朝廷的学术思想与文化政策。陆德明《经典释文》

---

① 汪春泓：《关于〈史记·五宗世家〉之"河间献王"事迹疏证》，《北京大学学报》（哲学社会科学版）2010年第5期。
② （汉）班固：《汉书·礼乐志》，中华书局1962年版，第1070页。
③ （汉）班固：《汉书·景十三王传》，中华书局1962年版，第2410页。

卷一载："景帝时，河间献王好古，得古《礼》献之。"把自己收集整理的《仪礼》进献朝廷。《汉书·景十三王传》载："武帝时，献王来朝，献雅乐。"雅乐是以八音为主的先秦音乐，献王研究整理并进献朝廷的雅乐，在汉代并不流行，更多的是作为仪式音乐，在典礼场合用以体现君臣的身份地位，成为一种象征。所以，《汉书·礼乐志》说："河间献王有雅材，亦以为治道非礼乐不成，因献所集雅乐。天子下大乐宫，常存肄之，岁时以备数，然不常御。常御及郊庙，皆非雅声。然诗乐施于后嗣，犹得有所祖述。"[①]这段记载说明，献王刘德所献雅乐，大乐宫常常演练，但不常用。这些雅乐虽未引起武帝高度重视，但对于理清古代音乐传承发展的脉络，也是有积极意义的，是中国传统礼乐文化的重要组成部分。这又从另一角度肯定了献王刘德对传承礼乐文化的贡献。

三是"实事求是"的实证精神为古文经学的发展奠定了基础。河间献王"修学好古"的兴趣好尚，不仅造就了河间儒学中心搜集整理先秦儒家文化典籍、传承儒家礼乐文化的文献与文化成就，还引领了汉代古文经学"实事求是"的学术风尚，其"言必据典"、还原历史的实证求真的精神与方法，不仅成为汉代学术特征的标志，而且对后世的经学阐释特别是清代的乾嘉学术也具有直接的启发意义。

《汉书·景十三王传》称献王刘德"修学好古，实事求是"。颜师古注："务得事实，每求真是也。今流俗书本云求长长老，以是从人得善书，盖妄加之耳。"颜师古解释所谓"实事求是"是"务得事实，每求真是"，这种重视还原历史真实的学术态度，使献王刘德不苟同于今文经学为现实政治服务自由解经的做法，而倾向于古文经学"言必据典"寻求在真实的历史语境中解经释典的学术态度。对于原始的儒家经典，他坚持用实证的态度来求证经典文献固有之真谛，这既是献王的学术宗旨也是其治学方法。

在献王刘德的学术思想指导下，传授古文《诗经》的毛亨、毛苌、贯长卿，传授《左氏春秋》的贯公等一大批学者在河间国展开了古文儒家经典的研习工作，由此形成一种"实事求是"的富有实证精神的学术风尚。《毛诗》的创立与传承就是在这种学术风尚中不断彰显其自身的价值意义的。这种风尚得到在朝的刘歆的认同与赞赏，曾上书欲立古文经为学官，表明在两汉今

[①]（汉）班固：《汉书·礼乐志》，中华书局1962年版，第1070页。

古文经学的斗争中，刘歆也基本确立了重视文字训诂、以还原历史本真来探究先圣前贤思想学说真谛的治学门径。进入东汉，以贾逵、许慎、马融、郑玄为代表的著名经师大儒，继承献王刘德开创的实证学风与训释方法，把古文经学提升到与今文经学平等的地位，并最终战胜了今文经学。这种"言必据典"实证求真的学术风格与治学理路，不仅成为经学史上汉学时代特征的标志，也对清代朴学特别是乾嘉学术产生了直接的影响。

清初学界，钱谦益呼吁摒弃空疏的宋明理学而复兴汉学，顾炎武、阎若璩倡导"通经复古"的学风，开启了清代学术崇尚汉学的先声。乾隆以降，专崇实学，汉代古文经学重训诂考证，实证求真的学风得到弘扬。纪昀主修《四库全书》，宣称"谢彼虚谈，敦兹实学"，王鸣盛标榜目录之学，推崇乾嘉学术，认为惠栋之学如河间献王的"修学好古"，戴震之学如河间献王的"实事求是"，王鸣盛以这种比喻方式委婉曲折地表达推崇戴震之意，却恰恰点明了河间献王所开创的汉儒古文经学实证学风对清代朴学的影响。[①]

（三）献王刘德的地位与影响

刘德在河间王位26年，关于他的去世，《史记·五宗世家》中裴骃集解引《汉名臣奏》曰："孝武帝时，献王朝，被服造次必于仁义。问以五策，献王辄对无穷。孝武帝艴然难之，谓献王曰：汤以七十里，文王百里，王其勉之。王知其意，归即纵酒听乐，因以终。"这段文字虽然记载较为简单，但透过其中的表述可以看出，献王朝见武帝，本着对皇帝的一片赤诚之心，武帝问以五策，而刘德却"辄对无穷"。"辄对无穷"非常富有意味。一方面表明刘德知识渊博，有真知灼见，所以对答如流；另一方面，这个"辄对无穷"也有滔滔不绝、不知深浅、令人生厌之意，正因如此，武帝才"艴然难之"，刘德领会武帝猜忌之意，归国后天天纵酒听乐，一者排遣心中郁闷，一者韬晦避世。但从文中看，刘德似归国不久就郁郁而终。之所以如此，可能导因于刘德和武帝间的特殊关系。刘德和武帝虽然同为景帝之子，但是刘德为栗姬所生，武帝为皇后王娡所生。栗姬生有三个儿子，老大刘荣一度被立为太子，后被王娡陷害，刘荣自杀，栗姬也抑郁而亡。这层关系让武帝对刘德心存芥蒂，有了防范与猜忌，最后导致刘德郁郁而终。

[①] 参见汪春泓《关于〈史记·五宗世家〉之"河间献王"事迹疏证》，《北京大学学报》（哲学社会科学版）2010年第5期。

武帝对献王的猜忌更深层说，可能还与河间献王倡导儒家礼教，援引齐鲁山东儒士有关。按照汪春泓先生看法①，汉代社会，以建元六年窦太后驾崩为标志，黄老之学与尊儒之争呈现此消彼长的态势，至汉武帝采纳董仲舒之说，"罢黜百家，独尊儒术"，但武帝的尊儒本质上是"习文法吏事，而又缘饰以儒术"，具有儒表法里的本质特征。而献王刘德弘扬儒家仁义礼教，旨在传承弘扬孔儒的真精神，其影响之大，几与武帝分庭抗礼。武帝重用三晋法家士人，而献王礼遇齐鲁儒学之士，三晋之士"尚权力而薄文化，重现实而轻历史"，齐鲁之士"尚理想主义和普世价值观"，两者形成的朝野分歧，是法家政统与儒家道统之间难以调和的矛盾，因此河间献王的崇儒学术，其立身姿态与学术取向都具有对朝廷的挑战性，因此一直受到武帝的防范与猜忌。这也许是刘德郁郁而终的深层动因。

刘德去世后，朝廷依《谥法》："聪明睿智曰献"，谥其为献王，故世称河间献王。他的一生，"修学好古"，其古籍整理特别对儒家原始典籍的贡献尤为巨大。司马光《河间献王赞》曰："《周礼》者，周公之大典。毛氏言诗最密，左氏与春秋为表里，三者不出，六艺不明。噫，微献王，则六艺其遂晻乎。故其功烈，至今赖之。"②通过整理典籍文献，他率领天下儒士崇礼作乐，弘扬传播儒家礼教文化，其中对古文经学的推崇与扶持，为《毛诗》《周礼》《左氏春秋》等古文经典的传承发展奠定了基础。清梁玉绳《史记志疑》卷二十六引陈大令之语评《五宗世家》献王"好儒学"说："汉代贤王，河间称首，修学好古，表章《六经》。且毛公治《诗》，贯公传《左氏》，献王皆以为博士，并当时不立于学官者。其后《毛诗》独存，《左氏》盛行，实自献王发之。《史》俱不言，何疏略也。古称宗藩之贤曰间、平，谓河间王及后汉东平宪王苍。"不仅肯定了献王刘德的历史贡献，还对《史记》不能表彰献王的历史功绩表达了质疑与不满。

值得注意的还有，献王刘德及其河间学术中心的存在是短暂的，但对河间乃至沧州的历史文化影响却是深远的。隋代刘炫、清代纪昀乃至现代学者张申府、张岱年等都是在河间文化滋养浸润下出现的。特别是献王刘德培育

---

① 参见汪春泓《关于〈史记·五宗世家〉之"河间献王"事迹疏证》，《北京大学学报》（哲学社会科学版）2010年第5期。
② （宋）司马光：《河间献王赞》，见《司马文正公传家集》卷六六，载景印文渊阁《四库全书》第1094册，台湾商务印书馆1936年版，第614页。

出的《毛诗》，使《诗经》远播海外，流传千载，因此人们把河间当成《毛诗》的发源地，一直影响到现当代。近三十年来，随着学界《诗经》研究热的推进，正式确认沧州河间的诗经村为《毛诗》发源地。中国诗经学会联合河间文化部门，编辑出版了大型古籍文献《诗经要籍集成》。河间人"借得毛公灵秀韵，河间大地涌诗潮"，在当地成立了"毛公诗词协会"，创办了《毛公诗苑》会刊[①]，弘扬《诗经》文化，促进诗词创作，如此等等，都可以看出献王刘德与河间儒学文化的深刻影响。

第二节 高仲武、王若虚、翁方纲与中国诗歌研究

诗歌研究是中国文学研究的第一重镇，与河北文学创作相连，河北学人的诗歌研究构成中国古代学术研究的重要组成部分。

追寻河北学人的文学研究最早当推源到战国末期的荀子。荀子（前313？—前238年），名况，字卿，赵国人。先秦最后一位儒学大师。其思想成就是多方面的，就其文学研究而言，主要贡献在两个方面：一是讨论文学与道、圣、经的关系。二是对诗乐关系的论述。先秦时期，文学观念尚未独立，诗乐舞三位一体，文学一般多指已形成文字的文化学术著述，包括《诗》《书》六艺等经典著作。荀子从"人性恶"和"法先王"的儒家思想学说出发，特别强调人们学习文学的重要性，认为"人之于文学也，犹玉之于琢磨也。《诗》曰：'如切如磋，如琢如磨'谓学问也。和氏之璧，井里之厥也，玉人琢之，为天下宝。子赣、季路，故鄙人也，被文学，服礼义，为天下列士"。《荀子》一书首列《劝学》，他从学习文学角度，强调遵从儒家仁义之道，崇尚圣人之义，推尊经典之说。所谓"圣人也者，道之管也。天下之道管是矣，百王之道一是矣，古《诗》、《书》、《礼》、《乐》之道归是矣。《诗》言是其志也，《书》言是其事也，《礼》言是其行也，《乐》言是其和也，《春秋》言是其微也"。其《非相》《非十二子》皆为批驳各家学说，以尊崇儒道及先圣之仁义礼智之说。先秦时期，诗乐舞三位一体，荀子作《乐论》一篇，系统讨论乐之产生、

---

① 李蒙蒙：《河间献王刘德藏书探析》，《沧州师范学院学报》2012年第4期。

功能作用，强调诗乐教化功能与作用。所谓"乱世之徵，其声乐险，其文章匿而采"，"故齐衰之服，哭泣之声，使人之心悲；带甲婴胄，歌于行伍，使人之心伤，姚冶之容，郑卫之音，使人之心淫；绅端章甫，舞韶歌武，使人心庄"。认为不同乐声给人相应的不同感受，能陶冶人的心灵与情感，因此，诗乐对人心影响至深，推广诗乐教化，"可以善民心"，可以"移风易俗"。其《乐论》的音乐思想与《礼记·乐论》一脉相通，成为先秦两汉儒家诗乐教化学说的重要理论基础，是河北学人对早期诗乐舞三位一体文学观的系统阐释。

魏晋南北朝时期，著名的河北籍诗人学者主要有汉之崔骃、李延年，西晋石崇和"北地三才"之一的邢邵等人。崔骃仅有几篇诗作流传，没有文章传世。李延年武帝时为协律郎，以张骞出使西域带回的《摩诃》《都勒》二曲为基础，变创军乐《横吹曲》二十八曲，对汉代乐府有着巨大贡献，此外李延年并无论诗谈乐之篇章传世。北魏邢邵，作为"北地三才"之一，其诗歌创作在北朝文学中占有一席之地，《北史·邢邵传》说："永安初，累迁中书侍郎，所作诏文体宏丽。"但这些诏书文字，与温子升、高道穆等人共同起草，难于归属，后世编纂《全后魏文》时，皆列于孝庄帝名下。邢邵有无讨论文学的研究文字，无从得见。因此这一时期，可以提及的河北学人论文学的仅有石崇。

石崇，字季伦，小名齐奴，石苞第六子。除修武令，入为散骑郎，迁城阳太守。以伐吴功，封安阳乡侯，拜黄门郎，累迁散骑常侍、侍中。惠帝时出为南中郎将、荆州刺史，领南蛮校尉，加鹰扬将军，征为大司农，免。寻拜太仆、出为征虏将军、假节、监徐州军事、镇下邳，免。寻拜卫尉，坐贾谧，免。与欧阳建、潘岳等谋诛赵王伦，事觉遇害。有集六卷。今存文六篇，其《金谷诗序》描写其金谷园："去城十里，或高或下，有清泉茂林、众果竹柏、药草之属，金田十顷、羊二百口，鸡猪鹅鸭之类，莫不毕备。又有水碓、鱼池、土窟，其为娱目欢心之物备矣。"石崇曾在金谷园送别征西大将军、祭酒王诩归长安，众友人昼夜游宴，"感性命之不永，惧凋落之无期"，各有诗篇，永为志念。这是诗歌史上较早的宴集诗序，"清泉茂林""娱目欢心""列坐水滨"等语词对东晋王羲之《兰亭集序》有直接的影响。然而其中仅有"感性命之不永，惧凋落之无期"一句对诗歌功用的表述，尚未进入诗歌研究的层次。

唐宋时期，河北文学高涨，出现了卢照邻、高适、刘长卿、刘禹锡、崔护、贾岛、宋白、李昉、刘筠、刘挚、王安中、李若水等著名诗人,但他们仅有创作而已,基本没有系统论述和研究文学特别是集中讨论诗歌的研究性论著。唐宋时期河北学人的诗学研究,在中国学术史上可以论及的有初唐魏徵的《隋书·文学传序》、李峤的《评诗格》,中唐高仲武选编有《中兴间气集》两卷,金朝张若虚著有《滹南诗话》三卷。

初唐著名宰相魏徵(580—643),字玄成,谥"文贞",巨鹿曲阳(今属河北邢台)人,唐代著名政治家、思想家、史学家和文学家。以其直言敢谏,辅佐唐太宗共创"贞观之治"而被尊为"一代名相",其言论多见于《贞观政要》,奏议谏文代表作《谏太宗十思疏》。

魏徵对中国学术文化的贡献在于主持编纂了《隋书》《齐书》《梁书》《陈书》四部进入"二十五史"的正史著作。其中《隋书》序论、《梁书》《陈书》《齐书》之总论为魏徵亲笔撰论,对后世目录学和诗歌创作有着重要的影响。其贡献之一是《隋书·经籍志》的编纂。

魏徵曾任秘书监之职,掌管国家藏书之事。上书奏请二十多位学者校订朝廷四部图书,对典籍图书的传播有着巨大贡献。其中最著名的《隋书·经籍志》是我国现存第二部史志目录,是研究古代书目发展的重要文献。《经籍志》虽为于之宁、李淳风等人所编,但魏徵总领其书,其所撰总序对古代藏书的兴亡更替作了历史性梳理与总结,丰富了藏书史研究的内容,对于考订南北朝、隋代时期典籍藏书状况有着重要的价值意义。此外,他还主编有《群书治要》等学术著作。

魏徵另一文化贡献是对于唐代文学融合南北诗风,开启大唐时代风尚的预测与前瞻之论。《隋书·文学传序》在把握隋唐文学创作总况的基础上,论述了政治统一带来的南北文学融合的有利契机。认为南北文学:"彼此好尚,互有异同。江左宫商发越,贵于清绮;河朔词义贞刚,重乎气质。气质则理胜其词,清绮则文过其意,理深者便于时用,文华者宜于咏歌,此其南北词人得失之大较也。若能掇彼清音,简兹累句,各去所短,合其两长,则文质彬彬,尽善尽美矣。"这段文字,不仅精当概括了唐前南北文学的地域特征,而且准确预言了唐代文学必将融合南北、扬长避短,达到文质彬彬尽善尽美的辉煌境界。既是后世研究文学地域差异的精彩论述,也是评价南北朝文学特点的定评之论,体现了唐代文化雄视千古的宏大气魄与自信胸怀。

宋元明清时期,河北地区出现了刘秉忠、刘因、张弘范、马中锡、杨继盛、尹耕、赵南星、孙承宗、申涵光、梁清标、边连保等文学史和诗歌史上有一定影响的诗人,他们的诗歌创作都取得了一定成就,但间或出现的只言片语论诗文字,都没有形成较为系统的诗学研究成果。因此,梳理河北学人对中国诗歌的研究,可以展开论述的有唐代高仲武《中兴间气集》、金代王若虚《滹南诗话》和清代翁方纲的"肌理说",本节分而述之。

一、高仲武与《中兴间气集》

高仲武,生卒年、字号均不详。渤海(今河北南皮县,一说山东滨县)人。生活于中唐代宗、德宗时期。《全唐诗》无高仲武诗歌,《宋史·艺文志八》著录《高仲武诗甲集》五卷、乙集五卷,《全唐文》卷四百五十八存其文两篇,由此知高仲武为中唐前期诗人。《中兴间气集》为其所编唐诗选本。《四部丛刊》存有其影印秀水沈氏所藏明翻宋刻本,后附有清何焯据述古堂的影宋抄本所作校记,包括刻本原缺高仲武自序及张众甫、章八元、戴叔伦、孟云卿、刘湾五人评语。傅璇琮先生认为明毛晋汲古阁影宋抄本最为完备。今天流行版本收在上海古籍出版社 1978 年出版的《唐人选唐诗(十种)》和山西古籍出版社 1996 年出版的傅璇琮《唐人选唐诗新编》中,它与殷璠《河岳英灵集》是现存唐人选唐诗最重要、影响最大的两个选本。

(一)《中兴间气集》的命名与编辑

众所周知,选本是诗歌传播最重要的载体,无论仅仅存录,还是兼有品评,都是诗歌研究的标志性成果。透过选本,不仅可以看出编选者选编作品的标准以及标准背后体现的编选者的文学思想与审美情趣,而且选本也反映着作家与作品在当时的传播与接受状况,特别是同时代文学作品的选本还保持着作品原创期的真实面貌,具有很高的诗学和版本学价值意义。

高仲武之前,唐人选唐诗已有许敬宗《翰林学士集》,崔融《珠英学士集》,殷璠《丹阳集》《河岳英灵集》,芮挺章《国秀集》和元结《箧中集》等唐诗选本流传。而《翰林学士集》和《珠英学士集》只选朝士之诗,《丹阳集》仅选吴地诗作,《国秀集》传之不广,《箧中集》仅为亲朋张本。因此,高仲武受殷璠编选《河岳英灵集》的启发,采取大体相近的体例,接续《河岳英灵集》,编选了《中兴间气集》。他继承《河岳英灵集》断代诗选存录与品评并重的传统,又纠正了其他选本选编范围狭窄或者互相标榜的弊病,成为反映中唐前期诗坛特色的诗歌选本。而此时正值安史之乱平定,国家渐趋中兴,所谓"天宝叛涣,述作中废;至德中兴,风雅复振"(晁公武《郡斋读书志》),纬书《春秋演孔图》中有"正气为帝,间气为臣"之言,于是高仲武便把自己选编的肃宗、代宗两朝臣子诗人的诗作命名为《中兴间气集》。

《中兴间气集》选录肃、代两朝 26 位诗人诗歌 140 多首。高仲武《集序》说:"起自至德元首,终于大历十四年己未。述者二十六人,诗总一百三十四首,分为两卷,七言附之。"由序中"唐兴一百七十载"来判断,此选本大约成书于唐德宗贞元初年。认真核对今传此集,共收录 26 位诗人的诗歌 142 首。其中卷上:钱起 12 首、张众甫 3 首、于良史 2 首、郑丹 2 首、李希仲 2 首、李嘉祐 9 首、章八元 2 首、戴叔伦 7 首、皇甫冉 13 首、杜诵 1 首、朱湾 8 首、韩翃 7 首、苏涣 3 首。卷下:郎士元 12 首、崔峒 9 首、张继 3 首、刘长卿 9 首、李季兰 6 首、窦参 3 首、道人灵一 4 首、张南史 3 首、姚伦 2 首、皇甫曾 7 首、郑常 3 首、孟云卿 6 首、刘湾 4 首。其中选 5 首以上的有钱起、李嘉祐、戴叔伦、皇甫冉、朱湾、韩翃、郎士元、崔峒、刘长卿、李季兰、皇甫曾、孟云卿 12 位,这些诗人基本囊括了大历年间最重要的代表性诗人,因此《中兴间气集》大体反映了中唐至德、大历诗坛的创作状况与诗风特点。而对于《河岳英灵集》已选录的王维、李白、高适、岑参等人,乃至于与刘长卿齐名而诗风近于"王孟"的韦应物等诗人之作,皆不在其选诗之列,这正是高仲武编选的用意所在,他意在突出大历诗坛独有的诗风特点。此外,他有意选取女性诗人李季兰之诗,在唐人唐诗选本中也是第一次,体现了高仲武接受认同女性诗歌的胆识,是《中兴间气集》又一创新之举。

(二)《中兴间气集》的编纂体例

《中兴间气集》编纂体例上直接受到殷璠《河岳英灵集》的启发与影响。《河岳英灵集》分上、下两卷,《中兴间气集》也分卷上、卷下。《河岳英灵集》选诗终于天宝十二载,接近天宝末年。《中兴间气集》选诗起于至德元年,有意接续《河岳英灵集》的意图十分明显。《河岳英灵集》所选诗人名下,先列诗人小传,并对诗人创作做简洁概括的总体评价,再摘引名言佳句加以点评,《中兴间气集》也如此,故明胡震亨《唐音癸签》卷三十一认为《中兴间气集》"仿《河岳英灵》,人各冠之以评",所不同的是,《中兴间气集》列举诗眼警句更多些。《河岳英灵集》选诗以五言为主,《中兴间气集》所选 142 首诗中 124 首为五言诗,18 首为七言杂体诗。可见,这一方面是模仿《河岳英灵集》的痕迹;另一方面也说明诗至中唐大历年间,仍以五言为主流形式,七言古体与近体尚未成为主导诗体。

在编排体例上，高仲武按照"体状风雅，理致清新"的审美标准，推崇钱起、郎士元之诗，把二人列为两卷之首。从题材主题看，《中兴间气集》所选多为赠别唱和、流连光景之作，也有少数关注民生的现实诗篇。艺术上，崇尚清雅别致，多表现清逸幽远之境，反映出大历诗风开始走出盛唐诗歌冲口而出、浪漫抒写的创作范式，由雄浑阔大转向清逸幽雅，诸多名言佳句的摘引列举，也反映出大历诗歌更加重视辞藻、音律、对仗等外在语言形式的雕琢与经营，渐露苦吟为诗的端倪，反映了大历诗坛的诗风特点。

《中兴间气集》对诗人的简短评语，大多是公允恰切的，其中不乏精辟见解。如评价刘长卿"大抵九首已上，语意稍同，于落句尤甚，思锐才窄也"[1]，可谓一语中的。《四库全书总目提要·刘随州集提要》云："长卿诗号'五言长城'，大抵研炼深稳，而自有高秀之韵。其文工于造语，亦如其诗。故于盛唐、中唐之间，号为名手。但才地稍弱，是其一短。高仲武《中兴间气集》病其十首以后语意略同，可谓识微之论。"认为高仲武的评语"大抵精确"。

当然，高仲武的诗评断语也有高下失当之处。如郎士元《盩厔县郑礒宅送钱大》开头两句"暮蝉不可听，落叶岂堪闻"原本写得不理想，上句之"听"与下句之"闻"有重复合掌之嫌，而高仲武却比之谢朓，认为此诗"工于发端"，未免失当。晚唐郑谷《读前集二首》："殷璠裁鉴《英灵集》，颇觉同才得旨深。何事后来高仲武，品题《间气》未公心"。认为高仲武不如殷璠《河岳英灵集》的品评恰当公允。南宋陆游《跋中兴间气集》也曾指责他"评品多妄""议论凡鄙"。正因为这些评论，到陈振孙《直斋书录解题》也认为其"议论文辞皆凡鄙"。总体上看，高仲武的诗评判断是公允准确的，郑谷、陆游乃至陈振孙的评价否定太过。

（三）选诗标准与审美取向

文学选本最重要的价值意义之一就是透过选者的选篇标准，可以透视编选者个人和他所处时代的审美情趣与境界。高仲武《集序》中自称《中兴间气集》编选诗作的标准是："今之所收，殆革前弊。但使体状风雅，理致清新，观者易心，听者竦耳，则朝野通取，格律兼收。"[2]文中所谓"殆革前弊"是指

---

[1] 傅璇琮：《唐人选唐诗新编》，陕西人民教育出版社1996年版，第502页。
[2] 傅璇琮：《唐人选唐诗新编》，陕西人民教育出版社1996年版，第456页。

作为诗歌选本,《中兴间气集》要革除已有唐诗选本诸如《翰林学士集》和《珠英学士集》只选朝士之诗、《丹阳集》仅选吴地诗作、《箧中集》仅为亲朋张本等弊端,而是要像《河岳英灵集》那样,通过选诗呈现一个时期诗歌创作的总体风貌与特点。从前文所列 26 位诗人的身份地位、性别和诗体分布来看,其所谓"朝野通取,格律兼收",以其反映大历诗坛总貌与特点,《中兴间气集》中都得到了圆满落实。从选诗标准看,最为关键的是"体状风雅,理致清新"八字。在高仲武看来,诗歌做到了"体状风雅,理致清新"也就能让读者"观者易心,听者竦耳"了。怎样理解"体状风雅,理致清新"呢?

所谓"体状",高仲武亦称之为"体格""体制""体调",从字面上讲,大体上指诗体状貌、形制格调,侧重指诗的外在形式特征和由选材立意达成的总体风格基调。高仲武对这方面的要求是要做到"风雅"。而"风雅"是《诗经》以来中国古代诗歌一贯的传统,强调直抒胸怀的抒情性与写实性,所谓"饥者歌其食,劳者歌其事,爱者歌其情"加上"乐而不淫、哀而不伤""温柔敦厚"的雅正格调。高仲武《集序》开头所谓"诗人之作,本诸于心。心有所感,而形于言"正是讲这种抒情性和写实性。但高仲武接着又强调发言为诗要"言合典谟,则列于风雅",意思说写诗不仅要直抒胸怀,写心寄意,还要合乎儒家经典倡导的思想与精神。要做到"立义以全其制,因文以寄其心,著王政之兴衰,表国风之善否",而不是为了"苟悦权右,取媚薄俗"。要关乎现实人生,又要具有温柔敦厚的雅正格调。因此做到"风雅"是其选诗的重要标准。《中兴间气集》中选录了为数不多的一些关注民生的现实诗作,正是他这种强调风雅,关乎王政兴衰、国风善否的具体体现。从这个意义上讲,高仲武的诗学观具有典型的儒家诗学观成分。

虽然都在倡导和追寻《诗经》以来的创作传统,高仲武强调"风雅"与"初唐四杰"尤其是陈子昂倡导的《诗经》"风雅""兴寄"传统和建安以来的"风骨"传统是有所不同的。初唐以来诗人文士倡导"风雅""兴寄"传统,强调诗歌不仅要有充实的现实内容,以浓郁的情思改造无病呻吟的齐梁宫体之习,更强调诗歌要以"兴寄"手法,以有形的诗歌意象表达无形的内在情感,以有限的诗歌文字表达无限深广的情思内涵。同时诗人还以倡导"建安风骨"来摒弃齐梁以来诗歌绮错软媚的风格基调,崇尚宽广的胸怀、澎湃的热情、峥嵘的气象和博大的境界。盛唐诗歌,无论双子星座的"李杜",还是山水田园与边塞诗派正是在这两种传统的复归中把古典诗歌创作推向了重情韵、有境界的顶峰。殷璠《河岳英灵集》选录开天盛唐之诗，标榜"气骨声律"和"神来气来"的审美风貌正是这种"盛唐气象"的体现。

然而，中唐大历时期社会与诗坛风尚发生了重大转折。长达八年的"安史之乱"，造成国家人口锐减，土地荒芜，国力下降，藩镇割据。不仅成为唐王朝由盛转衰的转折点，而且也带来人们心态与诗坛风尚的重大变化。昔日的大唐盛世，已成为一代记忆。"盛世难再"的失落感投影到人们心里，乐观豪迈、激昂慷慨的青春朝气与浪漫情怀，让位于盛世难再的萧瑟与衰颓，人们从内圣外王的事功追求退回到情怀内敛的个人生活，内心普遍充满着迷惘、惆怅和无奈的情绪，"夕阳""秋风"成为时诗风尚的象征。殷璠称颂的"兴象"与"风骨"兼备的"盛唐气象"已悄然逝去。至德二年（757）王昌龄卒，上元二年（761）王维卒，宝应元年（762）李白卒，永泰元年（765）高适卒，大历四年（769）岑参卒，五年（770）杜甫卒。辉映盛唐诗坛的星月陨落，所谓"前有沈宋，后有钱郎。"至德、大历诗坛一派衰敝和荒寂。以"兴寄""风骨"为突出特征的盛唐诗歌重体验、重感发、重兴趣的审美取向让位于情怀内敛、走入个人狭小生活天地的感怀与喟叹，高仲武强调的关乎王政兴衰、国风善否的"风雅"成为昔日的辉煌，在《中兴间气集》中也没能占据主导位置。

高仲武选诗标举的"理致清新"，其"理致"亦作"情致""兴致"，是指诗中所体现出来的情感、情趣、思致与思想。他强调好诗不仅要在外在形式与风格特色上做到"体状风雅"，而且其内在情感抒发上要做到清新、清奇、清雅。高仲武评皇甫冉诗"巧于文字，发调新奇"，又"终篇奇丽"；评钱起诗"体格新奇，理致清赡"；评李希仲诗"特出意表，标雅古今"，又"务为清远"；评张继诗"诗体清迥"、评皇甫曾诗为"体制清洁"、评于良史诗"工于形似"、评朱湾诗"咏物尤工"、评张南史诗"物理俱美，情致兼深"，等等，其肯定的评语都着眼于诗体的整饰典雅，诗句的精工巧丽和诗境的优雅清新，体现了高仲武"体状风雅，理致清新"的好诗标准。这种好诗标准正是至德大历以来，诗人感召时代风尚而走向情怀内敛的体现与标识。唯其走入个人生活狭小天地，才显得情怀内敛，而情怀内敛也恰好不再是盛唐的健朗阳刚的风骨与兴象，而是追求清新、清奇与清雅。诗人们不是轰轰烈烈投入事功追求之中，而是在个人小天地中表现清静雅致的生活情调和洁身自好的处世方略，借助吟咏风花雪月，来抒发清幽冷峻的诗思感慨。这种重新奇清雅的审美理想不高不低、不小不大，恰如其分地概括了至德、大历诗风转型特征与美学风貌。因此高仲武的诗美理想不仅是个人的，也是那个时代的。

按照复旦大学查屏球先生的诗史细化研究，高仲武所标榜的"体状风雅，理致清新"的审美取向，是中唐大历前期京城诗坛的审美风尚体现，大历前期京城诗坛深受天宝诗坛审美惯性的影响，流连山水，酬唱赠答，秀雅精丽。京城诗坛"以精工巧丽之辞营造清秀温雅之调，是对以王维为代表的正宗派诗歌模式的直接承传，这也是'盛唐余韵'的主要内容。它既体现了京城文化的贵族气派，又带有科场文化的书卷气"[1]。高仲武所肯定的大历前期京城诗坛的审美风尚，正是差不多同时的皎然《诗式》[2]中所否定的。

皎然《诗式》以至德、大历时期江南诗人创作为评论对象。受江南文化的熏染，以刘长卿、李嘉祐等为代表的大历诗人战乱后多生活于江南，他们的诗表现江南山光水色与风土民情，艺术上带有江南民歌轻快明丽的格调，具有吴歌楚调的韵致。同时，江南风景奇异也带来大历江南诗风崇尚惊世骇俗的艺术境界，诗人在以凄清冷寂的诗境表达内心凄寂悲苦之情时，往往在幽僻中突出奇异，多奇情异想和险怪物境的描写，求险逐奇，呈现奇绝险怪的风格特征。这种诗美风尚与京城诗风相互动，唱出了"元和尚怪"的时代审美特征的先声。

由此，我们就可以在比较的视野中看出：殷璠《河岳英灵集》标榜"风骨"与"兴象"，体现的是盛唐气象的重情韵、重体验、重兴趣与重境界；高仲武《中兴间气集》标榜的"体状风雅，理致清新"，体现的是中唐至德、大历前期京城诗人"新奇清雅"诗风的审美风范；而皎然《诗式》强调"奇势、险境与超俗之趣"[3]，则是大历江南诗风求奇逐怪审美取向的反映，它开启了中唐元和诗坛多元新变之"雄奇险怪"诗风的先声异调。从中可以看出，高仲武选编《中兴间气集》审美标准所凸显其个人与时代的审美风尚。

《中兴间气集》中高仲武论诗还特别重视诗的艺术技巧。他肯定雕琢锤

---

① 查屏球：《由皎然与高仲武对江南诗人的评论看大历贞元诗风之变》，《复旦学报》（社会科学版）2003年第6期。
② 按《集序》所言"唐兴一百七十载"推断，高仲武《中兴间气集》约成于中唐贞元前期，皎然《诗式》成书于贞元五年。这样比较二书成书年代大体相近。
③ 查屏球：《由皎然与高仲武对江南诗人的评论看大历贞元诗风之变》，《复旦学报》（社会科学版）2003年第6期。

炼，崇尚人工炼饰之美，这是高仲武诗学思想又一重要方面。查屏球先生比较高仲武与皎然的诗学思想时曾说："高氏更重辞之巧丽雅致，皎然多尚意之奇险警拔。"①《中兴间气集》中高氏着眼于艺术技巧的品评之语，不仅数量多，而且涉及面也非常广。一是推崇"工于形似"。如评于良史诗云"侍御诗清雅，工于形似。如'风兼残雪起，河带断冰流'，吟之未终，皎然在目"。评章八元的"雪晴山脊见，沙浅浪痕交"云："此得江山之状貌矣"，推崇写景状物，精准细腻，如在目前。二是重视"巧用文字"。如评皇甫冉云："冉诗巧于文字，发调新奇，远出情外。"评张众甫云："众甫诗，婉媚绮错，巧用文字，工于兴喻。"可见其论诗，不再标榜盛唐清水芙蓉的自然天成之美，而是崇尚推敲雕琢，追求字工句巧，体现出大历诗风衰瑟内敛、纤小细碎的特点，表明大历诗歌再也找不到盛唐诗恢宏开阔的境界、磅礴的气势和峥嵘的气象了。所以明胡应麟论中唐诗说："体格渐卑，气运日薄，衰态毕露矣。"又说："钱、刘以下，句渐工，语渐切，格渐下，气渐悲。"清施补华也说："大历钱、刘古诗亦近摩诘，然清气中时露工秀。淡字、微字、远字皆不能到，此所以日趋于薄也。"②都指出了大历诗风体格卑弱的弊端。盛唐诗雄奇豪迈、风骨凛然的气象渐为惆怅凄寂、迷惘感伤所替代，强烈的生命感悟与深挚体验也渐渐让位于冷峻的思考与分析，作品理性色彩增强，体现为"理致清新"、推敲用字、雕琢文词，开启了元和诗歌"苦吟"为诗的学者诗风尚。从这个意义上说，高仲武"体状风雅，理致清新"的选诗标准恰当准确地反映了中唐前期诗歌的过渡性时代特征与审美取向，其中既有对盛唐余绪的继承，又有对元和诗歌新变的开启，其贡献是不可磨灭的。

二、王若虚与《滹南诗话》

王若虚（1174—1243），金代著名学者、文学批评家。字从之，号慵夫，晚年自号"滹南遗老"。藁城人（今属石家庄市）。金章宗承安二年（1197）擢为经义进士，为鄜州录事，后历管城、门山县令，任满以善政入为国史院编修官，预修《宣宗实录》。升应奉翰林文字，曾奉使西夏，后改授同知泗州军州事，留为著作佐郎。哀宗正大年间，迁平凉府判官，后召为左司谏，转

---

① 查屏球：《由皎然与高仲武对江南诗人的评论看大历贞元诗风之变》，《复旦学报》（社会科学版）2003年第6期。
② （清）施补华：《岘佣诗说》，载丁福保辑《清诗话》，上海古籍出版社1978年版，第981页。

延州刺史,再入朝为直学士。金亡不仕,北归乡里。1243年三月东游泰山,坐石而逝,终年七十。著有《五经辨惑》《滹南遗老集》《滹南诗话》等著作。《剑桥中国文学史》称王若虚是"金代中后期最重要的文化人物之一"。其《滹南诗话》三卷,在品评历代诗歌创作中,系统地阐述了王若虚的诗学理论与诗学观点,成为河北学人中诗学造诣深厚的理论家与批评家。

(一)博学廉正的为人与为学

王若虚生于下层官宦家庭,《金史·文艺传》记载王若虚"幼颖悟,若夙昔在文字间者",王谔序《滹南遗老集》也称其:"性聪敏,蚤岁力学,以明经中乙科。"幼年师从其舅周昂(字德卿)、古文家刘中习文。王若虚博学强记,诵古诗万余首。《金史·文艺传》载:"(周)昂孝友,喜名节,学术醇正,文笔高雅,诸儒皆师尊之。"[1]少年师从周昂等学习,对王若虚一生为人治学产生了深远影响,奠定了良好的成长基础。

王若虚为人淡泊明志,清正廉洁。早年知管城、门山县,"皆有惠政,秩满,老幼攀送数日乃得行"。[2]为官三十余年,不慕荣利,不贪财货,家徒四壁。故王谔序《滹南遗老集》称"其主名节,区别是非,古人不贷也"。王若虚告别亲人,离家赴官任,曾作《别家》诗云:"到了身安是本图,何须身外觅浮虚。谁能置我无饥地,却把微官乞与谁。"其《贫士叹》诗云:"甑生尘,瓶乏粟,北风萧萧吹破屋,入门两眼何凄凉,稚子低眉老妻哭。"再现其不善理财、困顿潦倒、饥寒交迫的生存状态,其《生日自祝》云:"空囊无一钱,羸躯兼百疾。"更道出了其晚年贫病交加的窘迫状况。其一生家庭经济困顿,更是连丧三子,又遭遇金朝亡国,不仕归乡,其《还家》诗曰:"日日天涯恨不归,归来老泪更沾衣。伤心何啻辽东鹤,不但人非物亦非。"面对战乱后残破凋敝的家乡,王若虚感叹道:"艰危尝尽鬓成丝,转觉欢华不可期。几度哀歌仰天问,何如还我未生时。"

生活维艰却无法阻挡王若虚人生智慧与能量的释放,进士及第后,他"自应奉文字,至为直学士,主文盟几三十年,出入经传,手未尝释卷。为文不事雕篆,唯求当理,尤不喜四六"[3]。其一生治学,著述丰多,有《五经辨惑》《论语辨惑》《孟子辨惑》《史记辨惑》《诸史辨惑》《慵夫集》等多种著作,

---

[1] (元)脱脱:《金史·文艺传下·王若虚》,中华书局1975年版,第2730页。
[2] (元)脱脱:《金史·文艺传下·王若虚》,中华书局1975年版,第2737页。
[3] (明)王谔:《滹南遗老集序》,载王若虚《滹南遗老集》卷首,中华书局1985年版,第2页。

考诸经史，发乎人情，纠正大量汉、宋学者解经及史书文字之谬误，成为金代最著名的学者。其《论语辨惑》对宋儒特别是朱熹的解经方法多有批评，认为"圣人之言，亦人情而已。而宋儒所解，则揄扬过侈，牵扯过甚，故作高深"。而《史记辨惑》对司马迁的叙事行文，也多有褒贬。从中可见其为学特点：一方面考诸经史，不做无根之论；另一方面又能从人情事理出发，经世致用，不故作高深之论。故王谔序《滹南遗老集》云："先生之学之大，本诸天理，质诸人情，不为孤僻崖异之论，如三老三宥五诛七出之说，前贤不敢訾议，而先生断之不疑，学者当于孔、孟而下求之，不然，殆为不知先生也。"①体现出北朝学者严谨扎实而又通脱透辟的学术风格与学识远见。故李冶序《滹南遗老集》盛赞其"学博而要，才大而雅，识明而远"。

王若虚为人治学还善于奖掖后进之士，王谔的《滹南遗老集》序中深情地写道，在其"以剽窃之学，由白衣入翰林"的人生历程中，"玉堂东观，侧耳高论，日夕获益实多，然爱予最深，诲予最切，愈久愈亲者，滹南先生一人而已"。足见王若虚对后进之士扶持奖掖之深之勤，令人感动。

（二）诗学体系与诗学观念

王若虚的《滹南遗老集》四十五卷，《续编》一卷，其中存诗仅四十一首，除八首论诗诗、述志诗外，大多表现举步维艰、困顿无奈的生活境遇。从存诗数量上看，他算不上著名的诗人或文学家，但这并不妨碍他成为金代最著名的诗学理论家和评论家。

王若虚的诗学思想集中体现在《滹南遗老集》中的《文辨》《滹南诗话》和两组共八首《论诗诗》中。王若虚论诗，从本体角度，认为诗歌是抒情的，强调诗要抒发诗人内心喜怒哀乐之情，《滹南诗话》卷一曰："哀乐之真，发乎情性，此诗之正理也。"②能否表现真切深挚的内心感动、感情与感怀，是诗歌成败好坏的根本。他认为好的诗文是从"肺肝中流出"的，能够感天地，泣鬼神。王若虚论文学，推崇白居易、欧阳修、苏轼等前代作者。《滹南诗话》卷一说："乐天之诗，情致曲尽，入人肝脾，随物赋形，所在充满，殆与元气相侔。至长韵大篇，动辄数百千言，而顺适惬当，句句如一，无争张牵强之态。此岂捻断吟须，悲鸣口吻者之所能至哉！而世或以浅易轻之，盖不足与

---

① （明）王谔：《滹南遗老集序》，载王若虚《滹南遗老集》卷首，中华书局1985年版，第2页。
② （金）王若虚：《滹南诗话》卷一，载《历代诗话续编》，中华书局1983年版，第512页。

言矣。"①白居易之诗，虽然存在浅切直白、不够含蓄的弊病，但他的诗叙事写景，抒情议论，皆发自内心，有感人的力量，被王若虚看成有真情实感"入人肺脾"的好诗。《滹南诗话》卷一还说："郊寒白俗，诗人类鄙薄之，然郑厚评诗，荆公苏黄辈曾不比数，而云乐天如柳阴春莺，东野如草根秋虫，皆造化中一妙。"王若虚之所以推崇宋代郑厚的评论，其根本在于他认为白居易、孟郊之诗，"哀乐之真，发乎情性"，不违背诗歌抒情的本质。

以"哀乐之真，发乎情性"的标准评诗，王若虚批评说："山谷之诗，有奇而无妙，有斩绝而无横放，铺张学问以为富，点化陈腐以为新，而浑然天成，如肺肝中流出者，不足也。"②不仅诗歌如此，文章亦然。他在《文辨三》中赞美欧阳修的《醉翁亭记》"如肺肝中流出，自是好文章"③。

在这一总判断之下，王若虚展开其系统的诗学观念。其中最为核心的观点是，诗文创作要"以意为主"，贵在自然天成，是一种"尚意"的诗学观。《滹南诗话》卷一王若虚引其舅父周昂的话说："文章以意为之主，字语为之役。主强而役弱，则无使不从。世人往往骄其所役，至跋扈难制，甚者反役其主。"④认为周昂之论，深中金诗创作之弊。在诗歌抒写哀乐性情的前提判断下，他提出如何处理内容与形式关系的问题，发挥其舅周昂的观点，强调诗文创作要"以意为主，字语为之役"，认为言词字语等形式要为内容之意服务，避免以辞害意之病。

王若虚"尚意"的诗学观，不仅强调内容为主，形式为辅，形式为内容服务，而且还强调诗歌创作要有意味。其《滹南诗话》卷三批评黄庭坚："黄诗语徒雕刻而殊无意味，盖不及少游之作。"

因为强调"以意为主"，所以王若虚主张诗贵自然天成，推崇天然之趣，诗歌创作要打破成法束缚，反对过分雕琢，人为藻饰，避免以辞害意，使创作成为诗人抒写性情的自由表达。《滹南诗话》卷一：

　　谢灵运梦见惠连而得"池塘生春草"之句，以为神助。《石林诗话》云："世多不解此语为工，盖欲以奇求之耳。此语之工，正在无所用意，猝然与景相遇，借以成章，故非常情所能到。"冷斋云：

---

① （金）王若虚：《滹南诗话》卷一，载《历代诗话续编》，中华书局1983年版，第511—512页。
② （金）王若虚：《滹南诗话》卷二，载《历代诗话续编》，中华书局1983年版，第512页。
③ （金）王若虚：《滹南遗老集》卷三六，中华书局1985年版，第227页。
④ （金）王若虚：《滹南诗话》卷一，载《历代诗话续编》，中华书局1983年版，第507页。

"古人意有所至,则见于情,诗句盖寓也。谢公平生喜见惠连,而梦中得之,此当论意,不当泥句。"张九成云:"灵运平日好雕镌,此句得之自然,故以为奇。"田承君云:"盖是病起忽然见此为可喜而能道之,所以为贵。"予谓天生好语,不待主张,苟为不然,虽百说何益。李元膺以为反复求之,终不见此句之佳,正与鄙意暗同。盖谢氏之夸诞,犹存两晋之遗风,后世惑于其言而不敢非,则宜其委曲之至是也。

王若虚认为谢灵运"池塘春草"之句并无奇特绝妙处,之所以被人称道是因为此是"天生好语",相比于谢灵运平日的雕琢繁复,此句得之自然,不加雕饰,贵在自然天成。他推崇白居易也基于此。其《高思诚咏白堂记》云:"乐天之诗,坦白平易,直以写自然之趣,合乎天造,厌乎人意,而不为奇诡以骇末俗之耳目。"[1]正是出于对自然天成的崇尚,他批评黄庭坚:"古之诗人,词达理顺,未有以句法绳人者。鲁直开口论句法,便是不及古人处。"而其论诗绝句赞赏苏轼云:"信手拈来世已惊,三江滚滚笔头倾。莫将险语夸劲敌,公自无劳与若争。"认为苏轼的创作信笔拈来,如江流滚滚,滔滔汩汩,天然自在。相反黄庭坚与江西诗人"雕琢太甚,则伤其全;经营过深,则失其本"[2]。

在强调自然天成的同时,王若虚论诗还重视"自得"。《滹南诗话》卷三云:"古之诗人,虽趣尚不同,体制不一,要皆出于自得。至其辞达理顺,皆足以名家,何尝有以句法绳人者?鲁直开口论句法,此便是不及古人处。"他所说的自得,一方面是说,诗人写作,要做到自我满意,另一方面也是强调诗歌创作不能拘于成法,要有突破和创新。其论诗绝句云:"文章自得方为贵,衣钵相传岂是真。已觉祖师低一著,纷纷法嗣复何人。"自有创新,自我得意,不必以拘于古人古意。正如其《文辨一》所说:"文章唯求真是而已,须存古意何为哉?"[3]

与推崇以意为主、贵在自然天成的诗学主张相对应,在写作技巧上,王若虚倡导诗歌要直抒胸臆,反对刻意求新求奇的雕琢矫饰。他针对金朝诗坛沿袭北宋诗风,王庭筠、李纯甫、雷渊等诗人追慕江西诗风,强调"剥削锻

---

[1] (金)王若虚:《滹南遗老集》卷四三,中华书局1985年版,第283页。
[2] (金)王若虚:《滹南诗话》卷一,《历代诗话续编》,中华书局1983年版,第507页。
[3] (金)王若虚:《滹南遗老集》卷三四,中华书局1985年版,第215页。

炼，字字有来历"，对刻意求新务奇，加以批判，如《论诗诗》认为王庭筠创作"东涂西抹斗新妍，时世梳妆亦可怜"。刘祁《归潜志》卷八载王若虚批评李纯甫之诗："之纯虽才高，好作险句怪语，无意味。"《归潜志》同卷载王若虚与雷渊在史院同修《宣宗实录》，因为主张各异而闹纷争，"王（若虚）平日好平淡纪实，雷（渊）尚奇峭造语也。"王则云："实录止文其当时事，贵不失真。若是作史，则又异也。"雷则云："作文字无句法，委靡不振，不足观。"故雷所作，王多改革，雷大愤不平，语人曰："请将吾二人所作令天下文士定其是非。"王亦不屑，王尝曰："希颜作文好用恶硬字，何以为奇？"雷亦曰："从之持论甚高，文章亦难止以经义科举法绳之也。"他批评雷渊写作"好用恶硬字"，背离了诗文写作要抒情达意的本分，提倡写诗要直抒胸臆，反对刻意求新求奇的雕琢与矫饰。

此外，王若虚对金朝流行的骈体文风也有深刻的批判，其《文辨四》曰："四六，文章之病也。而近世以来制诰、表章率皆用之……骈俪浮词，不啻如俳优之鄙……后有明王贤大臣一禁绝之，亦千古之快也。"①

由此可以看出，王若虚的艺术观念表现出两个鲜明特点：一是充满辩证法，二是具有发展观。

王若虚的艺术观充满辩证色彩，他论及艺术创作中形似与神似的关系问题，发挥苏轼"论画以形似，见与儿童邻。论诗必此诗，定非知诗人"的观点，提出"妙在形似之外而非遗其形似"的辩证观点。《滹南诗话》卷二云："夫所贵于画者，为其似耳。画而不似，则如勿画。命题而赋诗，不必此诗，果为何语？然则坡之论非欤？曰：论妙于形似之外而非遗其形似；不窘于题，而要不失其题，如是而已耳！"他一方面强调"形似"为画之根本，所谓"画而不似，则如勿画"；另一方面，也强调仅有"肖而无神"的形似，也难臻画之妙境。提倡艺术之妙，"妙在形似之外"，体现出鲜明的辩证色彩。在谈到诗歌创作技巧时也说："以巧为巧，其巧不足；巧拙相济，则使人不厌。惟甚巧者，乃能就拙为巧。"②也体现出中庸辩证的观点。

一般来说，人们对事物作价值判断时，应该辩证地看问题，而不是孤立地看问题，要具有发展的眼光。王若虚论文论诗，也如此。他认为文学创作

---

① （金）王若虚：《滹南遗老集》卷三七，中华书局1985年版，第235页。
② （金）王若虚：《滹南诗话》卷一，载《历代诗话续编》，中华书局1983年版，第507页。

"定体则无",《滹南诗话》卷三说:"世间万变,皆与古不同,何独文章而可以一律限之乎?"从这种发展观出发,王若虚认为"宋人之诗,虽大体衰于前古,要亦有以自立,不必尽居其后也"。是诗学史上较早肯定宋诗的言论。其《文辨四》中认为文章写作只有那些应用公文如"史书、实录、制诰、王言决不可失体",而明道抒情言志等"其他皆得自由"[①],不必拘于文法、句法、章法,辞达理顺,自适其意则为好文章好作品。《文辨三》曰:"夫文岂有定法哉?意之所至则为之题,意适然殊无害也。"[②]

总之,王若虚的文学批评具有独到的见解。他主张文学创作要"以意为主",写"哀乐之真",主张辞达理顺,自然天成,贵在天然自得,反对模拟雕琢,倡导直抒胸臆,推崇白居易、苏轼等,信笔拈来,自然成趣。这种诗学主张与文论观点,出现在北宋文风盛行的金朝是难能可贵的,是河北学人文学研究的重要成就与贡献。

(三)诗学渊源与历史地位

王若虚的诗学思想与文论主张,在相对落后的金朝出现,有其传统渊源和现实基础,同时也与王若虚个人趣尚密切相关。

一是王若虚"尚意"的诗学观念,来自传统文论的影响。中国文学批评史上,"尚意"学说一以贯之,历久不衰。追溯渊源,先秦的庄子最早提出言意之辨的命题,所谓"得意而忘言"。其后三国时的王弼,在魏晋玄学探讨言、象、意关系中提出"得意在忘象,得象在忘言"[①]的命题。南朝刘宋的范晔把这种言象意关系的讨论引入文学批评领域,提出:"当以意为主,以文传意。以意为主,则其旨必见;以文传意,则其词不流;然后抽其芬芳,振其金石耳。"[④]晚唐杜牧《答庄充书》提出:"凡为文以意为主,以气为辅,以辞彩章句为之兵卫,未有主强盛而辅不飘逸者,兵卫不华赫而庄整者。"至宋代,刘攽《中山诗话》也说:"诗以意为主,文词次之,或意深义高,虽文词平易,自是奇作。世效古人平易句,而不得其意义,翻成鄙野可笑。"到了江西诗派,虽然强调以故为新、以俗为雅、夺胎换骨、点铁成金等江西诗法,但其创作仍强调以意为主,先立大意。如黄庭坚说:"每做一篇,先立大意,长篇

---

① (金)王若虚:《滹南遗老集》卷三七,中华书局1985年版,第235页。
② (金)王若虚:《滹南遗老集》卷三六,中华书局1985年版,第229页。
③ 《周易略例·明象》,(魏)王弼:《周易注》附《周易略例》,中华书局2011年版,第415页。
④ (南朝梁)沈约:《宋书·范晔传》,中华书局1974年版,第1830页。

须三致意，乃可成章。"①韩驹也说："凡作诗须命终篇之意，切勿先得一句一联，因而成章，如此则意不多属。"《藏海诗话》作者吴可也说："凡看诗，须是一篇立意，乃有归宿处。""要当以意为主，辅之以华丽。"黄彻《䂬溪诗话》概括说："昔人论文字，以意为上。"从引文可见，"尚意"诗学观在传统文学批评史上，一以贯之，历久不衰。王若虚作为金代最著名学者，博览群书，吸收前代批评家的优良传统，成一己之说，成为河北学人中著名的文学批评家。

二是金代文学精英共同倡导的结果。金代词坛盟主宇文虚中认为诗"语不复锻炼，要之皆肺腑中流出也"，提出"穷愁诗满箧"的主张，倡导诗要写真性情。朱弁的《风月堂诗话》也强调诗歌创作要追求自然之妙，而反对刻意用典、雕琢斧凿。他说："观古今胜语，皆自肺腑中流出，初无缀缉功夫。"实开王若虚"肺肝中流出"诗论之先声。金代赵秉文也提倡诗歌尚意。其《答李天英书》说："至于诗文之意，当以明王道，辅教化为主。"其创作"极所欲言而止，不以绳墨自拘。"②可见，金代文坛这些批评主张与文学观念，是王若虚"尚意"诗学观孕育与产生的沃土。

《金史·文艺传》载周昂指点其外甥王若虚习文时曾说："文章工于外而拙于内者，可以惊四筵而不可以适独坐，可以取口称而不可以得首肯。"又云："文章以意为主，以言语为役，主强而役弱则无令不从。今人往往骄其所役，至跋扈难制，甚者反役其主，虽极辞语之工，而岂文之正哉。"

三是来自舅父周昂的教育传承。王若虚幼年师从舅父周昂习文，诗学观念与学业风格深受周昂影响。《金史·文艺传》载："周昂，字德卿，真定人（今河北正定县）。年二十四擢第。调南和簿，有异政。迁良乡令，入拜监察御史。路铎以言事被斥，昂送以诗，语涉谤讪，坐停铨。久之，起为隆州都军，以边功复召为三司官。大安兵兴，权行六部员外郎。"又说："昂孝友，喜名节，学术醇正，文笔高雅，诸儒皆师尊之。"周昂是金代著名诗人，元好问的《中州集》选存其诗100首，是《中州集》选诗最多的一位。周昂的文学批评观主要保存在王若虚《滹南遗老集》《金史·文艺传》和刘祁的《归潜志》

---

① （宋）吕本中《童蒙诗训》引黄山谷语，载吴文治主编《全宋诗话》，凤凰出版社1998年版，第2899页。
② （金）元好问：《闲闲公墓铭》，载狄宝心《元好问文编年校注》，中华书局2012年版，第272页。

中。《滹南诗话》和《金史·文艺传》都记载周昂论诗主张"以意为主，以言语为役"，强调重视思想内容，而反对艺术上一味求奇险怪，不喜欢黄庭坚为首的"雄豪奇险"求新求奇的江西风尚。其《读陈后山诗》云："子美神功接混茫，人间无路可升堂。一斑管内时时见，赚得陈郎两鬓苍。"认为江西诗标榜学杜甫，只得管窥之见，不能得杜诗神髓。这些观点都直接被王若虚继承下来，成为其"尚意"诗学观的核心与基础。

总之，王若虚是金代当之无愧著名学者、文学批评家，元好问在《中州集》王若虚小传中说："自从之没，经学史学，文章人物，公论遂绝。不知承平百年之后，当复有斯人否也？"[1]以《滹南诗话》为代表，王若虚是宋金时期河北文学走向低潮时代涌现出的最有影响力的文学研究者。钱振锽《谪星诗话》评曰："王若虚《滹南诗话》在古人诗话中，最通快。如深服乐天，不喜山谷，讥东坡和韵，以'池塘生春草'为非佳句，甚合余意。其短处惟胆怯，不敢少议少陵耳。"

三、翁方纲与清代诗学"肌理说"

翁方纲（1733—1818），清代文学家、书法家、金石学家、著名学者。字正三，又字忠叙，号覃溪，晚又号苏斋。直隶大兴（今北京）人。乾隆十七年（1752）进士，选庶吉士，授编修。曾主持江西、湖北、江南、顺天乡试，历广东、江西、山东三省学政，《四库全书》纂修官，官至内阁学士、左鸿胪寺卿，后荣恩宴加二品衔，八十六岁去世。翁方纲是中国古代最后一位有影响的河北文学理论家，是清代"肌理说"诗学创始人，著有《石洲诗话》。

（一）《石洲诗话》与多方面的成就

翁方纲一生，从政之外，取得多方面的成就。他精于考据、金石、谱录、书法、辞章之学，堪称多产的诗人学者。著有《复初斋诗文集》《石洲诗话》《苏诗补注》《苏米斋兰亭考》《米海岳年谱》《两汉金石记》《粤东金石略》《汉石经残字考》《焦山鼎铭考》《庙堂碑唐本存字》《经义考补正》《小石帆亭著录》《礼经目次》等多种著作，在众多领域都取得了较高的成就。

翁方纲的书法，学欧、虞，谨守法度，尤善隶书，与同代刘墉、梁同书、

---

[1] （金）元好问:《中州集》卷六《王若虚小传》，载（金）元好问编，张静校注《中州集校注》，中华书局2018年版，第1490页。

王文治齐名,《清朝书画录》并称四人"翁刘梁王"。又和刘墉、成亲王永瑆、铁保齐名,并称"翁刘成铁"。传说他能在瓜子仁上书写四字小楷,可见其书法之功夫与境界。包世臣《艺舟双楫》批评其书法"只是工匠之精细者",马宗霍《霋岳楼笔谈》则公允评曰:"(翁)覃溪以谨守法度,颇为论者所讥;然其真书工整厚实,大似唐人写经,其朴静之境,亦非石经残字到也。"

翁方纲在任职四库馆臣时,与朱筠、桂馥、钱大昕、丁杰、黄易等人常去琉璃厂书肆访书,由此积累金石拓片日渐增多,他酷爱金石碑贴拓片,编书之余,潜心钻研,撰著《两汉金石记》《粤东金石略》《汉石经残字考》《焦山鼎铭考》《庙堂碑唐本存字》等大量金石学著作。于是当世之言金石者,首推翁家。

文学上,翁方纲有《复初斋文集》三十五卷,集外文四卷,《复初斋诗集》四十二卷,存诗二千八百多首,是清代较有影响的学者诗人。其诗可分两大类:一类为"学问诗"。将自家研究的经书、史传、金石、考古、文字之学等内容写成诗歌,多以七言古体形式,前有诗序或题注,诗序或题注交代经史、金石等考据研究体会或结论,文字简洁雅正,与诗歌相得益彰,但这类诗大多写得佶屈聱牙,枯燥无味。如《长毋相忘汉瓦后歌》并序、《成化七年二铜爵歌》之类即是。洪亮吉在《北江诗话》中批评这类诗:"最喜客谈金石例,略嫌公少性情诗。"缺少诗歌应有的抒情性,被人称为"以学为诗"。另一类是写景记事之作。描写自然山水,记述生活见闻、表现诗人的感怀体验,也大多质木无文,缺乏感人的力量。其中的近体律诗,偶有佳作,如《韩庄闸二首》绝句:

秋浸空明月一湾,数椽茅屋枕江关。微山湖水如磨镜,照出江南江北山。

门外居然万里流,人家一带似维舟。山光湖气相吞吐,并作浓云拥渡头。

描写秋日韩庄闸的湖光山色,秋月弯弯,湖水如镜,远山近水,村落茅屋,一幅空明澄澈的湖山秋月图,给人世外桃源之静谧之美。又如《高昭德中丞招同裘漫士司农钱稼轩司空集云龙山登放鹤亭四首》其二:

客路旬经雨,林峦翠倚空。不知秋暑气,直与岱淮通。

旧梦千涡沫,思寻百步洪。大河西落日,穿漏一山红。

诗中描写诗人与朋友晚登放鹤亭所见美景,旬雨过后,秋暑未消,山峦空翠,长河落日,红霞满山的热烈场景,如临其境,如在目前。

诗学批评方面,翁方纲著有《石洲诗话》八卷。据翁方纲弟子张维屏在嘉庆二十年(1815)所作书后跋语可知:这部诗话前五卷是翁方纲为广东学政时期,与学友论诗记录而成,后又增《评杜》一卷,并附说元遗山、王渔洋《论诗绝句》两卷,共成八卷,清嘉庆二十年(1815)刊刻。前五卷以朝代为序,集中品评唐、宋、金、元各朝诗歌。第六卷对王士禛评论杜诗的观点进行评述,后二卷附说元好问、王士禛的《论诗绝句》,逐首逐句,细致讲解,既有助于理解原诗,又有利于指导诗歌创作。翁方纲的《石洲诗话》与王士禛《带经堂诗话》、赵执信《谈龙录》、沈德潜《说诗晬语》、袁枚《随园诗话》、潘德舆《养一斋诗话》等都是清代著名的诗话著作。现有郭绍虞主编《中国古典文学理论批评专著选辑》校点本,人民文学出版社1981年出版。

(二)"肌理说"产生的学术背景

翁方纲是清代著名学者和文学家,也是当朝最有影响的文学批评家。八卷本《石洲诗话》集中展现了翁方纲的诗歌评论和诗学审美情趣。他提出的"肌理说"诗学理论,与王士禛"神韵说"、沈德潜"格调说"、袁枚"性灵说"并称清代诗学"四大说"。但"肌理说"并不出自《石洲诗话》,而是散见于他的多篇文章中。

清代诗学思想活跃纷繁,流派学说众多,但大体上可以北宋后期以来产生的唐宋诗优劣之争为主线,把诗学思想分为宗唐、崇宋两大阵营。宗唐者如王夫之、吴乔、毛奇龄、王士禛等声势浩大,崇宋者也旗鼓相当,如钱谦益、叶燮、吴之振、厉鹗、蒋士铨、翁方纲、陆心源等,至晚清"同光体"盛行,形成了纵贯整个清代的宋诗运动。《四库提要·敬业堂集提要》说:"明人喜称唐诗,自国朝康熙初年,寖曰渐深,往往厌而学宋。"叶燮《原诗》以发展的眼光提出宋诗"后出转精"的论点,提高宋诗的地位与影响,吴之振、吕留良等编选《宋诗钞》,大力推广宋诗。

在唐宋诗优劣论争之中,翁方纲鲜明地提倡宋诗。其《石洲诗话》说:"唐诗妙境在虚处,宋诗妙境在实处。"他用乾嘉崇实的学术眼光来看待诗歌,曾说:"宋人之学,全在研理日精,观书日富,因而论事日密……南渡而后,如武林之遗事,汴土之旧闻,故老名臣之言行、学术,师承之绪论、渊源,莫不借诗以资考据。而其言之是非得失,与其声之贞淫正变,亦从可互按焉。"认为宋诗妙在写人伦日用、茶马市货等,落在实处,可资考据,具有诗与学两大功能。《石洲诗话》评论唐宋元各代诗歌，体现出明确的崇宋倾向与偏好。但《石洲诗话》并未全面阐释"肌理说"的诗学理论。

翁方纲的"肌理说"是针对诗坛流行的"神韵说""格调说"提出的。《四库全书总目·〈精华录〉提要》说："当我朝开国之初，人皆厌明代王（世贞）、李（攀龙）之肤廓，钟（惺）、谭（元春）之纤仄，于是谈诗者竞尚宋、元。既而宋诗质直，流为有韵之语录；元诗缛艳，流为对句之小词。于是士禛等以清新俊逸之才，范水模山，批风抹月，倡天下以"不著一字，尽得风流"之说，天下遂翕然应之。"所谓倡"不著一字，尽得风流"之说，就是其著名的"神韵说"。王士禛不满宋诗质直、元诗缛艳、明诗肤廓与纤仄，转而提倡学习盛唐王孟之诗，崇尚空灵淡雅的诗风。在王士禛的提倡影响下，清代康熙以来，"神韵说"统领诗坛五十余年。

"神韵说"以追求清淡闲远、缥缈朦胧、含蓄蕴藉的风神韵致为诗歌创作的最高境界，结果引导诗歌创作脱离鲜活丰富的社会人生，而着力表现文人士大夫个人生活琐事和闲情逸致，诗歌的创作视野与境界越走越窄。于是沈德潜倡导以明代以来的"格调说"来纠正"神韵说"空虚浮泛的偏颇。其《明诗别裁序》认为"宋诗近腐，元诗近纤"，而明代"前后七子"的诗为"大雅"，要以明代以来的格调涤荡诗坛的空虚浮泛。其诗论代表作《说诗晬语》，提倡诗人要"有第一等襟抱，第一等学识，斯有第一等真诗"。要写出第一等真诗，他认为必须学习古人，"诗不学古，谓之野体"。他突破明代"前后七子"提出的"文必秦汉，诗必盛唐"的戒律，提倡广泛学习前代诗歌优秀品质。为此，《说诗晬语》按照时代顺序，从《诗经》《楚辞》到乐府、五言诗，一直讲到唐宋元明之诗。还编选《古诗源》《唐诗别裁》《明诗别裁》《清诗别裁》等选本作为人们学诗的范本。沈德潜论诗尚格调，受李攀龙强调的"格高、调逸、气舒、句浑、音圆、思冲、情以发之"等为诗要素启发，他讲格调、韵律、抑扬抗坠、节拍等声律技巧，还讲起伏照应、承接转换章法技巧，强调由声律节拍体会情思、风格等。由此看来，沈德潜"格调说"相比于"神韵说"仅崇尚清淡闲远一种风格更有开阔的胸怀与取法视野，但"格调说"一味以古人为法，又以儒家"温柔敦厚"为旨归，仍然难免脱离生活，食古不化，无法彻底纠正"神韵说"的流弊。

至乾嘉时代，随着朴学盛行，人们强调经世致用，"敦兹实学，谢彼虚谈"，对清新淡远、空灵含蓄的神韵诗学造成的诗歌空虚浮泛不满，而意在纠偏的格调诗学，标榜声律格调、取法古人、温柔敦厚等，也无法改变诗坛的整个格局与面貌。时代呼唤新的审美情趣与理论建构。翁方纲顺应时代潮流，提出"肌理说"诗学理论，标榜崇实尚学的宋代诗学精神，吸收宋明理学的思维方式，以"肌理"为学理依据，以宋代苏、黄诗歌的人格精神与艺术境界为价值尺度，意在以质实的"义理"内容和格调高超的"文理"技巧相结合，来修正王士禛"重韵而虚"的"神韵说"和沈德潜"学古而泥"的"格调说"，成为乾嘉诗坛与袁枚"性灵说"一争高下的重要诗论学说。

（三）"肌理说"的诗学内涵

"肌理说"出自翁方纲的《仿同学一首为乐生别》：

> 昔李、何之空言格调，至渔洋乃言神韵。格调、神韵皆无可着手也。予故不得不近而指之曰"肌理"。少陵曰："肌理细腻骨肉匀"，此盖系于骨与肉之间，而审乎人与天之合，微乎艰哉！

可见，"肌理"二字，取自杜甫的《丽人行》"三月三日天气新，长安水边多丽人。态浓意远淑且真，肌理细腻骨肉匀"，诗中的"肌理"二字，指皮肤的纹理，即人体肌肉的纹理。翁方纲以有骨有肉的人之生命比喻诗歌，"'肌理'是骨肉之间的脉络与联系；引申到文章中，则是'理'与'文'之间的结构方式"[①]，他以连接骨与肉之间的肌理为喻，来说明诗歌创作中内容与形式的微妙关系，由此把自己的诗学理论称为"肌理说"。

"肌理说"不是一个简单的诗学命题，而是一个完整系统的理论学说。其理论体系的阐释分散于翁方纲的《仿同学一首为乐生别》《杜诗"熟精文选理"理字说》《韩诗"雅丽理训诰"理字说》《诗法论》《高要舟中与诸子论文作》《苏斋笔记卷第九》《志言集序》《蛾术集序》《粤东三子诗序》《延晖阁集序》《徐昌谷诗论一》《神韵论》《格调论》等文章中。这些文章从诗学本质、肌理内涵、创作诗法、审美趣味、诗学源流等多方面系统地阐释了"肌理说"的理论内涵与价值意义，成为清朝中叶著名的诗学理论学说。

翁方纲学识渊博，学养深厚，他对诗的本质有深刻的理解。其《志言集序》云：

> 言者，心之声也。文辞之于言，又其精者。诗之于文辞，又其谐之声律者。然而"在心为志，发言为诗"，一衷诸理而已。理者，

[①] 丛远东：《清代"肌理说"诗论概观》，《上海社会科学院学术季刊》1996年第3期。

民之秉也，物之则也，事境之归也，声音律度之矩也。是故渊泉时出，察诸文理焉；金玉声振，集诸条理焉；畅于四肢，发于事业，美诸通理焉。义理之理，即文理之理，即肌理之理也。"①

他以理学家"理一分殊""月印万川"的思维方式，把在心之"志"和发言之"诗"都统摄到一个"理"上面。这个"理"就"是诗歌创作应该遵循的准则和体现的内容，是万事万物的根本与归宿"②，是诗歌创作形而上的"义理"。作为万事万物的根本与归宿，"理"既指诗歌创作应遵循的规律与准则，也指诗歌作品的心志内容，都属于形而上的"义理"。与这个形而上的"义理"相对应的是形而下的诗之"文理""条理"。他说："理者，治玉也，字从玉，从里声。其在于人，则肌理也；其在于乐，则条理也。"理，对于人来说，表现为"肌理"，对于诗和乐来说，表现为"文理"和"条理"，这属于"理"的形而下表现。因此他说"义理之理，即文理之理，即肌理之理也"。可见，翁方纲的"肌理说"的"理"包含着"义理"和"文理"两层内涵，正如丛远东所说：义理、文理不过是"肌理"的两个方面，都统一于"肌理"。简言之，所谓"义理"指诗歌的思想内容而言，所谓"文理"则指诗歌的表现形式而言。③因此，"肌理说"实质上是在"理"的统摄之下探讨诗歌写作中内容与形式关系的理论学说，是以比喻性的"肌理"来讨论诗歌内容（骨）与表现形式（肉）的关系问题。

而对于诗歌内容与表现形式的关系，翁方纲《杜诗"熟精文选理"理字说》有清楚的表述，他说：

《易》曰"君子以言有物"，理之本也。又曰"言有序"，理之经也。天下未有舍理而言文者。

"言有物"是说诗文创作要有充实的思想情感，强调这是文学创作之根本，而"言有序"是说诗文创作要讲究文理秩序，讲究诗法，如结构规则、句法章法、声律修辞等，要符合艺术创作的文理要求。二者一本一经，相互支撑。翁方纲曾说："士生今日，经籍之光，盈溢于世宙，为学必以考证为准，

---

① （清）翁方纲：《复初斋文集》卷四，《续修四库全书》第 1455 册，第 390—391 页。
② 丛远东：《清代"肌理说"诗论概观》，《上海社会科学院学术季刊》1996 年第 3 期。
③ 参见丛远东《清代"肌理说"诗论概观》，《上海社会科学院学术季刊》1996 年第 3 期。

为诗必以肌理为准。"①认为诗人文士生于一个经世致用的崇实时代，为学以考证为准，写诗要以"肌理为准"，强调诗歌既要有充实浓郁的思想情感，又要有合乎文理要求的高超艺术水准。这样，从内容上才不沦于神韵说的虚空浮泛，艺术上也不致跌落于格调说过分强调的泥古不化，诗歌创作就能走出"神韵"和"格调"的偏颇。

如何做到"言有物"、获得"义理"并有充实浓郁的思想与情感呢？翁方纲认为："士生今日经学昌明之际，皆知以通经学古为本务，而考订训诂与词章之事，未可判为二途。"意思是说，诗人文士生于经学昌盛的时代，大家以"通经学古"为立身之本，通过"考订训诂"经典，汲取先哲之思想，就能获得关于宇宙自然、社会人生之"义理"，这样，诗歌不论是批判现实，记录生活，抒写人生况味，还是描写自然，领悟人生真谛，都有深刻的理解与感悟，甚至达到哲学的"义理"高度，做到这一点，所为诗歌也就达到"言有物"，也就不流于空虚浮泛。所以，翁方纲说"义理"来自考订训诂的实学，能使诗歌达到"经理内充实，真气外摩荡"的境界。也正是出于这种思考，上引翁方纲《石洲诗话》才标榜"宋人之学，全在研理日精，观书日富，因而论事日密……南渡而后，如武林之遗事，汴土之旧闻，故老名臣之言行、学术，师承之绪论、渊源，莫不借诗以资考据。而其言之是非得失，与其声之贞淫正变，亦从可互按焉"，肯定宋诗的价值。

与强调"言有物"、有"义理"相连，"肌理说"否定宋代严羽和王士禛倡导的为诗要"不涉理路"。他认为诗中有"义理"，但不能"直以理路为诗"，理要蕴含在叙事描写抒情之中，做到"理不外露"。与重视言理而理不外露相连，翁方纲强调诗歌有"义理"，并未忽略诗人的生活与性情，他强调"文词与事境合而一"②，"由性情而合之学问"③。意思是诗文创作要有深刻的思想又不脱离生活情境和人之一己性情。唯其如此，"肌理说"对"义理"的追求，对充实浓郁的思想情感的重视，才没有走向偏颇。也正是在这个意义上，他

---

① （清）翁方纲：《志言集序》，见《复初斋文集》卷四，载《续修四库全书》第1455册，第391页。
② （清）翁方纲：《延晖阁集序》，见《复初斋文集》卷四，载《续修四库全书》第1455册，第390页。
③ （清）翁方纲：《徐昌谷诗论一》，见《复初斋文集》卷八，载《续修四库全书》第1455册，第427页。

认为"肌理亦即神韵也"①。只可惜的是翁方纲本人的诗歌创作对这种"义理"的崇尚做过了头，直接将他研究的经书、史传、金石、考古、文字之学等内容写成诗歌，成了枯燥寡味的"学问诗"。

翁方纲所说的"言有序"是指诗歌的"文理""条理"，是诗歌创作具体的法度技巧，包括结构规则、句法字法、声律修辞、通变出新等方面，更多指诗歌艺术表现层面的法则与手段。他对"文理"的讨论集中在对诗法探讨之中。

从方法论来看，翁方纲把诗法分为"正本探原"和"穷形尽变"两种，其《诗法论》云：

> 法之立也，有立乎其先，立乎其中者，此法之正本探原也；有立乎其节目，立乎其肌理界缝者，此法之穷形尽变也。杜云"法自儒家有"，此法之立本者也；又曰"佳句法如何"，此法之尽变者也。夫惟法之立本者，不自我始之，则先河后海，或原或委，必求诸古人也。夫惟法之尽变者，大而始终条理，细而一字之虚实单双，一音之低昂尺黍，其前后接笋，乘承转换，开合正变，必求诸古人也。乃知其悉准诸绳墨规矩，悉校诸六律五声，而我不得丝毫以己意与焉。②

这里的"正本探原"之法是讨论诗歌创作的本源问题，要求诗人研习儒家经典，把握博大精深的儒学精神、思想方法乃至情感态度，是诗法之根本，属于"义理"之法。而"穷形尽变"之法讨论的是诗歌艺术表现层面的形式与技巧问题。"正本探原"之法意在提升诗之"义理"内容，而"穷形尽变"之法意在变化诗之"文理"技巧。二者关系同于"义理"和"文理"的关系，一方面有形上、形下之别，另一方面内容决定形式，形式又反作用于内容，共同构成诗歌密不可分的诗歌整体。"正本探原"之法涉及诗人修养的思想高度与精神境界。"穷形尽变"之法涉及操作性的法则与技巧。其《诗法论》所说："夫惟法之尽变者，大而始终条理，细而一字之虚实单双，一音之低昂尺黍，其前后接笋，乘承转换，开合正变，必求诸古人也。"都是涉及章法结

---

① （清）翁方纲《神韵论上》云："今人误执神韵，似涉空言，是以鄙人之见，欲以肌理之说实之，其实肌理亦即神韵也。"见（清）翁方纲《复初斋文集》卷八，载《续修四库全书》第1455册，第423页。

② （清）翁方纲：《复初斋文集》卷八，载《续修四库全书》第1455册，第420—421页。

构、句法、字法、声律、修辞等方面的要求。他倡导学习古人，又能变创，做到"法中有我"。翁方纲认为诗歌创作在技巧操作上要做到"穷形尽变"，就能如"禹之治水，行其所无事也，行乎所不得不行，止乎所不得不止，应有者尽有之，应无者尽无之"。这是"肌理说"倡导并追求的诗之最高境界，体现出"复古以通变"的辩证思维特征。[1]

从艺术美学角度看，如果说王士禛的"神韵说"标榜清淡闲远的空灵美，那么翁方纲的"肌理说"则崇尚的一种中和美。这种中和美强调在写诗时内容上要有充实浓郁的思想情感，不空虚浮泛，对待宇宙自然、社会人生，诗人都要有深邃的思考与感悟，有真知灼见，甚至富有哲学思辨色彩，有妙理而又不失生活情趣和一己性情；艺术表现上，在借鉴前代操作技巧基础上，又能变化创新。在章法的前后接笋、逆转承让、开合正变，句法的疏密虚实、停蓄顿挫、声律谐拗等方面要锤炼雕琢，追求格调，而又不拘于格调成法。从内容到形式都能做到"执其两端而用其中"，不偏不倚，无过无不及，体现为自然与人工的完美结合，是典型的传统中和美的特征，也是清代诗坛共同追求的"诗人之诗"与"学人之诗"相融合的体现。有学者视这种美为"质实"，并不一定合适。"质实"与"繁复"是南朝诗歌的通病，唐诗的革新正是靠陈子昂找到《诗经》的"兴寄"与建安的"风骨"两大传统，消除了"质实"与"繁复"之弊，赋予唐诗创作浓郁的情思与博大的境界，盛唐诗歌才由此走向辉煌。所以"质实"不是一种诗美境界。

从诗学史角度看，翁方纲在阐述"肌理说"时，在不同的文章中还梳理了自《诗经》至明代的诗学发展脉络。《诗经》作为中国诗歌的源头，其"饥者歌其食，劳者歌其事"，赋比兴的手法与"乐而不淫，哀而不伤"的格调，不仅体现了"义理"的充实，也体现了"文理"的得体，因而被儒家奉为经典。建安风骨，"旧体写实事"，也是义理充实，文理自然。"至唐右丞、少陵，事境益实，理味益至"。杜诗"熟精《文选》理"、韩愈推崇"周诗《三百篇》，雅丽理训诰"、杜牧谓"李贺诗使加之以理，奴仆命《骚》可也"[2]。翁方纲崇尚宋诗，他评宋元明诗说：

宋人精诣，全在刻抉入里。而皆从各自读书学古中来，所以不

---

[1] 黄立一《论翁方纲"肌理"说的体系》，《华侨大学学报》（哲学社会科学版）2012年第1期。
[2] （清）翁方纲：《神韵论上》，见《复初斋文集》卷八，载《续修四库全书》第1455册，第423页。

蹈袭唐人也。然此外亦更无留与后人再刻抉者。以故元人只剩得一段丰致而已。明人则直从格调为之。然而元人之丰致，非复唐人之丰致也。明人之格调，依然唐人之格调也。孰是孰非，自有能辨之者。又不消痛贬何、李始见真际矣。①

清初"神韵说"提倡清空闲远，不涉理路，虽意在纠正明人格调之弊，却又流于空虚浮泛，潜德潜再倡"格调"，重振诗格，又沦为食古不化，因此，翁方纲"肌理说"的提出，意在扭转诗歌风尚，声言"为学必以考证为准，为诗必以肌理为准"。他认为通过"考订训诂"的方法来把握儒家经典的精神实质，汲取古圣先贤的思想智慧，提升诗人文士对宇宙自然、社会人生的理解与感悟，从而使诗歌创作具有充实而深邃的"义理"内容。他又学习古代诗歌艺术技巧，做到"文理"自然，变创开新，把"诗人之诗"与"学人之诗"完美地融合起来，开创诗歌创作新境界。从这个角度说，翁方纲"肌理说"立意高远，是有理论深度与广度的。

（四）地位与影响

客观地说，"肌理说"虽然以辩证思维对待诗歌创作，恰当地论证了诗歌创作内容与形式的辩证关系，倡导一种中和美，意在把"诗人之诗"与"学人之诗"完美结合起来，但是这一理论仍存有很大的局限性。翁方纲身处乾嘉朴学鼎盛之世，其"肌理说"论诗，崇"理"讲"法"求"实"的诗学追求，强调经术学问，注重以学问入诗，结果不仅未能纠正神韵、格调之弊，却使自身诗歌沦为堆砌学问、考据经术的工具，丧失了诗歌原本的审美功能与趣味。因此，袁枚批评翁方纲是"误把抄书当作诗"，认为其"经学渊博，而诗多涩闷，所谓学人之诗，读之令人不欢"。这一缺陷使得"肌理说"不仅无法完成诗坛救弊的重任，而且其自身实践性的诗歌创作，在清代诗坛也没能被人接纳好评。

尽管如此，翁方纲的"肌理说"对当时及后世诗坛都具有较大的影响。他吸收神韵、格调、性灵说的精华，强调学古通经，正本探原，主张穷形尽变，守正出新，以崇尚"义理"来纠正神韵之空虚浮泛，以"文理"求变来纠正格调之泥古，以辩证中和之美来纠正性灵之"求率真而欠含蓄，或求新

---

① （清）翁方纲：《石洲诗话》卷四，载郭绍虞主编《清诗话续编》，上海古籍出版社1983年版，第1427页。

变而生僻涩"①的弊病。不仅成为与"神韵""格调""性灵"并称的四大理论学说,而且对近代声势浩大的宋诗运动也产生了直接的影响。

第三节 河北学人的散文、戏曲研究

河北古代作家在中国文学史上占据重要地位,东汉安平作家崔骃、崔瑗、崔寔、崔烈构成一个著名的安平崔氏文学家族。史称"崔氏世有美才,兼以沉沦典籍,遂为儒家文林"②。特别是崔瑗,擅长辞赋、书记、箴铭的写作,被刘勰《文心雕龙》盛称为"致美于序,而简约乎篇"。西晋固安的张华是著名的政治家、文学家、藏书家。不仅编有《博物志》,而且博学多识,工于书法。诗歌创作善拟乐府之作,讲究对偶,辞藻华丽。钟嵘《诗品》评其诗作"儿女情多,风云气少",而事实上张华作品也不乏"侠骨柔肠"。辞赋奏疏,简约精致,言之有据。南皮石崇也是晋代有影响的文学家,他以金谷园文学雅聚著称,有《金谷诗序》等名篇,文学成就不在陆机、潘岳之下,清代毛先舒认为石崇"风流豪俊,兼长笔札"。大名人束皙既是文献学家,也是文学家。其辞赋创作有别于当时的绮丽华美,而崇尚质朴流畅,在崇尚华丽骈偶的南朝文风中被讽为"文颇鄙俗"。西晋最后一位有影响的河北作者是刘琨。刘琨为河北无极人,西汉中山靖王刘胜之后,少有大志,曾有"闻鸡起舞"的故事,工于诗赋,为贾谧周围"二十四友"之一。除了《扶风歌》《答卢谌》《重赠卢谌》等诗歌名篇外,其《刘越石集》中还有书表、笺谏等文章作品。南北朝时期,有"北地三才"之称的平乡人魏收和任丘人邢邵,为河北代表作家。魏收文学上工诗善赋,其诗受南朝宫体影响,《美女篇》等浮艳淫靡。文章写作影响较大,曾参修国史,修订《魏书》。邢邵的创作也善长诗赋,其"文章典丽,既赡且速",多应用文字,辞藻华丽,讲究对仗,也深受南朝沈约文风影响。

隋唐统一以前的河北文学,河北作者工诗善赋,从保持北地的质朴简约

---

① 丛远东:《清代"肌理说"诗论概观》,《上海社会科学院学术季刊》1996年第3期。
② (南朝宋)范晔:《后汉书·崔骃传》,中华书局1965年版,第1732页。

风格，到逐渐受南朝文学影响，留下不少名篇佳作，但隋唐之前，河北作家在文学研究方面并未留下有影响的研究论述或理论著作。隋唐之后，河北学人的诗歌研究已在前一章论述。河北学人的散文、戏曲研究值得提及的是李谔、柳开、赵南星的散文研究，燕南芝庵《唱论》的戏曲研究。此外，为保持著作章节字数平衡，把最值得特别关注的集成性著名河北学人纪昀的文学思想也放在本节一并论略。

一、李谔、李华、柳开、赵南星的散文研究

河北学人中有影响的散文批评家，首推隋代的李谔，中接唐代李华与宋代柳开，下至明代赵南星。

（一）李谔、李华与柳开

李谔，字士恢，赵郡南和（今属河北南和县）人。初仕于北齐，为中书舍人。入北周为天官都上士。隋朝建立，历任比部、考功侍郎，封南和伯。迁侍御史，又出为通州刺史。李谔入隋后，政事文学，多有建树。北周时曾力劝大司马杨坚坚守内职，对杨坚夺取政权建立隋朝功不可没。后来鉴于战乱频仍，国用虚耗，上《重谷论》，为高祖采纳。又上书皇帝移风易俗，确立五品以上官员妻妾不许改嫁之规，对保护贵族妇女合法权益起到直接作用。文学上，李谔好学，善属文。他深感隋代文学受南朝浮华文风影响，"体尚轻薄，递相师效"，于是写作《上隋高祖革文华书》[1]，成为河北文学史上第一篇有影响的散文专论。

文章首先强调儒家经典"《诗》《书》《礼》《易》为道义之门"，认为以文学为载体的儒学教化能使"家复教慈，人知礼让"，具有"正俗调风"的教化作用与意义。然而汉魏以降至南北朝，风教渐落，崇尚雕虫小技，文竞华丽，江左之风盛行不衰，文学的教化作用与移风易俗的意义消磨殆尽。文章严厉批评了江左齐梁的浮华文风：

> 江左齐、梁，其弊弥甚，贵贱贤愚，唯务吟咏。遂复遗理存异，寻虚逐微，竞一韵之奇，争一字之巧。连篇累牍，不出月露之形，积案盈箱，唯是风云之状。[2]

---

[1] 亦称《上书正文体》，收录于《隋书·李谔传》《北史·李谔传》《通典》卷一六、《文苑英华》卷六七九。

[2] （唐）魏徵：《隋书·李谔传》，中华书局1973年版，第1544页。

这段批评文字为文学史上第一次针对齐梁浮华的骈骊文风而发出的战斗檄文，作者认为崇尚浮华文风，舍本求末，造成"羲皇、舜、禹之典，伊、傅、周、孔之说，不复关心，何尝入耳"，世教不存，导致整个朝野"文笔日繁，其政日乱"，造成极坏的社会影响。

接着文章赞扬隋朝立国，崇尚朴实文风，"屏黜轻浮，遏止华伪"；"开皇四年，普诏天下，公私文翰，并宜实录"。并以政令方式，力戒浮华文风，"泗州刺史司马幼之文表华艳，付所司治罪。自是公卿大臣咸知正路，莫不钻仰坟集，弃绝华绮，择先王之令典，行大道于兹世"。这种以政令惩戒方式变革文风，虽然非常有效，然而，"外州远县，仍踵敝风，选吏举人，未遵典则"，造成革除浮华文风的努力，对偏远州县，鞭长莫及，效力不大。以至于外州远县，"学不稽古，逐俗随时，作轻薄之篇章，结朋党而求誉"的歪风依然盛行不止。因此作者呼吁朝廷加大改革文风力度，发挥文学作品移风易俗的功效。

这篇奏疏似一篇革除浮华文风的战斗檄文，在当时产生了较大的影响，成为中国文学史上骈散文斗争中引人注目的名篇，对中唐韩愈柳宗元发动的文体文风革新产生了积极的影响。

唐代的河北文学可谓群星灿烂，"初唐四杰"中有涿州人卢照邻、"文章四友"中有赞皇人李峤、栾城人苏味道，盛唐著名边塞诗人高适为沧州盐山人、中唐著名诗人刘禹锡为中山人，还有那位以《题都城南庄》"人面桃花"诗而著称的定州诗人崔护。他们在达到中国诗歌顶峰的唐代也属于大家名家，成为唐代河北文学成就的标志。但他们是才子诗人，并未把文学批评与研究当作主业，没有留下文学批评特别是散文研究的文字著述。唐代河北学人的散文研究，值得提及和阐释的有两点：一是魏徵的《隋书·文学传序》中对南北文学融合前景的美好预言；二是中唐李华序文中展现的尚朴崇散的散文观念。

唐朝建立，南北统一，政治清明，经济发展，朝廷崇文尚武，综合国力上升，盛世修史，今存二十五史中，《晋书》《梁书》《陈书》《北齐书》《周书》《隋书》《南史》和《北史》八部为唐代所修纂。其中晋州人魏徵主修的《隋书》，其《经籍志》《文学传》在文化史上具有重要地位与影响。《隋书·文学传序》中论南北文学差异：

> 江左宫商发越，贵于清绮；河朔词义贞刚，重乎气质。气质则理胜其词，清绮则文过其意，理深者便于时用，文华者宜于咏歌，

此其南北词人得失之大较也。若能掇彼清音，简兹累句，各去所短，合其两长，则文质彬彬，尽善尽美矣。①

这段论述，不仅准确而简洁地把握了南北文学的创作差异，成为文学史上南北文学异同论的定评论断，而且其"各去所短，合其两长，则文质彬彬，尽善尽美"的预言，也成为唐代文学达到古典文学辉煌巅峰的美好祝愿与美好结局。而且从地域文学研究角度看，这段论述，也是中国文学研究中最早从地域视角俯瞰南北文学形成的地域差异的精辟论述，在中国古代文学批评史上具有不朽的价值。

从这段论述中我们也可以看出：受地域环境和风俗民情的影响，古代河北文学的散文观念也具有鲜明的地域性特征，那就是注重实际内容，反对华而不实的作风与传统。这种传统上推隋之李谔、中接唐之李华、下至宋初柳开，河北文学的散文观以崇实尚朴为特征，不务华丽，不饰辞藻。

中唐李华（715—766），字遐叔，赵郡赞皇（今属河北）人，中唐河北散文家。开元二十三年（735）中进士，后应博学宏辞试，官监察御史、右补阙。安史之乱被迫做伪官，乱平贬杭州司户参军，后期因病去官，隐居大别山南麓以终。李华与萧颖士齐名，并称"萧李"。在中唐韩愈柳宗元之前，与萧颖士、独孤及、颜真卿等共倡散文，开韩柳文体文风革新之先河。他主张散文创作要"尊经""载道"，以"五经"为源，所谓"非夫子之旨不书"。其中《赠礼部尚书清河孝公崔沔集序》中对其散文观有较为集中的论述：

文章本乎作者，而哀乐系乎时。本乎作者，六经之志也；系乎时者，乐文武而哀幽厉也。立身扬名，有国有家，化人成俗，安危存亡。于是乎观之，宣于志者曰言，饰而成之曰文。有德之文信，无德之文诈。皋陶之歌，史克之颂，信也；子朝之告，宰嚭之词，诈也，而士君子耻之。夫子之文章，偃、商传焉，偃、商殁而孔伋、孟轲作，盖六经之遗也。屈平、宋玉哀而伤，靡而不返，六经之道遯矣。论及后世，力足者不能知之，知之者力或不足，则文义寖以微矣。文顾行，行顾文，此其与于古欤！②

在李华看来，文章写作要本乎六经，正如"诗言志"，文亦为"六经之志"也。

---

① （唐）魏徵：《隋书·文学传论》，中华书局1973年版，第1730页。
② （清）董诰：《全唐文》卷三一五，中华书局1983年版，第4册，第396页。

认为"宣于志者曰言，饰而成之曰文。有德之文信，无德之文诈"，把文章写作也看成言志方式，写出好文章，要本乎六经，关乎人品，所谓"文顾行，行顾文"，文以载道，文以立德。这是河北散文家李华的散文观。

按照这种观念，在叙述了清河崔沔的生平履历与功业成就以后，他对崔沔的散文创作做了公允的评价：

> 见公文章，知公行事，则人伦之叙、治乱之源备矣，岂唯化物谐声、为文章而已乎！奉诏修《道德经疏》，藏于三阁，行乎天下，反魏晋之浮诞，合立言于世教，其于道也至乎哉！①

对崔沔的散文创作给予高度评价，从中可以看出作为河北散文家，他推崇崔沔散文"立言于世教"，没有魏晋文章的浮诞之风，强调散文治乱教化之功用，与河北散文观传统一脉相承。

宋代河北学人的散文研究，值得关注的是宋初复古运动中涌现的散文家柳开。

柳开（947—1000），大名（今属河北）人。字仲塗，自号东郊野夫，又号补亡先生。其父柳承翰曾为监察御史。柳开幼年聪颖异常，既入学，喜谈经义，爱慕古文，有赵姓老儒持韩愈文数十篇授柳开，读之爱不能舍，以为著文当以韩、柳为宗尚，自称"师孔子而友孟轲，齐扬雄而肩韩愈"，遂改名肩愈，字绍元（继承柳宗元），又改字绍先。后又仰慕文中子王通，自以为能开圣贤之途，乃更今名与字。著《野史》《东郊野夫传》《补亡先生传》，以表其绍圣补亡的理想志向。

柳开开宝六年（973）登进士第，授宋州司寇，迁录事参军、赞善大夫。知常州、移润州，拜监察御史。后又知贝州，加殿中侍御史。贬上蔡令，复侍御史，改崇义使、知宁边军。后知全州，移桂州。贬滁州团练副使。召还，复崇仪使，知环州。又知曹州，移邢州、代州。咸平三年（1000）移沧州兼兵马钤辖，赴任途中病卒，终年五十四岁。

作为大名人，柳开身上有着燕赵文化尚气自任、敢作敢为的精神气质。他豪侠重义，胆识过人。十三岁时夜与家人立庭中，盗贼入室，家人都惧无所措，柳开"亟取剑逐之，盗逾垣出，开挥刃断二足指"。②其后在大名，曾

---

① （清）董诰:《全唐文》卷三一五，中华书局1983年版，第4册，第397页。
② （元）脱脱:《宋史·文苑传·柳开》，中华书局1977年版，第13023页。

罄其所有接济贫不能葬亲的落魄士人。又不拘小节，不避物议，曾因与监军愤争而被贬上蔡令，又因杜黥讼卒而贬复州团练副使。柳开为人崇尚特立独行，史称其酷食人肝①，豪勇凶暴。与宋初其他文士相比，他不尚儒雅内敛，而是雄豪外射，敢作敢为。这种性格使柳开一生在政治、军事、文化方面都卓尔不群，自有建树。他"历官诸州，皆有政绩。"（《大名府志》）善射知兵，有着很高军事才能。宋太宗"以其文臣有武略，以权知宁远军"（《宋史·文苑传》本传）。当然，柳开一生最有建树的是其对宋初散文复古革新的贡献。

我们知道，中唐韩柳掀起的文体文风革新，挫败了占据文坛三百多年的骈文，取得了古文革新的成功，然而韩柳之后，以韩门弟子为代表的古文家，或者把散文创作引向探讨儒家心性义理之途，如李翱《复性书》三篇；或者片面发展韩愈散文艰涩难懂、求奇求怪的特点，导致散文创作的衰落，晚唐五代，华丽对偶的骈文再次重返文坛，因此，宋初文坛，继承晚唐五代之习，崇尚偶俪，文风浮靡。在骈文盛行的风尚中，首倡散文，揭批骈偶时文者当推柳开。《四库全书总目》称："就其文而论，则宋朝变偶俪为古文，实自（柳）开始。"

柳开对宋代散文理论贡献之一是不遗余力地批判宋初时文浮靡骈骊的文风。其《上王学士第三书》批判骈文："华而不实，取其刻削为工，声律为能。刻削伤于朴，声律薄于德。无朴与德，于仁义礼智信也何？其故在于幼之学焉。无其天之性也，自不足于道也。"②认为骈文以雕琢为工，以声律为能，失去了朴真与天性，缺失仁义礼智信等充实的内容，则丢掉了为文的价值。因此他极力反对骈文的浮华文风，《上王学士第三书》还说："文章为道之筌也。筌可妄作乎？筌之不良，获斯失矣。女恶容之厚于德，不恶德之厚于容也；文恶辞之华于理，不恶理之华于辞也。理华于词，则有可观，世如本用之，则审是而已耳！"③认为文章是道的载体，文章的辞与理犹之女子之容与德，理

---

① 江少虞《宋朝事实类苑》引《湘山野录》："柳开，魏郡人，性凶恶，举进士，至殿中侍御史。后授崇仪使，知全州道，脍人肝，每擒获溪洞蛮人，必召宴官僚，设盐齑，遣从卒背割取肝，抽佩刀割啖之，坐客悚栗。知荆州，常令伺邻郡，凡有诛杀戮，遣健步求取肝，以充食。"今本《湘山野录》无此文。又见蔡绦《铁围山丛谈》卷三记载。
② （宋）柳开：《河东集》，载《全宋文》第6册，上海辞书出版社、安徽教育出版社出版，第283页。
③ （宋）柳开：《河东集》，载《全宋文》第6册，上海辞书出版社、安徽教育出版社出版，第284页。

是第一位的，辞华于理，没有充实的思想内容，也就失去了为文的价值，只能是华而不实的滥竽时文。但另一方面他也重视文采，认为作为言筌的文章，不可妄作，没有文采，内容的表达也会受到削弱，"获斯失矣"。

与批判骈俪的时文相应，柳开极力提倡单行散体、意理高古的散文，这是柳开对宋代散文理论的又一贡献。其《应责》篇说："古文者，非在辞涩言苦，使人难读诵之，在于古其理，高其意，随言短长，应变作制，同古人之行事，是谓古文也。"①他极力推崇随言短长、应变作制的古文。他面对时人的指责与嘲讽，以舍我其谁的态度极力倡导古文。认为古文有充实的思想内容，有为而作，是言与行直接的反映。

值得注意的是，柳开抨击骈文，提倡古文，其核心与焦点是强调文章的社会功用，强调文与道的统一。自从唐代韩愈《原道》篇开创"道统说"以来，晚唐五代至宋初，人们受韩愈的启发，统序观念逐渐明确自觉，政治上讲正统，思想上讲道统，文学上讲文统，佛学中讲佛统，柳开倡导古文，重视文章的社会功用，其目的就是要以文道并重的方式，来实现文与道的统一，文统与道统的统一。其《应责》篇宣称："吾之道，孔子、孟轲、扬雄、韩愈之道；吾之文，孔子、孟轲、扬雄、韩愈之文也。"②就是以继统者的身份，既要弘扬儒家之道，又要承续文章之统。他生性狂傲，特立独行，危言耸听，出语惊人。他以补亡继统的身份，包装造势。不仅唱响了宋代散文变偶俪为古文的先声，而且对于宋初儒学复兴也起到了推波助澜的作用，为欧阳修等开展诗文革新做了理论上的铺垫与准备。

（二）赵南星的文学思想与八股文观

元明清河北学人的古文研究最引人注目的应是明代的赵南星。

赵南星（1550—1627），字梦白，号侪鹤，别号清都散客，高邑（今属河北石家庄）人，明后期著名的政治家，东林党首领之一。万历二年（1574）进士。除汝宁推官，以治行廉平，迁户部主事。后历任考功郎中、吏部文选员外郎、吏部尚书。赵南星为人刚正不阿，欲改变贪腐的朝政，慨然以澄清天下为己任。作为东林领袖，他率领当时正直文士与以魏忠贤为首的阉党进行了殊死的斗争，终因皇帝昏聩，被阉党以结党坐赃之罪，谪戍代州，卒于

---

① （元）盛如梓《恕斋老学丛谈》引柳开此段论文语句略有变化。
② （宋）柳开：《河东集》，载《全宋文》第6册，上海辞书出版社、安徽教育出版社出版，第367页。

戍所。崇祯初平反，赠太子太保，谥号忠毅，有《赵忠毅公诗文集》。

赵南星的一生，政事文学卓有成绩，是明代河北文学重要作家和批评家。政治上，他跻身士林的万历年间，正是明朝宦官专权、政治腐败达到极盛之时，他曾上疏陈天下四害，为此招致无立朝之地，只得托病归隐。但他思考现实问题，逐渐形成了系统的治政理念：一是提倡程朱理学，反对阳明心学；二是主张以讲学治理国家；同时，他强调要全面改革政治。为此他提出自上而下"振纪纲"，用正去邪，改革官场积弊等一系列治国理政的主张，被誉为"医治晚明弊政的一剂良药"。[1]万历二十一年(1593)他参与京官考绩，用正去邪，最后却被削官为民。他正气立朝，虽被罢官，时人却把他与邹元标、顾宪成并称"三君"。天启朝，他从左都御史到吏部尚书，借京官考绩，澄汰官场积弊，一时间"高攀龙、杨涟、左光斗秉宪；李腾芳、陈于廷佐铨；魏大中、袁化中长科道；郑三俊、李邦华、孙居相、饶伸、王之寀辈悉置卿贰。而四司之属，邹维琏、夏嘉遇、张光前、程国祥、刘廷谏亦皆民誉"皆得重用，东林正直之士掌握朝纲大权，风清气正，中外望治。但邪与正较量的结果，却因皇帝昏聩无用，导致东林党人被一网打尽。赵南星与顾宪成、高攀龙等为首的东林党人为晚明黑暗朝政带来一线光亮，但随着赵南星的谪戍代州而结束。

文学上，赵南星创作与理论研究兼长。其《赵忠毅公诗文集》存有诗歌七百三十余首。题材内容包括借景抒情的写景诗、反映现实的时事诗以及表达闲适之意、忧世之情和迟暮之感的抒情诗三大类别。[2]总体上表现了一位政治家方严正直、慷慨激昂的人文情怀与审美情趣，他的诗感情丰沛、淋漓峻爽、雄健磊落，具有雄浑粗犷的艺术风格和以诗记时事的个性特点。[3]

从诗学思想看，赵南星早年受"前后七子"复古主义诗学影响，推崇李梦阳。曾说："故诗自古至唐而止，宋人无诗，至我朝李献吉而有诗，献吉之后复无诗。"[4]又说："李献吉学子美，而未备其妙，然近代罕及之者。"[5]明代文

---

[1] 参见何孝荣《赵南星的政治思想》，《河北师范大学学报》（哲学社会科学版）1995年第1期。程莉萍《明代京畿作家研究》，上海师范大学2007年硕士学位论文。

[2] 参见杜聪《赵南星诗歌研究》，南京师范大学2013年硕士学位论文。

[3] 张永刚：《磊落豪杰志，疏宕文章骨——东林党赵南星、孙承宗创作考述》，《衡水学院学报》2008年第2期。

[4] 《苏子哲诗序》，载（明）赵南星《味檗斋文集》，《丛书集成新编》第75册，第643页。

[5] 《孔谏甫诗序》，载（明）赵南星《味檗斋文集》，《丛书集成新编》第75册，第642页。

学发展中，以李梦阳、何景明为首的"前七子"倡导"文必秦汉，诗必盛唐"，至嘉靖年间归有光等不满七子之说，掀起"唐宋派"。嘉靖中后期则王世贞、李攀龙为代表的"后七子"再起，至万历中期，又出现"三袁"为代表的"公安派"，诗派迭兴，观念多元。万历二十年（1592）袁宏道中进士，第二年 44 岁的赵南星削官为民，开始了长达 28 年的闲居生活。由此来看，赵南星文学活动正值前后七子与公安浪漫思潮彼消此长之时。思想界李贽受王学影响，倡导"童心说"，强调要抒写人的本心童趣。诗界公安派强调诗歌要"独抒性灵，不拘格套"，抒写人的性灵与真趣。戏曲界则有汤显祖等人的"重情说"，赵南星的诗学思想受此影响，体现出两个鲜明的倾向：

一是论诗重才情，尚诗趣。古典诗学自先秦到明代，大体经历了"诗言志""诗缘情""诗说理""诗写趣"四个阶段。受浪漫思潮与公安派的影响，赵南星论诗，也重才情，尚诗趣。其《苏杏石先生诗集序》说：

> 故诗非徒才也，必与情兼妙而后能之，才与情合而成趣，成趣之谓能言，谙趣之谓知言，人有谙趣而能言之者乎，则盈天地间，一丘一壑，一云一石，一花一草，一飞一动，莫非趣也。而大言、而小言、而短言、而永言、而正言、而倒言、而古言、而今言、而庄言、而诙言，莫非趣也。[①]

他认为诗歌是吟咏性情的，没有诗才，写不出好诗，故才与情兼而妙，而兼有才与情的诗就有了诗趣。所以他评价苏杏石的诗"象物别体，选言叩韵，悲而惜，妍而雅，荏冉而清，澹而不醲，曼而不哗，总之合于诗人之趣"，对有诗趣的创作给予高度评价。其论诗重诗人才情，重诗趣，与公安派的"独抒性灵"一脉相承。他说："夫趣者，人之所得于天，不可强为。故博学可能也，而意难；意可能也，而言难；言可能也，而味难；味可能也，而音难；音可能也，而态难。五者兼美，而名之为趣。"[②] 认为诗趣本于人的天赋，如袁宏道所谓"得之自然者深，得之学问者浅"，诗趣是人的智慧灵光的闪现，得于自然天赋。同时，诗趣又是一种反常合道的美。赵南星认为诗之意、言、味、音、态五方面兼具，则诗有"诗人之趣"。重才情、尚诗趣的诗学观点，对于纠正前后七子的复古拟古之说，具有积极的意义。

---

① （明）赵南星：《味檗斋文集》，《丛书集成新编》第 75 册，第 640 页。
② （明）赵南星：《味檗斋文集》，《丛书集成新编》第 75 册，第 640 页。

二是论诗崇尚自然质朴。赵南星强调诗歌吟咏性情，重才情和诗趣，则审美情趣上自然是崇尚质朴自然之美，提倡本朴质实。《苏子哲诗序》说："北方之士人，率不为诗，其为之者多成，何也？北方之人，性朴而气劲。朴，故其词质，直写其志意；劲，故其中之存，勃勃欲吐，不能自隐。诵之者可以知其人品与土俗……夫诗以道性情，犹镜以照面目，假令以镜为不美，而饰以金玉珠玑，则不可以见面目。求诗之美，而骋博斗异，过于涂饰，则不可以见性情。"[①] 诗是表现诗人性情的，出于自然。过于修饰，人为雕琢，不仅有失自然质朴之美，而且也影响性情的表达。

他论诗不仅崇尚质朴自然，还对燕赵文学质朴少文的缘由有过精辟分析。其《赠一峰张广文膺奖序》说："夫燕赵之间，质朴少文，所受于天地也。欲变而文尤欲变大江以南而质也。夫大江以南，万山错互，溪壑郁楗，人生其间，安得不文？冀州之地，楼阁恒岱，太行为恒，嵩高有闳，中为庭除，四望无邱垤焉。斯其为人也，不为质朴为文乎？其于文也，不为明白洞畅，直敷心腹乎？晏粲日久，古教渐减，人之才识机力，尽用之于邪侈，其衣食器用，言语文章，无非邪侈也者。华离险棘之词塞天下，荡心骇目，而燕赵之人稍为所怵诱而效之，而质朴之风，渐不可复矣。故燕赵之文盛，世道衰之征也。"[②] 认为燕赵文学质朴少文，江南文学邪侈华丽，皆天地孕育所致。甚至认为燕赵之文盛行，是世道衰落之征兆。

赵南星论诗，无论重诗趣还是尚质朴，都出于对"诗以道性情"的诗歌功能的理解。他从吟咏性情出发，指出要写好诗必须是才情兼备，做到自然质朴，这样才能有天然的诗人之趣。此外，他诗论还重视"悟入"和真骨格、真力量，力忌玄虚与浮华，这些都是他对明代多元的诗学观念思考与整合的结晶。

三是对当时流行的八股文具有纠偏归正的贡献。八股文，亦称为制义、制艺，又名时文、时艺、四书文、八比文，是明清时期科举考试所作的应试文章。之所以称八股文，是因为此类文章写作有固定的文体格式：由破题、承题、起讲、入手、起股、中股、后股、束股八部分组成。八股文题目一律来于"四书""五经"原文，其后四部分要求各有两股排比对偶文字，形成一反一正、一虚一实、一浅一深的对偶格式，合起来称为八股。八股文写作要用

---

① （明）赵南星：《味檗斋文集》，《丛书集成新编》第 75 册，第 643 页。
② （明）赵南星：《味檗斋文集》，《丛书集成新编》第 75 册，第 659 页。

孔孟先圣语气，不涉风花雪月之典，风格庄严雅正，为明清科举考试普遍采用的文体形式。

众所周知，隋炀帝创立科举制，为广大士人开辟了走入仕途的通衢大道。唐代科举以诗赋取士，设有默写儒家经典的"帖括"。宋代科举取士重经义，文人士子纷纷写作策论文章。元代仁宗恢复科举后，也以经义取士，考试内容限制在《论语》《孟子》《大学》《中庸》"四书"之中，其应试写作已露八股雏形。明代取士用人，有四种途径。所谓"国初用人之法有四，曰辟举、曰岁贡、曰乡举、曰进士，其轻重亦以此为差，其时科第犹轻，有行有否，其后科第日以重，进士科尤甚。"[①]明代进士考试，分为三场：府试考秀才，省级乡试考举人，礼部会试中进士。三场考试均考八股经义之文。《明史·选举志二》载明代科举"沿唐宋之旧而稍变其试士之法"，专取"四子"书及《易》《诗》《书》《春秋》《礼记》"五经"命题试士，盖太祖与刘基所定。"其文略仿宋经义，然代古人语气为之，体用排偶，谓之八股，通谓之制义。"

这种经义八股之文，"文意根于题，措事类策，谈理似论，取材如赋博、持律如诗严"。清代江国霖为梁章钜写作的《制义丛话》序文也说："故制义者，指事类策，谈理似论，取材如赋之博，持律如诗之严。要其取于心注于手，出奇翻新境最无穷。"[②]用这种八股文科举取士，一方面引导文人士子苦读四书、五经等儒家圣贤之书，从小受正统思想熏陶，树立"修身齐家治国平天下"的人格理想。同时，对儒家经义原文的阐释，也能见出科考者的思想见识、思维方式、逻辑推理能力。八股文叙述事实，分析事理，似策似论，既要取材广博，又要有诗的对仗与格律，从思想主题到技术操作，都能考查应举者的写作能力与技巧，是在宋元科举基础上发展起来的较为理想的应试文体。

明初以八股取士，朝廷有意识地倡导典雅质实的文风。如洪武四年的科试就明确规定："凡词理平顺者，皆预选列。"洪武二十四年则规定："凡对策须参详题意，明白对答，如问钱粮，即言钱粮，如问水利，即言水利，孰得孰失，务在典实，不许敷衍繁文。遇当写题处，亦止曰云云，不必重述。"[③]

[①] （明）赵南星：《赵忠毅公诗文集》，《四库禁毁书丛刊》本，北京出版社1998年版，第217页。
[②] （清）江国霖：《制义丛话序》，载（清）梁章钜《制义丛话》，上海书店出版社2001年版，第5页。
[③] （明）申时行：《大明会典》卷七七《贡举》，《续修四库全书》第790册，上海古籍出版社2002年版，第399页。

梳理明代科举八股的发展历程，可以看出，洪武、建文两朝，以经义知名的有刘基、方孝孺、黄子澄、解缙等人，八股写作还没引起人们足够重视。经永乐、宣德、正统、景泰到天顺年间，以于谦、邱濬、商辂、李东阳为代表，八股写作，蝉联鹊起。经过李东阳、邱濬的提倡，八股影响力越来越大，到明中叶成化、弘治年间八股文体走向成熟，以王鏊、钱福、唐寅、王守仁为代表。特别是王鏊的八股写作，文风朴实，文法谨严，理实气舒、神完法备，对圣人之道的阐释典雅纯正，而时务政见切实可行，被奉为时文的正宗。其后正德嘉靖间，唐顺之、归有光皆为八股名家。王鏊、钱福、唐顺之、瞿景淳并称"八股四大家"，后易为王鏊、唐顺之、瞿景淳、薛应旗"八股四大家"。他们的文章阐释儒家经义，替圣贤立言，又结合当下时务，谨严端正，典雅质实，达到了八股创作的顶峰。[①]以至于以反道学著称的李贽都盛赞说："国家名臣辈出，道德功业，文章气节，于今烂然。"[②]

然而，自嘉靖、隆庆以来，应试八股写作，逐渐偏离了典雅质实的风尚，转向好奇险怪，虚华浮夸。而万历年间，此风更烈。因此，"明代晚期，八股取士渐渐失去了它发明经义、挽救人心、挽救世道的功能。处于这样的社会环境，赵南星只能重新呼唤起典雅质实的雅正之风，挽救好奇险怪的虚浮之风，将八股文再次引入到儒道正轨。"[③]

赵南星对于八股写作的救赎，不是出于他的文学好尚，而是从科举选人的国家政治着眼，提出了内容上以程朱学为基石、文体上以秦汉古文为典范的救正时文的措施。

首先，他提倡以道救文，通过讲习儒道变革文风。 明初科举，以程朱理学为"圣学"，经义以代表儒家圣学的"四书""五经"为根基，八股写作，阐释儒家思想雅正纯粹，结合时务论策，切实有用。而中期以后，王守仁继承宋代陆九渊"心本论"思想，颠覆人心，导致文风向险怪玄虚转化。王氏心学认为世界本源于人心，提倡"致良知"的修养方式，王氏心学很快风靡学界，所谓"门徒遍天下，流传逾百年，其教大行"。王守仁之后，心学滑向"禅学"，学者们盛谈玄虚，"知而不行，徒为戏论"。心学盛行，于世无补。

---

① 参见商衍鎏《清代科举考试述录》，三联书店1958年版。
② （明）李贽《时文后序》，载《李温陵集》卷一一，《续修四库全书》第1352册，上海古籍出版社2002年版，第150页。
③ 陈亚男：《赵南星文学思想研究》，河北师范大学2017年硕士学位论文。

因此赵南星从国计民生出发,提倡程朱理学,反对阳明心学,以此作为纠正文风的途径与举措。

他说:"夫圣学者,学为人而已。人之所以为人者,以心无邪思,身无苟动,口无妄言,入则为孝子悌弟,出则为信友,仕则为忠臣良吏。此非求异于人也,仅可为人耳,否则与禽兽无异。此由于上无教,下无学,学之不可不讲也。"①《饶阳县重修近圣书院记》也说:"欲为君子者,必讲于圣贤之学,内之以修身,外之以救世,无出于此者。"②认为儒学之道,是如何做人的学问,倡导以讲学治国,通过讲学代表儒家真传的圣贤之学,纯正人们的思想,才能改革奇险文风,实现天下大治。因此他说:"学然后知道","不知道则不能为孝子,不能为孝子则不能为忠臣。士大夫若此,小民化之,则不成其为中国;四夷闻之,安得不肆其侵侮乎?乱匪由运数,生于不学。既乱矣,又曰不暇学,是胥天下而夷狄之也。"③

赵南星心中的圣学即程朱之学。他说:"天下之物,莫不有理,理虽散在万物,实管于人之一心。人心物理,相为流通,理有未穷,知必有蔽。欲致知者,又在即事即物,穷其所当然之则,与其所以然之故,而物无不格可也?"④他推崇程朱"致知格物"的认知方式,而对王学由心求理的做法多有批判。其《答刘直州》说:"今之讲学者,至宋人即物穷理之说判以为非,欲一切求之于心。嗟乎!我,物也;道既有名,亦物也。而欲舍物以言道,谬矣!总之只是胸中有障,是以知其一,不知其二。故良知者,阳明之障也。况其区区者乎。"⑤为了实现其讲学治国理念,他编著了《学庸正说》,用程朱之学阐述《大学》《中庸》之义旨,以弘扬"圣学"。他用敏锐的政治眼光和强烈的政治担当,欲以程朱理学拯救世道人心,恢复科举正风,以改革弊政,匡扶明朝。

其次,他提出以正制奇,以质抑奇的纠偏策略。明代八股文风走向好奇

---

① (明)赵南星:见《味檗斋文集》卷五《圣学启关臆说序》,载《丛书集成新编》第75册,第634页。
② (明)赵南星:《味檗斋文集》卷八《饶阳县重修近圣书院记》,载《丛书集成新编》第75册,第672页。
③ (明)赵南星:《味檗斋文集》卷八《真定府修学记》,载《丛书集成新编》第75册,第670页。
④ (明)赵南星:《学庸正说》卷上《大学正说》,载文渊阁《四库全书》第207册,第361—362页。
⑤ (明)赵南星:《味檗斋文集》卷三《答刘直洲》,《丛书集成新编》第75册,第618页。

险怪、虚华浮夸，是从嘉靖开始的，经隆庆，到万历年间，虚浮之风更盛。当时的首辅大臣都注意通过科场规范，矫正文弊。隆庆五年辛未会试时张居正强调："论文必崇尚雅正，无或眩华遗实以滋浮靡。有能综览古今、直写胸臆者，虽质弗弃，非是者，虽工弗录。"希望以此扭转好奇险怪的八股文风重回正轨。

赵南星提出以正制奇、以质抑奇的主张，也希望以变革文风来挽救走向衰败的政治。其《正心会选文序》批判那些不合经义、求奇逐怪之文说："离于常则为怪，怪则为妖，衣服之怪，识微之君子忧之，况生于心而害政事者哉？夫燕赵之人，自古少文，其文率正大明白如其人，今亦随俗为邪僻，不类燕赵之产矣。"①

他认为优秀的文章都是质而文、正而奇的，奇而不离于正。做人做事，要坚守中庸之道，不偏不倚，无过无不及。写文章更要做到文质结合，奇正统一。为矫正文弊，恢复雅正之风，赵南星充分利用担任科举主考官之机，淘汰奇险怪异的考生，录取高攀龙、冯上知、刘文卿、薛敷教、欧阳东凤等一批有真才实学、文风雅正的举子，引导文风回归质朴雅正之途。

同时，赵南星还身体力行，选编时文集《正心会房稿》，以王鏊、唐顺之、瞿景淳、薛应旗"四大家"之文的规矩、法度引导士人的八股写作，在倡导文章质而文、正而奇的规范中，为文士举子提供既质朴平实，又文采斐然，既纯正典雅，又新奇可爱的典范文本。

总之，赵南星以讲学治国的理念，倡导程朱理学，矫正经义阐释的心学基础，以典雅质实的雅正之风来拯救好奇险怪的虚浮之风，意在重新焕发八股时文阐发经义、切于时务的功能。同时，他也以八股之严整文法，抨击时弊，揭露官场黑暗，展现自身刚正不阿、疾恶如仇的政治胸襟，为文章写作带来新的气象。他对明代后期八股文风的改革与努力，既显示出他作为政治家的良苦用心，也奠定了他在明代文章学史上的历史地位。

二、燕南芝庵的戏曲研究

中国古代戏曲创作在两宋时期走向成熟，明清戏曲成就辉煌，与创作的兴盛相伴随，戏曲研究在明清时期也取得丰硕成果，研究戏曲的名著有周德清《中原音韵》、朱权《太和正音谱》、钦定《九宫大成谱》、徐渭《南词叙录》、

---

① （明）赵南星：《味檗斋文集》卷五《正心会选文序》，《丛书集成新编》第75册，第634页。

吕天成《曲品》、王骥德《曲律》等,其中值得提及的中国古代河北学人的戏曲研究是燕南芝庵《唱论》的曲论研究。

(一)芝庵与《唱论》

《唱论》讨论金元时期的戏曲音乐,是现存最早的研究戏曲音乐的著作。《唱论》最初附刻于元杨朝英的散曲选本《阳春白雪》卷首。《中国古典戏曲论著集成》据此考证《唱论》产生于元至正(1341—1368)之前。元代陶宗仪《南村辍耕录》和周德清《中原音韵》也转载了《唱论》的部分章节。沈阳音乐学院白宁教授以此为据,并结合《唱论》所论内容,考证《唱论》成书年代,得出《唱论》成书于元代至元十三年至元贞二年(1276—1296)之间,即"元代初年"[1]的结论。

杨朝英的《阳春白雪》卷首附刻《唱论》,标明作者为燕南芝庵。由于史料缺乏,人们对《唱论》作者燕南芝庵,知之甚少。综合学界研究成果,粗略描述如下:芝庵为元初著名僧人。元代诗人王恽有《赠僧芝庵》,提到诗人在燕南河北道提刑按察使王博文席上初识芝庵[2]。与王恽分别后,三年里他"南游梁园东入鲁"。从王恽《赠僧芝庵》来看,芝庵曾漫游各地,学识渊博,声名远扬,与王恽、王博文交谊深厚,三人年岁相去不远。由此判断,燕南芝庵主要生活在元代前期。

(二)《唱论》的结构与基本内容

《唱论》共二十七则,不标题目,论述十分简略。按照广州大学郭小青博士的研究[3],《唱论》可以分为引论、分论、结语三部分。引论部分列举古代著名的音乐家、歌唱家、作曲家等,以点带线梳理了中国音乐歌唱史的基本轮廓。分论部分是《唱论》的主体,共二十一则,从"歌唱内容""歌唱音乐理论""歌唱技术"三方面论述戏曲歌唱艺术。歌唱内容部分,介绍了歌词类别、歌唱门类、流行曲目、歌者听众等。歌唱音乐理论部分对曲体来源、结构、宫调、曲调的地域特征等都有探讨与论述。歌唱技术部分对歌唱的格调、节奏、韵味、音色差异、气息处理、歌者差异以及歌唱的弊病与禁忌等都有精当的概括。结语部分对当时有影响的金门社和流行曲数作了统计概括。可以说《唱论》是对金元戏曲演唱盛况的简洁概括,其中不乏精辟见解,其贡

---

[1] 白宁:《燕南芝庵〈唱论〉成书年代考》,《乐府新声》(《沈阳音乐学院学报》)2010年第4期。
[2] 黄卉:《燕南芝庵和他的〈唱论〉》,《中国文学研究》2001年第3期。
[3] 郭小青:《燕南芝庵〈唱论〉的结构分析》,《中国音乐》2014年第1期。

献有三:

一是《唱论》最先提出了元曲的"宫调声情说"。如第十六则:

> 大凡声音,各应于律吕,分于六宫十一调,共计十七宫调:仙吕调唱,清新绵邈。南吕宫唱,感叹伤悲。中吕宫唱,高下闪赚。黄钟宫唱,富贵缠绵。正宫唱,惆怅雄壮。道宫唱,飘逸清幽。大石唱,风流蕴藉。小石唱,旖旎妩媚。高平唱。条物晃漾。般涉唱。拾掇坑堑。歇指唱,急并虚歇。商角唱,悲伤宛转。双调唱,健捷激袅。商调唱,凄怆怨慕。角调唱,呜咽悠扬。宫调唱,典雅沉重。越调唱,陶写冷笑。①

乐为人心,乐表人情。不同的音乐调式,给人不同的声情感受,有的雄壮,有的忧伤,有的清幽,有的悠扬,或缠绵,或清新,不同宫调适合抒发不同的感情心绪。戏曲创作者选择合适的宫调表达故事人物的心灵情感,演唱者如何体会不同宫调呈现的声情感受,实现创作意图与表演实效的有机结合。从这个意义上说,《唱论》第一次提出的戏曲"宫调声情说",对于指导戏曲创作与表演都有直接指导意义,因而受到古往今来的研究者和演唱者的普遍关注与体悟研究。

二是《唱论》论述了唱曲的要领,留下许多精辟论断。如第七则:"歌之节奏:停声,待拍;偷吹,拽棒;字真,句笃;依腔,贴调。"第八则:"凡歌一声,声有四节:起末,过度,揾簪,擞落。"第九则:"凡歌一句,声韵有一声平,一声背,一声圆。声要圆熟,腔要彻满。"第二十二则:"凡人声音不等,各有所长。有川嗓,有堂声,皆合被箫管。有唱得雄壮的,失之村沙。唱得蕴拭的,失之乜斜。唱得轻巧的,失之闲贱。唱得本分的,失之老实。唱得用意的,失之穿凿。唱得打捐的,失之本调。"②这些技巧的总结概括,虽然因语言差异变得难以理解,但却值得歌唱者慢慢领悟。

三是《唱论》概括了金元时期流行的戏曲体制、门类和基本曲目。如第十二节:"成文章曰'乐府',有尾声名'套数',时行小令唤'叶儿'。套数当有乐府气味,乐府不可似套数。街市小令,唱尖歌倩意。"这些对"乐府""套数""叶儿"曲体特征的概括,对于我们理解戏曲中的单曲、套曲等关系有直

---

① (元)芝庵:《唱论》,见(元)杨朝英《阳春白雪》,载《丛书集成续编》第205册,第398页。
② (元)芝庵:《唱论》,见(元)杨朝英《阳春白雪》,载《丛书集成续编》第205册,第398页。

接的借鉴意义。其后周德清《中原音韵》的"唱尖新茜意",王骥德《曲律》中"所谓小令,盖市井所唱小曲也"等,均源于《唱论》的概括。对于戏曲门类的概括如第十三则:"凡唱曲之门户,有小唱、寸唱、慢唱、坛唱、步虚、道情、撒炼、带烦、瓢叫。"对曲目类型概括如第十四则:"凡唱曲所唱题目,有:曲情、铁骑、故事、采莲、击壤、叩角、结席、添寿;有宫词、禾词、花词、汤词、酒词、灯词;有江景、雪景、夏景、冬景、秋景、春景;有凯歌、棹歌、渔歌、挽歌、楚歌、杵歌。"[①]等等,不一而足。

总之,从体制和内容看,《唱论》很像是一篇研究戏曲音乐的讲课提纲,或为一篇听讲的记录稿。应该出自一位实践经验极为丰富的教唱先生之手,或者为教唱为主的书会才人的研究成果。燕南芝庵作为一位僧人,或者是简要地记录了教唱先生的讲演内容,或者芝庵本人就是一位歌唱艺术的实践者与爱好者。《唱论》无论是燕南芝庵研究歌唱艺术的成果总结,还是对他人讲授的记录,都为中国古代戏曲研究留下了宝贵的资料,具有很高的史料价值与理论意义,在中国戏曲史和河北学术史上占有重要的历史地位。

三、纪昀的文学思想

(一)纪昀及其文化贡献

纪昀(1724—1805),字晓岚,一字春帆,晚号石云,道号观弈道人,直隶献县(今属河北沧州)人。清代著名政治家、文学家。历官左都御史,兵部、礼部尚书、《四库全书》总纂修官,以协办大学士加太子太保管国子监事致仕。因其"敏而好学可为文,授之以政无不达",卒谥"文达",世称文达公。诗文集编为《纪文达公遗集》。

纪昀才华横溢,早年有"神童"之誉。他一生诙谐幽默,"胸怀坦率、性好滑稽……然骤闻其语,近乎诙谐,过而思之,乃名言也。"[②]他博览群书,学宗汉儒,又工诗与骈文,尤长于训诂考证,是清代乾隆朝官方学术的领导者,一生参与并领导多部大型典籍的修纂工作,如《热河志》《四库全书》《历代官职表》《河源纪略》《八旗通志》等,是中国文化史上有重大贡献的学者。其文化贡献集中体现在四大方面:

---

① (元)芝庵:《唱论》,见(元)杨朝英《阳春白雪》,载《丛书集成续编》第205册,第398页。
② (清)江藩:《国朝汉学师承记》卷六,中华书局1983年版,第93页。

一是主持领导了《四库全书》的修纂工作。《四库全书》的编纂是中国古代最伟大的文化建设工程,自乾隆三十八年(1773)开馆修纂,至乾隆五十二年(1787)完成闭馆,历时14年,收录经、史、子、集四部图书3461种,存目6819种,93500余卷。同时修撰《四库全书总目提要》200卷,又删减为《四库全书简明目录》20卷。其个人进献图书105种,入存目者41种。《四库全书》的修纂是对中国古代文化典籍一次全面整理,纪昀为此做出了杰出的历史贡献。其撰写定稿的《四库全书总目提要》本着"谢彼虚谈,敦兹实学"的严谨态度,"抑扬百代上,浩博衡锱铢"[①],对每一部典籍都做出了中肯公正的评价,成为后来学者研究取法的渊薮,沾溉整个学林。如他评论历代诗人风格,唐人韦应物诗"真而不朴,华而不绮";李华诗"文词绵丽,精彩焕发";宋人米芾诗"吐言天拔","气韵自殊";沈括诗"宏赡渊雅,具有典则"。许许多多的精审论断,成为诗人诗风的定评,被后人反复引用。

二是以个人之力,完成笔记小说《阅微草堂笔记》的撰写,在古代文言小说史上占有重要的历史地位。全书二十四卷,约38万字,包括《滦阳消夏录》六卷、《如是我闻》四卷、《槐西杂志》四卷、《姑妄听之》四卷、《滦阳续录》六卷,以日常闻见为主,记述各类鬼狐花妖等神怪故事,意在寄寓作者劝善惩恶、导扬讽喻之意,虽不乏因果报应之说教,但通过各类故事的描写与记述,也折射出封建末世的世道人心与民情风尚。

三是留下了著名的《纪文达公遗集》。纪昀的诗文著述由其孙纪树馨编为《纪文达公遗集》,分上、下两编。上编为文,共十六卷,包括赋、雅颂、折子、表、露布、诏、疏、论记、序跋、书后、策问、书札、碑铭、墓表、传状、逸事、祭文等各类文体,共三百多篇。下编为诗,共十六卷,收录纪昀一生各时期各类诗作一千多首。这些诗文成为我们研究纪昀及清朝强盛时期重要的文化史料与文学范本。

四是因连续主试科举而研究试帖诗学。纪昀一生曾两任乡试考官,六为文武会试考官。因此他特别留意举业文字,潜心研究试帖诗学,先后撰写《唐人试律说》《庚辰集》《我法集》三部相关著作,为清代试帖诗学奠定了基础。

---

① (清)朱珪:《知足斋诗集续集》卷一,《续修四库全书》本,上海古籍出版社2002年版,第1452册,第212页。

（二）纪昀的文学思想

纪昀的文学思想集中体现在《四库全书总目提要》中对历代诗人文士的别集提要和《纪文达公遗集》中收录的各种诗文集序中，而且主要成就聚焦于诗学观和诗学思想。

综合来看，以诗学观为主的纪昀的文学思想，没有提出独到的诗学概念与诗学范畴，其价值在于综合前代及当时各种诗学观念与学说，融会贯通，成为自身评价历代诗文别集的诗学理念与评判标准。

纪昀生活的乾隆时期，正值清朝的康乾盛世，诗坛无论是创作抑或是诗学研究，都异常活跃。诗学批评领域，王渔洋的"神韵说"，沈德潜的"格调说"，新兴的翁方纲的"肌理说"，袁枚的"性灵说"，加上"高密诗派"崇尚的中唐诗风，各种诗学观念此起彼伏，各执一端，各有优长而又难以臻于完美。最早兴起的王士禛的"神韵说"，以清淡闲远的风神韵致为诗歌的最高境界，却流为表现士大夫的生活琐事与闲情逸致。以沈德潜为代表的"格调说"，不满神韵派的平易浅薄、流荡淫靡，强调诗要学习古人，讲究格调，要言之有物，发挥"温柔敦厚"的诗教功能。继起的翁方纲又倡导"肌理说"，强调诗歌要做到"义理"与"文理"的相通，以义理与学问弥补"神韵""格调"之不足。而袁枚的"性灵说"又针对"格调""肌理"的虚假板滞，倡导诗要独抒性灵，贵在自然。但"性灵"与"神韵"一样，最终也流于士大夫的闲情逸致，甚至走向浮华与空洞。面对多元的诗学主张，纪昀的文学思想，综合各家优长，而力避各家弊端病灶。

纪昀吸收传统诗学重"情"观念，认为诗歌是吟咏性情的，所谓"诗本性情，义存比兴"，强调诗歌抒写人的真性情。其《冰瓯草序》说："诗本性情者也。人生而有志，志发而为言，言出而成歌咏，协乎声律。其大者和其声以鸣国家之盛，次亦足抒愤写怀。"但为避免流于个人闲情逸致，或浮华空洞，或学问板滞，纪昀进而又倡导诗贵含蓄、诗重自然的诗学观。[1]故《冰瓯草序》还说："举日星河岳，草秀珍舒，鸟啼花放，有触乎情，即可以宕其性灵。是诗本乎性情者然也，而究非性情之至也。"[2]认为诗本乎性情，而又不局限于个人的性情。

---

[1] 参见邓艳林：《论纪昀的诗学观与诗歌批评》，湖南师范大学 2004 年硕士学位论文。
[2] （清）纪昀：《纪晓岚文集》，河北教育出版社 1995 年版，第 186 页。

实际上，纪昀是综合各家之长，而力避各家之短，"针对神韵派末流的浮泛空洞，持论必归于言之有物。""针对性灵派的浅薄油滑，重新厘清性灵与性情的关系。""针对高密派的矫激、怨怼，重申温柔、敦厚的诗教。"[1]他虽然没有提出崭新的诗学概念或诗学范畴，但就融合各家、扬长避短来说，纪昀的诗学思想升华了康乾诗学的境界与视野，具有中庸智慧和辩证色彩。

在诗学批评方法上，纪昀诗学评点善于运用"涵咏与化"的直观批评方法、"会意于言外"的细参方法、"比而观之"的比较批评方法[2]三大批评方法。他强调做诗抑或鉴赏诗歌都要善于涵泳古人之诗。"陶诗之妙，所谓寄至味于淡泊，发纤秾于简古，其神理在笔墨之外，可以涵咏与化，而不可一字一句求之于町畦之内。"[3]通过文本细读，涵泳细参，方可体悟诗之妙处。他不仅强调反复涵泳的细读妙参，而且还强调比较批评，他说："互相参考，可以观古今人运意之异同，与遣词之巧拙，使读者因端生悟，触类引申，要亦不为无益也。"[4]有比较才有鉴别，因为任何价值判断都是在比较中做出的，无论这种比较是显性的，还是隐性的，没有比较，就无法做出价值判断。

梳理《四库全书总目提要》的诗评论断和《纪文达公遗集》中的诗文集序可以看出，纪昀的诗学思想与诗歌批评，表现出鲜明的特点：

一是纪昀论诗，推崇人品诗品合一，又能摒弃个人好恶，秉承"无所爱憎于其间"的客观态度。 纪昀认为："诗品文品之高下，往往多随其人品。"因此他推崇人品诗品皆优的诗人与创作。而对人品好而诗品不高的诗人，不因人品而高估其诗作的价值。相反，对人品差而诗艺高超的作家则略其人品，取其诗文，体现出"无所爱憎于其间"的客观态度。抱着这种公平客观的批评态度，纪昀的诗学批评，"厘正文体，辨别诗律，化饾饤、堆垛之习，一归于清真、雅正；有专集以评藻前修，出绪余以津逮后学，岂非炳然一代文章之府乎？"清人白熔对纪昀的诗学批评给予了高度评价。

二是纪昀论诗，具有历史的眼光和发展的理念。 他评诗论艺，分析现象，能够历史地看问题，"不可以前人之盛，并回护后来之衰；亦不以后来之衰，

---

[1] 蒋寅：《纪昀的诗学品格及其核心理念再检讨》，《文艺研究》2015年第10期。
[2] 邓艳林：《论纪昀的诗学观与诗歌批评·摘要》，湖南师范大学2004年硕士学位论文。
[3] （清）永瑢：《四库全书总目·陶诗析义》，中华书局1965年版，第1531页。
[4] （清）永瑢：《四库全书总目·优古堂诗话》，中华书局1965年版，第1782页。

并掩没前人之盛也"①，而且具有发展的历史观，如纪昀评论宋诗派的演进和明代诗歌的发展流变就如此：

> 盖宋代诗派几数变。西昆伤于雕琢，一变而为元祐之朴雅。元祐伤于平易，一变而为江西之生新。南渡以后，江西宗派盛极而衰，江湖诸人欲变之而力不胜，于是反径旁行，相率而为琐屑寒陋，宋诗于是扫地矣。②

> 明之诗派，始终三变。洪武开国之初，人心浑朴，一洗元季之绮靡。作者各抒所长，无门户异同之见。永乐以迄弘治，沿三杨台阁之体，务以春容和雅、歌咏太平。其弊也冗沓肤廓，万喙一音，形模徒具，兴象不存。是以正德、嘉靖、隆庆之间，李梦阳、何景明等崛起于前，李攀龙、王世贞等奋发于后，以复古之说，递相唱和，导天下无读唐以后书。天下回应，文体一新。七子之名，遂竟夺长沙之坛坫。渐久而摹拟剽窃，百弊俱生，厌故趋新，别开蹊径。万历以后，公安倡纤诡之音，竟陵标幽冷之趣，幺弦侧调，嘈囋争鸣。③

以发展的眼光看待诗史的演变，分析正变源流，理清发展脉络，指陈利弊得失，对于人们认识一代诗歌的发展轨迹与嬗变因由都有很大的启发意义。正因此，道光年间李兆元认为："纪文达公校定《四库全书》，所见既广于前人，所论诗法源流，靡不究悉。故其文集中为人所作诸诗序，皆能辨别源流，指陈得失，直可作先生诗话观。"④

三是纪昀以充满辩证思维的中庸智慧，用比较的批评方法对前人的异质诗美及风格特征给出公允恰当的评价。如他说王绩诗"意境高古"、钱起诗"温秀蕴藉"、李绅诗"春容恬雅"、吴融诗"音节谐婉"等，都能一语中的，抓住诗风的神髓。他还善于运用比较的批评方法，找出诗人的同中之异。如《石湖诗集》提要评范成大诗说："今以杨（万里）、陆（游）二集相较，其才调之健不及万里，而亦无万里之粗豪；气象之阔不及游，而亦无游之窠臼。"⑤而对

---

① （清）永瑢：《四库全书总目·杨文敏集》，中华书局1965年版，第1484页。
② （清）永瑢：《四库全书总目·杨仲宏集》，中华书局1965年版，第1441页。
③ （清）永瑢：《四库全书总目·明诗综》，中华书局1965年版，第1730页。
④ （清）李兆元：《十二笔舫杂录》卷八，清道光二年（1822）刻本。
⑤ （清）永瑢：《四库全书总目·石湖诗集》，中华书局1965年版，第1380页。

于诗风对立双方,他也能以辩证思维客观公正评价诗人创作的功过得失。如他对比明代高启与元代杨维桢,说明模拟与创新的辩证关系:"从拟议之说最著者无过青丘。仿汉魏似汉魏,仿六朝似六朝,仿唐似唐,仿宋似宋,而问青丘之体裁如何?则莫能举也。从变化之说最著者无过铁崖。怪怪奇奇,不能方物,而不能解文妖之目,其亦劳而鲜功乎?"[①]强调中庸辩证地看问题,模拟过甚,失去自我面目;而刻意创新,又沦为诗妖。

纪昀论诗的"辩证思维特色,其主要表现为两方面:注重于整体与联系;注重全面考察,防止片面性和简单化。自觉的辩证思维意识使纪昀的文学批评比较公正、平允、通达"[②]。

四是纪昀论诗倾向于沈德潜的"格调说",强调要恪守传统。纪昀作为官方文化建设的领导者,他的文学思想,恪守古典传统,立足于儒家诗论和传统话语,带有鲜明的回归儒家传统的倾向,因而也更接近沈德潜的"格调说"。他《与朝鲜洪耳溪书》曾说:"昀才钝学疏,本未窥作者之门径,徒以闻诸师友者,谓文章一道传自古人,自应守古人之规矩,可以神而明之,不可以偭而改之。是以暖暖姝姝,守一先生之言,不欲以侧调么弦新声别奏。"[③]纪昀所说"守古人之规矩",意在强调恪守儒家观念与文学传统,这是他谈诗论艺的基本宗旨。正是本着这一宗旨,纪昀论诗对非正统思想和异端思想多有贬斥与批判,体现出鲜明的官方意识形态色彩。从官方意识形态出发,纪昀论诗,对抗战派、革新派的诗歌贬多于褒,而且在文体价值判断上,也明显具有推崇诗文而轻视词曲的士大夫雅文学观念,也许这可以说是纪昀文学思想的局限所在。

但这些局限,并不掩盖他的诗学功绩。他以宽阔的诗学视野,俯瞰千年诗史,以"源流正伪"的发展观,清理中国古代诗歌遗产,给出公允恰当的评价,为传统诗学研究提供了借鉴,这正是纪昀文学思想的价值所在。

---

① (清)纪昀:《纪晓岚文集》,河北教育出版社1995年版,第206页。
② 邓艳林:《论纪昀的诗学观与诗歌批评》,湖南师范大学2004年硕士学位论文。
③ (清)纪昀:《纪晓岚文集》,河北教育出版社1995年版,第275页。

第五章

河北文献学家与中国文献学

河北学人在文献学方面积淀深厚，名家辈出，具有区域性影响的学者不可胜数，而具有全国性影响者也不在少数。河北文献学家在文献整理、小学、版本目录学、考据学、类书编纂等诸多方面皆有杰出贡献。西晋束皙的竹书整理、东晋释道安的佛经整理、宋代李昉的类书编纂影响深远，深度参与了中国文献学的构建。清代中国学术鼎盛，文献学进入快速发展的周期，河北的文献学家也做出了自己应有的贡献，王灏、张之洞的版本目录学研究成绩显著，王兰生、苗夔的音韵学研究有其特色，史梦兰在音韵学与目录学研究方面建树颇多，王植、纪容舒、崔述的考据学享誉学界，以纪昀为核心的《四库全书》编纂则是古代文献的集大成之作。凡此，皆可见河北学术的卓越贡献，这一笔丰厚的学术遗产值得认真总结，并应予以充分的关注。

第一节 束皙的竹书整理

束皙是一位风格独特的文学家，也是一位才学博通的学者，在竹简文献的整理上，占有重要位置。束皙参与的竹书整理主要是"汲冢竹书"，这是晋武帝司马炎时期在汲郡战国魏王墓出土的一批竹简文献，其中流传至今的有《竹书纪年》和《穆天子传》。

一、束皙与竹书文献

束皙，字广微，阳平元城人（今河北大名），生卒年未有定论，出身于官宦世家。皙自幼好学，博闻多识为时人所知。《晋书·束皙传》记载他："性沉退，不慕荣利"[1]，在古文字学、玄学和文学上均有建树。我们在《晋书·束皙传》中还可以看到当时束皙少游国学时为达学通识的国子博士曹志称赏的故事，"少游国学，或问博士曹志曰：'当今好学者谁乎？'志曰：'阳平束广微好学不倦，人莫及也。'"[2]曹志乃以才学著称的陈思王曹植之子，束皙从少年时期就显露出良好的天资与学术素养。

关于束皙和竹书关系，《晋书·束皙传》记载："初，太康二年，汲郡人不准盗发魏襄王墓，或言安釐王冢，得竹书数十车。……大凡七十五篇，七篇简书折坏，不识名题。冢中又得铜剑一枚，长二尺五寸。漆书皆科斗字。初发冢者烧策照取宝物，及官收之，多烬简断札，文既残缺，不复诠次。武帝以其书付秘书校缀次第，寻考指归，而以今文写之。皙在著作，得观竹书，随疑分释，皆有义证。迁尚书郎。"[3]又载"时有人于嵩高山下得竹简一枚，上两行科斗书，传以相示，莫有知者。司空张华以问皙，皙曰：'此汉明帝显节陵中策文也。'检验果然，时人伏其博识。"根据《汲冢书考》[4]可知，束皙自元康六年（296）至永康元年（300），对汲冢书进行了校正和整理，也因此，束皙迁校书郎。

在《晋书·束皙传》中记载了出土的汲冢竹书的篇目："其《纪年》十三篇，记夏以来至周幽王为犬戎所灭，以事接之，三家分，仍述魏事至安釐王之二十年。盖魏国之史书，大略与《春秋》皆多相应。其中经传大异，则云夏年多殷；益干启位，启杀之；太甲杀伊尹；文丁杀季历；自周受命，至穆王百年，非穆王寿百岁也；幽王既亡，有共伯和者摄行天子事，非二相共和也。其《易经》二篇，与《周易》上下经同。《易繇阴阳卦》二篇，与《周易》略同，《繇辞》则异。《卦下易经》一篇，似《说卦》而异。《公孙段》二篇，公孙段与邵陟论《易》。《国语》三篇，言楚、晋事。《名》三篇，似《礼记》，又似《尔雅》

---

[1] （唐）房玄龄：《晋书·束皙传》，中华书局1974年版，第1427页。
[2] （唐）房玄龄：《晋书·束皙传》，中华书局1974年版，第1427页。
[3] （唐）房玄龄：《晋书·束皙传》，中华书局1974年版，第1432页。
[4] 朱希祖：《汲冢书考》，中华书局1960年版，第60页。

《论语》。《师春》一篇,书《左传》诸卜筮,'师春'似是造书者姓名也。《琐语》十一篇,诸国卜梦妖怪相书也。《梁丘藏》一篇,先叙魏之世数,次言丘藏金玉事。《缴书》二篇,论弋射法。《生封》一篇,帝王所封。《大历》二篇,邹子谈天类也。《穆天子传》五篇,言周穆王游行四海,见帝台、西王母。《图诗》一篇,画赞之属也。又杂书十九篇:《周食田法》《周书》《论楚事》《周穆王美人盛姬死事》。"①

西晋朝廷对这批出土的竹书非常重视,授命中书监荀勖和中书令和峤进行整理。由于竹书是漆书蝌蚪文,属于古篆字,他们将蝌蚪文改写为通用文字,因为数量较为庞大,因此又命束皙和卫恒开展竹书的校订释意工作。《晋书》记载:"时秘书丞卫恒考证汲冢书,未迄而遭难。佐著作郎束皙述而成之,事多证异义。时东莱太守陈留王庭坚难之,亦有证据。皙又释难,而庭坚已亡。散骑侍郎潘滔谓接曰:'卿才学理议,足解二子之纷,可试论之。'接遂详其得失。挚虞、谢衡皆博物多闻,咸以为允当。"②由此可见,对汲冢竹书的整理,是包括束皙在内的西晋多位一流名家集体完成的。

二、束皙与《穆天子传》

(一)束皙对《穆天子传》的整理

《穆天子传》是先秦古书,是写周穆王西征的神话故事,但是在先秦时期,这个故事并没有得到广泛的流传。至西晋发现这部竹书的时候,已经过了六百多年。在完成文字的改写誊录后,由卫恒、束皙、王庭坚、王接等人校理,其中以束皙用功最多。束皙对古文进行了考释并且对残缺散佚的部分进行了增补,增加了穆王见帝台与宣岳之事,成为更加完善的另一种版本,并且定名为《周王游行》。在校理工作完成之后,荀勖上书晋武帝的《穆天子传·目录序》中记载:"古文《穆天子传》者,太康二年,汲县民不准盗发古冢所得书也。皆竹简,素丝编。以臣勖前所考定古尺度,其简长二四寸。以墨书,一简四十字,汲者,战国时魏地也。案所得《纪年》,盖魏惠成王子——'今王'之冢也。于《世本》,盖襄王也。案《史记·六国年表》,自'今王'二十一年,至秦始皇燔书之岁,八十六年;及至太康二年,初得此书,凡

---

① (唐)房玄龄:《晋书·束皙传》,中华书局1974年版,第1431页。
② (唐)房玄龄:《晋书·束皙传》,中华书局1974年版,第1432页。

五百七十九年。其书言周穆王游行之事。《春秋左传》曰：'穆王欲肆其心，周行于天下，将皆有车辙马迹焉。'此书所载，则其事也，王好巡守，得盗骊之乘，造父为御，以观四荒，北绝流沙，西登昆仑，见西王母，与《太史公记》同。汲郡收书不谨，多毁断残落。虽其言不典，皆是古书，颇可观览，谨以二尺黄纸写上，请事平，以本简书及所新写，并付秘书缮与，藏之中经，副在三阁，谨序。"从这一段记载看，束皙等人的整理带有基础性研究的性质。首先，记载了汲冢竹书的形态面貌，"如皆竹简、素丝编、以墨书"，另对竹简长度和每简字数等都进行了基本介绍。其次，进行史实考证时没有盲从于《太史公记·六国年表》对于魏国世系记载，而是结合当时已知史实和材料，合理推断墓主人的身份以及《穆天子传》的主要内容。最后，在整理过程中的传抄与保存，为后人探究《穆天子传》的版本情况，提供了线索。

（二）穆天子传的文献价值

历史地理。《穆天子传》是研究西周时期历史地理学的重要资料。在现有的文献资料中，极少流传有关西周时期的历史地理著作或历史记载，而《穆天子传》在周穆王西征的交通路线上具有重要的文献价值。卷一至卷四介绍了周穆王行进的路线，即从宗周洛邑出发，途经太行山—井陉口—滹沱河—雁门关—阴山河套—黄河，向西经过今宁夏、甘肃、青海等省份进入新疆的准噶尔盆地，是为终点。在此地停留三个月后东归，又沿东南方向走，经河西走廊，经甘肃、宁夏两省沙漠，又沿原路返回宗周。在《穆天子传》中所提到的沿途景观、地名、部族和邦国大多不见于历史文献当中，其中对于西域地形风貌的记载，具有极高的文献价值，对今天历史地理学中西周时期的研究具有较大贡献。

民族演变。《穆天子传》当中记录我国古代北方的少数民族近三十个，数量相当丰富，且资料真实可信，这在先秦的文献中是为数不多的。同时在《穆天子传》的行文中，还记录了这些少数民族的热情与豪爽的性格，对待西征的周穆王予以友好的欢迎。同时，《穆天子传》对不同民族所在的地域、物候有所说明，对于部分族群的起源、迁徙和演变也有记载，相当多的文字记录都是现今我们了解当时西北少数民族的唯一资料。例如，在卷一记载的河宗氏部族，与周王朝的关系最为紧密，周穆王封河宗氏为西北部落诸邦之长。河宗氏在周穆王西征途中一直跟随协助，作为沟通的使者，联系各个部族与周王朝之间的关系。又如卷二记载"赤乌氏先出自周宗。大王亶父之始作西土，封其元子吴太伯于东吴，诏以金刃之刑，赇用周室之璧。封疕（其）璧臣长季绰于春山之虱，妻以元女，诏以玉石之刑，以为周室主"。这一段话记载大王亶父封元子吴太伯于东吴的事件，和《史记》中《吴太伯世家》所记载的"太伯之犇荆蛮，自号句吴"是截然不同的，起到了补史的功能。《穆天子传》中所记载的民族与部落，有许多都在后世的史料中得到印证，由此我们也可以找到一些民族发展的源头与演变过程，具有很高的民族史意义。

经济贸易。《穆天子传》中有很大篇幅记载了周穆王西征的过程中，沿途的部族向周穆王进献特产和周穆王回赠礼物的情节。这些西域部族向周穆王进献礼物的有居虑、珠泽之人、赤乌氏、曹奴之人等十二个，礼品的种类主要有牲畜、玉器、酒、粮食以及禽兽乳、血等。周穆王回赠了丝帛、贝带、金银婴环、玉器、兵器等。通过进献和回赠的过程，我们可以看到当时的一些经济发展情况。首先，中原与西域之间有通过物物交换的贸易通商。《穆天子传》由战国时期的赵国人书写，赵国位于中原与西域相勾连的位置，因此见到了较多的商贸交往活动。通过西域各部族和周穆王的进献和回赠的活动，集中展现了西域商旅和各部族之间的物物交换活动。《穆天子传》中周穆王回赠的礼品数量是根据西域部族进献多少而定的，虽然没有确切的价值对比，但也是物物交换的一种现象。并且，《穆天子传》中周穆王回赠的礼品是因地制宜的，根据不同部族当地的物候、习俗、生活方式等不同的物资，这也是贸易活动产生的缘由。其次，展现了西域诸部族的生产生活状况。在西域各部族进献给周穆王的礼品中，数量最多的就是牲畜，由此可见这些大都是从事畜牧生产的部族，比如珠泽、赤乌、曹奴、鄄韩、智氏、文山、巨蒐等部落都曾给周穆王进献了牲畜。在《史记·大宛列传》记载道："大宛在匈奴西南，在汉正西，去汉可万里。其俗土著，耕田，田稻麦。有蒲陶酒。"[①]又写安息"其俗土著，耕田，田稻麦，蒲陶酒。城邑如大宛。"[②]在安息西部的条枝"临西海。暑湿。耕田，田稻"。并且在大宛周边的诸国"以蒲陶为酒，富

---

① （汉）司马迁撰，（宋）裴骃集解，（唐）司马贞索隐，（唐）张守节正义：《史记》，中华书局 1959 年版，第 3160 页。
② （汉）司马迁撰，（宋）裴骃集解，（唐）司马贞索隐，（唐）张守节正义：《史记》，中华书局 1959 年版，第 3162 页。

人藏酒至万余石,久者数十岁不败"①,从《史记》的记载中,我们可以看到诸如大宛、安息、条枝等国都从事种植业,除了耕田之外,酿酒业的发达也说明粮食、葡萄的种植业相当广泛。因此《穆天子传》中有向周穆王献酒的部族,是来自真实的生产生活情况的。

我国的许多神话传说都来自西域,并且在日后被记录到中原的典籍中。例如河伯无夷的神话,在《史记·滑稽列传》《史记·六国年表》《韩非子·内储说上》《庄子·大宗师》《山海经·海内北经》《竹书纪年》《天问》等典籍都涉及了河伯的传说或受到这个传说的影响。但是这样只言片语式的书写,都没有将这一神话传说的整体内容、发生的地域介绍清楚。而《穆天子传》则涉及了西域地区的古老文化,并且通过周穆王西征过程的细节描写,让我们大致了解这里的历史文化背景。首先,通过《穆天子传》我们了解到了河伯神话所在区域黄河中上游地区,在《穆天子传》中,这里包括𨚲人、河宗氏、西夏氏三个部族,这三个部族的共同点是共尊河伯无夷为先祖,我们可以通过《穆天子传》了解这一地区的礼制与风俗文化。这一地区距离中原地区较近,因此受到中原文化影响较深。如𨚲柏迎周穆王有"先豹皮十"之仪,而《左传》中就曾记载有"以乘韦先"的礼制,在古代赠送礼物的时候,一定要有先给予的物品,从这个角度看,显然是受到了中原文化的影响。再比如周穆王在祭河的时候,在向西的方向设立祭位望祭河神,而相类似的情节在《公羊传》中也有"三望者何?望祭也"的记载。但是从中我们也可以看到,即便是受到中原文化的影响,仍有自己的特色,比如𨚲柏献上的是"豹皮",与中原是有差异的。除了神话传说之外,《穆天子传》还展现了昆仑文化,《山海经》《天问》和《禹本纪》中的记载过于神怪气,让人难以有形象可感的把握。而《穆天子传》则记载了昆仑悬圃的具体位置,对这里的地理风貌和物候特征都进行了较为详细的描写。同时,通过对昆仑山上的黄帝祭宫、膜昼族供奉殷代先王、赤乌氏与周人通婚等,揭示出中原与西域文化交流与沟通的关系。而西王母的神话则在中原有更广泛的影响,《穆天子传》记载,西王母是一个位于日落之处的古老部族,是所谓"虎豹为群,放鹊与处"的荒蛮之地,这里是母系社会,并且了解中原文化。这些相关的描述,都是后人了

---

① (汉)司马迁撰,(宋)裴骃集解,(唐)司马贞索隐,(唐)张守节正义:《史记》,中华书局1959年版,第3171页。

解此地文化的重要资料。

三、束皙与《竹书纪年》

（一）《竹书纪年》的基本情况

在汲冢发现的《竹书纪年》对后世的影响也很大，这是战国时期魏国的一部编年体史学著作，北魏的郦道元在《水经注》中引用《纪年》的内容，并将其称之为《竹书纪年》，后一直沿用至今。《竹书纪年》记载了夏、商、周时期重要的历史事件，并且在叙事上与《左传》有诸多相合之处。学界认为其和《尚书》《战国策》《四书》具有同等的文献与历史价值，并且因为它长期被埋藏于地下，因此汉魏时期的史学家都没有见到它的内容，因此《竹书纪年》的叙事弥补了历史的不足，《竹书纪年》的内容与儒家经典有差异，这也给了人们不一样的历史视角。这部书有原本、古本、今本和真本之分，原本就是西晋时束皙参与校理的版本，这个版本在东晋战乱中散佚了。《隋书·经籍志》记载有《纪年》十二卷，《新唐书·艺文志》记载有《纪年》十四卷，这些被称为"古本"，至宋朝已经残缺不全。现今流传的今本《竹书纪年》是明代范钦辑录的。清代学者钱大昕认为这属于伪作，但范钦并非毫无根据地伪造，而是参考"天一阁"的藏书以及各种《竹书纪年》的古籍辑录而成。以明代的学风和范钦的个性，在辑录过程中不免会有删减和改动。近代王国维在《今本竹书纪年疏证》中对真伪部分做了辨析，认为除去范钦改动或伪造的部分，其余都应属于他辑录的散见于典籍中的《竹书纪年》。

（二）《竹书纪年》与史学的发展

关于《竹书纪年》与经、史的关系，《史通·申左》记载："至晋太康年中，汲冢获书，全同《左氏》。故束皙云：'若使此书出于汉世，刘歆不作五原太守矣。'于是挚虞、束皙引其义以相明，王接、荀顗取其文以相证，杜预申以注释。"[1]由这段资料可知，当时的学者将《竹书纪年》和《春秋》相互对比和印证，《隋书·经籍志》还曾说："文意大似《春秋经》"[2]，也进一步说明了《竹书纪年》与《春秋》之间的关系。同时也由此，学者们开始争论经与史之间的关系问题。众所周知，《左传》与《春秋》之间有着密切联系，当时，对于

---

[1] （唐）刘知幾撰，（清）浦起龙释：《史通通释》，上海古籍出版社2009年版，第391页。
[2] （唐）魏徵等：《隋书·经籍志》，中华书局1973年版，第959页。

经史问题的争论就从《左传》的性质开始。作为《竹书纪年》的主要整理者，束晳主张《左传》是传经著作，但同时也有王接认为《左传》"自是一家书，不主为经发"①，他为公羊做注，也引用了《竹书纪年》的相关内容作为补充。在魏晋时期，经学逐渐式微，由《竹书纪年》所引起的关于《春秋》和《左传》是否为经学著作的探讨也有了新的范畴。前引"杜预申以注释"，虽然杜预在撰写《春秋释例》和《春秋经传集解》的时候，《竹书纪年》还没有被发现，但是当杜预看到《竹书纪年》之后，还是撰写了《经传集解》的《后序》，在《后序》中借《竹书纪年》来印证其"经承旧史"的主要观点，以历史的观念看待《春秋》，更为接近《春秋》的本质，他用《竹书纪年》的材料来论证《春秋》和鲁国史策之间的联系，可以说是把《春秋》作为史书了。魏晋时期经、史逐渐分离，《竹书纪年》的出现促使人们进一步反思经、传之间的关系和对《春秋》古史内涵的挖掘。

关于《竹书纪年》与编年体史书的关系，《竹书纪年》的发现推动了经学向史学的转化，并且影响了编年体史书的发展。《隋书·经籍志》中已经把《竹书纪年》划分到"史部"中的"古史"部分，在《隋书·史部》"古史类"中，《竹书纪年》被列为第一，写到"《纪年》十二卷，《汲冢书》并《竹书异同》一卷"。这说明《竹书纪年》在编年史的撰写中占有起始地位，它的发现与整理，影响到了东晋以来编年体史书的书写。在晋、唐之间，编年体史书与纪传体史书是并驾齐驱的，编年体史书古已有之，但因司马迁《史记》的盛行，纪传体开始成为史书撰写的主要方式。而编年体史书被重新重视是在东晋和南朝，究其原因是在这一时期《左传》的盛行和《竹书纪年》的发掘与整理。我们在《隋书·经籍志·史部》"古史类"序的一段文字中可以看到这一时期编年体史书发展的一些情况："自史官放绝，作者相承，皆以班、马为准。起汉献帝，雅好典籍，以班固《汉书》文繁难省，命颍川荀悦作《春秋左传》之体，为《汉纪》三十篇。言约而事详，辩论多美，大行于世。至晋太康元年，汲郡人发魏襄王冢，得古竹简书，字皆科斗……盖魏国之史记也。其著书皆编年相次，文意大似《春秋经》。诸所记事，多与《春秋》《左氏》扶同。学者因之，以为《春秋》则古史记之正法，有所著述，多依《春秋》之体。"②

---

① （唐）房玄龄：《晋书·王接传》，中华书局1974年版，第1435页。
② （唐）魏徵等：《隋书》，中华书局1973年版，第959页。

由于《竹书纪年》与《春秋》《左传》所叙述的历史事件多有相合,魏晋以来《左传》之学的兴起,带动了这一时期的史学家纷纷效仿《春秋》和《竹书纪年》的记史体例。

关于《竹书纪年》与志异著作的关系。魏晋时期开始流行专门记录神鬼怪异故事的著作,这与《竹书纪年》也有密不可分的关系。在《竹书纪年》中,也有这一类型内容的记载。例如在《竹书纪年》中有这样的文字:"'三苗将亡,天将雨,夏有冰,地坼及泉,青龙生于庙,日夜出,昼日不出。'……又如,商纣时'天大曀';周昭王十九年'天大曀,雉兔皆震','夜有五色光贯紫薇';周穆王伐楚,'大起九师东至于九江,叱鼋鼍以为梁';穆王南征,'君子为鹤,小人为飞鸮';周宣王时'有兔舞镐','有马化为狐';周惠王时'郑人入王府取玉焉,玉化为蜮以射人也';晋献公时'周阳有白兔舞于市'。"李学勤先生以这段文字记载,证明《竹书纪年》的作者相信灾异感应,注重收集神话传说倾向。[①]虽然在《春秋》《左传》中也有记载怪异之事,但却采取了比较审慎的态度。东汉以后人们看待历史有时不太区分历史与神话的界限,在历史的书写中,史家也常有将神鬼怪异写入历史中的现象。而在《竹书纪年》的影响下,许多小说内容都取自于它,如西晋张华的《博物志》记录黄帝求仙,他的臣子左彻削木为黄帝像,率诸侯奉之事,便是采自《竹书纪年》,葛洪《抱朴子》也引用此事。另外,"君子为猿为鹤,小人为虫为沙"的故事亦出自此书。而干宝《搜神记》卷六载"晋献公二年,周惠王居于郑。郑人入王府,多脱化为蜮,射人。""周王八年,郑有一妇人,生四十子,其二十人为人,二十人死"等事,更是直接抄录《纪年》的内容,有些连文字都很少改动[②]。这些例证可以说明《竹书纪年》对志异著作的影响。

第二节 释道安的佛经整理

佛教作为一种外来的宗教传入中国,经历了漫长的传播和适应过程。这

---

① 李学勤:《古本〈竹书纪年〉与夏代史》,载《李学勤文集》,上海辞书出版社2005年版,第74页。
② 参见方诗铭、王修龄:《古本竹书纪年辑证》,上海古籍出版社2005年版,第65、54、77、85页。

个过程中，在魏晋玄学的影响下，形成了"六家七宗"，释道安创立的"本无宗"则是者"六家七宗"中影响最大、最广泛的。"东晋时代道安和鸠摩罗什创造性的译经和著述活动是中国佛教宗派创立的最直接的源头，也是佛教中国化的真正开始。由道安开创的，由鸠摩罗什及其门徒们推广起来的中国佛教义理之学，实实在在地为中国佛教宗派的创立奠定了基础，可以这样说……自道安、罗什始，中国佛教才有了自己独立的形态，这种形态就是南北朝时期在中国的南北广为发展的佛教义理之学。"[①]释道安并不是完全照搬印度佛教的教义，在传播佛教的过程中，他积极融合中国传统文化，这是他对佛教本土化开疆拓土的贡献，因此他被众多高僧誉为"佛教中国化的第一人"。

一、撰写《综理众经目录》

从汉代佛教传入中国，至魏晋佛教逐渐兴盛，引进的佛经数量逐渐增多，但是在传经的过程中，许多佛经的名字都失传了，因此后人在接触到这些佛经的时候，不知道这些佛经作于何时何地，也不知道是谁参与了译制，为了解决文献信息残缺的问题，释道安便博览众经，编订《综理众经总目》。但是原本的《综理众经总目》在隋代就已经散佚，现今我们能见到的是被《出三藏记集》收录的释道安所作的经序。《综理众经总目》在佛教目录学中占有极其重要的位置，梁启超先生在《佛学研究十八篇》中《佛家经录在中国目录学之位置》一篇中说："《安录》虽仅区区一卷，然其体裁足称者盖数端。一曰纯以年代为次，今读者得知兹学发展之迹及诸家派别。二曰失译者别自为篇。三曰摘译者别自为篇，皆以书之性质为分别，使眉目犁然。四曰严真伪之辨，精神最为忠实。五曰注解之书别自为部不与本经混，主从分明（注佛经者自安公始）。凡此诸义，皋牢后此经录，殆莫之能易。"[②]足以说明虽然篇幅短小，但是内容十分重要。《出三藏记集·新集安公疑经录》记载了释道安分类整理校订佛经的事迹：

> 外国僧法，学皆跪而口受。同师所受，若十、二十转，以授后学。若有一字异者，共相推校，得便擯之，僧法无纵也。经出晋土，其年未远，而喜事者以沙糅金，斌斌如也，而无括正，何以别

---

① 李富华：《佛教典籍的传译与中国佛教宗派》，《中华佛学学报》1999年第12期。
② 梁启超：《佛学研究十八篇》，上海古籍出版社2009年版，第282页。

真伪乎！农者禾草俱在，后稷为之叹息，金匮五石同缄，卞和为之怀耻。安敢预学次，见泾渭杂流，龙蛇并进，岂不耻之。今列意谓非佛经者如左，以示将来学士，共知鄙信焉。①

按照性质划分，《综理众经总目》分为疑经录、古异经录、失译经录、凉土译经录、关中译经录、注经及杂经志录。后代学者的不断整理，对《综理众经总目》进行了复原②，兹按照类别列于此：

（一）疑经录

《疑经录》出自《出三藏记集》卷五《新集安公疑经录第二》，在这里编者僧佑赞同释道安对真伪经的辨析，他认为真经是经过认真译制的，而伪经则是迷惑信众的滥竽充数之作，因此辨别真伪的工作显得尤为重要，《疑经录》的目次如下：

《宝如来经》二卷、《定行三昧经》一卷、《真谛比丘慧明经》一卷、《尼咤国王经》一卷、《胸有万字经》一卷、《萨和菩萨经》一卷、《善信女经》二卷、《护身十二妙经》一卷、《度护经》一卷、《毘罗三昧经》二卷、《善王皇帝经》二卷、《惟务三昧经》一卷、《阿罗呵公经》一卷、《慧定普遍神通菩萨经》一卷、《阴马藏经》一卷、《大阿育王经》一卷、《四事解脱经》一卷、《大阿那律经》一卷、《贫女人经》一卷、《铸金像经》一卷、《四身经》一卷、《普慧三昧经》一卷、《阿秋那经》一卷、《两部独证经》一卷、《法本斋经》一卷、《觅历所传大比丘尼戒》一卷。

（二）古异经录

《出三藏记集》记载："古异经者，盖先出之遗文也。寻安录，自地道要语迄四姓长者，合九十有二经，标为古异。虽经文散逸多有阙亡，观其存篇古今可辩。或无别名题，取经语以为目。或撮略四铭，摘一事而立卷名号质实信古典矣。安公觇其古异编之于末，佑推其岁远列之于首，虽则失源而旧译见矣。"③这一类经文是已经被翻译的，但是在之后有所散佚，但是散佚的部分没有影响分辨翻译的年代，如果经名部分残缺，则以本经的核心语汇补充到经名中。

《地道经中要语章》一卷、《数练意章》一卷、《梵志颇波罗延问尊种经》

---

① （梁）释僧佑撰，苏晋仁、萧炼子点校：《出三藏记集》，中华书局1995年版，第221—222页。
② 伊家慧：《道安〈综理众经目录〉复原》，《中山大学研究生学刊》2015年第3期。
③ （梁）释僧佑撰，苏晋仁、萧炼子点校：《出三藏记集》，中华书局1995年版，第91—92页。

一卷、《菩萨地道经》一卷、《飚披陀菩萨经》一卷、《五十五法诫经》一卷、《一切义要》一卷、《说善恶道经》一卷、《爱欲声经》一卷、《摩诃遮曷淀经》一卷、《天王下作猪经》一卷、《魔王人目犍兰腹经》一卷、《始造浴佛时经》一卷、《十二贤者经》一卷、《佛并父弟调达经》一卷、《优堕罗迦叶经》一卷、《四部本文》一卷、《中阿含本文》一卷、《七漏经》一卷、《让德经》一卷、《有贤者法经》一卷、《摩诃厥弥难问经》一卷、《大本藏经》一卷、《说阿难持诫经》一卷、《阿难问何因缘持诫见世间贫亦现道贫经》一卷、《给孤独四姓家问应受施经》一卷、《晓所净不解经者经》一卷、《奇异道家难问住处经》一卷、《奇异道家难问法本经》一卷、《贤者手力经》一卷、《八法行经》一卷、《杂阿含三十章》一卷、《自见自知为能尽结经》一卷、《有四求经》一卷、《佛本行经》一卷、《河中大聚沫经》一卷、《闻城譬经》一卷、《便贤者坑经》一卷、《自守亦不自守经》一卷、《所非汝所经》一卷、《两比丘得割经》一卷、《听施比丘经》一卷、《善马有三相经》一卷、《马有八弊恶态经》一卷、《道德舍利日经》一卷、《舍利日在王舍国经》一卷、《独居思惟自念止经》一卷、《问所明种经》一卷、《欲从本相有经》一卷、《独坐思惟意中生念经》一卷、《佛说如是有诸比丘经》一卷、《比丘所求色经》一卷、《佛说道有比丘经》一卷、《色为非常念经》一卷、《色比丘念本起经》一卷、《佛说善恶意经》一卷、《比丘一法相经》一卷、《有二力本经》一卷、《有三力经》一卷、《有四力经》一卷、《人有五力经》一卷、《不闻者类相聚经》一卷、《天上释为故世在人中经》一卷、《爪头土经》一卷、《身为无有反复经》一卷、《师子畜生王经》一卷、《阿须伦子披罗门经》一卷、《披罗门子名不侵经》一卷、《生闻披罗门经》一卷、《有隩竭经》一卷、《署杜乘披罗门经》一卷、《佛在拘萨国经》一卷、《佛在优堕国经》一卷、《是时自梵守经》一卷、《有三方便经》一卷、《披罗门不信重经》一卷、《佛告舍日经》一卷、《四意止经》一卷、《说人自说人骨不知腐经》一卷、《佛有五百比丘经》一卷、《凡人有三事愚痴不足经》一卷、《佛诫诸比丘言我以天眼视天下人生死好丑尊者卑者经》一卷、《弥连经》一卷、《阿鸠留经》一卷、《忧多罗经》一卷、《栴檀调佛经》一卷、《恶人经》一卷、《罗贫寿经》一卷、《栴檀树经》一卷、《难提和难经》一卷、《四姓长者难经》一卷、《誓佛经》一卷。

（三）失译经录

"失译经录"这一分类出自《出三藏记集》卷三，其中《新集安公失译经录第二》记载:"佑校安公旧录,其经有译名则继录上卷,无译名者则条目于下。寻安录,自修行本起讫于和达。凡一百有三十四经,莫详其人。又关凉二录并阙译名,今总而次列人失源之部。安录诚佳,颇恨太简,注目经名撮题两字,且不列卷数行间相接。后人传写名部混糅,且朱点为标,朱灭则乱,循空追求困于难了,斯亦玙璠之一玷也。且众录杂经苞集逸异名多复重失相散糅,今悉更删整标定卷部使名实有分寻览无惑焉。"①僧佑对这一部分进行了修订,理由是他认为这一部分释道安所写过于简洁,而对于后人来说不易分辨清楚,当然,僧佑所提出的批评是建立在肯定释道安的基础之上的。"失译经录"的目次如下:

《修行本起经》二卷、《菩萨道树经》一卷、《八念经》一卷、《禅行三十七品经》一卷、《诸法本经》一卷、《申日经》一卷、《月光童子经》一卷、《梵志孙陀耶致经》一卷、《枯树经》一卷、《三十七品经》一卷、《六净经》一卷、《法律三昧经》一卷、《应行律》一卷、《欢豫经》一卷、《三十二相经》一卷、《八十种好经》一卷、《演道俗经》一卷、《黑氏梵志经》一卷、《大爱道般泥洹经》一卷、《颇多和多耆经》一卷、《罗云母经》一卷、《五母子经》一卷、《无垢贤经》一卷、《八关斋经》一卷、《逝经》一卷、《生死变化经》一卷、《普明王经》一卷、《文陀竭王经》一卷、《耶祇经》一卷、《五福德经》一卷、《末罗王经》一卷、《分恕檀王经》一卷、《长者音悦经》一卷、《首达经》一卷、《梵皇经》一卷、《五百梵志经》一卷、《僧大经》一卷、《法常住经》一卷、《大小谏王经》二卷、《波耶匿王经》一卷、《摩夷比丘经》一卷、《旃陀越国王经》一卷、《迦叶戒经》一卷、《摩达王经》一卷、《五恐怖世经》一卷、《进学经》一卷、《四饭法经》一卷、《梵摩难王经》一卷、《师比丘经》一卷、《十二死经》一卷、《五无反复经》一卷、《等人法严经》一卷、《治身经》一卷、《治意经》一卷、《十善十恶经》一卷、《阿难念弥经》一卷、《兜调经》一卷、《四虺喻经》一卷、《马有八态经》一卷、《金色女经》一卷、《太子须大拏经》一卷、《十梦经》一卷、《长者辩意经》一卷、《长者须达经》一卷、《孝子报恩经》一卷、《孝子睒经》一卷、《自爱不自爱经》一卷、《长寿王经》一卷、《萨和檀王经》一卷、《未生怨经》一卷、《须摩提女经》一卷、《贤首夫人经》一卷、《七妇经》一卷、《玉耶女经》一卷、《新岁经》一卷、

---

① (梁)释僧佑撰,苏晋仁、肖链子点校:《出三藏记集》,中华书局 1995 年版,第 98 页。

《阿难八梦经》一卷、《车匿本末经》一卷、《九色鹿经》一卷、《五苦章句经》一卷、《佛灭度后棺葬送经》一卷、《妇遇对经》一卷、《罗芸忍辱经》一卷、《阿难邠坻四时施经》一卷、《蜜蜂王经》一卷、《呵调阿那含经》一卷、《戒德香经》一卷、《鬼子母经》一卷、《内外六波罗蜜经》一卷、《小五浊经》一卷、《弗迦沙王经》一卷、《伅真陀罗所问宝如来经》二卷、《迦旃偈》一卷、《七车经》一卷、《弥勒经》一卷、《阿拔经》一卷、《堕蓝经》一卷、《七事经》一卷、《海有八事经》一卷、《坚心经》一卷、《太子和休经》一卷、《分陀利经》一卷、《无悕望经》一卷、《内藏大方等经》一卷、《难等各第一经》一卷、《胎中女经》一卷、《小阿阇世经》一卷、《普达王经》一卷、《小须赖经》一卷、《贫女人经》一卷、《惟留王经》一卷、《目佉经》一卷、《理家难经》一卷、《迦留多王经》一卷、《梵志阇孙经》一卷、《波达王经》一卷、《抄宝积经》一卷、《悲心悒悒经》一卷、《趣度世道经》一卷、《异了本生死经》一卷、《长者威势经》一卷、《咸水喻经》一卷、《萨和达王经》一卷、《痴注经》一卷、《弥勒当来生经》一卷、《慧上菩萨经》二卷、《调达经》一卷、《睒本经》一卷、《放钵经》一卷、《赖咤萼罗经》一卷、《马王经》一卷、《和达经》一卷。

（四）凉土异经录

《净行经》二卷、《金刚三昧经》一卷、《瓶沙王经》一卷、《有无经》一卷、《五百偈》一卷、《须耶越国贫人经》一卷、《浮木经》一卷、《坏喻经》一卷、《妖怪经》一卷、《首至问十四章经》一卷、《阿般计泥洹经》一卷、《四非常经》一卷、《五失盖经》一卷、《大爱道受诫经》二卷、《要真经》一卷、《本无经》一卷、《劝德经》一卷、《十五德经》一卷、《父母因缘经》一卷、《不退转经》四卷、《长者法志妻经》一卷、《金轮王经》一卷、《慧行经》一卷、《七智经》一卷、《未生王经》一卷、《内外无为经》一卷、《道净经》一卷、《七事本末经》一卷、《难龙王经》一卷、《阿陀三昧经》一卷、《百宝三昧经》一卷、《三乘经》一卷、《耆域术经》一卷、《五盖离疑经》一卷、《太子智止经》一卷、《大五浊经》一卷、《道德章》一卷、《苦相经》一卷、《须佛得度经》一卷、《由经》一卷、《须菩提品经》七卷、《三慧经》一卷、《菩萨等行经》一卷、《分然洹国迦罗越经》一卷、《四无畏经》一卷、《五阴事经》一卷、《义决法事经》一卷、《权变经》一卷、《十恕经》一卷、《贤劫五百佛》一卷、《七言禅利经》一卷、《菩萨十恕经》一卷、《十思惟经》一卷、《分别六情经》一卷、《三失盖经》一卷、《佛宝三昧经》一卷、《法志女经》一卷、《文殊师利示现宝藏经》二卷。

（五）关中异经录

《阿难为蛊道呪经》一卷、《堕落优披塞经》一卷、《萨恕萨王经》一卷、《菩萨本行经》一卷、《蓝达王经》一卷、《王舍城灵鹫山经》一卷、《阿多三昧经》一卷、《思道经》一卷、《人民求愿经》一卷、《大珍宝积惟日经》一卷、《陀贤王经》一卷、《佛在竹园经》一卷、《法为人经》一卷、《道意经》一卷、《堕迦罗问菩萨经》一卷、《阿夷比丘经》一卷、《飓陀悔过经》一卷、《太子辟罗经》一卷、《沙弥罗经》一卷、《八德经》一卷、《善德经》一卷、《方等决经》一卷、《摩诃揵陀惟卫罗尽信比丘等度经》一卷、《比丘三事经》一卷。

二、释道安与佛经翻译

中国佛经翻译史上，释道安可以算是里程碑式的人物。佛教是从印度传入中国的宗教，在中国传播就必须有翻译佛经的人才，将佛经的义理传播给大众，这在佛教的本土化中，显得尤为重要。这在个过程中，释道安就是一个关键性人物，他不但组织了佛经的翻译，而且在翻译方法上还总结了经验，构建了佛经翻译的理论。在佛教传入我国的前期，佛经翻译的质量是参差不齐的，人们没有统一的标准和翻译的理论指导。同时对于佛经翻译过程中遇到的疑难词汇或疑难义理，没有办法进行准确的意义表达。而且在翻译过程中存在不按原意表达的现象，后人在佛经中看到译者掺杂了老庄思想等本土哲学思想。这种情况到了晋武帝太元年间有了变化，释道安到长安，佛经翻译事业得到了皇权的支持，他领导了由几千人组成的大道场，蔚为壮观。

在翻译观念上，释道安试图进行一定的改革。在他以前的佛经翻译，形成了"义格"的观念，也就是在解释佛经的概念时，使用中国传统文化和术语进行解释，使用本土的概念套到佛经思想上。释道安反对这样的观念，"安曰：先旧格义，于理多违"[1]，这表明他反对用中国哲学的范畴来定义佛经的义理，这样的翻译方式难免会造成牵强附会。但是释道安并没有完全跳出这样的窠臼，他在形式上反对"义格"，但是在翻译佛经时仍然会有按照玄学来阐释佛学的现象。

在佛经翻译过程中，释道安提出在佛经翻译史上的重要理论"五失

---

[1] 王铁钧：《中国佛典翻译史稿》，中央编译出版社2006年版，第102页。

本""三不易"等。在论述"五失本"时他写道：

> 译胡为秦，有五失本也：一者胡语尽倒，而使从秦，一失本也。二者胡经尚质，秦人好文，传可众心，非文不合，斯二失本也。三者胡经委悉，至于咏叹，叮咛反复，或三或四，不嫌其烦，而今裁斥，三失本也。四者胡有义说，正似乱辞，寻说向语，文无以异，或千五百，刈而不存，四失本也。五者事已全成，将更傍及，反腾前辞，已乃后说，而悉除此，五失本也。①

这一段论述主要介绍了佛经翻译中会遇到原文与译文不一致的情况。第一种是语言之间语法结构之间的不同，在翻译中需要在语法上改为适应中文表达的结构，这就会导致意义与原文有差异。第二种是强调了胡汉文在文与质之间的差别，汉语在叙述过程中更重视修饰的使用，也即更重视文，在翻译中为了重视中国人的阅读习惯，将要改变梵文直译的做法，因此最后所呈现的意思与原文是有差别的。第三种是在佛经原文中有咏诵部分，是要进行反复咏诵的，为了简洁明了以及中国读者的阅读习惯，进行了一定的删减，这就将导致与原文意思有差异的现象。第四种是汉译多略去原文夹注引起混乱之处。第五种指的是在佛经论述义理的过程中，前文已经出现的话，后文再次出现的，都对重复部分进行了删减，因此也会造成没有遵从原文的现象。

而对所谓的"三不易"论述为：

> 然般若经三达之心，覆面所演，圣必因时，时俗有易，而删雅古以适今时，一不易也。愚智天隔，圣人巨阶，乃欲以千岁之上微言，传使合百王之下末俗，而不易也。阿难出经，去佛未久，尊者大迦叶令五百六通迭察迭书。今离千年，而以近意量裁。彼阿难罗汉乃兢兢若此，此生死人而平平若此，岂将不知法者勇乎？斯三不易也。②

这一段论述是在说明，在翻译的过程中，会出现有三种不容易处理的情况：第一种，佛经是来自于域外，并且历经古今，时俗有所不同，因此在佛经翻译的过程中，既要保证所翻译内容的要义符合佛经的本真，同时又要能够适应接受者的理解，这是不易做到的。第二种，是普通的世人心智是凡愚

---

① （梁）释僧佑撰，苏晋仁、肖链子点校：《出三藏记集》，中华书局 1995 年版，第 289 页。
② （梁）释僧佑撰，苏晋仁、肖链子点校：《出三藏记集》，中华书局 1995 年版，第 290 页。

的，要想理解佛经所讲的微言大义，这要介于胡汉两种语言文字的不同和变化，再加上佛经传播过程中，时间和空间都发生了变化，所以要达到精准的表达也是十分困难的。第三种，是佛经的编撰者大多都是具有大智慧的圣人，到现在年代久远，而且翻译者都是一般智力的人，能够传达圣人的意思也是一件不容易完成的事情。

对比前人的佛经翻译，释道安组织了大规模的佛经翻译，不断进行理论总结，总结出"五失本""三不易"，这也是对佛经翻译经验的归纳。这种经验的总结，不但是对当时佛经翻译水平的一种记载，同时也对后世佛经翻译视野产生的影响巨大的指导意义，对当今的佛经翻译依然具有启发意义。

三、释道安佛典注释的贡献

作为一代名僧的释道安，在总结佛经的翻译、撰写经录、注释佛典和创立戒制等诸多方面都有建树。而在佛经的注释上，对后世信众了解佛经的经义，起到了至关重要的作用。

第一，注解隐含经义。在早期，释道安所注释的经书主要有《大十二门经注解》《大道第经注解》《阴持入经注解》以及《安般守意经解》《人本欲生经撮解》《小十二门经注解》等，这些经书大多是宣扬小乘教义，属于阿毗昙类的经注。释道安对于前人佛经注释的风气不满，虽然其前期的佛经注释也有因袭前人注释之风的现象，但是他的翻译仍有创新之处。例如，《大道地经序》："寻章察句，造此训传"，《阴持入经序》："折般畅碍，造兹注解"，这些观点都说明，他是通过注解文字、梳理经文义理，来发掘引申的含义，以方便读者的阅读。我们今天可以见到的这一类经注有《人本欲生经撮解》一卷，原文一卷，释道安的注解亦有一卷，可以看到注解的内容已经和原文相当，由此足以可见释道安对经文的注解应当是非常细致并且数量繁富。在内容上看，释道安对经书注释条例较为健全，同时还使用了一定数量的注释术语，涉及的内容也十分广泛，继续深化了注释的规范，不但改变了早期佛经注释的"口解"和"文传"的初级形态，并且在翻译风格上也更为明白晓畅、简易古朴，这在佛经注释的历史上是有承前启后意义的。

第二，对校佛经的异同。早期的佛教为了能够适应在本土的发展，使佛教能够为鼓吹"玄学"的士大夫所接受，竺法兰等人创立了"格义"之法，结合我国本土的《老子》《庄子》的玄理来比附《般若》的教义，所以出现了"义学"著称一批僧众,形成了士人与僧人相互吹捧、佛经和本土经典相互借用讲说的风气。早期,释道安也曾使用过这样的方法,在他当时所作的经序中就混杂有老庄的思想,例如,《安般守意经序》解释经名之义云:"安为清,般为静,守为无,意名为,是清静无为也"。《叹道行经序》云:"执道御有,卑高有差,此有为之域耳。"但到后来,释道安接触到了大乘"般若"类经典之后,他的思想有了很大的转变。这之后他所作的经注主要是"般若"类经典,旧译的《般若》比较质朴,新译的又杂有舛误,虽然释道安并不精通胡语,但是他广泛地阅读佛教经典,并且掌握了众多佛经的不同版本,因此能够做到相互参校,找出版本之间内容的差异,追求对原意正确的理解。例如,释道安对《光赞》与《放光》互校,可以发现两本之间各有优长,并且可以相互校补两本之间的不足,因此他记其长而为《略解》,并合《放光》《光赞》作《随略解序》。

第三,贯通佛经义理。贯通佛经的义理首先在于"科分章段",吉藏《仁王疏》写道:"诸佛说经,本无章段。始自道安法师,分经此为三段。第一序说,第二正说,第三流通说。"释道安将科分章段称之为"起尽",起尽也就是章之始末,如果进行细分,起尽则有两种,第一种是文句的起尽,释道安有感于翻译佛经的人"颇杂义辞","至于事须悬解起尽之处,皆为细其下",此为文句的起尽。起尽的主要意义在于分章来明晰各章的主旨,随句来贯通佛经义理的注解,所以,在明确了经文的主旨之后,对于各章文意之间的联系进行结构的梳理,这样就成为以主旨为核心,以分章为网络,并且以各章的主旨来说明注释的要素。第二种是全文的起尽,这种起尽是将某一部佛教经典分成若干部分,并且疏通全部经典的各部分文义,这是全文起尽的核心。

第三节 王灏、张之洞的版本目录学研究

一、王灏《畿辅丛书》的编纂与刊刻

王灏(1823—1888),字文泉,号坦圃,河北省定州西关人,咸丰二年(1852)举人,官同知,赏四品顶戴。喜好读书,并且藏书丰富。他的藏书室名为"括斋",并著有《括斋藏书目》。王灏一生深受其家族文化传统的影响,

在许多方面均有成就。其在文献学上的成就主要体现在刊刻《畿辅丛书》，在保存地方文献和文献的校勘方面，都有十分重要的意义。

(一) 王灝的家世与生平

王灝的先祖在明朝永乐年间从山西洪洞迁往定县，逐渐兴旺起来，从乾隆算起，王氏家族先后有二十多人考取功名，成为定州城里的名门望族，到咸丰、同治、光绪年间，发展到鼎盛时期。王灝是他家族鼎盛时期的重要人物，他的生平有英勇事迹，也体现在著述、藏书、刻书等文化事业上。

《民国定县志》中记载了他"抗匪"的事迹，王灝"躯干魁梧，性英迈开敏"①。当时的直隶总督纳尔经过定州，见到他感叹说："有灝在，畿南吾无虑也"。面对多年匪患的困扰，王灝英勇应对。同时，在动荡的年代，出身名门望族的王灝坐拥千金，却"往往捐千金如脱屣"②。他花费重金，进行赈灾，《民国定县志》记载："光绪三年，岁大饥。建议二十里外放米，二十里内设粥厂，三厂各千五百余人……自十月讫四年正月，终其事未尝死一人。又酌留妇女老幼之无依者数百人，养至五月麦熟而止。"③他帮助灾民渡过难关，不计钱财，在几个月的赈灾过程中，竟无一人饿死。

在文化事业上，王灝的贡献更为突出，他积极修建学院、学舍，在《民国定县志》中记载："凡期功以下亲属及内外族党，皆养而教之，如家人子弟。宗祠久失修，独完葺之，并建学舍于祠旁，以教族人贫而失学者。重修定武书院，倡捐钱五千缗，以其羡为诸生试费。"④他出资修葺祠堂，建造学舍，不仅使自己的族人受惠，并且家贫不得入学者，亦能入学读书。王灝还亲自在当地讲学，提倡"实学"和"实用"，强调文武并重。

王灝博览群书，专心著书之学，张裕钊在《定州王君墓表》中写到他"独好读书，百氏群籍浏览博涉，夜以继日"⑤。但现在传世的作品并不多，我们能在《续修四库全书总目提要（稿本）》《清史稿·艺文志》《清史稿·艺文志

---

① 《民国定县志》，载《中国地方志集成》第 35 册，上海书店出版社 2006 年版，第 572 页。
② 张裕钊：《定州王君墓表》，载闵尔昌录《碑传集补》卷五一，文海出版社有限公司 1980 年版，第 2803 页。
③ 《民国定县志》，载《中国地方志集成》第 35 册，上海书店出版社 2006 年版，第 574 页。
④ 《民国定县志》，载《中国地方志集成》第 35 册，上海书店出版社 2006 年版，第 574 页。
⑤ 张裕钊：《定州王君墓表》，载闵尔昌录《碑传集补》卷五一，文海出版社有限公司 1980 年版，第 2802 页。

拾遗》《清史稿·艺文志及补编》以及《大清畿辅书徵》等材料中看到有关他著述的记载。王灏除了编辑《畿辅丛书》，还著有《括斋笔记》《括斋文集》《括斋藏书目》《畿辅地名考》《畿辅佚书考》《畿辅文徵》《畿辅经籍目录》《定武团练纪略》，并汇辑有《畿辅丛书》和《郑学汇函》，但是这些都只是著录了其姓名，而具体的内容都已经不得见了。

王灏还有一大爱好就是收藏图书，史料记载他："又喜收集书籍，所无必求之，不较直。人以异书至，酬之辄过当。闻有善本，使人赍重金，不远千里必得而后已，凡四部之书，都万二百十八种，棠室为满，又搜辑名人字迹、金石拓本千余种，尝盛慕明汲古阁毛氏、清知不足阁鲍氏之所为。"[①]王灏所收藏的图书，现在大多已经散佚，但是他自著的《括斋藏书目》记载了他藏书的数量。他在"自序"中说："予所藏四部之书，凡万二百八十种，六千五百三十四函，十三万二千四十卷"，他不仅收藏书籍，并且还整理藏书，他的藏书也按经、史、子、集分类，亲自校勘，他花费毕生心血斥巨资刻了一部丛书《畿辅丛书》。

（二）《畿辅丛书》的图书收录情况

《畿辅丛书》现在通行可见的版本有《中国丛书综录》中所记载的光绪五年（1879）定州王氏谦德堂刊本，总共收书182种，还有艺文印书馆出版的《百部丛书集成》中的《畿辅丛书》影印本，这个版本共计收录163种。关于该书的确切收书数量，还有多种不同的说法，从120到481种，说法比较杂乱。

学者王颉瑞将《中国丛书综录》中记载王氏谦德堂本与目前国图藏本列表比较，李琼娟在此基础上又加上《百部丛书集成》中所辑，合三者相互参照，向丹的《畿辅丛书研究》又加上河北大学图书馆藏《畿辅丛书》，进行相互对照，来梳理《畿辅丛书》现存书目的情况。《中国丛书综录》与河北大学馆藏《畿辅丛书》版本相同，国图与河北大学藏本互补，当为光绪五年王氏谦德堂完整本，也是目前可见丛书之大概数，即一百八十三种。

《畿辅丛书》的收书，根据时代划分，可分为：周1种，汉4种，魏2种，晋1种，后魏1种，北周2种，北齐1种，隋1种，唐17种，宋11种，金2种，元7种，明24种，清108种，共183种。另外，从四部分类法的角度看，经、史、子、集各部皆备，其中经部23种，史部30种，子部29种，集部42

---

① 《民国定县志》，载《中国地方志集成》第35册，上海书店出版社2006年版，第573页。

种。另有专辑 6 部，共 59 种。[①]

《畿辅丛书》以广博的搜罗为宗旨，所收集的书籍内容十分广泛，既包括先人的经典典籍，也有近代作家的作品，目的就是为了保存和保护更多的文献。王灏对《畿辅丛书》所收图书的底本选择非常严格，对于已经流传于世的经典文献，王灏参考其他丛书的本子，保证底本为善本。丛书的校勘人员也都是当时的博学鸿儒，刻书工匠也经过王灏的严格挑选，保证了刻书的质量。

（三）《畿辅丛书》的内容特点

《畿辅丛书》收书内容十分广泛，涵盖了政治、经济、军事、文学、教育、哲学等多个方面，现存的图书种类总共有 183 种，集合了清代上溯到先秦两千多年的作家作品。《畿辅丛书》的内容特点主要体现在另以专辑收书、学科属性的反映、学术的时代性等几个方面。

首先，《畿辅丛书》的收书，除了按照经、史、子、集的四部划分，还创造性地以专辑的形式，收录了六种专辑的 59 部书。这些专辑的性质有的是家族性的，例如广平永年申居郧辑《永年申氏遗书》；有两人合撰的，如颜元和李塨的《颜李遗书》；有个人独撰的，如《孙夏峰先生遗书》《尹健余先生集》《崔东壁遗书》，等等。这些书稿有丰富的学术价值，但是未加整理，《畿辅丛书》的收录，使得这些资料得到了良好的保存，也是一次系统的整理过程。

其次，《畿辅丛书》收录书籍时，对不同朝代或同一朝代经、史、子、集四部的数量多寡不一，这就体现了编选者所处时代的学术倾向。从收书的数量上看，《畿辅丛书》收录清代作家的数量为首。从刊刻的背景看，《畿辅丛书》是配合《畿辅通志》的编纂，因此需要为《畿辅丛书》提供资料，即兼顾文献保存与提供资料的双重属性，所以选书时更倾向于当代时人的作品。同时《畿辅丛书》的选书标准也独具特色，既具有一定的代表性，同时又是关注度偏低的作品，这样的标准就使得一批在河北地区的散佚在民间、面临失传的文献得到保存。除了清代的作品，明代离当时的时代较近，资料也比较容易收集，唐宋时期畿辅地区人才辈出，文献数量也有相当规模，而其他时代由于社会动乱或战争的摧残，导致了典籍的大量毁损和消亡，所以收录数量相对较少。

最后，《畿辅丛书》的编纂是体现清代学风的典型作品。清朝统治者为了

---

① 向丹:《畿辅丛书研究》，河北大学 2016 年硕士学位论文。

维护集权统治,在文化上采取高压政策,大兴"文字狱",因此文人士子在学术研究上也越来越谨慎,所以清代的学术以考据为中心,成为学术研究的主流,并且形成了名震一时的乾嘉学派。乾嘉学派治学的方法就是考据,许多学者毕生精力就是致力于古籍整理工作。《畿辅丛书》囊括了种类丰富的各类文献,所收之书亦经过了详细的校勘和整理,这一部丛书就体现了这一时代的学术风气。例如乾嘉学派治经大多是从音韵入手,《畿辅丛书》就收录有《广雅疏证》《博雅音》《群经音辨》《沈氏四声考》《审定风雅遗音》《歌麻古韵考》等音韵学书籍。再比如当时的学术还重视史地考证,在《畿辅丛书》中就有《元和郡县志》附考证、《西使记》《潞城考古录》《汉书西域传补注》《唐两京城坊考》《台海使槎录》等珍贵的方志类研究著作。除此之外,《畿辅丛书》还收录有历法考证、史学等类别的考证性学术著作,反映了清代,尤其是乾嘉学派重考据的学术倾向。

(四)《畿辅丛书》的文献价值

其一,保存了地方文献。《畿辅丛书》以河北地区为地域范围,收录河北地区的文献,规模庞大,历时较长,上自先秦,下至清代,长达两千余年。《畿辅丛书》属于郡邑丛书,叶德辉《书林清话》说"会萃乡邦郡邑之书,都为丛刻,自明人《梓吴》始"①,自天启之后,陆续编纂的《盐邑志林》《泾川丛书》《台州丛书》《岭南丛述》《岭南遗书》《金华丛书》《常州先哲遗书》《湖北遗书》《娄东杂著》等,收书从四种到六十八种不等,而《畿辅丛书》收书183种,430册,规模宏大。这部丛书还收录了多种《四库全书》之外的未收书,《清史稿·艺文志》记载:"盖四库之未收者或禁毁者,乾嘉后官方未收及学者之遗著,凡是与畿辅之地有关联者,《畿辅丛书》尽纳入之。至于零篇残牍,不能成一书者,王灏就另辑《畿辅文徵》以收录。恐有遗漏,又辑有《畿辅丛书未刻书目》"②。这其中包括《四库全书》未收集的诗文集等。许多畿辅地区的文人作品,若无王灏的收集,恐怕难免散佚的命运,也为后世的考证研究提供了丰富资料。

其二,辑佚的价值。清代的辑佚之风兴盛,许多著名学者,如章宗源、王谟、严可均等人都在辑佚上成果丰硕。例如《畿辅丛书》收录了李绛的《李

---

① 叶德辉:《叶德辉书话》,浙江人民出版社1998年版,第242页。
② 《清史稿艺文志拾遗》录有《畿辅丛书未刻书目》,不分卷,书目今已难考。见王绍曾主编《清史稿艺文志拾遗》(上),中华书局2000年版,第970页。

相国论事集》，在《刘宾客文集》记载有"至于宰天下，辞赋、诏诰、封章、启事、歌诗、赠饯、金石、扬功，凡四百余篇，勒成二十卷"[①]的信息，可以看出，李绛的作品有四百多篇，在流传的过程中许多都已经散佚了。《畿辅丛书》所收录的《李相国论事集》后有《补遗》一卷，是当今我们可以见到的六卷本外另辑的一卷。

其三，校勘价值。《畿辅丛书》不仅仅是简单收录图书，还收录了后世的考证和校注。我们从编者王灏在一些书籍的跋中，可以窥见校勘的过程，如在宋贾昌朝《群经音辨》的序跋中说道："此书为康定中侍讲天章阁时所上。宝元二年，丁度等刊修《集韵》，亦曾奏采此书，其为当时所重如此。保定府莲池书院旧藏有影宋钞本，足以证泽存堂张氏粤雅堂任氏两本之误者凡三十余字。""王君晋卿以是本属余重刊行世，其显然伪误者则据张氏、任氏两本一一校正之，亦有其书原误，失于考证之处，如第一卷'嚼厄也'误以'蠋'为'嚼'，第二卷'肺腊也'，误以肺为肺之类。晋卿别为校勘记附于卷后，庶读此书者不至沿伪袭误云尔。"《畿辅丛书》收录《群经音辨》使用的底本是保定莲池书院影宋钞本，但是这个本子有明显错讹之处，又使用张氏泽存堂本和伍氏粤雅堂本参校，做到了慎重选择底本，多本相互参校，各取所长。

二、张之洞的目录学研究

晚清时代的张之洞，集多重身份为一身，而在学术发展史上，张之洞的目录学思想对这一学科的形成至关重要。清乾隆年间修纂《四库全书总目》，但是《总目》的内容颇为复杂，对于初学者来说，要从浩如烟海的典籍中去主动分辨著作价值的高低，是一件很困难的事。从《四库全书总目》到《书目答问》的这一个世纪当中，又有一批有价值的作品出现，因此急需一部能够反映研究成果的目录学著作，为初入门径者提供指导，这是张之洞《书目答问》应运而生的背景。

（一）张之洞与《书目答问》

张之洞（1837—1909），字孝达，又字香涛，自号抱冰，又号壸公，今河北省南皮县人。他是晚清重臣，在清末的洋务运动中发挥了重要作用，同时

[①] （唐）刘禹锡：《刘禹锡集》卷一九，中华书局1990年版，第25页。

也是我国图书馆事业的先行者。在张之洞的为官生涯中,他十分重视文治,在教育方面,他创办了四川的尊经书院、广州的广雅书院、湖北的经心书院和两湖书院。他在四川任学政期间,曾经写下了《輶轩语》和《书目答问》,其写作的目的就是指示后学的读书门径,张之洞曾经明确地指出:"诸生为学者来问应读何书,书以何本为善……因录此以告初学。"并且"读书不知要领,劳而无功;知某书宜读而不得精校、精读本,事倍功半。"[①]张之洞认为,初入学习的门径,必须要了解何为善本,并且知悉了这一类信息,在学习上能够起到事半功倍的效果,否则就会走弯路。因此可以说《书目答问》是一部指导治学门径的书,同时也体现了张之洞本人的目录学功底,既是一本教材,也是一部学术著作。

(二)《书目答问》的学术源流

在中华民族的发展历程中,积累了浩如烟海的文献典籍,从而催生了中国目录学的发展与演变。到清代时,《四库全书总目》集前人之大成,对前代的典籍进行了系统化的整理,再到张之洞的《书目答问》,对如何阅读典籍起到了指引作用,我们从中也可以看到张之洞的学术背景和源流。

在目录学的领域中,张之洞认为最重要的著作是《汉书·艺文志》《隋书·经籍志》《经典释文序录》《旧唐书·经籍志》以及宋史、明史等艺文志。张之洞出身科举,因此他治学十分严谨,学养也极为扎实,在广博的阅读背景下,他所提出的目录学见解是较为可信的。他的史部目录收录了《崇文总目辑释》《郡斋读书志》《直斋书录解题》《四库全书总目》《四库未收书提要》,等等。

《书目答问》体现了张之洞早期的学术思想。首先,张之洞成长在一个官宦世家,他的祖父和父亲都曾是清朝的官员,所以他受到的教育是正统并且十分严格的。他在童年时期就阅读四书、五经,十分用功。家庭环境和教育背景的熏陶,使他逐渐形成儒家正统的思想。其次,在张之洞进士及第之后,曾经任职浙江乡试副考官和四川学政,这些任职都与文化教育或者学术活动相关,在翰林院期间,张之洞以"忠君爱国"和"维持名教"标榜,深得朝廷看重,这种浓厚的崇儒宗经的思想,与张之洞的科举和为官经历密切相关。

---

① (清)张之洞编,范希曾补正,孙文泱增订:《增订书目答问补正·略例》,中华书局2011年版,第1页。

关于对科举的认识，张之洞也是在不断变化的，后期张之洞反对科举制度，并且力主废除科举制度，提出建立学堂，将旧学和新学统一起来，"一曰新旧兼学：四书五经、中国政治、史学、政事、地图为旧学，西政、西艺、西史为新学。旧学为体，新学为用，不使偏废。二曰政艺兼学：学校、地理、度支、赋税、武备、律例、劝工、通商，西政也，算、绘、矿、艺、光、化、电，西艺也。才识远大而年长者宜西政，心思敏捷而年少者宜西艺。小学堂先艺而后政，大、中学堂先政而后艺。三曰宜教少年：学算须心力敏者；学图须目力好者；学格致、化学、制造，须颖敏者，学方言，须口齿清便者，学体操，须气体精壮者"[1]。其核心就是"中学为体、西学为用"，从上面所列的内容可以看出，张之洞的学术思想是不断进步发展的，从完全维护道统，到新旧并蓄，吸纳西方的教育和科技成果，这在当时，都算是具有进步性的思想。尽管这样的教育设想已经是在《书目答问》的写作之后，但我们梳理张之洞的学术源流可以看出，他的思想是不断进步和发展的，这样的思想意识，对于《书目答问》的写作是有影响的，《书目答问》中在体例划分上的一系列创新，在收录书目上的与时俱进，都与他的这些学术背景和思想有关。

(三)《书目答问》的文献学价值

为了指导学生阅读典籍，尽快找到读书治学的门径与方法，张之洞在缪荃孙等人的协助下，经过两年的时间完成了《书目答问》的写作，实现了对历代和当代典籍的详细甄别，并进行分门别类的编纂，后人也不断地对《书目答问》进行订误和补充，在学者对《书目答问》的研究中，对这部书的价值与贡献的挖掘主要体现在目录学、版本学和历史文献学的几个方面。

目录学贡献。《书目答问》编写的目的是为了指导文人士子的读书学习，从编纂的初衷来看，并没有特别的创新之处，但是在具体的编写中，《书目答问》有一定的革新意识。在清代，乾隆时期编纂了《四库全书》将四部分类法确定为目录书的基本体例，后世编纂的目录著作，几乎都按照这样的体例编写，到了张之洞的时代，随着图书事业的发展与进步，经、史、子、集的分类方法难以完全满足图书类别的划分需求，因此他在四部之外又另立"丛书""别录"两类目录，这样就使许多难以分类的书籍可以归入目录书中，在这之后，经、史、子、集、丛便成为目录著作的基本体例。在目录学其他方

---

[1] 张之洞：《劝学篇》设学第三，《张文襄公全集》卷二〇三，中国书店 1990 年版，第 10 页。

面的创新，还包括对经部的分类上，张之洞没有遵循四库分类法的窠臼，进行了重新调整，将经部分为"正经正注""列朝经注经说经本考证""小学"三类，这就改变了《四库全书》将经部划分为"易类""书类""诗类""礼类""春秋类""孝经类""五经总类""四书类""乐类""小学"等繁复的分类方式，这种改变推动了中国目录学的不断向前发展。

版本学贡献。中国历史悠久，因此历代典籍在流传过程中形成众多的版本，而治学读书版本显得尤为重要，好的版本强调"精校、精刊"，在《书目答问》的附录《国朝著述诸家姓名略》中讲道："继前代经史子集，苟其书流传自古，确有实用者，国朝必为表章疏释，精校重刻。凡诸先正未言及者，百年来无校刊精本者，皆其书有可议者也。"①由此可以看到在张之洞的学术视野中也十分重视图书版本的质量。在编撰《书目答问》时，张之洞首先辨别了图书版本的优劣，例如在元陈澔《礼记·集说》评价道："新刻五经，江宁本最善。"介绍了此书的最佳版本。又如在在吴廷华《仪礼章句》注解中写道："乾隆丁丑、嘉庆丙辰两刻本。阮元编录《皇清经解》学海堂刻本，极善。"不但介绍了这部书的版本信息，而且还为读者推荐了善本。有时还指明各个版本优劣的原因，在《十三经注疏》下标明："阮本最于学者有益，凡有关校勘处，旁有一圈，依圈检之，精妙全在于此。四川书坊翻刻阮本，讹谬太多，不可读，且削去其圈，尤谬。"②可以说对版本优劣的情况介绍得十分清楚，足见作者辨别版本的功力与学养。其次，对一些书籍版本增删的情况进行了说明，并且考证了版本的源流，读者通过阅读可以知道一部作品的版本流变情况。例如唐李鼎祚《周易集解》著录道："雅丽堂本，经解汇函重刻卢本，明毛晋刻津逮秘书本，张海鹏照旷阁刻学津讨源本，又明木渎周氏刻本，仁和叶氏刻周本。"③将各时代的版本的发展情况都梳理清楚。对于丛书类的书籍，张之洞也有介绍和说明，《汉魏丛书》的注释写道："明程荣刻三十八种，何允中刻七十六种。国朝王谟刻八十六种，又广为九十四种。"④将图书规模和版本的变化进行叙述。

---

① 张之洞编，范希曾补正，孙文泱增订：《增订书目答问补正》，中华书局2011年版，第569页。
② 张之洞编，范希曾补正，孙文泱增订：《增订书目答问补正》，中华书局2011年版，第1页。
③ 张之洞编，范希曾补正，孙文泱增订：《增订书目答问补正》，中华书局2011年版，第18页。
④ 张之洞编，范希曾补正，孙文泱增订：《增订书目答问补正》，中华书局2011年版，第547页。

（四）《书目答问》的时代特征

《书目答问》这部目录书共著录图书二千二百余种，其中有众多重要的历代文献典籍，除此之外，还著录了乾嘉时期到晚清的经典著作，这些在《四库全书》中都没有被收录。《书目答问》最重要的意义是其在目录学上的创建性，同时它还蕴含了浓厚的晚清时代特色，主要包括以下几点：

著录经济著作。在中国古代社会中，儒家思想占据着主导的地位，这就使中国长久以来都有"重农抑商"的传统观念，在"士农工商"中，从事商业者最不为看重。这在目录学的反映就是我国古代没有专门独立的经济文献目录，相关的文献都是散见于经、史、子、集等各个部类中。而到了近代，社会政治经济发生了深刻的变革，张之洞就是洋务运动的主要代表，因此他将一系列的经济学著作纳入《书目答问》中来。首先，是在子部设立"论经济之属"，将历代相关文献收录于此，例如汉代桓宽《盐铁论》、魏文帝《典论》等二十五部。这些早期的文献涉及了百姓社会生活的诸多方面，经济内容包括赋税、货币、盐铁等。其次，在《国朝著述诸家姓名略总目》中，设立"经济家"一目，张之洞说："经济之道，不必尽由学问，然士人致力，舍书无由，兹举其博通切实者。士人博极群书，而无用于世，读书何为，故以此一家终焉"。[①]这鲜明地表现了张之洞作为洋务派"经世致用"的思想。在这一部分中，张之洞又将"经济家"分为两类，一类是有经济类著述的人，例如黄宗羲、龚自珍、魏源等；另一类属于名臣，即在为官时为清朝的经济政策或经济发展做出过突出贡献的人，如刘统勋等。张之洞企图以这样的方式将经济的重要性告诉参考阅读的诸生，这是洋务运动时期整个社会思潮发生变化的一个印证和缩影。

著录西方科技著作。洋务运动时期，清朝提出的口号是"师夷长技以制夷"。西方列强用坚船利炮打开了清国的国门，这对张之洞等洋务派产生了强烈的刺激，人们意识到必须要有科学技术，才能实现富国强兵，抵御外侮。正因意识到了科技的重要性，张之洞的《书目答问》就收录了一批西方科技著作。在史部地理类中，收录了《新译海塘辑要》一书，书的作者是英国人傅兰雅，除地理类，还收录了诸如意大利人艾儒略的《职方外记》等五部西方科技著作。子部的兵家、农家、天文算法等类中均收录了科技类著作，比

[①] 张之洞编，范希曾补正，孙文泱增订：《增订书目答问补正》，中华书局2011年版，第631页。

如兵家中收录《新译西洋兵书五种》，农家中意大利人熊三拔《附泰西水法》等。这些著作的收录都是张之洞"中学为体，西学为用"的经世思想的体现。

著录本朝著作。通过兴办洋务，清朝的统治似乎有了中兴与恢复的景象，在受到内部太平天国运动的冲击之下，人们也逐渐在意识到文化实力的恢复也尤为重要。所以张之洞的《书目答问》在遍收前人经典的同时，着重收录了本朝人的学术著作。其一，张之洞在《书目答问》的开篇就写道"此书所录，其原书为修《四库》书时所未有者十之三四，《四库》虽有其书，而校注本晚出者，十之七八"①，这就说明张之洞在编写之初，就已经意识到清朝当代著述的重要性。其二，在经部中，张之洞指出："经学、小学书，以国朝人为极，于前代著作，撷长弃短，皆已包括其中"，清楚地认识到这些方面的学术论著，清朝学人的学术水平较高。其三，在史部地理中，张之洞说："今人地理之学，详博可据，前代地理书，特以考经文史事及沿革耳，若为经世之用，断须读今人书，愈后出者愈要"。其四，在子部天文算法中，张之洞说："推步须凭实测，地理须凭目验，此两家之书，皆今胜于古"，张之洞没有被崇古思想所禁锢。

在晚清时期，社会经历了重大的变革，张之洞以经世致用的思想为指导编写《书目答问》，体现着时代对学术著作的影响，并对这部目录著作在前人的基础上加以创新，具有时代特色。

第四节　王兰生、苗夔的音韵学研究

自隋代陆法言著成《切韵》一书以来，正音审音的重要性越发突出，如唐代颁布《唐韵》、宋代有《广韵》，至于元代的《古今韵会举要》、明代的《洪武正韵》，均是为了统一思想的需要。至清代，朴学兴起，小学著作不断涌现。如顾炎武的《音学五书》考察古今音的变化，开辟了清代文献考据学的治学道路；此后有江永、戴震、孔广森、江有诰等著作学者的进一步探讨，都

---

① （清）张之洞编，范希曾补正，孙文泱增订：《增订书目答问补正·略例》，中华书局2011年版，第1页。

在不同程度上促进了音韵学的发展。谈及河北学人的音韵学研究，王兰生和苗夔不可忽视，本节将分而述之。

一、王兰生与《音韵阐微》

王兰生（1680—1737），字振声，又字信芳，号坦斋，直隶交河县人（今河北省沧州人）。清代音韵学家、乐律学家，师从李光地学习音韵学、易学、律吕等学问。康熙三十五年（1694），入县学为诸生；康熙六十年（1721），参加会试，为辛丑科二甲第一名，改庶吉士。后历任内阁学士、浙江学政、礼部侍郎等职。他不仅参与编纂了《音韵阐微》一书，还参与《朱子全书》《周易折中》《性理精义》《律吕正义》《数理精蕴》《卜筮精蕴》《骈字类编》《子史精华》等书的编辑工作。其奉康熙皇帝之命而编成的《音韵阐微》一书不仅为清王朝的政治文化发展做出了重要贡献，还是我们考察汉语语音史发展的重要参考资料。

（一）《音韵阐微》的成书过程

历代统治者为了稳固自己的统治地位，需要确立属于自己的一套审音正音的标准，从而标榜自己的正统地位。而官修韵书是语言传承的重要媒介，是将南北异音统一起来的重要工具，故编纂一部韵书是朝廷稳定后的首要任务。康熙朝时，社会大局基本稳定，各项文化建设逐步展开，康熙五十四年（1715），康熙皇帝下旨编纂编撰《音韵阐微》一书，希望能编成一部可辨古今南北之音、可以垂范后世的经典。前后历时十一年的时间，至雍正四年（1726）告竣，由雍正皇帝御制序文并颁行。

今见《音韵阐微》的版本主要有雍正六年（1728）年的武英殿刻本、清扬州诗局刻本、四库全书本、四库荟要本、四库全书珍本、淮南书局本、清末四川刻本。其中，武英殿刻本为最早的版本，其余版本均以殿本为祖本。

《音韵阐微》一书凝聚了三个人的智慧，由康熙皇帝授意编撰，李光地奉敕承修，王兰生编撰完成。其中康熙皇帝精通满文，又兼通汉、蒙、俄等语言；李光地为福建人，代表方言为闽南语；王兰生为河北人，代表方言为河北方言。《音韵阐微》在三人不断地交流后逐渐明确了编纂的宗旨和价值取向。明末时，陈第曾提出"故时有古今，地有南北；字有更革，音有转移"的主张，传统的字书、韵书存在一定的局限性。故李光地想要编纂一部"合时谐俗"，能够反映时音的韵书，而王兰生希望在传统古音系的基础上兼顾时音系统，能够同时反映古音和今音。然通过考察《覆发阅韵谱式样札子》和《覆发阅王兰生所纂韵书札子》，可以看出李光地最终还是听取了康熙"不遽变古"的思想。在 1713 年时，康熙皇帝曾下旨将《谐声韵学》一书给李光地、王兰生看阅。据《交河集》记载：早在 1713 年，王兰生就成为由诚亲王和十六阿哥率领的编纂韵书队伍的成员之一；1714 年收到《谐声韵学》的稿本；1715 年因母病，乞假归家时也曾收拾韵书，将"平声、上声按字查对编次"并拟成数条凡例询问于李光地，并请康熙皇帝裁示。

考察《音韵阐微》与《谐声韵学》二书，可以发现此二者有很多相同点，可见康熙皇帝此举是为了编撰《韵学阐微》做准备。如李光地和王兰生二人吸收满文音素直拼的方式，将传统反切改造为合声反切，就是在《谐声韵学》改动反切的基础上更进一步探索反切改良的道路，总而言之，《音韵阐微》一书由李光地、王兰生反复讨论后由康熙皇帝定夺，从而确定它的编撰宗旨与体例，由李光地、王兰生负责实施编撰的一部能够兼顾古音与今音的韵书。

（二）《音韵阐微》的内容及编纂体例

《音韵阐微》一书由韵谱和韵书两部分构成，属于清初"字音韵谱"四大重要文化建树之一。关于此书的编纂宗旨，康熙皇帝坚持"不遽变古"。由于清朝是少数民族入主中原的政权，为了强调自己统治的正统性，获得广大汉儒的支持，需要表明自己沿袭的也是汉民族传统文化，故《音韵阐微》坚持传统的中古音系体式。但同时，康熙皇帝在心理上认为满语有优于汉语的地方，所以此书在局部上也会进一步调整，吸收满语的优点，首创合声反切，这也是有别于前代传统韵书的地方。

康熙皇帝十分强调满语"两字合音"的特点，看到了音素直拼的优点。故在编排《音韵阐微》时也采用这种思想。正如黄雪晴在《〈音韵阐微〉的编撰特点——兼论康熙皇帝的文化思想》一文中所分析："合声的具体原则是：反切上字取支、微、鱼、虞、歌、麻六韵中同呼法字，反切下字清音取影母、浊音取喻母同声调字。即用无辅音韵尾的阴声韵字切零声母字，剔除上字冗余韵尾和下字冗余声母的障碍，使拼切更直接顺畅……这种原则非常接近满文音素直拼的优点。"[①]

《音韵阐微·凡例》中说道："韵部为经，字母为纬，等第呼法以

---

① 黄雪晴：《〈音韵阐微〉的编撰特点——兼论康熙皇帝的文化思想》，《辞书研究》2016 年第 2 期。

别其音,今于能别者悉为剖析注释,其不能辨者则仍旧,以示存古之意。"①首先此书共 18 卷,按四声分卷,其中平声六卷,上声四卷,去声四卷,入声四卷。其次,在平水韵 106 韵的基础上,进一步分为 112 韵,将"殷""隐""焮""迄""拯""证"六韵独立出来,每一韵下面的声母按照"始见终日"顺序排列。按照传统韵书的体例,往往会给声母分等。《阐微》亦是如此,不同的是,此书在字组的按语后详分四呼。如卷一平声"一东"末的按语中记载"按以上十六音撮口呼,惟轻唇数音宜属合口呼"。更为突出的是对反切的改良。《阐微》中只有 17366 个被释韵字,将这些字被分为同音字组,同音字组的代表字下详加注音释义,其余同音字则只释义而不注。其注音除引用反切外,还根据不同的情况用"合声、今从(旧切)、今用、协用、借用"五种术语加注新造反切,在保存古音的同时也阐明当时的读音。

此外,关于《音韵阐微》的音系问题,历来众说纷纭。叶宝奎先生认为"其语音框架与中古音几乎没有什么差别,编者意在将唐宋以来的传统读书音当作清初语音直接的历史源头,在此基础上考其当合当分,而他们所表达的时音(今音)不过是以《广韵》为代表的传统读书音到了清初的变异形式而已。"②所以他认为《音韵阐微》音系代表的是清初的官话音。从声母方面来说,北京音的疑母、微母、喻母已经消失,南京音中的疑母消失,保留微母和喻母,但《音韵阐微》中疑母和微母尚未消失。从韵母方面来说,是否保存入声韵是明代中期以后区分官话音与北京音的一个重要标志,北京音的入声韵已经消失,并入相应的阴声韵,而《音韵阐微》中仍然保留入声韵,并有 -p、-t、-k 入声韵尾。而南京音中的鼻化韵和儿化韵是《音韵阐微》中所没有的。从声调方面来讲,北京音的入声已经消失,而《音韵阐微》中分为"平上去入"四声,虽与南京音相同,但综合来看,《音韵阐微》代表的是清初的官话音,而不是北京音或南京音。

综上所述,《音韵阐微》一书是一部以"不遽变古"为编撰宗旨,在传统中古语音的框架之下包含时音两种体系,反映清初官话音的一部官修韵书。

(一)《音韵阐微》的影响

《音韵阐微》作为一部官修韵书,除了有其特定的政治目的,也是一部有

---

① (清)李光地、王兰生编撰,黄雪晴校理:《音韵阐微校理》,中华书局 2018 年版,第 5 页。
② 叶宝奎:《〈音韵阐微〉音系初探》,《厦门大学学报》(哲学社会科学版)1999 年第 4 期。

着进步意义的韵书,在汉语史上也拥有独特的地位。此书既保存了中古汉语音系,又保存了当时汉语读音,不仅是研究汉语语音发展史的重要资料,还利于研究清代官话语音,具有极高的史料价值。

首先,《音韵阐微》自颁布之时,就确立了它的权威地位,成为科举取士的用韵标准,以此来培养统治者所需要的人才。同历代官修韵书一样,此书通过统一语音,成为审定时音音读的标准,更加巩固了清朝统治者的统治地位。

其次,《音韵阐微》的合声反切达到了反切改良的巅峰。其沿袭《切韵》的传统音系,又吸收表音文字的优点,创立新造反切,最大限度地接近"音素直拼"。由于明清时期根据当代的语音现状对宋代兴起的等韵学进行声母清化,韵母分为四呼,声调分为阴平、阳平、上声、去声等变化,使得声韵调的配合更加优化。加之,宋代丁度修订的《集韵》也曾根据当时的独韵对反切进行改进,为《音韵阐微》的改良反切提供了经验。由于合声反切上字要"能生本音",下字要"能收本韵",如此才能"其声自合"。故《音韵阐微》在编撰时对反切上字进行了修改,考虑到反切上字实际的声韵调。如根据声母的演变进行调整;必用本调,力求上字的声调与被切字声调一致;必用本呼,要求介音要一致;韵母要用阴声韵,这样与下字相拼时,可以没有阻碍地与下字韵母相拼。同时,编者也对反切下字进行了修改,如下字不仅要与被切字的韵母声调相同,声母也要是零声母并且分清浊。此外,由于合声反切存在一些局限性,故《音韵阐微》中亦采用今用、协用、借用三种方式来加以补充。如《凡例》中记载"因本母、本呼于支微鱼虞数韵中无字者,则借仄声或别部之字以代之,但开齐合撮之类不使相混;遇本韵影喻二母无字者,则借本韵旁近之字以代之,其清母浊母之分,不使或紊,其取音比旧稍近也。江,《广韵》《集韵》古双切。[今用]基腔切。"其中"基"属于支韵,与"江"同为齐齿呼;"腔"属于溪母,与"江"同为清声。综合以上来看,它打破了传统中古音系的束缚,从语音的实际出发来制定反切,为后来的字母拼音法的产生奠定了基础,可以说是汉语新型注音法的开拓者。所以后来的《辞源》《辞海》等书均引用此书的反切注音。但无论什么样的反切也摆脱不了表意汉字的局限,故后来又发展出注音符号。

再次,《音韵阐微》按中古音的等呼进行划分,在一定程度上反映出清代撮口呼发展的不稳定性。明初,以介音[y]为标记的撮口呼基本独立。但清初的《五方元音》《拙庵韵悟》等韵书对撮口呼仍然没有一个统一的标准。《音韵阐微》中有 1197 个字在现代汉语中仍读撮口呼，1069 个字已经不读撮口呼。因此，虽然"中古合口三四等变为近现代撮口呼"的规律依然有效，但不可否认的是，其"撮口呼"涵盖范围要比现代汉语中的要宽，加之其对撮口呼的划分标准并不统一，所以存在不少的矛盾。《音韵阐微》在编排中保存传统的体系，但很多并不符合近代合流的音读。故现代汉语中还有 172 个读撮口呼而《音韵阐微》中并不读撮口呼，这反映了汉语音变的发展过程，体现了语音系统内部自我调节、自我平衡的能力。

当然，由于其"不遽变古"的宗旨，致使此书在编纂过程中也存在一些问题。由于语音是在不断变化发展的，很多语音用传统框架已经无法表达。在《音韵阐微》的编排时为了兼顾古音与今音两个系统，编者按照等韵划分为 36 母，而今音只有 21 母。李光地在《复填写〈经世声音图〉满文札子》中说："等韵有三十六母，邵韵有四十八行，以今音对之，则今音所缺者多。即如疑微两母必不可缺者，而今京音无之……"并且因为时音字母的缺少，致使其无法实现"古今南北之别庶按母可辨"。由于近代汉语韵母系统由入配阳转为入配阴发生了重大的变化，其与《音韵阐微》采用的传统语音框架并不相容，编撰者为了保存旧制而放弃了在这一方面反映时音，故此书无法在入配阳的框架内表现入声韵的具体变化。近代汉语语音中 -m 尾韵并入 -n 尾韵，编者在覃韵的按语中解释道："覃韵之音与寒韵相近，盐韵之音与先韵相近，咸韵之音与删韵相近，但寒删先收声于舌齿，覃盐咸收声于闭口。"虽然编者意识到"覃盐咸"与"真寒删先"的变化已经发生，但为了表现古音，又提醒此二组韵的区别。如此自相矛盾，实在令人费解。

为了在传统语音框架之下表达实际的音韵现象，编者常在按语中加以说明。如上声董韵的按语"上声浊母中字，今多读若去声，如动读如洞，杜读如渡之类是也。今于翻切第二字，多借清母中字用之，使人审切音而知其为上声。之所以辨其母之清浊者，专在翻切之上一字，仍不悖古人切法之旧也"。编者虽以按语的形式强调今音的读法，但还是能够在一定程度上影响《音韵阐微》中时音的准确性，其不足之处我们也应当重视。

（二）王兰生的律学思想

在加快审音正音的同时，康熙皇帝也认识到继承汉族传统礼乐文化的重要性，因此任用精通音律的王兰生等人编写《律吕正义》这一部书。然而传统的礼乐与律吕制度已经无法适应当时的社会。在西方传教士的影响下，康熙皇帝试图借助西方的音乐来编撰一套全新的律吕制度。在皇帝的支持下，王兰生将西方音乐融入中国传统律吕之中，编成《律吕正义》一书。

> 西术之来有年矣，而知之者盖寡，惟我皇上明其理，精其数而又欲广其传焉。故以之制历而历成，以之造律而律定。此诚钦天成俗之大本，而礼乐明备之一候也。①

从王兰生的这一段话可以看出其对西方音乐的肯定，王兰生更进一步认为传入中国的西方音乐知识，源出于中国，只是后来流传到西方，提出"西乐中源说"。如其在《历律算法策》中明确指出：

> 律历治学，盖莫备于虞夏成周之世者也。其法本创之中国，而流于极西。西洋因立官设科而其法益明，中土因遗经可考，而其理亦备。②

在王兰生看来，中国的本土音乐与西方的音乐中的某些概念只是在名称上有所区别，而在作用上是相同的。西方音乐的五线六名、十二音中取七音、喜怒军宾之异乐均能对应中国传统音乐中的声、律、调等概念。此外，王兰生也积极地从西学之中汲取营养，从而促进《律吕正义》的编纂。正如梅瑴成对他的盛赞："自乐律音韵旁及西人象数，莫不就心极虑，深造其微。"③他将西方数学的算法运用到律吕之学中，如其对"泰西比例之学"的应用，即利用"比例四率法"来求同形管的长度与直径。虽然其中不免有很多牵强附会之处，但其主动借鉴西学的做法是值得我们赞赏的。

总而言之，深受康熙皇帝重视的王兰生，编成了清初"字音韵谱"四大重要文化建树之一的《音韵阐微》一书和清代律学经典《律吕正义》一书，在全国范围内都产生了重要影响，不仅对于稳定清王朝的统治，而且对于后代学者研究清初官话及汉语语音发展史贡献卓著。

二、苗夔的音韵思想

苗夔（1783—1857），字仙麓，又作先路、先簏、仙露、仙鹿，直隶肃宁

---

① （清）王兰生：《交河集》，载《清代诗文集汇编》第247册，上海古籍出版社2010年版，第531页。
② （清）王兰生：《交河集》，载《清代诗文集汇编》第247册，上海古籍出版社2010年版，第531页。
③ （清）王兰生：《交河集》，载《清代诗文集汇编》第247册，上海古籍出版社2010年版，第455页。

人，道光十一年（1831）的优贡生，清代语言学家。有《说文声订》《毛诗韵订》《说文声读考》《集韵经存》《韵补正》《经韵钩沉》等著作。

（一）苗夔与《毛诗韵订》《说文声读表》

据记载，苗夔幼年时"即嗜六书形声之学，读许氏《说文》，若有夙悟"[①]，再至将顾炎武的《音学五书》奉为终身可读的经典，后高邮王氏父子与其畅论音学源流等，这些都为苗夔的成功奠定了基础。

苗夔生当乾嘉时期，深受清代考据学的影响，故其能够以客观公正的态度对待各家的学术思想。如他修订《说文》成《说文声订》，力求还其古音，恢复本来的面貌。同时，虽然苗夔十分尊崇顾炎武，但他仍然能够看到顾炎武研究的不足之处，"顾氏音学所立古音表十部，宏纲已具，然犹病其太密，而戈、麻既杂西音，不应别立一部。于是并耕、清、青、蒸、登于东、冬，并戈、麻于支、齐，定以七部，隐括群经之韵"[②]。故其在研究《诗经》的音韵时为恢复其古音古韵，"尝以齐鲁韩三家证毛，而又以许浟长至声读参错其间，采太平戚氏之《汉学谐声》、《诗经正读》，无锡安氏之《韵徵》，为《毛诗韵订》十卷"[③]。可见其并未以《毛诗》为尊，而是参以众家，又辅之以许慎的《说文解字》、太平戚氏的《汉学谐声》《诗经正读》、无锡安氏的《韵徵》等书而成《毛诗韵订》十卷。其书版本有清咸丰元年（1851）刻本、苗氏说文四种本和《续修四库全书》中影印清咸丰元年（1851）汉寿亭刻本三种。

由于在苗夔之前，古韵部已经形成，但各字音却未能全部归类。苗夔所编《毛诗韵订》一书，只为专门探讨音韵问题，并给字音进行分类，如《桃夭》篇的注释：

桃之夭夭，灼灼其华。古音敷。夔案：乐府《陌上桑》罗敷即丽华也，罗字集韵收五支。之子于归，宜其室家。《玉篇》："家，音姑。"桃之夭夭，有蕡有实。五质之子于归，宜其家室。五质桃之夭夭，其叶蓁蓁。十九臻之子于归，宜其家人。十七真。[④]

可见苗夔在注释中只是解释了读音和韵部，并以按语的形式引用经典解释古音。再如对"在河之洲"的解释：

---

① 赵尔巽等：《清史稿》卷四八〇《苗夔传》，中华书局1987年版，第3365页。
② 赵尔巽等：《清史稿》卷四八〇《苗夔传》，中华书局1987年版，第3365页。
③ 赵尔巽等：《清史稿》卷四八〇《苗夔传》，中华书局1987年版，第3365页。
④ 《续修四库全书》经部·诗类卷六九，上海古籍出版社2002年版，第5页。

《说文》从重巜，后人加水安，古琴、日、州古音招。①

除了解释"洲"这一字，还并列"琴""日"二字共同解释。由此可见，苗夔十分推崇古音，如其对《驺虞》一篇的注释：

　　彼茁者葭古音姑一发五豝古音传于句嗟乎句驺虞句十虞! 夔案：虞，音吾，以《山海经》《墨子》并作驺吾。彼茁者蓬一东一发五豵一东吁嗟乎驺虞！

　　顾氏云，后章韵前章。②

在注释中，几乎都标注了古音，苗夔还直接参考《山海经》和《墨子》这样的先秦文献，以保证古音的准确性。这样便可以在准确读音的基础上进一步进行字义的考订，让我们得以窥见《诗经》的本来面貌，促进《诗经》研究的进一步发展。

此外，成书于嘉庆丁卯年（1807）、刊行于道光壬寅年（1842）的《说文声读表七卷》一书，坚持求合不求分，以"宵"合"幽"、以"歌"合"支"，在顾炎武古韵十部的基础上进一步划分为七部，以每一韵部为一卷，并用表谱的形式将其音读以谐声相连，重文相附：第一部为东冬钟江耕清青蒸登，第二部为支脂之微齐佳皆灰咍歌戈麻尤，第三部为鱼虞模侯，第四部为真谆臻文殷元魂痕寒桓删山先仙，第五部为萧宵肴豪幽，第六部为阳唐庚，第七部为侵覃谈盐添咸衔严凡。其在对谐声偏旁的归类和考订方面贡献颇大。

因为苗夔坚持"以声定韵"，认识不到谐声与古音对应关系的演变，受到很多人的批评。如李尚行先生认为："他所创立的谐声音系，为了照顾上自造字之初，下迄《说文》问世这么漫长的时代，分部笼统，远近分合的关系不明，它（按：指苗夔依谐声分古韵为七部的结论）在古音学上可以说是从清初的顾炎武而往宋朝的郑庠方向大踏步后退了。"③时庸劢认为苗夔"不言配声，择焉不精、语焉不详"。苗夔的分部比较笼统，在归类谐声时也存在不少错误，属于主观臆断之分，招致批评也实属必然。

（二）《歌麻古韵考》《说文解字系传校勘记》撰者辨误

值得注意的是，《歌麻古韵考》和《说文解字系传校勘记》的撰者都曾误题苗夔，从学术角度而言，为了便于检索与利用，明确撰者是必要的。首先，

---

① 《续修四库全书》经部·诗类卷六九，上海古籍出版社2002年版，第4页。
② 《续修四库全书》经部·诗类卷六九，上海古籍出版社2002年版，第9页。
③ 李尚行：《古音学上的"同声同部"说应该怎样看待》，《广州大学学报》（社会科学版）1988年第1期。

《畿辅丛书》《畿辅通志》和《清史稿艺文志及补编》中收录《歌麻古韵考》一书误题苗夔补注或苗夔撰。然苗夔对"歌""麻"古音的研究主要集中在《说文声订》一书中，真正的作者及补注均是吴树声。学者荼志高从版本以及相关交游情况得出苗氏补注本《歌麻古韵考》本是由冯誉骥邮寄给苗夔的，并通过对比吴氏同治本和《畿辅丛书》本得出结论："'苗夔补注'本属于吴树声稿本之一种副本。苗夔逝世之后，后人误以为是苗氏遗稿，之后王灏又辑入《畿辅丛书》，并署'苗夔补注'，严氏刻本内容与《畿辅丛书》本无异，亦署'河间苗夔补注'。《丛书集成初编》本亦据畿辅本影印，后中华书局根据《丛书集成初编》本影重印出版。如果说有补注者，那么正是撰此书的吴树声，故同治八年吴氏自刻本实为'补注本'。后来的《云南丛书》本正是根据此本重刻的。"①

其次，道光十九年（1839）由祁寯藻发起刊刻的《说文解字系传》，其后附有《校勘记》三卷，但其作者不明，或题承培元、夏灝、吴永康等撰，或题祁寯藻撰，或题苗夔撰。其中，如姜聿华的《中国传统语言学要籍述论》、许嘉璐主编的《传统语言学词典》、《丛书集成初编》的目录中均题苗夔撰。在李兆洛的《说文解字系传跋》中介绍："校之者则河间苗夔，江阴承培元、夏灝，吴江吴汝庚"，②可见苗夔曾是《说文解字系传》的校勘者之一。但承培元《说文解字系传校勘记后跋》中记载：

> 淳甫先生（祁寯藻）鉴其失之甚也，于视学吴中之日求楚金书旧本，得影宋钞于苏州顾氏，刊而行之。复为《校勘记》三卷，正其讹踳参错，俾学者下纠鼎臣之纰缪，上溯许君之真原，且即其《通释》所引经史百家以通贯训诂，文字圭臬不于是在哉！培元得于校雠，仰承溯原求本之恉，附书简末以志欣幸。③

此详细介绍了《说文解字系传》校勘的相关情况并明确记载了由承培元负责校雠，而考祁寯藻《重刊景宋本说文系传叙》，又明确记载了李兆洛命承培元、夏灝、吴汝庚三人做校勘记。祁寯藻作为刊刻的发起人，其所编叙的权威性毋庸置疑。故苗夔只是参与到《系传》中的校勘之中，而未曾编写过《校勘记》。

---

① 荼志高：《〈歌麻古韵考〉的版本及作者问题考辨》，《山东图书馆学刊》2016年第2期。
② 徐锴：《说文解字系传》，中华书局1987年版，第337页。
③ 徐锴：《说文解字系传》，中华书局1987年版，第372页。

总之，虽然苗夔有其狭隘之处，但他坚持崇古，并不盲信古人，坚持博采众家之长，对各家学术能够取其精华去其糟粕，形成了最科学最具有参考意义的学术思想。其除了在推动《诗经》韵部分类发展的基础上，深刻理解《诗经》的内涵具有重要意义外，在推动谐声归类这一方面的贡献也是不可忽视的。

第五节 史梦兰的音韵学与目录学研究

史梦兰一生都未出仕，但他一直对社会问题有所关注，这在他的《止园笔谈》《尔尔书屋诗草》《尔尔书屋文钞》等著作里面都有所体现。通过这些作品，对了解畿辅地区中晚清时期的传统士绅阶层的面貌有重要的参考价值。在文献学的领域，史梦兰编纂了永平、乐亭、抚宁、迁安四大县志，对后世的方志的编纂具有启发意义。在学术研究上，史梦兰的突出贡献体现在音韵学和目录学上，音韵学研究以《叠雅》为主要代表，目录学研究以《畿辅艺文考》为主要代表。

一、史梦兰的生平与学术

史梦兰（1813—1898），字香崖，号砚农，清直隶永平府乐亭县人（今河北省唐山市乐亭县人），史梦兰幼年丧父，自孩提时期即由母亲王氏抚养，史梦兰的母亲深明大义、知书达理，对于史梦兰的成长与成才起到了至关重要的作用，《乐亭县志》中史梦兰描述他母亲对他的教育时说：

> 兰始能言，偶出外闻村童相詈语，不知其非，入门向婢仆施之，氏闻之变色，叱问儿从何来，立批其颊者三，泪随声下。两姑劝慰之，乃止。兰自是终身不敢以秽语加人。稍长，使就傅，防闲愈密，闻其勤读则色喜，否则戚。兰惴惴虑获母谴，时加悚惕，遂以成学。①

从这段记载中我们可以看到史梦兰的母亲对他的家教十分严格，在品德

---

① （清）史梦兰纂，游智开等修：《乐亭县志》卷十，载《中国方志丛书·华北地方第191号》，成文出版社有限公司1969年版，第351页。

上对史梦兰的要求很高，道光二十年（1840）他曾被举于乡，被选山东朝城知县，史梦兰以母亲年迈辞而不赴，后曾国藩欲留其主讲莲池书院，他又以母老为由请辞，足以证明母亲王氏对史梦兰一生的影响。史梦兰家族富饶，并有数万卷藏书，他阅读百家之书，尤其注重宋明儒者的言行。

史梦兰在道光二十年中举，但是在考进士的过程中却屡屡挫败，在1841年到1850年的十年间，史梦兰总共参加了五次会试，都没有及第。他在《尔尔书屋文钞》卷下《记梦》中写道："时余以庚子新中，尚未经复试。越数日，在圆明园正大光明殿补覆，同试者百人有畸，阅卷分一二三等。一等取二人，二等取八人，余名列二等第三，统数之恰符第五之数。岂天榜名次不以正场为定，而以复试为定耶？……从此五上公车，俱荐而不售。……庚戌科已拟中，数日，因本房朱久香先生与总裁某相国为刻闱墨，语言构衅，内监试曹某又媒蘖其间，遂发怒，将取中本房所荐之卷，留一撤四，余卷适在其中。余自此遂绝意进取矣。"[1] 从记载中我们可以看出，时值外部入侵的鸦片战争时期，清朝政府在各个方面几乎是全面的腐败与溃败，因此科场考试难免会受到影响，这使得史梦兰对科场考试心灰意懒，之后的两次都没有再尽力准备。但是在国家和个人利益面前，史梦兰又表现出了矛盾的一面。在屡遭科场失败后，史梦兰已经意识到，包括科举考试在内的清朝政府各方面职能都已经走向腐败和没落，所以他不再专心准备考试，也多次表示辞官不做的态度。但是当国家遇到危难，面对清朝政府的召唤，史梦兰能够以民族危亡的大义为先，积极地参与政府指派的任务。

在史梦兰五十岁的时候，他的人生开始有了一次转折，就是他的"止园"的建成，据史梦兰的《止园记》记载：

> 屋既成，正值山花盛开时，鸟飞鸣其间，如管弦杂奏。余与客据石而坐，屏息静听，惟恐其惊而散去。叹曰："乐哉鸟乎！"客援庄惠濠上观鱼语，诘之曰："子非鸟，安知鸟之乐？"余亦应曰："子非我，安知我不知鸟之乐？"因相与大笑。余遂取绵蛮黄鸟止于邱隅之义，名之曰"止园"。[2]

---

[1] （清）史梦兰:《尔尔书屋文钞·记梦》，载石向骞主编《史梦兰集》，天津古籍出版社2015年版，第240页。

[2] （清）史梦兰:《尔尔书屋文钞·止园记》，载石向骞主编《史梦兰集》，天津古籍出版社2015年版，第201页。

止园建成之前，史梦兰曾一心入世，专心科举考试，但屡遭失利，随后入世的思想便逐渐被现实冲淡，终于在他的人生中实现了一次转换。以止园的建成为标志，史梦兰开始了他的著书与侍母的生活。在史料中记载的止园有两处，第一处是在其故居，而我们所说的转折实际上是后来他在昌黎县建的别墅名为"止园"，他著书生涯就在这里。

在止园的生活前期，史梦兰主修史志，虽然走访过周边一些县域，但始终以侍母为由，没有去过较远的地域。这一时期的史梦兰也曾结交了许多明贤，原因是曾国藩任直隶总督之后，招贤纳士设礼贤馆，并且开设了畿辅通志局，希望史梦兰能在保定莲池开展《畿辅通志》的编修，但是史梦兰又一次以侍母为由辞归，但承担了删定志例的工作，后来他编纂完成《迁安县志》《抚宁县志》《乐亭县志》《永平府志》等地方志。

随着史梦兰母亲的去世，他便开始出游，与朋友相互唱和，在这期间他进行了一系列的诗歌写作，他结交了当时的名士，并且参与编订了《畿辅丛书》。这一时期他主动选择归隐，进行了大量的创作，并且总结了他对社会的思考。

史梦兰虽然选择出世，拒不做官，但是他又时常鼓励他的后代积极进取，早日为官报效朝廷，他在晚年受到清政府的封赏，朱批加赏四品卿衔，光绪二十四年又授国子监祭酒衔，并被当时主政的慈禧太后称为"京东第一人"。史梦兰卒年八十六，入畿辅先哲祠。

史梦兰一生的著述是相当丰富的，涉及的领域也较为广泛，包括史学、文学、经学、历史地理学、语言文字和音韵、姓氏人名等方面。尤其是在止园建成之后，更是集中精力著成大量作品，他拒官不做，因此读书写作就是他的主要生活内容。他的著书总共有四十余种，有训诂、地方志、个人文集以及资料性著作。他著作的情况如下：《乐亭四书文钞》《乐亭四书文钞续编》《全史宫词》《叠雅》《异号类编》《家藏书画记》《燕说》《永平诗存》《永平诗存续编》《梧风竹月书巢试帖》《砚农制义》《迁安县志》《古今谚拾遗》《古今风谣拾遗》《双名录》《尔尔书屋诗草》《蕙庭寿言》《乐亭县志》《抚宁县志》《止园笔谈》《永平三子遗书》《永平三子遗书续编》《永平府志》《放言百首》《樗寿赠言》《论语翼注骈枝》《青衣小名录》《香崖杂抄》《姓氏异同小名录》《止园隐语》《粪心录》《尔尔书屋诗草续集》《图书便览》《畿辅艺文考》《永平府艺文志》《四朝诗史》《史肪》《氏族考异》《舆地韵编》《辽诗话》。

二、史梦兰与《叠雅》

《叠雅》是史梦兰搜集并且研究叠字的学术著作，书中主要是对叠字现象的展示和解释，所以书名为《叠雅》，全书总共 13 卷。词目入选 3200 余个，如果加上同一叠字的异体字、假借字，总数就已经近万条。《叠雅》创作的缘起，史梦兰在自序中有介绍道：

> 惟是形容之妙每用重言，名物之称尤多复字，《尔雅》《广雅》释训中虽或及之，然止寥寥数则，未克详备。他若升庵辑《复字》，不免臆造之嫌；密之诂重言，止明通转之义。索其于经史子集及诸家注疏之用叠字者，广为搜罗，详加疏证，至今未见专书，岂非艺林一大歉哉！[1]

史梦兰意识到了，重言叠字是我国语言学范畴的一个重要的语言现象，但是却没有得到前代作家的重视，《尔雅·释训》收录了一百余条，《广雅·释训》稍多也不过四百条左右，杨慎所作的《古音复字》臆造错讹颇多，方以智主要是要讲解通转之意，所以作为一种古诗文常用的语言表达形式，叠字的整理就显得很有必要，由此史梦兰就广泛地对经、史、子、集以及众家注疏中的叠字现象进行整理和分析注释。但是史梦兰在辑录叠音词的时候，并没有明确对叠音词的性质进行分类。史梦兰的《叠雅》是通过汇集多家著述之长，搜集的范围也遍及了经史子集，这是对以往典籍叠字的一种全面性的整理，对于汉民族语言形式的研究具有十分重要的意义。

（一）《叠雅》的编纂体例

首先，以卷次分，不分门类。《叠雅》的这种体例是由重言叠字的特殊性质决定的，叠字的描写对象往往都是描写物类的词汇，大部分用作形容词或副词，少部分词汇会用作动词或名词等。这样的话，如果以类别划分，有的内容规模过于庞大，而有的内容则过少，结构上并不均匀，所以史梦兰是按照等量的词汇划分为九卷，从第十卷开始是释义等，分为人的情貌动作叠音词、声之叠音词、自然万物叠音词、称谓叠音词，总共十三卷。尽管《叠雅》没有门类的划分，但并不是杂乱无章，根据《尔雅》的启发，在分卷的同时，也做到一定的以类相从。首先是将意义相近或相关的叠音词就近排列，例如在卷二中：

---

[1] （清）史梦兰：《叠雅·自序》，载石向骞主编《史梦兰集》，天津古籍出版社 2015 年版，第 1 页。

堂堂（棠棠）、赫赫、焞焞（啍啍）……或或（棫棫）、英英，盛也。①

莫莫、夭夭（杙杙、妖妖）、榛榛（溱溱、栈栈、榛榛、臻臻）……芈、方方，茂也。②

在《说文解字》中，"盛"的解释为："黍稷在器中以祀者也。从皿，成声。"③后来又引申为"多""丰满"等意思，在《说文》中"茂"的意思是"草丰盛"④，因此"盛"和"茂"两类词的词义是相近的，但又不相同。

其次，是将意义相反或者相对的叠音词就近排列，例如卷三中所列：

浑浑、蠢蠢（惷惷、偆偆）……蕴蕴、歆歆，动也。⑤

莫莫（嘆嘆、漠漠）、绵绵（民民）……谧谧、怗怗，静也。⑥

伎伎、闲闲……欽欽、舒舒，缓也。⑦

肃肃、捷捷、薄薄……翩翩，疾也。⑧

"动"和"静"，"急"与"缓"都是意思相反的两类意思相对的词。

还有其他也按一定类别排列的，有按身体的形态排列的，比如卷十中"睒睒、盱盱，目张也；眗眗、盱盱，目张也；瞢瞢，目薄也；睕睕，目深也"⑨，都是和眼睛有关的叠字。还有按颜色的类别划分，如卷三中"杲杲、皓皓（皜皜、暠暠、颢颢、皥皥、滈滈）、景景……的的、峨峨，白也；艳艳、彤彤、驴驴，赤也；苍苍、裕裕、芊芊、漂漂，青也。"⑩这些都是表现颜色的词汇。

再次，史梦兰将字不同但意义相同的词分为同一部，同时将词汇文字相同、但是解释不同的辞令立条目。他以《尔雅》的体例为参考，将用法相同、

---

① （清）史梦兰：《叠雅》，载石向骞主编《史梦兰集》，天津古籍出版社2015年版，第25页。
② （清）史梦兰：《叠雅》，载石向骞主编《史梦兰集》，天津古籍出版社2015年版，第32页。
③ （汉）许慎撰，（宋）徐铉校定：《说文解字》，中华书局2013年版，第99页。
④ （汉）许慎撰，（宋）徐铉校定：《说文解字》，中华书局2013年版，第16页。
⑤ （清）史梦兰：《叠雅》，载石向骞主编《史梦兰集》，天津古籍出版社2015年版，第53页。
⑥ （清）史梦兰：《叠雅》，载石向骞主编《史梦兰集》，天津古籍出版社2015年版，第55页。
⑦ （清）史梦兰：《叠雅》，载石向骞主编《史梦兰集》，天津古籍出版社2015年版，第49页。
⑧ （清）史梦兰：《叠雅》，载石向骞主编《史梦兰集》，天津古籍出版社2015年版，第50页。
⑨ （清）史梦兰：《叠雅》，载石向骞主编《史梦兰集》，天津古籍出版社2015年版，第238—239页。
⑩ （清）史梦兰：《叠雅》，载石向骞主编《史梦兰集》，天津古籍出版社2015年版，第59—61页。

意义相同的词汇整合起来，用简单的字句进行解释和说明。同时叠音词独立意义的性质较弱，往往其意义要跟随上下文的意思来进行解释，也就会出现同一个词汇在不同语境下有不同释意的情况出现。针对这种现象，史梦兰将这一词汇分别列在不同的对应词条里。而且史梦兰保存了有争议的词条注解，以兼容并蓄的观念进行整理，较为完整地展现了前代学者的研究成果。

最后，是史梦兰《叠雅》的基本体例，具有词目、释意、书证等。在释意中，史梦兰的引用范围十分广泛，并且具有一定的规范性，他所引书目以经史子集的顺序排列，相比于《尔雅》，不论从规模还是规范都有较大的进步。按语的书写也是史梦兰《叠雅》体例的特色之一，在他三千二百余条词条中，按语就达到了二百条以上。对于一些不常见字，史梦兰还标注了读音，这使得读者可以更便捷更高效地掌握叠音字的基本情况。

(二)《叠雅》的训诂方法

前文主要讲了《叠雅》的撰写体例，除了更为规范的体例以及扩大了收录规模外，《叠雅》还体现了音韵学的研究水平，在训诂的方法上，也较前人有进步，主要体现在义训法和声训两个方面。

朱宗莱在《文字学形义篇》曾经提到过："义训者，训诂之长法。通异言，辨明物，前人所以诏后，后人所以识古，胥赖乎此。其法或直言其义，或陈说其事，或以狭义释广义，或以虚义释实义，或递相为训，或增字以释。要其为析疑解纷一也。"[①]义训顾名思义，就是直接说明词义，这是《叠雅》的主要训释方法。义训还分为几个种类：

首先是同训，赵振铎《训诂学纲要》对同训这一概念解释道："同训并不是意义完全相同。语言里真正范围大小、语义轻重、感情色彩、语气风格、搭配关系、词性用法等方面都完全相同的词是极少的。同训现象除二训同条以外，一般是有共同的方面，也有意义、色采、用法等方面的差别。"[②]也就是用同一个词来解释多个词语，这也是《尔雅》的主要训释方法。史梦兰将众多描写同样事物的重言叠字的词汇汇总到一起，随后统一用一个词来解释意思，在解释之后，还会附上所征引的书证进行证明。在释意的过程中，往往会遇到叠音词与解释词意义并不一致的情况，史梦兰处理这样类型的词汇时

---

① 许嘉璐主编：《传统语言学辞典》，河北教育出版社 1990 年版，第 515 页。
② 赵振铎：《训诂学纲要》，陕西人民出版社 1987 年版，第 171 页。

一般以一个含义范围较广的词来训释叠音字。其次，为了寻求最为准确的释义，史梦兰不辞查阅众多古书注释，力求在解释上都有客观依据，这也被称为古训。此举使一些难以解释的词汇都有训释，方便读者领会叠音字的意思，同时也体现了史梦兰扎实的功底与严谨的学风。他每个词条必有书证，多者甚至有十条，具有较强的学术性。再次，对于一些需要训释的词汇，史梦兰还采取义界的方法直接下定义来描述特征。最后，还有一些词汇是通过史梦兰的形象描写进行训释的，这样就可以将被训释对象全面细致地展现给读者。

此外，还有通过声音相近或相同来探求古意的方法，周大璞在《训诂学初稿》里做了详细解释：

> 词的发展总是以声音为纽带的。不论是词本身的词义系统或一组词组成的词族，都由语音这一纽带联系着，词与词之间、义项与义项之间不是一盘散沙而是有它的系统性。抓住声音这一线索，就有可能探求出词的本义、引申义、假借义以及命名由来、所属词族等；而就同一词族来说，音同、音近、音转的词，意义又往往相通。这就是因声求义的理论根据。①

在汉语中，语音和语义之间的联系并不是直接相关的，一个字音对应多个汉字，当然也就对应着不同意义，同时相同意义的汉字，也有着不同的读音。在对叠音字的分类处理中，史梦兰将音同或者音近的词汇归集在一起，来探求这些词汇之间是否存在假借的关系，以便探究语源。首先，在汉语的书写中，存在着因声互借的现象，我们以"假借"代称这类现象。史梦兰在训释叠音词时，先对叠音词中的单字进行解释，进而再解释两字组合之后会有什么含义。而有的单音节词是假借来的意思，在组成叠音词之后，仍将假借义带入新词，这就形成了重新组合的义项，单音节词与叠音词之间的语音相近，词义也相同，这类叠词也属于同源词，史梦兰参考《广雅》《说文》等工具书，遍搜历代典籍的语言材料，进行分析归纳。其次，史梦兰在《叠雅》中还探求叠音词的语源，这也是通过语音来探求词义之间联系的一种方式。"运用因声求义的训诂方法来探求和诠释词义，应遵循'以古音为依据'和'参证文献语言'两个基本原则。"②其一是"以古音为依据"，这些词汇之间

---

① 周大璞：《训诂学初稿》，武汉大学出版社2002年版，第199页。
② 黎千驹：《现代训诂学导论》，华中师范大学出版社2008年版，第225页。

的语音必须以想通为基础,并且词义想同或相近。其二是"参证语言文献",也就是需要有古代文献中的语言、训诂、字形等资料提供充足有力的例证,通过这两个方面来证明词汇之间的同源。在史梦兰的《叠韵》中,符合以上两方面要求,不但要规避读音偶然相同但并非同源的情况,而且还提供必要的参证文献资料。例如在卷二中:"昧昧(昄昄)、梅梅、媒媒、每每,暗也。《书·秦誓》:'昧昧我思之。'《史记·屈原传》曰:'昧昧其将莫。'《广雅》:'昧昧,暗也。'《古文尚书》作昄昄,又通作媒、梅。《礼·玉藻》:'视容,瞿瞿梅梅。'疏:'梅梅犹微微,谓微昧也。'陈澔注:'梅梅犹昧昧。'杨慎、方以智俱云音昧。《庄子·知北游》:'媒媒晦晦,无心而不可与谋。'《释文》:'媒音妹。李云:媒媒,晦貌。'又《胠箧》:'故天下每每大乱。'《释文》引李注:'每每,犹昏昏也。'《集韵》:每,谟杯切,音枚。《正字通》:'《古尚书》,昧昧与梅梅、媒媒、每每通声。古人以声状义,类如此。'"①可以看到史梦兰征引了多种书籍,来证明这些音同或音近的词汇为同源的词汇。最后,在汉语的行文中,还存在大量的词汇读音和词义相同、但是书写中有不同的字形,也可以成为异形字,史梦兰的《叠雅》对这类词汇也进行了归纳和分析。他以词汇的语音来串联字形相异的词,将这些字形附于通行的写法之后。

(三)《叠雅》训诂的特色与贡献

作为一部训释叠音词的辞书,《叠雅》吸收了《尔雅》等书的优长,以叠词为专门收录对象,并且进行考订、解释、说明。史梦兰冲破了前人的窠臼,没有被前人辞书的框架所束缚,开创了新的撰写范式,并且首次全面梳理历代典籍中的叠音词,具有鲜明的训诂特色。

其一是《叠雅》专门解释叠音词,并且收录数量和规模远超前代。史梦兰对《尔雅》《广雅》等书进行扩充,将未完善的研究结构和体例逐渐完善起来。《叠雅》具有明确的编纂目的,也就是尽可能穷尽所有经典古籍,将文献资料中的叠音词作全面的搜集和整理,在训释的方法上也有开创之功,使叠音词研究系统化、完整化。除了对内容的总量扩充之外,史梦兰还调整了《尔雅》《广雅》编写方式,旁搜远绍相互参校。

其二是史梦兰注重《叠雅》的学术质量,广采书证,注解翔实。《叠雅》中的释例都能做到有出处,未有由作者独自下定义的注解。据统计,《叠雅》

---

① (清)史梦兰:《叠雅》,载石向骞主编《史梦兰集》,天津古籍出版社2015年版,第45—46页。

释词 554 组，共有条目 3243 个，所征引的典籍就已经达 225 部。[①]这些典籍遍及经、史、子、集。其三，就是史梦兰在撰写过程中，没有完全照搬前人训释的说法，而是详细地加以考辨，严谨地进行筛选，对于古籍中错讹之处有所修正，例如在卷一中："缦缦，长也。汉班彪《北征赋》：'越安定以容与兮，遵长城之缦缦，剧蒙公之疲民兮，为强秦乎筑怨。'怨，平声。案：此《古今韵略》所引，今《文选》作漫漫。《隋书·天文志》：'有飞星大如缶若瓮，后皎白，缦缦然长可十余丈而委曲，名曰天刑。'"[②]可以看出史梦兰看到《北征赋》的文本在《古今韵略》与《文选》之间有差别，在按语中进行辨析，具有严谨的态度和学术眼光。同时，除了保证《叠雅》的学术性，史梦兰还兼顾了工具书应有的明白晓畅、言简意赅。他在保留古书释义的核心意思的同时还进行必要的简化。

作为当时最大规模的叠音词著作，《叠雅》是一部具有学术性、实用性的工具书，可以帮助读者更好地理解在阅读过程中出现的叠音词。同时史梦兰在编纂的过程中征引了大量的古代典籍，这些都是当今我们研究训诂学时的重要材料，也是学术发展史上的重要一环，因此《叠雅》对训诂学研究领域具有突出贡献，因而具有极高的研究价值。

其一是体现在词汇研究上，史梦兰藏书万卷，又博览群书，学识广博，因此他具有较好的文献基础和素养。这使得他编纂《叠雅》时能遍征群书，掌握大量的叠音词语料，有充足丰富的材料基础。他不但列出词条，附注上同源词、假借义词以及异体写法的叠音词，并对其进行详细训释，有理有据，且附有史梦兰的评判意见。这部叠音词的整理分析著作，对今天词汇学的研究仍有很高的文献价值。其二是文献整理的价值，史梦兰以叠音词为研究对象，对叠音词的分类有固定的体例，有划分的标准，以此为经，旁搜远绍，将所引众多文献一一对应列出，分类归纳清晰可辨，材料选择严谨翔实，从文献整理的规范性来说，都具有示范性。同时《叠雅》中所征引的材料也有十分珍贵的文献，这就体现了这部书的文献保存价值。史梦兰在征引过程中详细注明了图书的版本信息，为我们提供了学术研究的线索，对于所引的文献也本着严格考辨、追溯源流的态度，对于错讹进行辨析，这些都是他对古

---

① 单纪珍：《〈叠雅〉训诂研究》，曲阜师范大学 2015 年硕士学位论文，第 30 页。
② （清）史梦兰：《叠雅》，载石向骞主编《史梦兰集》，天津古籍出版社 2015 年版，第 9—11 页。

籍整理的贡献。其三是《叠雅》的性质是一部辞书，史梦兰汇集前代字典和辞书的训释方式，守正创新地构建了自己的辞书书写范式。他在列出叠音词词条之后，先释义、再注音，再附以书证、按语等，体例完整，内容全面，对词汇的训释准确细致，又严谨考究。同时，史梦兰的书写风格是在准确有据的基础上偏向通俗易懂，这是典型的词典模式，以方便读者查阅和理解为第一要务。

以止园的建成为人生转折点的史梦兰专心著书立说，因此他的这部《叠雅》不但凝结了他大量的心血，也体现了其学人风范。他浏览大量古书，以严谨求实的学风为指引，以泽被后学为旨归，集成一部训诂学专著，是叠音词研究的集大成者。

三、史梦兰与《畿辅艺文考》

《畿辅通志》在清朝前后经历了三次修纂，最后一次修纂是在光绪十二年，所以一般称为光绪《畿辅通志》，在刊刻过程中，史梦兰受藏书家王灏的委托，参与《畿辅丛书》选刻书目的校订工作，并且独立完成了《畿辅艺文考》的编纂工作，以此来为《畿辅丛书》的刊刻提供备选书目。

（一）史梦兰畿辅文献整理的贡献

其一是编纂四大方志。史梦兰在地方志领域有较为突出的贡献，他在同治十二年修纂了《迁安县志》，光绪二年开始修纂《永平府志》《抚宁县志》，同治年间还完成了《乐亭县志》的编纂工作，这部县志的体例最为完备，被曾国藩称赞为"厘正旧例，体裁尤雅"[1]，在中国方志史上占据重要地位。

方志的其中一个部分便是艺文一类，史梦兰并没有在每部县志中都设置了"艺文"一类，这说明他的编纂是具有灵活性的，例如在光绪三年刊本的《乐亭县志》的凡例说道：

> 史之志艺文，仿于班固《汉书》，然止列各家著作卷帙也。明人作志乘，辄以散碎诗文充之。其体实滥觞于乐史《寰宇记》，后世相沿，遂以成例。兹以散碎诗文有关本地事迹者，分附于各门本事后。而诸家著述已见其人传中，故不复立艺文一门。[2]

---

[1] （清）史梦兰纂，游智开等修：《乐亭县志》序言，载《中国方志丛书·华北地方第191号》，成文出版社有限公司1969年版，第3页。

[2] （清）史梦兰纂，游智开等修：《乐亭县志·凡例》，载《中国方志丛书·华北地方第191号》，成文出版社有限公司1969年版，第24页。

光绪三年刊本《抚宁县志》凡例记载：

> 邑志例有八景，半属凑合灵寺志，删之，后世每奉为圭臬，兹谨遵其例，凡《艺文志》内之诗文、碑记与一切留连光景之作，悉分附于山川、祠宇之下，省去艺文一门"又"旧志艺文有王长史、鲁金事各传与人物名宦志，殊嫌复沓，兹皆并而一之，一省纷烦。①

在光绪三年刊本《永平府志》凡例中记载：

> 志目有五：曰封域、曰建置、曰武备、曰赋役、曰艺文。……旧志艺文收入散碎诗文，兹将散碎诗文少为沙汰，分附于各卷本事之下，而艺文止列书名卷数及撰者姓名，亦《汉书·艺文志》例耳。②

从以上几部县志的凡例可以看出，史梦兰只在《永平府志》中设立了艺文一门，其他三县都没有设立艺文之门。方志设立艺文一门是沿袭正史，但是由于方志编纂中可能存在体例不规范，会导致作品滥收、内容驳杂，所以在方志中不设艺文成为普遍现象。史梦兰编纂《畿辅艺文考》的时候，除了收录图书的目录，还收录了散篇的诗文以及奏疏目，与普通县志中的艺文一门还有所区别。因此艺文的编纂除了要考虑当地艺文数量、质量，主要还取决于图书的编纂目的。

其二是参与光绪《畿辅通志》体例的编纂。李鸿章在保定莲池开设畿辅通志局重修《畿辅通志》，起初史梦兰侍奉母亲为由推辞，但是在《尔尔书屋文钞》史梦兰与黄彭年的书信往来记载中，我们可以看到史梦兰参与《畿辅丛书》编纂工作的记录，这在《畿辅通志》中是没有见到的。在畿辅通志局刚刚开局不久，史梦兰便应黄彭年之约商定凡例，随后两人又协商凡例的基本内容，同时史梦兰也表现出对方志编纂体例的得心应手，例如在《复黄子寿太史》其二中记录："承询夷、齐何以位置。……夷、齐虽孤竹胄子，然相偕逊国，槁饿西山，让既称贤，清复造圣，自不得以藩封限之。今《通志》若将先哲改入隐逸，似觉太轻。其即据《史记》旧例，蒭节腐迁传文，列于传首，可乎？至云畿辅人物凡在《贰臣传》者，俱仿《五代史》作《杂传》收之，谓是《四川志》例。……乐与滦既已并列，此后志乘纪前代人物，凡

---

① （清）张上龢、史梦兰等纂修：《抚宁县志·凡例》，载《中国方志丛书·华北地方第211号》，成文出版社有限公司1969年版，第10页。
② 董耀会主编：《永平府志》，中国审计出版社2001年《秦皇岛历代志书校注》本，第13—14页。

系滦州之乐亭人者，宜直书乐亭，不得以滦州概之，致有混淆。"①这说明史梦兰对《畿辅通志》编纂十分有见地。由此也可以看出，黄彭年曾经确实向史梦兰征询并协商过《畿辅通志》体例问题，说明史梦兰是间接地参与了《畿辅通志》体例的修订。

其三是襄助《畿辅丛书》的刊刻。在现有的文献材料中，我们通过对史梦兰书信记载的分析，可以证明史梦兰襄助过《畿辅通志》的刊刻，例如在《与梅小树书》中说道：

> 定州王文泉孝廉，见授刻《畿辅丛书》，已刻成四十余种。所重在古书，国初名家次之，近代作者则仿《四库全书》之例，别立存目一门，其意良厚，其例亦善。……弟见辑《畿辅艺文考》一书，自周末卿以下，凡著书者之籍贯系在今畿辅疆内者，皆分代收入，或存或佚，分注其下，共得十二卷，以备将来存目之用。至国朝著述，存者愈多，搜采愈觉难遍。吾兄平日留意斯文，津门尤系文献之邦，尚希广为搜罗，襄此盛举！②

在信中提到了《畿辅丛书》已经刊刻的四十多种书，还提到了《畿辅丛书》收录了近代作者部分是仿照《四库全书》的体例，令立了存目一门。《畿辅艺文考》编纂的目的就是为《畿辅丛书》存目之用，在信中史梦兰请求梅小树帮助搜集津门文献，由此可见史梦兰是用心搜集畿辅文献。从《畿辅艺文考》的实际内容来看，不但达到了为《畿辅丛书》存目的目的，而且对于整个畿辅地区文献的整理都有很大帮助。

（二）《畿辅艺文考》的价值

《畿辅艺文考》是史梦兰以一己之力完成的畿辅地区书目文献通史，时间跨度大，收录数量多，内容范围广泛，在文献学上的价值和影响不可小觑，在整个中国文献学史上也占有重要地位，其价值主要体现在以下几个方面：

其一，保存畿辅文献。与同时期的畿辅艺文目录对比来看，《畿辅艺文志》具有独特的特色。前文中提到史梦兰在书信中说明编纂《畿辅艺文考》的目的在于服务《畿辅丛书》的刊刻活动，现今留存的定州王氏钞本可以证明，王灏家族

---

① （清）史梦兰：《尔尔书屋文钞》，载石向骞主编《史梦兰集》，天津古籍出版社2015年版，第248页。
② （清）史梦兰：《尔尔书屋文钞》，载石向骞主编《史梦兰集》，天津古籍出版社2015年版，第252页。

是参考过《畿辅艺文考》的,《畿辅艺文考》所参考的资料主要是《四库全书总目》以及《国朝畿辅诗传》等,所以《畿辅丛书》中的书目在《畿辅艺文考》中并未全部收录,但是从总体来看,《畿辅艺文考》收录1986种书目,且有439个单篇篇目,对《畿辅丛书》起到了补遗的作用。史梦兰说:"然书各有义,丛书宜择其善,此考则惟取其全,故体例微有不同。"[①]指出了《畿辅艺文考》和《畿辅丛书》之间的不同,由此可知,《畿辅丛书》的选录标准是质量较高的作品,而《畿辅艺文考》的编纂目的是为了广泛收纳畿辅地区书籍目录,因此,《畿辅艺文考》的文献价值体现在记录了尽可能多的有证可考的著作信息。

其二,是反映畿辅学术发展的特点。畿辅学术的分流肇始于春秋战国时期,《畿辅艺文考》收录的先秦时期的书目,以赵人作品居多。两汉时期畿辅之地出现了三位经学博士,即燕人韩婴、冀州董仲舒、赵人毛苌,董仲舒明于经术,他的《春秋繁露》影响深远。在魏晋时期,别集文献开始出现,以张载、张协、张亢"三张"的作品为代表,志怪小说则以张华为代表。隋唐时期,河北地区出现了大批诗人,如初唐四杰之一的卢照邻、边塞诗人高适、苦吟诗人贾岛都是闪耀在当时的明星。宋明理学兴盛的时期,河北地区的理学家代表人物是邵雍,在文献整理和编纂方面,李昉是极为重要的人物,大型类书《太平御览》《太平广记》《文苑英华》《太平总类》都由李昉主持编纂。《畿辅艺文考》中元明的书目主要辑录自《四库全书总目》,所以较为偏重经学,清代的学术繁荣,回归了以考证为主的汉学,《畿辅艺文考》清代部分参考的资料来源主要是《国朝畿辅诗传》《永平诗存》等,因此更偏重文集。

其三,是编纂体例具有启示意义。编纂体例的独特之处首先体现在以人为次的编纂方式,这种方式不需要考虑书目的类例,只需要按朝代顺序排列,较为方便合理,王欣夫曾经提到这种编纂方式的好处:"修志者所据材料,一是旧志的旧目,二是采自各家书目,三是根据各人志传的附目,四是采访所得,都不可能一一目睹。为慎重起见,反不如以人编次为妥了。以人编次的又有一种方便,在没有书名索引的线装书,可以检一人而他的著述便全部在目,不需按部去寻"[②]。以人为次可以避免因为对书目类例的判断错误而导致编纂的讹误,同时对于《畿辅艺文考》,以人为次也便于对各个时代,河北地

[①] (清)史梦兰:《尔尔书屋文钞·与王文泉》,载石向骞主编《史梦兰集》,天津古籍出版社2015年版,第253页。
[②] 王欣夫:《文献学讲义》,上海古籍出版社2005年版,第56页。

区的学术与文献的整体把握。其次,《畿辅艺文考》使用辑录体解题的模式,史梦兰将以人为次的编纂方式与辑录体解题相融合运用于地方志艺文,这是他的创新之处。再次,史梦兰以穷尽的方式,尽可能多地全面搜集,尽可能多地保存了著者与著作的信息,对于方志艺文的编纂有启发意义。《畿辅艺文考》在选录作者和作品上没有限制,只要是在畿辅区域之内的作家作品,确实可考的,一律收纳进来。所以不论著作者社会地位高低,不论在畿辅的任何地区,也不论任何类别的著作,都能被编入进来。

第六节 王植、纪容舒、崔述的考据学

在中国学术史上,考据学同汉学的关系比较紧密,在清代的乾嘉时期达到了顶峰,众多学者认为,清代考据学的兴起与清朝盛行的文字狱政策相关。清代的考据学不仅对传统儒家经典进行全面的整理研究,而且对诸子百家、史部、集部等传统文化典籍进行了梳理。清代考据学对典籍的整理与研究,直接影响了近代学术对传统文化的研究。清代河北地区的考据学亦颇为兴盛,其中王植、纪容舒和崔述都是著名的代表。

一、王植的考据学成就

河北深泽王氏,是在明代永乐年间由山西洪洞县迁居而来,在明朝末年,这一家族逐渐兴起,兴盛至民国初年,是书香门第。深泽的王氏兄弟,一心研究儒学,又延续家学传承,在河北地区享有美誉,其中王植的学术成就最高。

(一)王植与《正蒙初义》的概况

有关王植的生平,《清史列传》卷六七《儒林传上二》记载:

> 王植,字槐三,直隶深泽人。康熙六十年进士,授广东平和县知县。调阳江,擢罗定州知州。历署平远、海丰、新会、香山及德庆州、钦州。巡抚王安国特荐之,召见,发山东,补沾化,调郯城,以老病乞休。植敦励名节,思效长孺之戆,自号曰戆思。①

---

① 王钟翰:《清史列传》卷六七《儒林传上二·王植》,中华书局1981年版,第5346页。

王植的生卒年现在已不可考，十七岁时，入定州州学，受到督学名士杨名时的赏识，所以更加刻苦钻研。他博览经史群书，在康熙四十四年举于乡。康熙六十年王植始中进士，后辗转多地做官，在郑其储为王植《崇雅堂稿八卷》作的序中提到王植的著作颇丰，"生平纂述甚富，言性命则有《濂关三书》《正蒙初义》，经济则有《权衡》一书，言经史则有《四书参注》及和平、罗定、新会、深泽诸志，声律有《韵学》"①。王植十分重视地方志的作用，在和平、罗定、新会等地任职时，都进行了地方志的修纂工作，即使在郯城、沾化等地任职仅一月左右，王植也启动了编修地方志的工作。王植故乡深泽和定州的地方志，亦出自王植之手。他的家族庞大，却能和睦相处，据记载当时五世同住，约六七十人，并且王植与诸弟修敬宗族之政，建立宗祠，藏书万卷楼上，可以想象这一书香门第的兴旺。王植秉承家学，与其弟王模、王械以文行著称一时，被称为"三凤"。

王植《正蒙初义》汇总收录了九种《正蒙》的明清两代注本，这是第一次将《正蒙》的注汇集到一起。王植"平生为学，体用兼备，剖析朱、陆异同，以宋六子为宗"，②尤其尊崇朱熹。他所著的《四书参注》被收入《四库全书》经部当中，四库馆臣对这部书的评价为："是书多掊击注疏，以自表尊崇朱子之意，而掊击郑元（玄）、孔颖达尤甚于赵岐、何晏、孙奭、邢昺。"③由此也可以看出，王植对朱熹的学说相当信服，因此王植注释《正蒙》也受到尊朱倾向的影响。在孩童时期，王植就受其祖父的教导，读《正蒙》等性理之书，并且开始收集《正蒙》的注释版本。他在《正蒙初义》原序中说："余苦《正蒙》难读，且以少注说为憾，偶得一家言，皆质问大略，藏诸箧中。书不可得者，必借录成帙。如是者，积之久。乙酉（1705）乡荐后，溽历四方，获与十五国贤士游，辄时时以此为志。盖阅二十余载，一再易稿，而后敢汇而次之。"④

王植在《正蒙初义》前撰写了《臆说》，这一部分介绍了他对《正蒙》的整体评价以及宏观的理解，并且对他所汇集的《正蒙》注释本的基本情况进行了介绍。他说："《正蒙》一书，二万五百余言。其中穷理格物之事多，而工夫入手处亦未尝不详。盖微而天人理气、神化性命之精，显而修齐治平、礼

---

① （清）王植：《崇雅堂稿》，载《四库全书存目丛书》集部272，齐鲁书社1995年版，第119页。
② 徐世昌撰，陈祖武点校：《清儒学案》，河北人民出版社2008年版，第6844页。
③ （清）永瑢等：《四库全书总目》卷三七，中华书局1965年版，第318页。
④ （清）王植：《正蒙初义·原序》，载景印文渊阁《四库全书》第697册，台北商务印书馆1983年版，第414页。

乐政教之赜,细而一名一物、曲文繁节之数,罔不研精探微,著厥要蕴。"①对《正蒙》有较高的评价。他分析了正蒙十七篇的结构,并且说明《正蒙》的学说和周敦颐以及二程是有区别的,在最后,他还特别介绍了所收录九家著录者的情况。这九家分别是明代无名氏《正蒙集释》、余本《正蒙集解》、吴讷《正蒙补注》、高攀龙《正蒙集注》、徐必达《正蒙发明》和清代冉觐祖的《正蒙补训》以及李光地、张伯星、华希闵的《正蒙》注。

(二) 王植《正蒙初义》的"太虚"三层说

王植的《正蒙初义》对张载"太虚"的概念作了三个层次的区分,他认为,"太虚"二字是看《正蒙》的"入手关头",强调了"太虚"这一概念在《正蒙》中的重要性,但是王植对张载"太虚"这一概念的定名也有质疑,他认为不如周敦颐所定"太极"的称法更为恰当。程朱对张载使用"太虚"的概念都有所不满,由此也可以看出王植在解读《正蒙》时尊程朱的思想观念。

在《臆说》中,王植将张载的"太虚"分为三个层次,其中第一个层次是生化万物的本体,是内在于气的超越存在者,太虚在这一层次,既不等同于气,也不等同于理。他说道:

"太虚无形","块然太虚",此以浑然未形者言之,为天地万物之大母。在造化则本此以生天地,在天地则本此以生人物,乃"气之本体"。先儒谓"以清虚一大为万物之源,恐未安"者,此也,此第一层也。

"浑然未形者"大致所指的是尚未开辟的宇宙处于混沌未蒙的状态,"大母"在王植看来是主宰造化的"气之本体"太虚。太虚为生化万物的根源,不属于任何形而下之物,这就超越了"形"的局限。

王植认为太虚的第一层是"性",这相当于程朱理气论中的"理",但是王植认为"太和即太虚之第二层,中涵之性,带第一层言之。""中涵句是太上一层,未有此气,先有此理也。"②但是王植认为,虽然程朱理气论的"理"可以来形容太虚的第一层"性",但并不能直接使用"理"来代替。他进一步解释道:

太虚之义分三层足以贯之,而其立言不一,皆当随文体认。细

---

① (清) 王植:《正蒙初义·臆说》,载《景印文渊阁四库全书》第697册,台北商务印书馆1983年版,第418页。

② (清) 王植:《正蒙初义》卷一,载《景印文渊阁四库全书》第697册,台北商务印书馆1983年版,第426页。

玩篇中之意，惟"由太虚有天之名，合虚与气有性之名"，此若必以理言之，方可通。然亦张子所见，止至太虚而止，若遂以为生物之理之尽乎此也者，而实未尽也。故朱子虽亦以"理"字释之，而亦谓其"生受辛苦，圣贤便不如此说"，盖非"理"字不足为言，而直以"理"字代之，则不可也。若"太虚不能无气，万物不能不散而为太虚"，"气之聚散于太虚""太虚为清"，"万象为太虚中所见之物"，此类如以"理"字训之，则将谓"万物散而为理"，"气之聚散于理"，"万象为理中所见之物"，于说通乎？又如"太虚无形"、"虚空即气"、"虚能生气"、"气块然太虚"、"太虚妙应之目"、"气本之虚则湛"，此等直以"气"言似未尽，而亦何可直以"理"字代之也？[①]

张载的理论体系中，"天"不是自然界的天的意思，而是一个抽象的词汇，代表了宇宙本体的最高范畴，太虚则与天的所指相同，也是以宇宙为最高存在。王植采用"性"来代替太虚第一层的说法，这类似于胡宏的哲学理论"性是形而上的实体"，他将张载的太虚第一层落实到人性论的领域，是尊性贬气的人性论。

第二个层次的含义指的是"气化之道"。王植认为，太虚的第二层意义在于其发用流行，即是造化妙用万物。在《正蒙》中，张载阐述万物得以在无休止的气化变幻中生生不息，是以阴阳二气的浮沉聚散、升降飞扬为条件的。他解释万物的形色万千，都来自于阴阳气化，而阴阳气化又来自太虚。他在《臆说》中写道：

"清通不可象"之神，"太虚为清，无碍故神"，与夫"升降飞扬，未尝止息"，此以流行遍满者言之，周乎天地人物之先而贯乎其内，乃气之发用，即"太和"之谓也。言其清通则曰"太虚"，言其流行则曰"太和"，异名而同实者也。此第二层也。于此层中析而言之，有属之天地者，乾坤、清浊是也，以理则言易简，以气则言浮降；有属之万物者，品物流形是也，以气则言散殊可象，以形则言风雨雪霜、万品山川。要之，皆在第二层中。[②]

[①] （清）王植：《正蒙初义》卷一，载《景印文渊阁四库全书》第697册，台北商务印书馆1983年版，第429页。
[②] （清）王植：《正蒙初义·臆说》，载《景印文渊阁四库全书》第697册，台北商务印书馆1983年版，第418—419页。

太虚的第二层含义是针对气的"流行遍芳"而言的,就是指气体的流动,王植所指的太虚第二层含义是气化之道,就是太和。张载所言"太和所谓道"即是名言太和即道,就是气化过程之中的道。除此之外,他又认为"神"即"太和",他说"物之浊而有迹者皆气,气中之清而无迹者为神。神即太和之谓也"[1]。王植把"神"归结为太虚的第二层,与道、理、命、化一类概念是同等的,这与张载是有区别的,在张载的观念中,"'神'与'太虚'指称的应是同一个本体,只是在动静不同侧面上才有所区别,'神'偏就动态而言。"[2]张载对"神"的理解,指的是超越的太虚本体。而王植对"神"的理解则是下降了一个层面,是把神理解为气化过程的秩序和规范,王植的理解是与张载有区别的。

第三个层次是就太虚究极之归而言,是指万物毁坏后消散为气。他在《臆说》中说:"至万物散而为太虚,散亦吾体,此又从既生人物之后而要其终。先儒谓其流乃是大轮回者,此也。此第三层",王植认为,太虚第三层意义,在于阐明万物之死生流转不外乎是一气之聚散流行,并由此反驳释氏轮回说的观点。在《正蒙初义》卷一中,王植在注解中写道:"聚亦吾体,散亦吾体,知死之不亡者,可与言性矣""散亦吾体乃太虚第三层正义也"。他认为,张载既然以太虚作为一切存有之根本,又以太虚之发用乃一无止息的气化流行。所以在理论上要通过太虚说明万物死后应该归于何处,王植认为张载以气论发挥《周易》"游魂为变"的思想,来说明人在死后既不是归于虚无也不是在轮回中流转,而是复归于整体的气化流行之中。

(三)《正蒙初义》注释的尊朱取向

在《正蒙初义》的注释中,王植表现出较为明显的尊朱倾向,主要表现在以下几个方面:首先,是在注释中,王植说明了在《近思录》中选入《正蒙》部分章节的情况,《近思录》是朱熹所作,王植认为朱熹选入张载《正蒙》的内容,即是对张载观念的一种认可。黄瑞节说:"朱子掇取周子、张子、程子之书,为《近思录》,凡六百一十二条。自《正蒙》来者,二十六条。又于《正蒙》中,表章《西铭》,自为一书。"[3]从中可知,《近思录》中选入《正蒙》的

---

[1] (清)王植:《正蒙初义》卷一,景印文渊阁《四库全书》第697册,台北商务印书馆1983年版,第427页。

[2] 林乐昌:《张载哲学化的经学思想体系》,载姜广辉主编《中国经学思想史》第三卷第六十二章,中国社会科学出版社2010年版,第540页。

[3] (清)王植:《正蒙初义·序论》,景印文渊阁《四库全书》第697册,台北商务印书馆1983年版,第417页。

数量。《正蒙》共计十七篇，每篇的篇名下都有按语，都会在注释中注明篇章中的哪些章节被《近思录》所收录。其次，是在《正蒙初义》的注释中，王植注明了朱熹的《四书章句集注》中引用《正蒙》的篇章，以此来表现朱熹对张载《正蒙》的重视。例如在《太和篇》中，有"由太虚有天之名"一章，王植就在注释中指出"此节，《孟子》'尽其心者'章，朱《注》采入。"①在《正蒙》中，《中正篇》《至当篇》《作者篇》《三十篇》《有德篇》《有司篇》等篇中都对《论语》《孟子》进行过注释，在这六篇当中，有二十一章都提及了朱熹的注释，大部分都在说明朱熹将张载注释《论语》《孟子》纳入《四书章句集注》，王植有意以朱熹的引用来说明这些章节的重要性。但同时，王植也在一些章节的注释当中指出《正蒙》对《四书》的解释与朱熹的释义存在差异，朱熹虽然采纳了一部分张载之说，但也并非完全赞成，在朱熹与张载的意见有差异时，王植表现了明显的尊朱倾向。例如在注释《王禘篇》时说道："'下而饮'者，不胜者自下堂而受饮也，'其争也'，争为谦让而已"这一章，王植的注释是："此节大意，解'下而饮'二句之义也。朱《注》据《仪礼》大射之文，此则因文立训而已，故吾党解书必以考亭为不易"。②在这一条注释中，王植认为张载这部分仅仅是就文本的释义，但朱熹是根据《仪礼》的文献记载，似更有说服力，因此王植更支持朱熹的说法。

二、纪容舒的杜诗声律研究

清代编修的《四库全书总目》收录了纪容舒的《杜律详解》八卷，因此自清代以来便受到关注。这部书系节抄顾宸《辟疆园杜诗注解》而成，在内容上主要是依傍此书，但是在考据学意义上，有了较大的进步，在体例和疏解内容上与顾宸有较大的分歧和差异。受不同历史文化背景的影响，此书对律诗章法的分析较前人也有所不同，是杜诗声律研究的一部专著，所以具有较大的文献价值。

（一）纪容舒与《杜律详解》

纪容舒（1684—1764）字迟叟，号竹厓。今河北献县人，纪昀之父。康

---

① （清）王植：《正蒙初义》卷一，景印文渊阁《四库全书》第697册，台北商务印书馆1983年版，第441页。
② （清）王植：《正蒙初义》卷一六，景印文渊阁《四库全书》第697册，台北商务印书馆1983年版，第692页。

熙五十二年恩科举人，曾任职户部、刑部，官至姚安知府，诰封奉直大夫，晋封中宪大夫，累赠光禄大夫、兵部左侍郎、都察院左都御史、礼部尚书。纪氏家族重视读书教育，至纪容舒中兴。纪容舒精通音律，尤其是精通古韵。所著成《唐韵考》五卷，取用徐铉本的《说文》所载音切，参伍钩稽，各归其部，以存孙愐《唐韵》之旧。又经张文虎校订，补辑失收的音切四十四条，音切下失收字一百一十五个，并且校订其中的谬误之处，随条附案，颇为精密。纪容舒还著有《玉台新咏考异》《杜律疏》等书。

《杜律详解》在《四库全书总目》中被称为《杜律疏》，提要中写道：

> 国朝纪容舒撰。容舒有《唐韵考》，已著录。此书因顾宸所撰《辟疆园杜诗注解》繁碎太甚，又多穿凿，乃汰其芜杂，参以己意，以成是编。初名《杜诗详解》，其后以所解皆律诗，又字字句句备为诠释，体近于疏，因改今名焉。

提要指出，这部书最初的创作目的，是为了矫正顾宸注释本中存在的问题。《总目》中的《杜律疏》最初叫作《杜律详解》，对于书名的相关源流，纪昀所撰《题识》中有细致的梳理：

> 乾隆辛未，先大夫出守姚安，水陆万里，不能携卷帙。山郡僻陋，又无自得书，仅从诸生王明家借得顾宸《杜诗解》一部。先大夫喜谈杜诗，而病顾宸解多穿凿，因就其本点窜之。在官三载余，丹黄殆遍，王生录之成帙，私题曰《杜律详解》。先大夫取阅之，以为体近于疏，命吏别缮净本，改题《杜律疏》。会敕修《续文献通考》，昀遂以净本送吴侍读省钦，著录于《经籍考》中。后书馆移皇城内，其本遂佚，今所存者，初本耳，故仍题曰《杜诗详解》。其与《续通考》所载不同，实一书也。恐滋将来之疑，故敬述本末，俾后人有考焉。壬辰人日男昀识。①

由以上《题识》所梳理，该书书名经历了从《杜律详解》到《杜律疏》，又到《杜律详解》的过程，《杜律详解》卷八只有抄本传世，没有进行刊刻，在书前并没有见书的著录者标识，只有纪昀在《题识》中记载乃其父纪容舒所作。

（二）《杜律详解》的价值与成就

其一，融会《辟疆园杜诗注解》的注释，并且对篇目进行精简。众所周

---

① 郑庆笃、焦裕银、张忠纲等：《杜集书目提要》，齐鲁书社1986年版，第202页。

知，这部书存在对顾宸《辟疆园杜诗注解》的照搬，但是《杜律详解》仍然具有一定的文献价值。首先，纪容舒并没有完全抄袭《辟疆园杜诗注解》的内容，而是有删选的过程，相比于顾宸注本，在篇目上有了精简。顾宸注本收录了杜甫的律诗778首，纪容舒进行了较大幅度的删选，将原来注本中的204首删去，新增1首，①不论是作为选本，还是作为杜诗初学者的读物，篇幅都更为适宜。虽然纪容舒在注释上大量参考了顾宸的注本，但是也并非完全照搬，而是将参用顾宸注本中繁复的注释分解到其他部分，这就使得纪容舒的注释比顾宸更为流畅自如。同时，相较于顾宸的版本，纪容舒注本更为浅显易懂，减轻了读者的阅读难度，更有利于促进杜诗的传播。顾宸注本《辟疆园杜诗注解》在刊行后就未再重刻，因此经历了近百年的时间，存世者已较少，《杜诗详解》大量地节录了顾宸注本，从客观上也起到了保存文献的作用。

其二，纪容舒的注本中，对杜甫律诗结构的解析更为侧重。相比于顾宸《辟疆园杜诗注解》，纪容舒的注本更侧重对杜诗整体结构的分析，特别是更重视对杜诗章法结构的揭示，对律诗的起承转合都有解释，这比较适合初学者的使用。例如《有感五首》之一：

将帅蒙恩泽，兵戈有岁年。至今劳圣主，何以报皇天。
白骨新交战，云台旧拓边。乘槎断消息，无处觅张骞。

纪容舒注释为"首句呼起次联下句，次句呼起次联上句。言将帅无不蒙朝廷恩泽，而兵连祸接，已有岁年矣。至于今犹使至尊旰食宵衣，备极劳苦，则为将帅者何以如天之恩乎？良可愧也。三联上句承次句，下句叹功臣不再见，引起末二句。"②

三、崔述与辨伪之学

崔述（1740—1816），字武承，号东壁，乾隆二十八年（1763）举人，直隶大名府魏县人。崔述是清代乾嘉时期独树一帜的考据学家，最为杰出的贡献实在古史辨伪方面。《清史稿》中记载他的著作情况："著书三十余种，而《考信录》一书，尤生平心力所专注。凡《考古提要》二卷，《上古考信录》二卷，《唐虞考信录》四卷，《夏商考信录》四卷，《丰镐考信录》八卷，《丰

---

① 孙微：《纪容舒〈杜律详解〉考论》，《杜甫研究学刊》2009年第2期。
② （清）纪容舒：《杜律详解》，《四库全书存目丛书》集8，齐鲁书社1999年版，第255页。

镐别录》三卷,《洙泗考信录》四卷,《洙泗余录》三卷,《孟子事实录》二卷,《考古续说》二卷,《附录》二卷。又有《王政三大典考》三卷,《读风偶识》四卷,《尚书辨伪》二卷,《论语余说》一卷,《读经余论》二卷,名《考古异录》。"①他将自己的考证方法进行归纳和总结,撰写成《考信录提要》一书,该书系统化地介绍考据学的相关理论,因此梁启超称赞道:"考证方法之严密犀利实不让戴、钱、段、王,可谓豪杰之士也"。②

崔述作为乾嘉时期重要的考据学家,对历代学者及先秦古史系统做了全面的考证。他将历史真实与历史演义区别开来,厘清了很多历史模糊概念,他所使用的历史考证方法凝结了他的学术心血,也为后代的历史考证提供了思路。

其一,是史料证明。历史学研究最重要的证据就是史料,并且应该力求史料的真实可靠。他说:"居今日而欲考唐、虞、三代之事,是非必折衷于孔、孟,而真伪必取信于《诗》、《书》,然后圣人之真可见,而圣人之道可明也。"③崔述认为,《六经》应该是考证先秦古史较为可信的资料。他认为时间越早,空间距离越近才越接近历史的史实,孔孟的著作距离上古三代时间是较近的,这些都可以被看作是考证依据。对于后世有关上古历史的记载,崔述除了坚持使用"去古未远"的史料证明外,还反对盲从汉学家的汉世近古、凡汉必真的观念,这些汉学家不求史实,没有坚持考证的原则。他说道:"近世浅学之士,动谓秦汉之书近古,其言皆有所据;见有驳其失者,必攘臂而争之。此无他,但徇其名而实未尝多观秦汉之书,故妄为是言耳!……由是论之,秦汉之书其不可据以为实者多矣。"④他讲求实事求是的考证方法,希望能够去除后人附会的伪史,还原历史真实的原貌。

其二,不依傍前人,通过音韵、训诂的实证阐发己意。汉唐时期的史学研究流于附会,宋明的史学又流于议论,乾嘉学者明确指出这种治史观念的缺陷,崔述在这样的学术影响下形成了不依傍前人的自觉意识。但与乾嘉时期其他的历史学家相比,崔述的历史考证侧重使用演绎方法,就是采取合理的推理,认为任何事物都会是一个发展变化的过程的基本认识,他说:"典籍

---

① (民国)赵尔巽等:《清史稿·崔述传》,中华书局1977年版,第13270页。
② 梁启超:《中国近三百年学术史》,中国书店1985年版,第278页。
③ (清)崔述:《崔东壁遗书·考信录提要》,上海古籍出版社1983年版,第1页。
④ (清)崔述:《崔东壁遗书·考信录提要》,上海古籍出版社1983年版,第6页。

之兴，必有其渐。仓颉始制文字；至于大挠，然后作甲子以记日；至于羲、和，然后以闰月定四时成岁以纪年。必无甫有文字，即有史官之理！以情度之，亦当至唐、虞以降，然后有史书也。"①他认为古代官职的设置、历史典籍的产生与流传都是一个循序渐进的过程。崔述还认为之所以上古历史会有诸多伪史杂糅，是因为史家误将先秦诸子百家的寓言当作事实而传播，上古三代的事实传递也有错误。他说："战国之时，邪说并作，寓言实多，汉儒误信而误载之，固也。亦有前人所言本系实事，而递传递久以致误者。此于三代以上固多，而近世亦往往有之……嗟夫，古之国史既无存于世者，但据传记之文而遂以为固然，古人之受诬者尚可胜道哉！故余为《考信录》，于汉晋诸儒之说，必为考其原本，辨其是非，非敢诋諆先儒，正欲平心以求其一是也。"②他考证历史事件除了参考已经掌握的历史材料的记载外，还要依据当时的时代背景和客观形势，来确定具体的历史事件是否符合事实。

其三，是正本清源，通过考证历史传说的起源情况，来梳理历史发展的轨迹，是一种追溯式历史考证法。 要考证历史史实，就要认识到任何历史的流传都是一个长期并演变的过程，因此要明辨真伪就需要找出事件流传的源头。崔述树立了存疑的历史研究观念，即现有资料不能够完全证明的情况，应该采取存疑的态度，不应该随传说加以演绎和附会。

其四，是参证比较。 崔述在论说自己使用这种方法时说："述幼痴钝，长益迂拙，人事悉所不解，独好参伍古今事迹，辨其是非真伪。"③他认为考证过程中要尽量搜集和掌握尽量多的历史材料，然后进行相互参读比较，通过"类而辑之，比而察之"相互对比印证。他说："唐、虞有唐、虞之文，三代有三代之文，春秋有春秋之文，战国、秦、汉以讫魏、晋，亦各有其文焉。非但其文然也，其行事亦多有不相类者。是故战国之人称述三代之事，战国之风气也；秦、汉之人称述春秋之事，秦、汉之语言也……是知伪托于古人者，未有不自呈露者也。考古者但准是以推之，莫有能遁者矣。"④做到以史料为依据，不以后人的主观判断来进行历史定论或推测前代历史。

---

① （清）崔述：《崔东壁遗书·考信录提要》，上海古籍出版社1983年版，第15页。
② （清）崔述：《崔东壁遗书·考信录提要》，上海古籍出版社1983年版，第7页。
③ （清）崔述：《崔东壁遗书·考信附录》，上海古籍出版社1983年版，第476页。
④ （清）崔述：《崔东壁遗书·考信录提要》，上海古籍出版社1983年版，第15页。

第七节　李昉的类书编纂与纪昀的文献学贡献

类书是我国古代一种大型资料性书籍，一般按照门类、字韵等编排以方便查检。类书的编纂可以上溯到魏晋时期，曹魏时的《皇览》被称为类书之祖。到宋代，类书编纂规模空前，北宋四大类书中的《太平御览》《太平广记》《文苑英华》都是由河北人李昉主持编修的，代表了中国类书编纂史上的较高水平。因清代乾隆年间编纂大型丛书《四库全书》，纪昀编成《四库全书总目》，在目录学上具有重大意义，《玉台新咏校正》则展示了他在校勘方面的卓越成就，两者均为中国文献学中的重要一笔，在此一并论述，展现纪昀作为河北文献学家的贡献。

一、李昉的类书编纂

李昉，字明远，宋代深州饶阳人。先后经历后晋、后汉、后周、北宋，他所生活的年代是有战乱频仍到和平时代的转折期。其父在后晋做官，李昉因恩荫入仕，后来他成为北宋太宗朝的宰相，其子孙亦有因恩荫入仕。李昉家法甚严，注重家族子孙的才学，这对他家族的发展起到了重要作用。历史上对李昉的记载，主要侧重他的仕宦生涯，而他在宋初文献整理的贡献上同样是功不可没的。他一生最有价值的学术贡献，就是主编了北宋初年的四大类书的前三部《太平御览》《太平广记》和《文苑英华》，这是《宋史》记载所忽略的。

（一）李昉编纂类书的背景

北宋建立以后，实行了一系列文化建设活动，其中就包括编纂大型类书，"宋太宗锐意文史，太平兴国中诏李昉等撰《太平御览》一千卷，又诏集野史小说为《太平广记》五百卷，类选前代文章为《文苑英华》一千卷。太宗日览二卷，因事有阙则暇日追补。尝曰：'开卷有益，朕不为劳也'。"[1]这样的举措有独特的历史背景。

---

[1] （宋）祝穆：《古今事文类聚别集》卷二，景印文渊阁《四库全书》第9927册，第537页。

首先，赵匡胤建立宋朝，结束了五代十国的战乱局面，维护了政权的稳定，开始了国家和社会的建设。赵匡胤精兵简政削弱兵权，同时又发展农业休养生息，有了基本稳定的政治局面，就有了修著大型类书的有利环境。其次，是统治者采取重文抑武的政策，史料记载北宋"国家用武开基，右文致治。"[1]"太宗崇尚儒术，听政之暇，观书为乐，殆至宵分，手不释卷。"[2]并且宋代在取士制度上，进一步加强并改革科举制度，取士的规模也逐渐扩大，这种文治政策为类书的编纂提供了政治和文化背景。再次，北宋建立了国家藏书机构，"国初，三馆裁数柜，计万三千余卷。"[3]所谓三馆即昭文馆、集贤馆、史馆，在进行统一的进程中，赵匡胤还一同收集了各地的图书资源，因此北宋立国后就拥有了较为丰富的藏书资源，这也为修著类书提供了物质材料。最后，除了有丰富的藏书作为编纂资源，这种大规模的著书工程，还需要政府投入人力物力。太平兴国初年，太宗下诏编修《太平御览》："翰林学士李昉、扈蒙，知制诰李穆，太子詹事汤悦，太子率更令徐铉，太子中允张洎，左补阙李克勤，左拾遗宋白，太子中舍陈鄂，光禄寺丞徐用宾，太府寺丞吴淑，国子监丞舒雅，少府监丞李文冲、阮思道等。"[4]这说明政府召集了大量的人才从事类书编纂。

（二）李昉与《太平御览》的编纂

《太平御览》是北宋初年官修的一部大型类书，也是宋代四大类书中最早的一部综合性类书。"太平兴国二年（977）三月戊寅诏翰林学士李昉、扈蒙，左补阙知制诰李穆，太子少詹事汤悦，太子率更令徐铉，太子中允张洎，在补阙李克勤，右拾遗宋白……等十四人同以前代《修文御览》、《艺文类聚》、《文思博要》及诸书分门编为一千卷……十二月庚子书成，凡五十四门。"[5]起初的书名称作《太平总类》，在"引言"中说："诏曰史馆新纂《太平总类》，包罗万象，总括群书，纪历代之兴亡。自我朝之编纂，用垂永世。可改名为'太平御览'。"[6]全书共 5363 类，个别类别中还有附类，附类总共 63 个。在

---

[1] （清）徐松：《宋会要辑稿·崇儒四》，上海古籍出版社 2014 年版，第 2830 页。
[2] （宋）彭百川：《太平治迹统类》卷二六，景印文渊阁《四库全书》第 408 册，第 644 页。
[3] （宋）江少虞：《皇朝类苑》卷三一《词翰书籍》，台北文海出版社 1981 年，第 2 册，第 783 页。
[4] （宋）李昉等：《太平御览·序一》，中华书局 1988 年版，第 1 页。
[5] （宋）王应麟：《玉海》卷五四《艺文》，广陵书社 2003 年版，第 1013 页。
[6] （宋）李昉等：《太平御览·引一》，中华书局 1988 年版，第 3 页。

每类之下摘引各种古书的相关记载,汇抄在一起。汇抄时按照时代的先后顺序排列书名,然后将原文摘录于后。《太平御览》摘录古书的内容包括天文、地理、政治、经济、军事、文化、民族、外交、飞禽、走兽、草木、虫鱼,包罗万象,种类丰富,是百科全书式的类书。这部书中的许多内容都是摘录了前代的类书,总数有超过 2500 种之多。在现存的类书中,保存五代以前的文献典籍最多的就是《太平御览》,这对于保存珍贵文献资料具有十分重要的价值。例如单本已经失传的《范子计然》《氾胜之书》,当今得以阅读就有赖于《太平御览》的收录。许多后人的学术著作也参考《太平御览》,例如清代严可均编《全上古三代秦汉三国六朝文》,鲁迅辑《古小说钩沉》都从这部书中辑出。

《太平御览》的"序言",详细介绍了编纂了这部类书的原因:"以往以载籍繁夥,无复善本。惟建宁所刻,多磨灭舛误,漫不可考。每为三叹焉。惟太宗皇帝,为百圣立绝学,为万世开太平,为古今集斯文之大成,为天下括事理之至要。四方既平,修文止戈,收天下图书典籍,聚之昭文、集贤等四库。"①在北宋以前,各时期的文献缺乏统一的规制,散见于各方,缺乏条理性,散佚缺失、类目杂乱,所以当政局稳定之后,便进行整理。

《太平御览》是皇帝下旨、李昉奉旨编修的类书,因此编纂的直接目的就是为皇帝提供一份类别全面的参考资料,太宗皇帝十分重视这部书,历史记载:"帝每听政之暇,日读《御览》三卷,有故或阙,即追之。虽隆冬短景,必及其数。大臣请少息,帝曰:'朕开卷有得,不以为劳也。凡诸故事可资风教者,悉记之。及延见近臣,必援引谈论,以示劝诫焉'。"②

(三)《太平广记》的编纂与意义

《太平广记》是一部大型文言小说总集,该书选录宋以前文言小说的精华,整部书按类型划分进行编排,这对后代各类小说集的编纂都产生了重要的影响。

首先,《太平广记》的编成具有极大的文献学意义。这部书集合了前人的多部著作,总共编成 500 卷,对前人的小说的搜集、保存和流传起到了非常重要的作用。六朝时期的许多小说,现都已经散佚,但由于有《太平广记》

---

① (宋)李昉等:《太平御览·序一》,中华书局 1988 年版,第 1 页。
② (宋)李昉等:《太平御览·引二》,中华书局 1988 年版,第 3 页。

对个别篇章的收录，有幸得以保存一些佚文。鲁迅先生写成《古小说钩沉》，诸多篇目都是摘引自《太平广记》，许多唐传奇小说的单篇经典篇目，也是由《太平广记》保存下来，例如《莺莺传》《李娃传》《柳毅传》《古镜记》等。在收录作品时，《太平广记》收录书籍几乎不进行删减和改动，保存了作品的原貌，在辑佚和校勘上有较高价值。在此书编成之后，还对后世小说的创作和小说集的编纂活动具有启发意义。因这部书的刊行和流传，引起了后世多次小说创作的高峰期。明代的出版印刷业兴盛，《太平广记》开始更为广泛的流传，这就引起了小说创作的一个高潮，鲁迅先生对此评论道："迨嘉靖间，唐人小说乃复出，书估往往刺取《太平广记》中文，杂以他书，刻为丛集，真伪错杂，而颇盛行。文人虽素与小说无缘者，亦每为异人侠客童奴以至虎狗虫蚁作传，置之集中。盖传奇风韵，明末实弥漫天下，至易代不改也。"[①]清代的袁枚、纪昀、蒲松龄等文言小说家，也都对《太平广记》较为熟悉。

其次，《太平广记》的编排方式是以类相从，是一部专门收录小说作品的类书，这对之后小说类书编纂具有启发意义。全书总共分为92个大类，个别类别中还包含小类。大类如神仙、女仙、道术、神、鬼、妖怪、精怪等；小类如"报应"类中包含《金刚经》《法华经》、阴德、异类等。这种体例不免划分过于细密，但是后世的小说总集编纂大多沿用。这九十多种类目是按照题材来进行划分，这样分类清晰且便于查阅。后代的长篇章回小说、神魔小说、英雄传奇小说、历史演义小说、才子佳人小说都是在《太平广记》所确立的以题材划分的标准上，逐步形成的小说类型。

最后，《太平广记》对小说的收录是在选择的基础上进行的，具有一定的选录标准。从编纂的目的看，《太平广记》专门收录"小说"，作为一部小说的选本，这本身就反映了当时的人对小说这一文体的认识。当时的"小说"概念与我们今天有很大不同，《太平广记》所引用的书目有400余种，体现了"杂"的特点，但同时，《太平广记》通过对作品的选择，也推进了对"小说"这一范畴的演化。在《太平广记》收录的7000余则作品中，绝大多数的作品都具有一定的故事性，虽然作品都是前代的创作，但是这样以"小说"为类别，以具有"故事性"为标准，就推进了小说概念的演进。也由于故事性和趣味性的审美标准，《太平广记》收录了多篇唐传奇作品。鲁迅先生曾说唐传

---

① 鲁迅：《中国小说史略》，上海古籍出版社1998年版，第146页。

奇是"始有意为小说",这标志着中国小说文体的基本成型,《太平广记》的编纂者,显然察觉到了唐传奇中小说文体的特征,以此作为一个发端,引起了后人对这类作品的关注,"传奇体"的小说也一直延续到清代的《聊斋志异》。

(四)《文苑英华》的编纂与价值

《文苑英华》是继《文选》之后的一部重要的诗文总集,可以看作《文选》的续作,保存了大量的珍贵文献。《文选》的收录范围从先秦至南朝梁初年,《文苑英华》的收录时间从南朝梁的后期至唐末五代。

该书的编纂体例主要从两个方面看,其一,是按照文体划分。《文苑英华》的编纂目的就是为了保存文献,在宋以前,图书的流传主要靠手抄,极容易造成图书的散佚与失传。《文苑英华》的序中记载:"所集止唐文章,如南北朝间存一二,是时印本绝少,虽韩、柳、元、白之文尚未甚传。其他如陈子昂、张说、张九龄、李翱等诸名士文集,世尤罕见,故修书官于宗元、居易、权德舆、李商隐、顾云、罗隐辈,或全卷取入。"[①]从中可以看出,许多名家的珍贵文献都得到了保存。在《郡斋读书志》中记载:"诸家文集,其数实繁,虽各擅所长,亦榛芜相间,乃命白等,精加铨择,以类编次,为一千卷"[②],书中收录了大量的律赋、试帖诗、策论和公牍等文体,表明这部书的另一个编纂目的就是为了方便士人和官吏学习写作参考时翻阅和检索。其二,《文苑英华》的注释是随文而注,选录诗文的原文和编纂者所作的注释汇集在一起。第一种是背景介绍式的注释,即在所选录的诗文标题或作者处进行注释,说明诗文标题的异文情况。例如,卷二百韦应物《行路难》:"一作《连环歌》。"卷一百五十一沈约《咏月》:"《文选》作《秋月》。"有的注释还注明了诗的用韵情况",如卷五十七李程《黄目樽赋》:"以'礼尚治情,酌中形外'为韵。"第二种是在诗文尾部注释,这主要是对全篇作品进行归纳和总结,抑或是对校勘工作进行说明。如卷一百一白居易《大巧若拙赋》:"一作皆集本,似不及古书之善。"就是在说明底本和校本优劣的问题。第三种是对正文的注释,有的是对正文文字的校勘,还有的是对正文字句的解释性说明,使用小字在需要解释的字句后面进行训释。还有的是对一些事实的考证注释,一般是辨析一些字词句的出处。《文苑英华》的注释虽然种类多样,注解翔实,但

---

① (宋)周必大:《文苑英华序》,载陈伯海、李定广编《唐诗总集纂要》,上海古籍出版社2016年版,第100页。

② (宋)晁公武:《郡斋读书志》,商务印书馆1937年版,第698页。

稍有重复，在前文曾经出过注释的条目，下文中再次出现时使用"见于某处"，不再另注一遍。

尽管《文苑英华》的编纂还有不尽如人意之处，比如过多地选录了诏诰、书判、表疏、碑志、律赋、试帖诗、策论、公牍，此文体并不是文学精粹，并且诗赋的选录也有不恰当之处，诸多名篇，比如李白的《早发白帝城》《梦游天姥吟留别》，杜甫的《三吏》《三别》等都没有收录，反而一些内容空洞、浮于藻饰的作品被收录，但这是类书编纂的探索与演进过程中的必然结果，并且也有编纂目的方面的原因。《文苑英华》也有着重要的价值和意义。其一，是《文苑英华》较《文选》的分类方式有创新，例如《文选》"诗"类中设置"军戎"类，而在《文苑英华》中则改为"军旅"，在军旅下细分为"边塞""讲阅""征伐""边将"等，在选录数量上已经远超《文选》，并且这种清晰的诗歌题材分类意识，对后世的文体分类具有启发性。《文苑英华》结合了时代发展的需要，吸收《文选》的长处，并有文体分类的创新，军旅中的边塞一门，成为后代影响深远的诗歌流派"边塞诗"，如元方回《瀛奎律髓》中单设边塞一门，明张之象《唐诗类苑》也专列边塞一部。其二，在随文的注释中，保存了许多珍贵的文献资料，一类是所选录的诗文本身，另一类即对诗文的注释，李德裕曾评论道："集《文苑》时，古书尚多，又校雠皆名士。近刊文集，颇经浅学改窜，或当或否，安可例以为正。"[1] 编纂者在做注释时旁征博引，许多征引过的书籍，在后世散佚失传，幸因《文苑英华》得以保留。例如唐代的许多官员是科举出身，因此"登科记"是考证生平的重要材料，然而不论是官修还是私家的"登科记"都已失传，《文苑英华》保存了大量资料，包括中举者姓名、中举等次、科举考试的时间和科类等信息，清代的徐松编纂《登科记考》就大量参考《文苑英华》中"登科记"的相关信息。

二、纪昀与文献学的发展

纪昀（1728—1805），字晓岚，又字春帆，晚号石云，谥文达，直隶献县（今属河北）人，纪昀出身名门望族，十九岁便考中进士，在清朝历仕编修、侍读学士、内阁学士、兵部侍郎、左都御史、礼部侍郎、礼部尚书协办大学士、加太子太保。除了入世有为，在中国文学史和文献学发展史中，纪昀更

---

[1] （唐）李德裕：《瑞橘赋并序》，载（宋）李昉等《文苑英华》，中华书局1982年版，第398页。

有闻名于世的卓越成就。他主持编纂《四库全书总目》体现了他目录学的学术成就，至今都是学者初入门径的工具书，而他自撰的《玉台新咏校正》是他校勘学成就的体现，以这两部著作为代表，体现了他的文献学基本思想。除此之外，由他任总纂官的书记还有《热河志》《八旗通志》《历代官职表》《清开国方略》《清通典》《清通志》《清通考》《清会典》《河源纪略》等书。

（一）《四库全书总目》与纪昀的目录学思想

《四库全书总目》集中体现了纪昀的目录学思想，全书二百卷，对誊录入库的3400余种图书和存目的6700余种图书全部撰写提要，是对清乾隆以前的图书的一次大规模汇总，纪昀总领《四库全书总目》的撰写。在编写体例上，《四库全书总目》在四部前都有总序，大类小类前都有小序，每一本书都有提要。纪昀注意吸收前代目录学家的编纂优点，篇幅浩繁并且体例完备，在中国目录学发展史上占有重要地位。

其一，中国古代目录学讲究"辨章学术，考镜源流"的传统，纪昀的《四库全书总目》就起到了阐明学术源流的作用。在经史子集各部的前面加以总序，来概述源流的正变，总其纲领，在总纲的下面，分列44类，在各个类别之下，也冠以小序，如果在小序中还有未能详尽说明的问题，则在子目后或者本条下，加以按语，对图书目录的历史加以梳理和考辨。以子部为例，《四库全书总目》就叙述了子部的源流与演进："自六经以外立说者，皆子书也。其初亦相淆，自《七略》区而列之，名品乃定。其初亦相轧，自董仲舒别而白之，醇驳乃分。其中或佚不传，或传而后莫为继，或古无其目而今增，古各为类而今合，大都篇帙繁富，可以自为部分者，儒家之外有兵家，有法家，有农家，有医家，有天文算法，有术数，有艺术，有谱录，有杂家，有类书，有小说家。其别教则有释家，有道家。叙而次之，凡十四类。"[①]对于卷帙浩繁的典籍，《四库全书总目提要》论述了其分类排列的理论依据，不但是对本书的性质的介绍，也是对其目录编纂观念的解说："儒家尚矣。有文事者有武备，故次之以兵家。兵，刑类也，唐虞无皋陶，则寇贼奸宄无所禁，必不能风动时雍，故次以法家。民，国之本也，谷，民之天也，故次以农家。本草经方，技术之事也，而生死系焉，神农、黄帝以圣人为天子，尚亲治之，故次以医家。重民事者先授时，授时本测候，测候本积数，故次以天文算法。以上六

---

① （清）永瑢等：《四库全书总目》，中华书局1965年版，第769页。

家,皆治世者所有事也。百家方技,或有益,或无益,而其说久行,理难竟废,故次以术数。游艺亦学问之余事,一技入神,器或寓道,故次以艺术。以上二家,皆小道之可观者也。《诗》取多识,《易》称制器,博文有取,利用攸资,故次以谱录。群言歧出,不名一类,总为荟萃,皆可采撷菁英,故次以杂家。隶事分类,亦杂言也,旧附于子部,今从其例,故次以类书。稗官所述,其事末矣,用广见闻,愈于博弈,故次以小说家。以上四家,皆旁资参考者也。二氏,外学也,故次以释家、道家终焉。"①这一段的论说真实地反映了当时目录学家的编纂理念,是学者对学术源流的一种认识的总结,使读者能够了解该书的编纂性质。

其二,《四库全书总目》使四部分类法更加完善。目录编纂的目的之一,就是要方便快捷地查找图书,纪昀明确使用四部分类法,并且将其细化分类,使目录更为清晰完整。《总目》的第一层次即是经、史、子、集四部的划分,第二个层次是各类别下的细类,经部十类,史部十五类,子部十四类,集部五类,这样的划分原则,体现了纪昀的体系化目录学思想,目录分类方法进一步完善。

其三,《四库全书总目》注重版本鉴定和研究。首先是著录的情况,《四库全书总目》每部书都有明确的版本来源,著录版本的来源分为六大类:敕撰本、内府本、各省采进本、私人进献本、永乐大典本和通行本。除了标注版本的来源之外,还著录书名、卷数以及著作者的信息。在《总目》中,难以理解或容易产生歧义的书名,会专门加以解释。有的典籍有多个不同的书名,编纂者会引用其他文献目录的书名进行辨证说明。对于典籍的卷数册数,如果著录的册数与参校版本的册数不一致时,编纂者会专门进行研究。对于著作者的信息,《总目》的介绍并不追求均衡,而是根据实际情况来决定行文的详略,大致包括著作者的时代、姓名、字号、籍贯、官爵、行事、史书记载等内容。对于著作者信息存疑者,编纂者会进行考证和辨析。其次是对于版本的鉴定,《总目》会根据版本的外在形式进行鉴定,包括字体、刀法、版式、纸张、墨色等方面,在提要中进行鉴定。版本内容也是版本鉴定的重要组成部分,《总目》鉴定版本优劣的标准之一是典籍的学术价值大小,这就要求编纂者对图书内容有比较深入的了解,比之前代仅从外在形式评判版本更有价

---

① (清)永瑢等:《四库全书总目》,中华书局1965年版,第18页。

值。除了内容方面,《总目》收录图书时,同样强调版本真伪的重要性,《四库全书》的编纂涉及的书目种类繁多,图书的真伪问题显得尤为重要,编著者对这一问题十分谨慎,会在著录的过程中详加考订。最后是版本源流的梳理。《总目》的编纂者对版本研究的核心就是考订版本的源流,对于版本清晰的典籍,编纂者就直接说明情况,有时会在提要的末尾或者其他的位置交代依据版本的来源。如果遇到版本不甚清晰的情况,编纂者就要进行一定的整理工作。《四库全书》所收录的著作,内容广泛,历时较长,流传广泛,影响也较大,因此形成的版本种类比较多,源流也较为复杂,所以编纂者就需要进行版本系统的考辨,厘清版本源流。

(二)《玉台新咏校正》与纪昀的校勘学思想

纪昀的《玉台新咏校正》是集合校勘、考证和诗歌评论于一体的著作,是清代校勘学的经典著作,在中国校勘学发展史上也占有重要地位。这部《玉台新咏校正》是纪昀多次批校完成的结果,我们可以分两个层面来看这本书:第一个层面是对文字的校勘与考证,采用双行小字穿插在正文之中;第二个层面是对诗歌的点评,写在每页的篇头。

《四库全书》中收录了《玉台新咏考异》,内容几乎与《玉台新咏校正》相同,在《四库全书总目》中《考异》的提要说道:"故容舒是编,参考诸书,衷合各本,仿《韩文考异》之例",这说明纪昀的这种校勘方式有先例可循,是参考了朱熹校勘《昌黎先生集》的体例而来。纪昀以明代赵均覆宋本《玉台新咏》为底本,参校明冯舒《冯氏校订玉台新咏》和清吴兆宜《玉台新咏笺注》,并且广泛收集了各种类书、总集、别集、旧注、诗话中的异文等,汇采众家之长,完成了这部书的撰写。

纪昀《玉台新咏校正》的校勘工作主要有以下几点:

第一,是慎重选择底本与校本,客观评判参校版本。首先,纪昀清醒地认知到,尽管宋代的刻本有许多善本,在校勘时应本着尊宋本的观念,但是宋本亦有许多错误,不应该盲目跟从底本。纪昀在校勘时不擅自改动底本,例如卷二《曹植杂诗五首》(其一):"君怀时不开"句后,《考异》说:"时",《文选》作"良",误,今从宋刻。[①]在校勘的过程中遇到异文的时候,校勘就以宋本为主。在校勘时,遇到多种说法,或者底本不够完善,纪昀都以宋本为

---

① (清)纪容舒:《玉台新咏考异》,《丛书集成初编》本,商务印书馆1936年版,第23页。

主做处理，例如，例如卷九《汉成帝时童谣歌二首》（其二）后，《考异》写道："按《汉书·五行志》前一首'啄皇孙'句下有'皇孙死燕啄矢'二句，后一首'桂树华不实'句上有'邪径败良田，谗口乱善人'二句，宋刻皆无之，然孝穆所列小序，每句各为训释，而不及此四句，似乎孝穆原本，即已删节，非传写脱漏，今仍从宋刻所载，以存其旧。"①但是纪昀也并不迷信宋本，他会在校勘的过程中指出宋本的错误。例如在卷八中《和昭君怨》一诗中纪昀对"匣玉成秋草"的考证内容："'匣玉'，宋刻作'玉匣'，按石崇《王明君词》：'昔为匣中玉，今为粪上英。朝华不足欢，甘与秋草并。'则'玉匣'为误，今从《艺文类聚》。"②这体现了纪昀根据石崇和《艺文类聚》的写法来改正宋本。其次，纪昀在对《玉台新咏》进行校勘时，多次提到过冯氏注本和吴氏注本，对于这两个重要的版本，纪昀采取择善而从的态度，避免前人的某些不足，使校勘更加客观和理性。在参校这两个版本的时候，纪昀会将这两者的注一同附在正文之后，例如卷五沈约《杂咏五首》当中的《咏春》"春草黄复绿"一句，纪昀注道："'黄复'，宋刻作'青复'，误，《艺文类聚》作'复黄'，亦误，今从吴氏注本"③，以《艺文类聚》作为参考，指出宋底本和《艺文类聚》中的问题，并按照吴注本改正。最后，纪昀在校勘《玉台新咏》时，喜欢用类书作为辅校本，他参考的类书主要有《太平御览》《艺文类聚》《初学记》《文苑英华》《太平广记》等。虽然纪昀大量参考了类书，仅《艺文类聚》就引用了二百多处，但古人的材料也会有讹误，如卷一中徐幹《室思一首》（其五）"思见君巾栉，以䣛我劳勤"一句，纪昀辨析道："'见君'，宋刻作'君见'，'䣛'宋刻作'益'，并误，今从《太平御览》。'勤'，《御览》作'慙'，则书'勤'为'慇'，因而转误。"④对于《太平御览》中的错误，纪昀会直接进行改正。

第二，纪昀在校勘《玉台新咏》时，灵活使用了多种校勘方法。 首先，纪昀使用对校法，用同一本书的不同版本进行校勘，如前文所提到的冯氏校本和吴氏校本，纪昀就以它们进行对校。在对校中，还有一种校勘方法是他校法，也就是以他书校此书，例如在卷一中秦嘉《赠妇诗三首》序文"秦嘉字士会，陇西人也，为郡上计"，纪昀对于"郡上"一词的校勘就用到了《西

---

① （清）纪容舒：《玉台新咏考异》，《丛书集成初编》本，商务印书馆1936年版，第124页。
② （清）纪容舒：《玉台新咏考异》，《丛书集成初编》本，商务印书馆1936年版，第120页。
③ （清）纪容舒：《玉台新咏考异》，《丛书集成初编》本，商务印书馆1936年版，第62页。
④ （清）纪容舒：《玉台新咏考异》，《丛书集成初编》本，商务印书馆1936年版，第13页。

溪丛语》《汉法》《周礼郑玄注》《后汉书》《晋书》《诗品》等书。对校中还有本校法，就根据本部书的上下文、各部分语言形式、思想内容、目录等进行互校。例如卷二石崇《王明君辞一首》（并序）注道："序明言改'昭'为'明'，宋刻仍题'王昭君辞'，误也，今从《文选》改正。"[1]这就是将目录和正文进行比较，找出宋本的错误。其次，使用理校法，即校勘者运用自己的知识，对文本意义不明确处进行推理。例如卷一古诗八首《上山采蘼芜》"长跪问故夫"句，"《考异》云：'长跪'，《太平御览》作'回首'，考文莹《玉壶清话》引此句，证古妇人有跪礼，则作'回首'为误。"[2]这是对妇人有跪礼这样的民俗礼仪进行理校。

第三，纪昀独创"以诗校勘"的方法。《玉台新咏》是一部诗歌总集，因此纪昀会根据收录诗歌的特点作为校勘的切入点，这也是理校的一种延伸。其一，是以"对仗"校勘，对仗是诗歌的一种常见修辞，不论在两句的词性、音韵还是意义，都要做到对称，如卷四谢朓《落梅》"新叶初冉冉，初蕊新霏霏"句，纪昀注云："上'初'字，吴氏注本作'何'，案此二句乃故作互文，如上'初'字作'何'，下'新'字反为复矣。"[3]其二，是以"押韵"校勘，这一类纪昀以诗歌的转韵、韵脚等来校正某些字词，例如卷四鲍照《玩月城西门》"客游厌苦辛"句下注："'苦辛'，宋刻作'辛苦'，于转韵音节未谐，今从《文选》。"[4]其三，是根据诗歌语意来进行校勘，如卷三王微《杂诗二首》之二"抱景自愁怨，朱火独照人"一句的注释："'怨'字本有平音，于韵未为不谐，然先言朱火独照，而后言抱景愁怨，其文较直；先言抱景愁怨，而后言朱火独照，其味较深，故从《文选》。"[5]纪昀是先从音韵层面分析，再从诗歌意义的角度分析，认为"抱景"之句在后更为合适。其四，是从锤炼字、词、句或者从诗歌的审美效果的角度校勘，例如卷六何思澄《奉和湘东王教班婕妤》"还复拂空床"句下，"《考异》云：'拂'《艺文类聚》作'守'，然不如'拂'字之有致。"[6]是以诗歌的意蕴和情致为校勘标准的。

---

[1]（清）纪容舒：《玉台新咏考异》，《丛书集成初编》本，商务印书馆1936年版，第32页。
[2]（清）纪容舒：《玉台新咏考异》，《丛书集成初编》本，商务印书馆1936年版，第1页。
[3]（清）纪容舒：《玉台新咏考异》，《丛书集成初编》本，商务印书馆1936年版，第58页。
[4]（清）纪容舒：《玉台新咏考异》，《丛书集成初编》本，商务印书馆1936年版，第48页。
[5]（清）纪容舒：《玉台新咏考异》，《丛书集成初编》本，商务印书馆1936年版，第44页。
[6]（清）纪容舒：《玉台新咏考异》，《丛书集成初编》本，商务印书馆1936年版，第87页。

主要参考文献

一、古籍

1.（战国）慎到著，许富宏校注：《慎子集校集注》，中华书局2013年版。
2.（战国）荀况著，北京大学《荀子》注释组注：《荀子新注》，中华书局1979年版。
3.（战国）吕不韦著，陈奇猷校：《吕氏春秋新校释》，上海古籍出版社2002年版。
4.（汉）郑玄注，（唐）孔颖达疏，龚抗云整理：《礼记正义》，北京大学出版社1999年版。
5.（汉）董仲舒：《春秋繁露》，上海古籍出版社1989年版。
6.（汉）司马迁：《史记》，中华书局1959年版。
7.（汉）班固：《汉书》，中华书局1959年版。
8.（汉）崔寔著，孙启智注：《政论校注》，中华书局2012年版。
9.（汉）崔寔著，石声汉校注：《四民月令校注》，中华书局1965年版。
10.（三国）刘劭：《人物志》，中华书局2013年版。
11.（晋）崔豹：《古今注》，辽宁教育出版社1998年版。
12.（南朝宋）范晔：《后汉书》，中华书局1965年版。
13.（南朝梁）沈约：《宋书》，中华书局1974年版。
14.（南朝梁）萧子显：《南齐书》，中华书局2013年版。
15.（南朝梁）释僧佑撰，苏晋仁、肖链子点校：《出三藏记集》，中华书局1995年版。
16.（北魏）郦道元著，陈桥驿点校：《水经注校证》，中华书局2007年版。
17.（北齐）魏收：《魏书》，中华书局1974年版。
18.（唐）陆玑：《毛诗草木鸟兽虫鱼疏》，《丛书集成新编》本。

19.（唐）孔颖达：《尚书正义》，上海古籍出版社1996年版。

20.（唐）房玄龄：《晋书》，中华书局1974年版。

21.（唐）李百药：《北齐书》，中华书局1972年版。

22.（唐）李延寿：《北史》，中华书局1974年版。

23.（唐）魏徵等：《隋书》，中华书局1973年版。

24.（唐）李吉甫撰，贺次君点校：《元和郡县图志》，中华书局1983年版。

25.（唐）刘知幾撰，（清）浦起龙释：《史通通释》，上海古籍出版社1987年版。

26.（后晋）刘昫：《旧唐书》，中华书局1975年版。

27.（宋）欧阳修、宋祁：《新唐书》，中华书局1975年版。

28.（宋）司马光：《资治通鉴》，中华书局1956年版。

29.（宋）江少虞：《皇朝类苑》，文海出版社1981年版。

30.（宋）李昉等：《太平御览》，中华书局1988年版。

31.（宋）晁公武：《郡斋读书志》，商务印书馆1937年版。

32.（宋）黎靖德编，王星贤点校：《朱子语类》，中华书局1994年版。

33.（宋）陈旸：《乐书》，《文渊阁四库全书》本，台湾商务印书馆1985年影印版。

34.（宋）朱长文：《琴史》，《文渊阁四库全书》本，台湾商务印书馆1985年影印版。

35.（宋）米芾：《书史》，《文渊阁四库全书》本，台湾商务印书馆1985年影印版。

36.（宋）司马光：《传家集》，《文渊阁四库全书》本，台湾商务印书馆1985年影印版。

37.（宋）柳开：《河东集》，《全宋文》本，上海辞书出版社、安徽教育出版社出版。

38.（宋）邵雍著，郭彧、于天宝点校：《邵雍全集》，上海古籍出版社2016年版。

39.（金）刘完素：《伤寒直格方》，《文渊阁四库全书》本，台湾商务印书馆1985年影印版。

40.（金）张元素：《医学启源》，明刻本。

41.（金）元好问编，张静校注：《中州集校注》，中华书局2018年版。

42.（金）王若虚：《滹南遗老集》，中华书局 1985 年版。

43.（金）赵秉文：《闲闲滏水文集》，《文渊阁四库全书》本，台湾商务印书馆 1985 年影印版。

44.（金）元好问著，狄宝心校注：《元好问文编年校注》，中华书局 2012 年版。

45.（金）王若虚：《滹南诗话》，丁福保辑《历代诗话续编》本，中华书局 1983 年版。

46.（元）脱脱：《宋史》，中华书局 1985 年版。

47.（元）脱脱：《金史》，中华书局 1975 年版。

48.（元）苏天爵撰，姚景安点校：《元朝名臣事略》，中华书局 1985 年版。

49.（元）马端临：《文献通考》，浙江古籍出版社 1988 年版。

50.（元）李冶：《测圆海镜》，《知不足斋丛书》本。

51.（元）耿荫楼：《国脉民天》，清光绪四年莲花池刻区种五种本。

52.（元）苏天爵：《滋溪文稿》，中华书局 1997 年版。

53.（元）刘因：《静修集》，《文渊阁四库全书》本，台湾商务印书馆 1985 年影印版。

54.（元）杨朝英：《阳春白雪》，《丛书集成续编》本。

55.（元）王恽：《秋涧先生大全集》，《四部丛刊》本。

56.（明）赵南星：《学庸正说》，《文渊阁四库全书》本，台湾商务印书馆 1985 年影印版。

57.（明）宋濂：《元史》，中华书局 1975 年版。

58.（明）潘之恒：《亘史钞》，《四库存目丛书》本，齐鲁书社 1997 年版。

59.（明）申时行：《大明会典》，《续修四库全书》本，上海古籍出版社 2002 年版。

60.（明）张采：《太仓州志》，崇祯刻本。

61.（明）孙承宗：天启《高阳县志》，国家图书馆藏民国抄本。

62.（明）杨慎：《墨池琐录》，《文渊阁四库全书》本。

63.（明）沈宠绥：《弦索辨讹》，《四库存目丛书》本，齐鲁书社 1997 年版。

64.（明）沈宠绥：《度曲须知》，《四库存目丛书》本，齐鲁书社 1997 年版。

65.（明）沈德符：《顾曲杂言》，《文渊阁四库全书》本。

66.（明）赵南星：《味檗斋文集》，《丛书集成新编》本。

67.（明）赵南星：《赵忠毅公诗文集》，《四库禁毁书丛刊》本，北京出版社 1998 年版。

68.（明）李贽：《李温陵集》，《续修四库全书》本，上海古籍出版社 2002 年版。

69.（明）王世贞：《弇州四部稿》，《文渊阁四库全书》本，台湾商务印书馆 1985 出版。

70.（清）陈奂：《诗毛氏传疏》，《续修四库全书》本，上海古籍出版社 2002 年版。

71.（清）皮锡瑞著，周予同注释：《经学历史》，中华书局 1959 年版。

72.（清）张廷玉等：《明史》中华书局 1974 年版。

73.（清）赵尔巽等：《清史稿》，中华书局 1987 年版。

74.（清）徐松：《宋会要辑稿》，上海古籍出版社 2014 年版。

75.（清）黄宗羲：《宋元学案》，商务印书馆 1986 年版。

76.（清）徐世昌：《大清畿辅先哲传》，北京古籍出版社 1993 年版。

77.（清）陶樑：《国朝畿辅诗传》，上海古籍出版社 2002 年版。

78.（清）孙承泽著，李洪波点校：《畿辅人物志》，北京出版社 2010 年版。

79.（清）史梦兰纂，游智开等修：《乐亭县志》，成文出版社有限公司 1969 年版。

80.（清）永瑢等：《四库全书总目提要》，中华书局 1965 年版。

81.（清）叶德辉：《叶德辉书话》，浙江人民出版社 1998 年版。

82.（清）张之洞编撰，范希曾补正，孙文泱增订：《增订书目答问补正》，中华书局 2011 年版。

83.（清）赵翼：《廿二史札记》，凤凰出版社 2008 年版。

84.（清）陈士珂辑：《孔子家语疏证》，《丛书集成初编》本，商务印书馆 1939 年版。

85.（清）李光地、王兰生编撰，黄雪晴校理：《音韵阐微校理》，中华书局 2018 年版。

86.（清）崔述著，顾颉刚编订：《崔东壁遗书》，上海古籍出版社 1983 年版。

87.（清）汪中：《述学》，辽宁教育出版社 2000 年版。

88.（清）冯辰、刘调赞：《李塨年谱》，中华书局 1988 年版。

89.（清）宋直方：《琐闻录》，清抄本。

90.（清）江藩：《国朝汉学师承记》，中华书局1983年版。

91.（清）王先谦撰，沈啸寰、王星贤点校：《荀子集解》，中华书局1988年版。

92.（清）王清任：《医林改错》，中国医药科技出版社2011年版。

93.（清）严可均辑：《全后汉文》，商务印书馆1999年版。

94.（清）董诰：《全唐文》，中华书局1983年版。

95.（清）朱珪：《知足斋诗集》，《续修四库全书》，上海古籍出版社2002年版。

96.（清）纪昀：《纪晓岚文集》，河北教育出版社1995年版。

97.（清）王植：《正蒙初义》，《文渊阁四库全书》本，台湾商务印馆1985出版。

98.（清）魏裔介：《兼济堂文集》，中华书局2007年版。

99.（清）孙奇逢著，朱茂汉点校：《夏峰先生集》，中华书局2004年版。

100.（清）颜元：《颜元集》，中华书局1987年版。

101.（清）史梦兰撰，石向骞主编：《史梦兰集》，天津古籍出版社2015年版。

102.（清）张之洞：《张文襄公全集》，中国书店1990年版。

103.（清）梁章钜：《制义丛话》，上海书店出版社2001年版。

104.（清）翁方纲：《石洲诗话》，郭绍虞主编《清诗话续编》本，上海古籍出版社1983年版。

105.（清）施补华：《岘佣诗说》，丁福保辑《清诗话》本，上海古籍出版社1978年版。

106.（民国）张锡纯：《医学衷中参西录》，中医古籍出版社2016年版。

二、著作类

1. 侯外庐：《中国早期启蒙思想史》，人民出版社1956年版。

2. 商衍鎏：《清代科举考试述录》，生活·读书·新知三联书店1958年版。

3. 朱希祖：《汲冢书考》，中华书局1960年版。

4. 谭戒甫：《公孙龙子形名发微》，中华书局1963年版。

5. 范文澜：《中国通史》，人民出版社1978年版。

6. 上海书画出版社编：《历代书法论文选》，上海书画出版社1979年版。

7. 闵尔昌：《碑传集补》，文海出版社有限公司1980年版。

8. 胡适:《科学的古史家崔述》,上海古籍出版社1983年版。

9. 王重民:《中国目录学史论丛》,中华书局1984年版。

10. 文史知识编辑部:《经书浅谈》,中华书局1984年版。

11. 侯外庐等主编:《宋明理学史》,人民出版社1984年版。

12. 郑笃庆、焦裕银、张忠纲等编著:《杜集书目提要》,齐鲁书社1986年版。

13. 赵振铎:《训诂学纲要》,陕西人民出版社1987年版。

14. 金春峰:《汉代思想史》,中国社会科学出版社1987年版。

15. 顾颉刚:《中国上古史研究讲义》,中华书局1988年版。

16. 许嘉璐主编:《传统语言学辞典》,河北教育出版社1990年版。

17. 王昆吾:《汉唐音乐文化论集》,台湾学艺出版社1991年版。

18. 陈祖武:《清初学术思辨录》,中国社会科学出版社1992年版。

19. 新夏主编,许明辉主审,河北省地方志编委会办公室、南开大学地方志文献研究室编:《河北地方志提要》,天津大学出版社1992年版。

20. 李之鉴:《孙奇逢哲学思想新探》,河南大学出版社1993年版。

21. 王利器:《颜氏家训集解》,中华书局1993年版。

22. 傅璇琮:《唐人选唐诗新编》,陕西人民教育出版社1996年版。

23. 梁启超:《中国近三百年学术史》,东方出版社1996年版。

24. 钱穆:《中国近三百年学术史》,商务印书馆1997年版。

25. 鲁迅:《中国小说史略》,上海古籍出版社1998年版。

26. 吴文治主编:《全宋诗话》,凤凰出版社1998年版。

27. 李学勤主编:《十三经注疏》,北京大学出版社1999年版。

28. 王绍曾主编:《清史稿艺文志拾遗》,中华书局2000年版。

29. 王运熙等:《中国文学批评史新编》,复旦大学出版社2001年版。

30. 梁启超:《论中国学术思想变迁之大势》,上海古籍出版社2001年版。

31. 周大璞:《训诂学初稿》,武汉大学出版社2002年版。

32. 陈奇猷:《吕氏春秋新校释》,上海古籍出版社2002年版。

33. 汪学群:《清初易学》,商务印书馆,2004年版。

34. 杨荫浏:《中国古代音乐史稿》,人民音乐出版社2004年版。

35. 蔡仲德:《中国音乐美学史资料注译》,人民音乐出版社2004年版。

36. 方诗铭、王修龄:《古本竹书纪年辑证》,上海古籍出版社2005年版。

37. 王欣夫:《文献学讲义》,上海古籍出版社2005年版。
38. 李学勤:《李学勤文集》,上海辞书出版社2005年版。
39. 上海书店出版社编:《中国地方志集成》,上海书店出版社2006年版。
40. 王铁钧:《中国佛典翻译史稿》,中央编译出版社2006年版。
41. 黎千驹:《现代训诂学导论》,华中师范大学出版社2008年版。
42. 梁启超:《佛学研究十八篇》,上海古籍出版社2009年版。
43. 姜寿田:《中国书法理论史》,河南美术出版社2009年版。
44. 王天奖、李绍连:《中华地域文化大系》,河北教育出版社2010年版。
45. 张宝三:《五经正义研究》,华东师范大学出版社2010年版。
46. 刘志琴:《张居正评传》,南京大学出版社2011年版。
47. 申屠炉明:《孔颖达、颜师古评传》,南京大学出版社2011年版。

三、学位论文

1. 邓艳林:《论纪昀的诗学观与诗歌批评》,湖南师范大学硕士学位论文,2004年。
2. 刘净净:《〈书目答问〉研究》,河北大学硕士学位论文,2007年。
3. 程莉萍:《明代京畿作家研究》,上海师范大学硕士学位论文,2007年。
4. 吴晶:《史梦兰研究》,苏州大学硕士学位论文,2009年。
5. 谢建娘:《王植〈韵学〉研究》,福建师范大学硕士学位论文,2010年。
6. 周开丽:《释道安对中国佛教的贡献与影响》,贵州大学硕士学位论文,2011年。
7. 高周:《史梦兰年谱》,陕西师范大学硕士学位论文,2012年。
8. 杜聪:《赵南星诗歌研究》,南京师范大学硕士学位论文,2013年。
9. 黄雪晴:《〈音韵阐微〉的音系与反切改良》,武汉大学博士学位论文,2013年。
10. 张睿:《崔寔思想研究》,南开大学博士学位论文,2013年。
11. 董国华:《汉字谐声与古音研究史论》,福建师范大学博士学位论文,2014年。
12. 翁攀峰:《清代律学若干问题讨论》,中国科学技术大学博士学位论文,2014年。
13. 高金霞:《束晳研究》,山东师范大学硕士学位论文,2014年。

14. 莫子青:《十六国时期北方地区佛教僧团研究——以释道安为例》,四川师范大学硕士学位论文,2014年。

15. 向丹:《〈畿辅丛书〉研究》,河北大学硕士学位论文,2016年。

16. 王红梅:《李巧的档案文献编纂实践与思想》,安徽大学硕士学位论文,2016年。

17. 刘悦:《束皙集校注》,东北师范大学硕士学位论文,2017年。

18. 郭蕾:《〈畿辅丛书〉刊刻研究》,天津师范大学硕士学位论文,2017年。

19. 韩颖:《李昉研究》,河北大学硕士学位论文,2017年。

20. 陈亚男:《赵南星文学思想研究》,河北师范大学硕士学位论文,2017年。

四、期刊论文

1. 嵇文甫:《漫谈毛西河》,《学术月刊》1963年第3期。

2. 史树青:《信阳长台关出土竹书考》,《北京师范大学学报》1963年第4期。

3. 屈守元:《谈〈輶轩语〉和〈书目答问〉》,《四川师院学报》1982年第4期。

4. 李志庭:《李吉甫与〈元和郡县图志〉》,《史学史研究》1984年第2期。

5. 苏晋仁:《道安法师在佛典翻译上的贡献》,《法音》1985年第5期。

6. 韩强:《颜元李塨思想研究综述》,《河北史学会通讯》,1987年总第11期。

7. 罗义俊:《佛教中国化的先驱释道安——论释道安"因风易行"的弘法思想》,《法音》1989年第3期。

8. 卢明纯:《试论张之洞的目录学思想》,《四川图书馆学报》1990年第5期。

9. 郑杰文:《关于〈穆天子传〉出土、整理、流传诸问题的考辨》,《古籍整理研究论丛》1991年。

10. 武凤洲:《纪昀年表》,《渤海学刊》1990年第1期。

11. 路新生:《崔述思想体系初探》,《社会科学战线》,1991年第1期。

12. 龚鹏程:《论韩诗外传》,见《汉代文学与思想学术研讨会论文集》,台北文史哲出版社1991年版。

13. 刘泽华、张分田:《孔颖达的道论和治道》,《孔子研究》1991年第3期。

14. 赵光贤:《崔述在中国史学史上的地位》,《北京师范大学学报》1992年第5期。

15. 蓝兰:《〈书目答问〉并非对〈四库〉分类法的突破与创新》,《暨南学报》1993年第1期。

16. 何孝荣:《赵南星的政治思想》,《河北师范大学学报》1995年第1期。

17. 丁宏宣:《〈书目答问〉的特点与创新》,《贵图学刊》1995年第3期。

18. 曹月堂:《纪昀评传》,《北京社会科学》1995年第3期。

19. 卢中岳:《〈书目答问〉作者文体讨论综述》,《广东图书馆学刊》,1995年第4期。

20. 高生记:《佛教与十六国社会》,《山西师大学报》1995年第4期。

21. 魏文:《〈考信录〉的编纂体例、刊刻及版本》,《历史教学问题》1995年第5期。

22. 郑文杰:《论〈穆天子传〉的认识价值》,《天津师大学报》1996年第1期。

23. 吴晋生、吴薇薇:《〈竹书纪年〉非伪书辨》,《文史哲》1996年第2期。

24. 丛远东:《清代"肌理说"诗论概观》,上海社会科学院《学术季刊》1996年第3期。

25. 黄亚平:《释道安在佛典注释上的贡献》,《西北师大学报》1996年第3期。

26. 戴立强:《〈鲜于府君墓志铭〉与鲜于枢生年》,《文物季刊》1999年1期。

27. 叶宝奎:《〈音韵阐微〉音系初探》,《厦门大学学报》1999年第2期。

28. 肖惠兰:《〈叠雅〉的编纂特色和训诂作用》,《湖北大学学报》1999年第2期。

29. 叶宝奎:《〈音韵阐微〉音系初探》,《厦门大学学报》1999年第4期。

30. 李富华:《佛教典籍的传译与中国佛教宗派》,《中华佛学报》1999年第12期。

31. 刘光耀:《论释道安对老子本体论的承接与改造》,《襄樊学院学报》2000年第4期。

32. 王记录:《崔述的历史盛衰论》,《史学史研究》2001年第2期。

33. 王承略:《论〈毛诗〉在两汉今古文斗争中的地位和命运》,《山东大学学报》2001年第2期。

34. 赵维国:《论〈太平广记〉纂修的文化因素》,《河南大学学报》2001年第3期。

35. 黄卉:《燕南芝庵和他的〈唱论〉》,《中国文学研究》2001年第3期。

36. 徐雁:《〈书目答问〉传世百年三论》,《出版史研究》2001年第6期。

37. 李乐民:《李昉的类书编纂思想及成就》,《河南大学学报》2002年第

9期。

38. 查屏球:《由皎然与高仲武对江南诗人的评论看大历贞元诗风之变》,《复旦学报》2003年第6期。

39. 靳大成:《成圣之道——清初孙奇逢理学思想述评》,中国社会科学院文学研究所编《文学研究所学术文选》(1953-2003)3。

40. 孙晓辉:《祖孝孙的师承与家学研究》,《音乐艺术》2004年第2期。

41. 王长华、易卫华:《汉代河间儒学与〈毛诗〉》,《河北师范大学学报》2004年第6期。

42. 常明艳:《论束皙之赋及其人品》,《管子学刊》2005年第2期。

43. 龚书铎:《清代理学的特点》,《史学集刊》2005年第3期。

44. 黄爱萍:《纪昀与〈四库全书〉》,《安徽史学》2005年第4期。

45. 吕妙芬:《颜元生命思想中的家礼实践与"家庭"的意涵》,高明士编《东亚传统家礼、教育与国法(一):家族、家礼与教育》,台湾大学出版中心2005年版。

46. 樊孝东:《近代传统知识分子人文精神论略——以京东名士史梦兰为个案》,《河北学刊》2006年第1期。

47. 冯小红、樊孝东:《晚清中国传统知识分子的矛盾心态与行为——以"京东第一人"史梦兰为例》,《邯郸学院学报》2006年第3期。

48. 罗炳良:《崔述的史考与史识》,《史学史研究》2006年第3期。

49. 王守春:《释道安与〈西域志〉》,《西域研究》2006年第4期。

50. 孙振田:《〈说文解字系传校勘记〉撰者订误》,《山东图书馆季刊》2006年第4期。

51. 李佳:《从〈玉台新咏校证〉看纪昀对乾嘉校勘学的贡献》,《文献》2008年第1期。

52. 张永刚:《磊落豪杰志,疏宕文章骨——东林党赵南星、孙承宗创作考述》,《衡水学院学报》2008年第2期。

53. 韩国良:《释道安与魏晋玄学》,《宗教学研究》2008年第4期。

54. 韦勇强:《崔述〈考信录〉卫道、尊经原则解析》,《广西师范大学学报》2008年第4期。

55. 韦勇强:《崔述的历史考证方法平议》,《船山学刊》2009年第2期。

56. 孙微:《纪容舒〈杜律详解〉考论》,《杜甫研究学刊》2009年第2期。

57. 吴晶:《论"京东第一人"史梦兰的方志思想》,《唐山学院学报》2009年第3期。

58. 颜文武:《论〈四库全书总目〉的类书思想》,《图书馆学刊》2009年第4期。

59. 袁世萍:《20世纪80年代以来释道安研究综述》,《襄樊学院学报》2009年第9期。

60. 刘文英:《崔述治学的文化环境》,《清史研究》2010年第1期。

61. 黄宣民、陈寒鸣:《古史学家崔述的疑古儒学思想》,《燕山大学学报》2010年第1期。

62. 左洪涛:《〈韩诗〉传授人及学者考》,《文献》2010年第2期。

63. 王福利:《〈摩诃兜勒〉曲名含义及其相关问题》,《历史研究》2010年3期。

64. 白宁:《燕南芝庵〈唱论〉成书年代考》,《乐府新声》(《沈阳音乐学院学报》)2010年第4期。

65. 汪春泓:《关于〈史记·五宗世家〉之"河间献王"事迹疏证》,《北京大学学报》2010年第5期。

66. 安东强:《张之洞〈书目答问〉本意解析》,《史学月刊》2010年第12期。

67. 黄俊棚、彭燕:《〈书目答问〉述评》,《内江师范学院学报》2011年第1期。

68. 韦勇强:《论崔述古史考证中的经世思想》,《古籍整理研究学刊》2011年第2期。

69. 刘开军:《历史批判与现实关怀:清代中期史学家的风俗论》,《史学史研究》2012年第1期。

70. 黄立一:《论翁方纲"肌理"说的体系》,《华侨大学学报》2012年第1期。

71. 秦进才:《再论张之洞的成就角色——影响中国几代学人的目录学家》,《沧州师范学院学报》2012年第4期。

72. 李蒙蒙:《河间献王刘德藏书探析》,《沧州师范学院学报》2012年第4期。

73. 黄雪晴:《〈音韵阐微〉研究综论》,《湖北文理学院学报》2012年第10期。

74. 魏涛:《清代〈正蒙〉诠释发微》,《河北师范大学学报》2013年第2期。

75. 黄雪晴:《从〈音韵阐微〉到普通话的撮口呼》,《湖北社会科学》2013

年第 3 期。

76. 左洪涛:《〈诗经〉之〈韩诗〉传授人新考》,《中南民族大学学报》,2013 年第 5 期。

77. 黄雪晴:《〈音韵阐微〉与〈谐声韵学〉文献关系考辨》,《文献》2013 年第 6 期。

78. 王双:《史梦兰〈异号类编〉综论》,《唐山师范学院学报》2014 年第 1 期。

79. 汪国林:《李昉事迹补辨》,《西昌学院学报》2014 年第 1 期。

80. 郭小青:《燕南芝庵〈唱论〉的结构分析》,《中国音乐》2014 年第 1 期。

81. 钟书林:《陶渊明与束皙文学创作之比较》,《九江学院学报》2014 年第 2 期。

82. 张玲:《王灏庄园考述》,《文物世界》2014 年第 2 期。

83. 何跞:《从〈四库全书总目〉看类书的特质》,《图书馆学刊》2014 年第 3 期。

84. 何跞:《从〈四库全书总目〉论类书的二元属性与学理源流》,《乐山师范学院学报》2014 年第 6 期。

85. 江合友:《〈止园诗话〉与清代畿辅区域诗史》,《河北师范大学学报》2014 年第 7 期。

86. 张立文:《燕赵文化的精神特质》,《光明日报》2015 年 4 月 6 日第 8 版。

87. 张明明:《〈永平诗存〉中佘一元诗钩沉》,《唐山师范学院学报》2015 年第 1 期。

88. 郭万青:《史梦兰〈畿辅艺文考〉整理及其价值初探》,《唐山师范学院学报》2015 年第 1 期。

89. 胡宪丽:《〈音韵阐微〉对反切的改良》,《邯郸学院学报》2015 年第 4 期。

90. 张瑞元:《王植"太虚"三层说对张载本体论的诠释》,《宝鸡文理学院学报》2015 年第 5 期。

91. 杜启朕、董方昭:《〈韵学臆说〉与〈广韵〉声韵系统对比探究》,《湖北广播电视大学学报》2015 年第 6 期。

92. 王禹浪、王俊铮:《我国历史文献中所见黑水靺鞨概述》,《哈尔滨学院学报》2015 年第 8 期。

93. 蒋寅:《纪昀的诗学品格及其核心理念再检讨》,《文艺研究》2015 年第 10 期。

94. 徐雁:《从〈四库简明目录标注〉到〈书目答问〉〈书目答问补正〉》,《图书馆论坛》2015 年第 10 期。

95. 黄雪晴:《〈音韵阐微〉的编撰特点——兼论康熙皇帝的文化思想》,《辞书研究》2016 年第 2 期。

96. 赵薇:《唐山博物馆藏史梦兰行书手卷》,《文物春秋》2016 年第 3 期。

97. 巩本栋:《宋初四大书编纂原因和宗旨新勘》,《文艺研究》2016 年第 4 期。

98. 王鹰:《佛教早期目录学的发展——〈综理众经目录〉和〈出三藏记集〉对目录学术语的不同诠释》,《世界宗教研究》2016 年第 6 期。

99. 孙微:《史梦兰〈全史宫词〉考论》,《唐山师范学院学报》2016 年第 7 期。

100. 林继红:《构建与交往:佛典汉译的话语意义——以释道安汉译佛典为例》,《福建论坛》2016 年第 9 期。

101. 王荣国、林友德:《有关"释道安"的文献记载辨正——以〈世说新语〉及刘孝标注为对象》,《西南民族大学学报》2017 年第 5 期。

102. 李晓:《从书院教育的角度看〈书目答问〉的编撰》,《湖南大学学报》2017 年第 5 期。

103. 王其谭:《佛教中国化第一人——释道安》,《衡水学院学报》2017 年第 6 期。

104. 高行之:《今本〈竹书纪年〉作者及成书年代考》,《管子学刊》2018 年第 2 期。

105. 孙圆:《国家图书馆藏孤本〈高阳县志〉考论》,《中国地方志》2020 年第 5 期。

后 记

经过几年的艰苦努力,《河北学人与学术史研究》终于要与读者见面了。

作为古代燕赵大地和近世畿辅重地的河北,古往今来涌现出许许多多的思想家、政治家、史学家、教育家、科学家、艺术家、文献学家等,在中国学术史与文化史上占有一席之地的学者不下百位,可谓群星灿烂,他们在众多领域都有自己的学术建树与思想创造。梳理河北学人学术成就与河北学术史的发展历程,时间段线长,前后三千多年,涉及人物多,学科领域广泛,书中重点展开讨论的河北学人就有70多位,从原始资料的收集、解读,到学界研究成果的借鉴,结合区域文化研究特点的分析阐释与理论提升,研究工作工程量巨大,对研究者学科知识与理论及能力是一个挑战。

全书共五章,第一章、第二章和第三章第一至四节由河北师范大学历史文化学院董文武教授及其研究生李仲岳、王程远执笔撰写,第五节、第六节由河北工程大学文传学院刘秋彬副教授执笔撰写,第四章由河北师范大学文学院阎福玲教授执笔撰写,第五章由河北师范大学文学院江合友教授撰写,阎福玲教授负责全书统稿并撰写绪论和后记。

本书为河北省教育厅社科重大攻关项目终期研究成果的一部分,在成果即将面世之际,我们要特别感谢江合友教授对项目论证付出的智慧与心血!感谢中国社会科学院文学研究所张国星先生、河北大学李金善先生、河北师范大学历史文化学院董丛林先生对项目研究工作提出的宝贵意见与建议!对课题组成员放下个人项目投入大量时间精力开展研究,表示由衷的敬意!还要特别感谢本项目的另一位研究成员王京州教授,他独立完成本项目另一子课题,主编出版了《河北近现代学者年谱辑要》一书,为本项目结题增光添彩。本项目申报和研究过程中得到河北师范大学社科处领导杨瑞教授、黄金辉副处长，现任领导赵晓兰处长，时任文学院院长胡景敏教授的支持与帮助，在此一并表示衷心的感谢！特别感谢河北省教育厅刘树船处长对项目给予的关注、支持与帮助，他的包容与鼎力支持使得项目能够得以最终完成！最后还要感谢人民出版社邵永忠先生，感谢他接纳这本书的出版，他的精心工作，纠正了书中许多错谬与技术问题，保证了全书的质量水平。尽管如此，书中仍然存有错误与不足，祈请广大读者批评指正。

阎福玲

2022 年 8 月

责任编辑：詹　夺　邵永忠
封面设计：胡欣欣

图书在版编目（CIP）数据

河北学人与学术史研究 / 阎福玲，董文武，江合友　著 . —北京：
人民出版社，2023.12
ISBN 978-7-01-025716-7

Ⅰ . ①河… 　Ⅱ . ①阎… ②董… ③江… 　Ⅲ . ①历史人物—列传—河北 ②学术思想—思想史—研究—河北　Ⅳ . ① K820.822 ② B2

中国国家版本馆 CIP 数据核字 (2023) 第 089630 号

河北学人与学术史研究

HEBEI XUEREN YU XUESHUSHI YANJIU

阎福玲　董文武　江合友　著

人 民 出 版 社 出版发行
（100706　北京市东城区隆福寺街 99 号）

北京中科印刷有限公司印刷　新华书店经销
2023 年 12 月第 1 版　2023 年 12 月北京第 1 次印刷
开本：710 毫米 × 1000 毫米 1/16　印张：24.5
字数：400 千字
ISBN 978-7-01-025716-7　定价：99.00 元

邮购地址　100706　北京市东城区隆福寺街 99 号
人民东方图书销售中心　电话（010）65250042　65289539

版权所有·侵权必究
凡购买本社图书，如有印制质量问题，我社负责调换。
服务电话：（010）65250042